C·H·Beck
PAPERBACK

Professor Steve Peters

Das Chimp Paradox

Das Mind Management Modell für Selbstvertrauen, Erfolg und Glück

Aus dem Englischen übersetzt von Karl Heinz Siber

C.H.Beck

Die englische Originalausgabe erschien in Großbritannien unter dem Titel «The Chimp Paradox. The Mind Management Programme for Confidence, Success and Happiness» zuerst bei Vermilion, einem Imprint von Ebury Publishing, einem Verlag von Penguin Random House UK.

2. Auflage. 2024

www.chbeck.de
Umschlaggestaltung: Kunst oder Reklame
Satz: Fotosatz Amann, Memmingen
Druck und Bindung: Pustet, Regensburg
Printed in Germany
ISBN 978 3 406 82355 8

myclimate

verantwortungsbewusst produziert
www.chbeck.de/nachhaltig

Inhalt

Einleitung

Die Sonne wählen

Das Buch

Dieses Buch soll dir helfen, zu verstehen, wie deine Psyche funktioniert, und zwar anhand eines Schemas, das dir aufzeigt, wie du deine Persönlichkeit entwickeln und alle Facetten deines Lebens verbessern kannst.

Bei meiner Arbeit als Psychiater und Dozent sehe ich mich immer wieder mit denselben Fragen oder Kommentaren konfrontiert. Sie kreisen gewöhnlich um persönliche Probleme, mit denen die betreffende Person nicht klarkommt oder die sie nicht lösen kann.

Hier einige typische Beispiele:

Wie kann ich …

- die Person werden, die ich gerne wäre?
- Selbstvertrauen gewinnen?
- glücklich werden?

- meine Beziehung besser machen?
- mein Leben besser organisieren und im Beruf erfolgreicher werden?
- motiviert bleiben?
- zu einem effektiveren Arbeitsstil finden?

Warum …
- mache ich mir so viele Sorgen?
- halte ich so wenig von mir selbst?
- fühle ich mich dauernd beobachtet und bewertet?
- verhalte ich mich oft unvernünftig?
- habe ich manchmal so irrationale Gedankengänge?
- bin ich so launisch?
- lasse ich zu, dass mein Gefühlsleben mich daran hindert, mein berufliches Potential voll auszuschöpfen?

Warum schaffe ich es nicht, …
- Entscheidungen zu treffen?
- nicht mehr ständig darüber nachzudenken, was Andere von mir halten?
- meine Wut im Zaum zu halten?
- mit unsympathischen Menschen zurechtzukommen?
- mir abzugewöhnen, zu viel zu essen?
- treu zu bleiben?
- mit dem Trinken über den Durst aufzuhören?

Diese Liste von Fragen erhebt natürlich keinen Anspruch auf Vollständigkeit!

Was dieses Buch dir bietet:
Es kann dir helfen, …
- zu verstehen, wie deine Psyche funktioniert.
- dich selbst und Andere zu verstehen.

- deine Emotionen und Gedanken zu kontrollieren.
- deine Lebensqualität zu erhöhen.
- glücklicher und erfolgreicher zu werden.
- mehr Selbstvertrauen und Selbstachtung zu entwickeln.
- herauszufinden, was dich bremst oder was dich daran hindert, ein glücklicheres und erfolgreicheres Leben zu führen.

Reise zur Selbsterkenntnis und zur Persönlichkeitsentwicklung

Auf unserer Reise durch die Kapitel dieses Buches werden wir die sieben «Hauptterritorien» deiner Psyche durchqueren und dich anleiten, dich selbst und Andere besser zu verstehen.

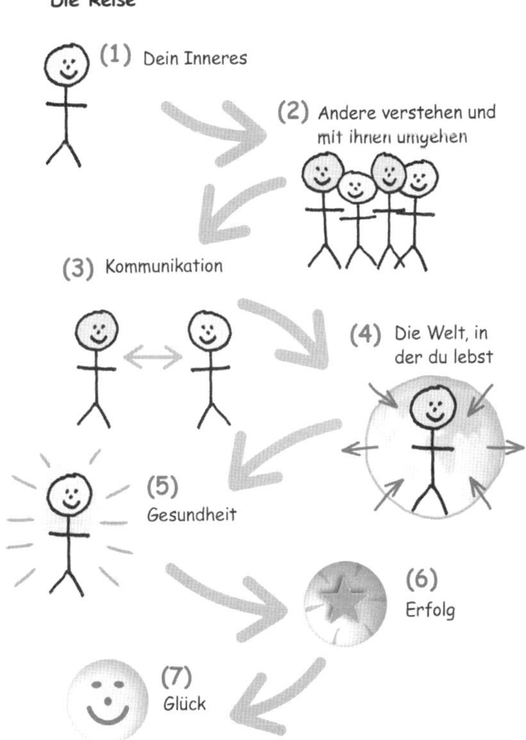

1. Dein Inneres
2. Andere verstehen und mit ihnen umgehen
3. Kommunikation
4. Die Welt, in der du lebst
5. Gesundheit
6. Erfolg
7. Glück

Um diese sieben Territorien zu visualisieren, betrachten wir sie als sieben Planeten in dem «Psychologischen Universum», das wir durchqueren werden. Mit diesem Kniff kannst du jeden dieser Planeten besuchen, erkunden und an der Verbesserung deines Universums arbeiten. Manche von ihnen haben Monde, die sie stabilisieren. Streng genommen handelt es sich um ein Sonnensystem, aber «Universum» klingt eben umfassender!

Das Psychologische Universum

Die Sonne steht in diesem System für den perfekten Ort, an den du deinem Gefühl nach gehörst. Klar ist: Wenn wir es schaffen, alle diese Planeten in Ordnung und Übereinstimmung zu bringen, wird die Sonne scheinen!

Wie du siehst, ist der erste Planet die Welt deines Inneren; ihn in Ordnung zu bringen, ist das Wichtigste. Die Funktionsweise deines inneren Ichs ist kompliziert, lässt sich aber anhand eines einfachen Modells erklären, das ich das «Schimpansen-Schema» nenne.

Das Schimpansen-Schema …

- wird dir helfen, dein Inneres zu verstehen und zu kontrollieren.
- fußt auf komplexen wissenschaftlichen Grundlagen.
- ist weder eine Theorie noch eine streng ausgearbeitete wissenschaftliche Lehre, sondern ein leicht zu handhabendes Arbeitsmodell.
- macht die Neurowissenschaften verständlich und im Alltagsleben praktisch anwendbar.
- umfasst sowohl konzeptionelle als auch praktische Elemente.
- macht Spaß, auch wenn es eine sehr ernsthafte Seite hat.

Reisevorbereitungen

Um für die Reise gerüstet zu sein, sollten einige wichtige Voraussetzungen erfüllt sein:

Wunsch nach Veränderung
Um dich verändern oder verbessern zu können, musst du anerkennen, dass du nicht immer so funktionierst, wie du das von dir selbst erwartest, weil du nicht immer die Person bist, die du gerne wärst – oder weil du anscheinend nicht immer die volle Kontrolle über deine Gefühle, Gedanken oder Handlungen hast. Du musst den festen Willen haben, daran etwas zu ändern, und die Bereitschaft, Änderungen zu akzeptieren.

Es kommt entscheidend darauf an, zu erkennen, was veränderbar ist und was nicht.
Manche Dinge, die mit deiner Persönlichkeit zu tun haben, musst du akzeptieren, andere nicht. Es ist sehr wichtig, die einen von den anderen unterscheiden zu können. Zum Beispiel kann man sich Esszyklen, sexuelle Begierden oder die instinktiven Angstreaktionen, die bei Gefahr oder Stress auftreten, nicht abgewöhnen. Man kann sie aber kontrollieren. Loswerden kann man hingegen beispielsweise unproduktive, irrationale oder negative Gedankengänge oder destruktive Verhaltensweisen wie Selbstkasteiungen oder Wutanfälle.

Du musst den Unterschied zwischen realistischen und unrealistischen Träumen erkennen.
Du musst erkennen, was möglich ist und was nicht. Es ist z. B. möglich, fit und gesund zu werden bzw. zu bleiben, Selbstvertrauen zu gewinnen und deine zwischenmenschlichen Beziehungen zu verbessern. Dagegen ist es unmöglich, etwa ununterbrochen glücklich zu sein oder zu erwarten, dass alle Leute dich mögen.

Du musst verstehen, dass dieses Buch vom Erwerb einer Fähigkeit handelt.
Gefühle und Gedanken unter Kontrolle zu haben, ist eine erlernbare Fähigkeit. Du musst den Willen haben, dir die Zeit für den Erwerb emotionaler Fertigkeiten zu nehmen – und suche die Zeit, die es kostet, dir diese Fertigkeiten zu bewahren.

Du hast eine Wahl.
Man hat im Leben immer eine Wahl. Es kommt darauf an, das zu erkennen und Entscheidungen bewusst zu treffen.

Die Reise kann beginnen.
Während deiner Reise durch dieses Buch wirst du vielleicht feststellen, dass manche Textteile dich starker berühren als andere. Wähle die Teile aus, die dir wichtig sind, und arbeite mit ihnen.

Machen wir uns auf den Weg.

Teil 1

Auf der Suche nach dem Inneren deiner Psyche

Kapitel Eins

Das psychologische Denken

Zu Beginn unserer Reise durch das Universum sollten wir uns ein grundlegendes Wissen darüber aneignen, was sich im Inneren unseres Schädels befindet und wie es funktioniert. Das menschliche Gehirn ist ein kompliziertes Organ; für unsere Zwecke genügt es, uns ein vereinfachtes Bild von ihm zu machen. Die simpelste Variante ist die, es uns als ein System von sieben zusammenwirkenden Gehirnen vorzustellen.

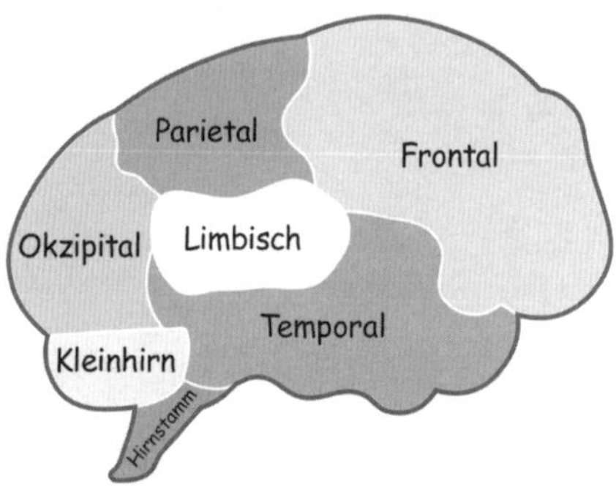

Vereinfachtes Schema des menschlichen Gehirns

Im Rahmen des Schimpansen-Schemas bilden drei dieser Gehirne – das frontale, das limbische und das parietale – zusammen das «psychologische Ich», und wir werden uns nur mit diesen drei Gehirnen beschäftigen. Wir bewegen uns dabei, wie schon gesagt, weit abseits der exakten Wissenschaft, gewinnen damit aber ein Schema, mit dem wir arbeiten können. Streng genommen tragen die anderen Gehirne erheblich zu unserer Emotionalität, unserem Denken und unserem Gedächtnis bei (mehr dazu findet sich in Anhang A), doch wir wollen für unsere Zwecke die Dinge drastisch vereinfachen.

Für die drei psychologischen Gehirne in unserem Modell, das frontale, das limbische und das parietale, verwenden wir die Namen «Mensch», «Schimpanse» und «Computer». Aus Gründen der weiteren Vereinfachung teilen wir dem Parietallappen viele Teilbereiche des Gehirns zu, wodurch unsere grafische Darstellung noch übersichtlicher wird. Auch wenn diese drei Gehirne zu kooperieren versuchen, geraten sie doch sehr häufig in Konflikt und machen einander die Führungsrolle streitig, wobei der Schimpanse (das limbische Gehirn) oft den Sieg davonträgt!

Das psychologische Denken

Auftritt des Schimpansen

Als du dich noch im Bauch deiner Mutter befandest, entwickelten sich dein frontales und dein limbisches Gehirn – dein «Mensch» und dein «Schimpanse» (eine Emotionsmaschine) – zunächst unabhängig voneinander. Irgendwann stellten sie sich einander vor, indem sie Verbindungen herstellten. Das Problem dabei ist, dass sie, wie sie feststellen mussten, über viele Dinge uneins waren. Jedes dieser beiden Gehirne (oder Wesen) könnte die Regie über dein Leben übernehmen, aber sie bemühen sich, zusammenzuarbeiten, und da liegt das Problem. Der Mensch und der Schimpanse haben ihre je eigene Persönlichkeit und ihre ganz eigenen Interessen, Denk- und Vorgehensweisen. Das läuft darauf hinaus, dass in deinem Schädel zwei Lebewesen hausen! Es ist wichtig, dir klarzumachen, dass nur eines dieser beiden Wesen du bist, der Mensch.

Der Schimpanse ist die Emotionsmaschine, die wir alle in uns haben. Er denkt unabhängig von uns und kann Entscheidungen treffen. Er artikuliert emotionale Gedanken und Gefühle, die sehr konstruktiv oder sehr destruktiv sein können; er ist nicht gut oder böse, er ist ein Schimpanse. Das Schimpansen-Paradox bedeutet, dass er sowohl dein bester Freund als auch dein schlimmster Feind sein kann, manchmal sogar beides zugleich. Was dieses Buch vor allem leisten soll, ist dir zu helfen, deinen Schimpansen zu dirigieren und mit ihm umzugehen: seine Kraft und Macht nutzbar zu machen, wenn er für dich arbeitet, und sie zu neutralisieren, wenn er gegen dich arbeitet.

> ***Kernpunkt***
> *Der Schimpanse ist eine Emotionsmaschine, die unabhängig von uns denkt. Er ist nicht gut oder böse, er ist einfach ein Schimpanse.*

Wenn jemand einen Unfall erleidet, bei dem der Frontallappen seines Gehirns verletzt wird, oder wenn sein Frontallappen infolge einer Funktionsstörung oder Erkrankung geschädigt wird, führt das zu einer Persönlichkeitsveränderung. Im Grunde hört der Bereich des Gehirns, den wir «Mensch» nennen, dann zu funktionieren auf, und die neue Persönlichkeit, die zum Vorschein kommt, ist der Schimpanse. In sehr vielen Fällen findet bei davon betroffenen Menschen eine Enthemmung statt, und sie verlieren ihre Urteilsfähigkeit, oder sie werden apathisch und neigen zu Schüben aggressiven Verhaltens.

Der Fall des Phineas Gage

Ein frühes Beispiel dafür, dass in einem Schädel zwei verschiedene Persönlichkeiten hausen können – repräsentiert durch Mensch und Schimpanse –, war der Fall des Phineas Gage. Ein Eisenbahnunternehmen beauftragte den Mann im späten 19. Jahrhundert damit, die Trasse für die Verlegung einer Schienenstrecke freizuräumen, indem er alle Felsbrocken wegsprengte, die zu groß waren, um mit Hebelkraft bewegt werden zu können. Gage schob dafür jeweils Sprengmittel unter den Felsen und verdichtete sie durch Stopfen mit einem dicken Eisenstab, bevor er die Zündschnur anbrannte. Man hatte Gage für diese gefährliche Arbeit ausgewählt, weil er als umsichtig, nüchtern und verantwortungsbewusst galt. Doch einmal passte er nicht auf und traf beim Stopfen mit dem Eisenstab den Felsbrocken so, dass ein Funkenflug entstand; die dadurch ausgelöste Explosion trieb den Stab durch Gages Augenhöhle. Er durchbohrte sein Vorderhirn und seine Schädeldecke und nahm dabei ein Stück Hirngewebe aus Gages Frontallappen («Mensch») mit, das wie ein Bohrkern auf der Spitze des herausragenden Stabes saß.

Abgesehen von einer Erblindung des betroffenen Auges, erholte sich Gage vollständig. Seine Persönlichkeit war jedoch wie verwandelt: Er wurde bärbeißig, aggressiv und impulsiv. Sein «Mensch» war ihm abhandengekommen, und er hatte nur noch seinen Schimpansen!

Den Unterschied zwischen der Denkweise deines Schimpansen und der deines «Menschen» kannst du erkennen, ohne viel über Gehirnphysiologie zu wissen. Wie oft hast du Selbstgespräche geführt, dir selbst gut zugeredet oder in deinem Kopf Kämpfe ausgefochten? Häufig steigen Gedanken und Gefühle in dir auf, die du nicht magst, und du legst manchmal sogar Verhaltensweisen an den Tag, von denen du sogleich weißt, dass sie nicht deinen Vorstellungen von dir selbst entsprechen. Warum passiert dir das? Wie kann es sein, dass du keine Kontrolle darüber hast, welche Gedanken oder Gefühle dich beseelen und welches Verhalten du zeigst? Wie kann es sein, dass du einmal *eine* Person bist und ein andermal eine ganz andere?

Mit technischen Mitteln kann man der Antwort auf diese Frage nahekommen. Funktionelle Gehirnscanner zeigen, dass die Gehirnregion, die du gerade benutzt, bevorzugt mit Blut versorgt wird. Denkst du in Ruhe und vernünftig über etwas nach, so können wir beobachten, dass Blut vor allem in deinen Frontallappen strömt, also zu dem Menschen in deinem Schädel, und das hilft dir, die Person zu werden, die du sein möchtest und die du eigentlich auch bist. Verhältst du dich hingegen emotional und mehr oder weniger irrational – in Situationen, in denen du dich über etwas ärgerst oder aufregst –, können wir sehen, dass das Blut zu deinem Schimpansen strömt, über den du im Normalfall sagen würdest, dass das nicht die Person ist, die du sein möchtest. Die Wahrheit ist, dass in solchen Momenten dein Schimpanse, eine Emotionsmaschine, die Oberhand über den Menschen in dir gewinnt.

Dies liefert ansatzweise eine Erklärung für viele Dinge, etwa für die Frage, warum du mit dir haderst oder weshalb du in der Hitze des Gefechts Dinge sagst, die du später bereust, warum du nicht mit dem Essen aufhören kannst oder warum du dich nicht sportlich betätigst, obwohl du das gern tun würdest, aber es nicht gebacken kriegst. Die Liste ist endlos. Grüble nicht mehr darüber nach: Nicht du bist es, der diese Dinge macht, sondern es ist dein Schimpanse, der hier dein Verhalten steuert. Einen Schimpansen zu haben, ist so ähnlich wie einen Hund zu haben. Du bist nicht verantwortlich für die Wesenszüge des Hundes, aber du bist verantwortlich dafür, ihn zu führen und dafür zu sorgen, dass er sich benimmt. Das ist ein höchst wichtiger Punkt, und du solltest dir die Zeit nehmen, darüber nachzudenken, weil es ganz wesentlich für dein Glück und deinen Lebenserfolg ist.

> ***Kernpunkt***
> *Du bist nicht verantwortlich für das Wesen deines Schimpansen, aber du bist dafür verantwortlich, ihn zu dirigieren.*

Der Schimpanse in dir

Um zu rekapitulieren: Der Schimpanse in deinem Schädel ist ein Wesen, zu dem du auf Distanz gehen kannst. Er wurde geboren, als du geboren wurdest, hat aber mit dir als Mensch nichts gemein. Er ist einfach Teil deiner «Apparatur». Als du auf die Welt kamst, wurde dir eine bestimmte Augenfarbe mitgegeben. Du hast dir diese Farbe nicht ausgesucht, sie ergab sich einfach aus deinen Genen. Du kannst daran kaum etwas ändern, deshalb akzeptierst du deine Augenfarbe und lebst dein Leben. Analog dazu hast du dir auch deinen Schimpansen nicht ausgesucht; er ist dir mitgegeben worden, und du musst ihn akzeptieren. Er hat sein eigenes Ich und seine eigenen Gedanken, die nicht die deinen sind. Er ist eine lebende Maschine, die zu einem bestimmten Zweck konstruiert wurde, nämlich zur Erzeugung der nächsten Generation. Er hat eine eigene Persönlichkeit und kann dein Leben für dich führen, gewöhnlich nicht sehr gut, aber er kann es! Er ist eine äußerst machtvolle Emotionsmaschine.

Vielleicht hast du den Wunsch, deinem Schimpansen einen

Namen zu geben und dich ihm vorzustellen, spielt er doch in deinem Leben eine der tragenden Rollen. Im Verlauf deines Lebens werden du (der Mensch) und dein Schimpanse (deine Maschine für das emotionale Denken) oft miteinander kämpfen.

Kernpunkt

Eines der Geheimnisse deines Erfolges und deines Glücks besteht darin, mit deinem Schimpansen leben zu lernen und nicht zuzulassen, dass er dich angreift oder beißt. Zu diesem Zweck musst du verstehen lernen, wie dein Schimpanse sich verhält und warum er so denkt und handelt, wie er es tut. Du musst auch den Menschen in dir verstehen lernen und solltest ihn nicht mit deinem Schimpansen in einen Topf werfen.

Das Psychologische Ich hat also zwei getrennte Denkmaschinen, die auch unsere Erfahrungen unabhängig voneinander interpretieren.

Die beiden Wesen, die denken und dann interpretieren

- Der Mensch, das bist du, und du lebst in deinem Frontallappen.
- Der Schimpanse ist deine Emotionsmaschine, die dir bei deiner Geburt mitgegeben worden ist; er lebt in deinem limbischen System.

Der dritte Bestandteil des Psychologischen Ichs

Das «Psychologische Ich» verfügt auch über ein Speicherzentrum für Gedanken und Verhaltensweisen, das wir den «Computer» nennen wollen und das sich über das gesamte Gehirn erstreckt.

Computer

Der Informationsspeicher zum Nachschlagen

Der Computer speichert Informationen, die der Schimpanse oder der Mensch ihm geliefert hat. Er nutzt diese Informationen in der Folge dazu, stellvertretend für die beiden automatisch zu handeln, oder die Informationen fungieren als Bezugsgrößen.

Jetzt, da du eine grundlegende Vorstellung davon hast, wie es im Inneren deines Schädels aussieht, können wir unsere Reise quer durch das Psychologische Universum beginnen. Wir werden sehen, wie du in unterschiedlichen Situationen mit deinem Menschen, deinem Schimpansen und deinem Computer arbeitest und wie du die drei zu deinem Vorteil nutzen und dich selbst besser verstehen kannst.

Zusammenfassung der Kernpunkte

Das Psychologische Ich setzt sich aus drei separaten Gehirnen zusammen: aus Mensch, Schimpanse und Computer.

- Du bist der Mensch.
- Dein Schimpanse ist eine Maschine fürs emotionale Denken.
- Dein Computer ist ein Speicher und eine Maschine zur automatischen Aufgabenerledigung.
- Jeder der drei kann die alleinige Führung übernehmen, doch normalerweise arbeiten sie zusammen.

Empfohlene Übung:
Entwicklungszeit

Was ist «Entwicklungszeit», und wofür soll sie gut sein?

«Entwicklungszeit» ist, einfach ausgedrückt, eigens bereitgestellte Zeit für das Nachdenken darüber, wie du dich selbst steuerst. Du wirst aus unserem Schema von Schimpanse, Mensch und Computer den größten Nutzen ziehen können, wenn du dir die Zeit nimmst, dieses Modell gedanklich durchzuarbeiten und es praktisch umzusetzen. Wenn du sicherstellen willst, dass du dir regelmäßig Entwicklungszeit nimmst, mache am besten eine Gewohnheit daraus. Gewohnheiten gedeihen am besten, wenn man sie sich leicht macht. Wenn du dir also einen bestimmten Zeitpunkt im Tagesablauf vormerkst, der ganz allein für das Nachdenken über deine Entwicklung reserviert ist, wird das die Chance erhöhen, dass es zu einem zuverlässigen Ritual wird. Diese «Sitzung» muss simpel vonstattengehen, weil andernfalls dein Schimpanse nicht mitmachen wird und du es dann sein lässt! Wenn du also für die Entwicklungszeit 10 Minuten täglich ansetzt, wirst du sehr viel eher eine Gewohnheit daraus machen können, als wenn du sie auf eine ganze Stunde ausdehnst. Versuche es mit 10 Minuten täglich. Indem dein Mensch diese Entwicklungszeit zum Reflektieren nutzt, verschafft er sich einen Überblick darüber, was sich im Computer befindet, und kann Änderungen daran vornehmen. Das ist, wie wir in späteren Kapiteln sehen werden, eine entscheidende Voraussetzung dafür, dass es dir gelingt, deinen Schimpansen zu kontrollieren.

Was zu tun ist

In der Entwicklungszeit solltest du die verflossenen 24 Stunden Revue passieren lassen und prüfen, wie du deinen Schimpansen im Zaum gehalten hast. Führe ein «Logbuch» und schreibe nur eine oder zwei Zeilen für jeden Tag hinein; das wird dir helfen, dein Denken auf die Frage zu konzentrieren, wie du dein Verhalten verbessern kannst oder welchen Mustern dein Denken folgt. Das Logbuch wird dir auch helfen, die in diesem Buch angesprochenen Punkte gedanklich durchzuarbeiten.

Ein Beispiel

Hier ein Vorschlag für die ersten paar «Sitzungen»: Versuche besser darin zu werden, zu erkennen, wann dein Schimpanse dir Gedanken, Gefühle und Verhaltensweisen aufzwingen will, die du dir nicht zu eigen machen möchtest. Auf diese Weise kannst du lernen, den Unterschied zwischen dir und deinem Schimpansen zu erkennen und zu merken, wer jeweils zu welchem Zeitpunkt die Kontrolle innehat. Das wird dir helfen, zu begreifen, dass in deinem Schädel zwei Gehirne arbeiten und dass nur eines davon du bist.

Kapitel Zwei

Der geteilte Planet

• Teil Eins

Lerne, dich selbst und deinen Schimpansen zu verstehen

Das erste der sieben Planetensysteme besteht aus dem geteilten Planeten und dem Leitmond, wie ich ihn nenne. Es repräsentiert dein inneres Ich und den Kampf, der im Inneren deines Schädels vor sich geht. Dies ist das wichtigste Planetensystem in deinem Universum, denn wenn es nicht fest im Sattel sitzt, kann mit ziemlicher Wahrscheinlichkeit keiner der anderen Planeten seine Aufgaben ordentlich erfüllen.

Der geteilte Planet ist die Wohnung sowohl deines Menschen als auch deines Schimpansen. Du und dein Schimpanse haben im typischen Fall ein angespanntes Verhältnis zueinander, das häufig im Zeichen von Konflikten und Kompromissen steht.

Oft tobt hier ein Machtkampf zwischen euch beiden. Da der Schimpanse wesentlich stärker ist als du, tust du klug daran, ihn zu verstehen und ihn darauf aufbauend zu hegen und zu dirigieren.

Um zu erkennen, wie unterschiedlich du und dein Schimpanse funktionieren, wollen wir systematisch vorgehen und uns mit vier Aspekten befassen:

- Denkweisen
- Prioritäten
- Arbeitsweisen
- Persönlichkeiten

Zwei unterschiedliche Denkweisen

Du und dein Schimpanse pflegen sehr verschiedene Denkweisen. Im Verlauf unseres Alltags empfangen wir ständig Informationen aus unserer Umgebung. Beide, Mensch wie Schimpanse, empfangen diese Informationen und ziehen ihre Schlüsse daraus.

Der Schimpanse interpretiert diese Informationen mithilfe von **Gefühlen** und **Eindrücken**. Sobald er eine Vorstellung davon hat, was vor sich geht, reimt er sich mittels seines **emotionalen Denkens** etwas zusammen und schmiedet auf der Grundlage seiner Deutung der Situation einen Vorgehensplan. Der ganze Prozess läuft auf emotionaler Ebene ab. Emotionales Denken bedeutet, dass der Schimpanse Vermutungen anstellt und an Leerstellen Annahmen einsetzt, die typischerweise aus Fantasien, paranoiden Gefühlen oder defensiven Reflexen hervorgehen. Die Wahrscheinlichkeit, dass der Schimpanse Situationen und Vorgänge richtig deutet, dürfte somit nicht allzu hoch sein; andererseits liegt er mit seinem Bauchgefühl manchmal auch richtig. Er hat jedoch für sein Denken und Handeln kein anderes Medium als die Emotion.

Der Mensch hingegen gelangt zur Deutung von Informationen, indem er **nach Fakten sucht und aus ihnen die Wahrheit zusammensetzt**. Anschließend schmiedet er auf dieser Grundlage mithilfe **logischen Denkens** einen Vorgehensplan. Beim Menschen bildet also die Logik die Basis für das Denken und Handeln.

Ich denke emotional und arbeite mit Gefühlen und Eindrücken.
Ich denke logisch und arbeite mit Tatsachen und der Wahrheit.

Beide Prozesse können sinnvoll sein und doch zu ganz unterschiedlichen Deutungen der Situationen und zu unterschiedlichen Verhaltensimpulsen führen.

Arbeitsweisen

Was immer du auch tust, stets gibt es zwei von dir, die interpretieren, was vorgeht, und sich eine Meinung dazu bilden, was du tun solltest. Manchmal sind die beiden sich einig darin, was zu tun ist, dann gibt es kein Problem, doch oft kommen sie zu gegensätzlichen Ergebnissen. In diesem Fall erweist sich der Schimpanse als der Stärkere und übernimmt daher die Kontrolle über dein Denken und Handeln. Wenn du jedoch durchschaust, was vor sich geht, und über Strategien für den Umgang mit diesem Problem verfügst, kannst du dir die Kontrolle über dein Denken verschaffen und dann so handeln, wie es logisch richtig erscheint.

John und das geparkte Auto

Wählen wir zunächst ein einfaches Beispiel, um die Unterschiede zwischen der Denkweise des Schimpansen und der des Menschen zu demonstrieren, die zusammen im Schädel eines Mannes namens John wohnen.

John berichtet seiner Frau Pauline, er könne mit dem Auto nicht mehr aus der Hofeinfahrt fahren, weil der Nachbar seinen Wagen direkt gegenüber geparkt habe. Er müsse jetzt zu den Nachbarn hinübergehen und den Mann auffordern, sein Auto wegzufahren. John (der Mensch) erzählt die Geschichte in sachlichem Ton, und sein innerer Schimpanse hört ruhig und gefasst zu.

Paulines Antwort lautet: «Ich weiß nicht, warum du so viel Aufhebens darum machst, es ist doch geklärt, oder nicht?»

John und sein Schimpanse hören beide diese Antwort, doch ihre Deutung und ihre Reaktion darauf fallen ganz unterschiedlich aus. Johns Mensch, das Vernunftwesen, denkt vielleicht: «Ich habe eigentlich gar kein großes Aufheben darum gemacht, aber da Pauline offensichtlich nichts davon wissen will, lasse ich die Sache einfach auf sich beruhen.» Oder er denkt: «Es ist wohl wirklich geklärt, und dann hat sie wahrscheinlich recht, und ich sollte es gut sein lassen.» Der Mensch ist ruhig geblieben und hat die Sache ohne Probleme abgehakt.

Der Schimpanse in John könnte jedoch ganz anders reagieren. Er hat Paulines Antwort persönlich genommen und ist in

Erregung geraten. Er deutet die Antwort womöglich als direkte Kritik an ihm und schaltet deshalb in den Verteidigungs- oder Angriffsmodus. Wahrscheinlich wird er laut und sagt so etwas wie: «Warum hältst du nie zu mir?» Oder «Ich mache kein Aufhebens darum, was ist dein Problem?» Oder «Ich habe nur etwas angesprochen, von dem ich dachte, dass es dich als meine Frau vielleicht interessiert.»

Man kann sich vorstellen, wie das Gespräch von diesem Punkt an eskaliert wäre. Hätten wir die Szene gleich nach Paulines Antwort unterbrochen und John gefragt, wie er sich seine ideale Reaktion vorstellen würde, hätte er sich wahrscheinlich für die Variante «Mensch» entschieden und die Sache auf sich beruhen lassen. Da jedoch der Schimpanse in uns sehr viel mächtiger ist als der Mensch, wird der Schimpanse wahrscheinlich mit seiner Antwort lospreschen, bevor der Mensch überhaupt Gelegenheit bekommt, die Kontrolle zu übernehmen, und deshalb wird John sich am Ende fragen, warum er sich die Bemerkung nicht von vornherein verkniffen hat.

Sarahs Kommentar

Schauen wir uns ein weiteres Beispiel für die gegensätzlichen Denkmuster des Menschen und des Schimpansen an: Rachel ist beim Arbeiten, als Sarah sie anspricht und ihr sagt, sie sehe müde aus.

Die Botschaft erreicht immer zuerst den Schimpansen (das gehört zu den Gesetzmäßigkeiten, nach denen unser Gehirn funktioniert). Der Schimpanse reagiert emotional und empfindet eine solche Bemerkung typischerweise als Kritik; er reagiert gereizt, ist ungehalten oder vielleicht sogar wütend (je nachdem, was für ein Typ und in welcher Stimmung er ist). Der Schimpanse in Rachel greift nun in den emotionalen Baukasten, um Sarahs Äußerung zu interpretieren. Er sagt sich vielleicht so etwas wie: «Eigentlich will sie sagen, dass du alt aussiehst», oder «Sie unterstellt, dass du nicht fleißig genug arbeitest», oder er kramt irgendeine andere negative oder destruktive Deutung hervor. Dabei könnte der Schimpanse auch etwas Aufbauendes denken, etwa «Sie macht sich Sorgen um mich» oder «Sie hat wahrscheinlich recht, und ich sollte ein wenig kürzer treten» oder etwas ähnlich Konstruktives.

Der Mensch hingegen hätte, wenn er unsicher gewesen wäre, worauf Sarah hinauswollte, ruhig über die mögliche Bedeutung ihres Kommentars nachgedacht. Er hätte rational abgewogen, welchen sachlichen Inhalt die Äußerung hatte. Erst wenn er sich sicher gewesen wäre, was Sarah meinte, hätte er eine vernünftige Antwort auf ihre Äußerung gegeben. Wir können jetzt eine der Fragen beantworten, die ich am Anfang dieses Buches gestellt habe.

Warum habe ich manchmal so irrationale Gedankengänge?

Eine der einleitenden Fragen dieses Buches lautet: «Warum habe ich manchmal so irrationale Gedankengänge?» Die Antwort ist jetzt vielleicht klar geworden. Nicht du machst dir diese Gedanken, sondern dein Schimpanse übernimmt die Kontrolle und denkt für dich. Die Lösung besteht darin, dass du verstehst, wie dein Schimpanse denkt, und dass du merkst, wenn er das Kommando übernimmt, und dich dagegen wehrst.

Die Erfahrungen, die du machst, wenn du in einer Situation überaus emotional reagierst, sind ganz natürlich und ein Zeichen psychischer Gesundheit. Emotionen können jedoch schnell die Fronten wechseln, und deshalb ist das Denken des Schimpansen verhältnismäßig instabil und schwankend. Der Schimpanse ist also weniger berechenbar als der Mensch, wenn es um Entscheidungsprozesse geht – sie verlaufen bei ihm oft irrational. Wegen dieser Unberechenbarkeit ist es in der Regel wenig hilfreich, den Schimpansen für uns denken zu lassen; hier besteht also Handlungsbedarf. Als Erstes sollten wir herausfinden, wie ein gesunder innerer Schimpanse denkt.

Den Schimpansen verstehen – emotionales Denken

Die Grundlagen des emotionalen Denkens sind Eindruck und Gefühl

Der Schimpanse arbeitet nicht zwangsläufig mit Tatsachen, sondern mit dem, was nach seiner Überzeugung wahr ist, oder mit seiner subjektiven Wahrheit oder – schlimmer noch – mit einer Projektion dessen, was die Wahrheit sein könnte. Bei ihm kann sich schnell ein Eindruck verfestigen, sogar ohne sachliche Begründung, und er weicht davon gewöhnlich nicht mehr ab. Natürlich sind manche Eindrücke, die der Schimpanse für uns registriert, zutreffend und hilfreich, aber sie können ebenso gut auch falsch sein. Würden wir uns auf die Suche nach Genauigkeit und Wahrheit machen, so würde uns das helfen, zu einer vernünftigen Entscheidung zu kommen.

Charakteristischerweise bildet sich dein Schimpanse bei jeder Begegnung mit einem für dich neuen Menschen einen Eindruck von dessen Persönlichkeit, indem er dessen Körpersprache liest. Falls du die Erfahrung machst, dass dein Schimpanse oft falsch liegt, kann es nützlich sein, herauszufinden, ob es in deinem Freundeskreis jemanden mit einem Schimpansen gibt, der diese Kunst besser beherrscht, und dich nach ihm zu richten! Wir wissen, dass manche Schimpansen gleichsam von Natur aus eine bessere Menschenkenntnis besitzen als andere.

Schimpansen operieren gerne mit Gefühlen, starten im Gespräch ihre Sätze oft mit «Aber ich habe Lust …» oder «Ich habe keine Lust …». Seine Gefühle sind dem Schimpansen sehr wichtig, und er vergisst, dass alle Gefühle kommen und gehen. Es ist natürlich eine gute Sache, dass der Schimpanse uns Gefühle beschert, und sie können sehr nützliche Hinweisgeber und Entscheidungshilfen für uns sein. Gefühle sind jedoch nicht immer zuverlässig und können sich schnell ändern. Mit Gefühlen zu arbeiten, kann demzufolge manchmal hilfreich sein und manchmal nicht. Zuweilen muss der Mensch zum Schimpansen sagen: «Ob du Lust hast oder nicht, ist mir egal, wir müssen das machen» oder «Es interessiert mich nicht, ob du in der Stimmung bist oder nicht, hier geht es nicht um Stimmungen».

Dies sind einige Eigenarten des emotionalen Denkens:

- bildet sich spontan und unüberlegt eine Meinung
- denkt in Schwarzweiß
- fühlt sich verfolgt
- agiert chaotisch
- verhält sich irrational
- urteilt gefühlsbetont

Bildet sich spontan und unüberlegt eine Meinung
Der Schimpanse fällt schnelle Urteile und wartet nicht, bis alle Informationen vorliegen, um erst dann zu urteilen. Er bildet sich seine Meinung auf der Grundlage seiner Gefühle und Eindrücke und versteift sich auf diese Meinung. Er sucht dann nach Belegen, mit denen er seine Meinung untermauern und deren Richtigkeit beweisen kann. Typischerweise dehnt und biegt er dabei die Tatsachen so zurecht, dass sie seiner Meinung entsprechen, und reagiert sehr gefühlsbetont und irrational, wenn man ihm Kontra gibt.

Denkt in Schwarzweiß
Der innere Schimpanse hat große Ähnlichkeit mit einem Kind; beide denken in Schwarzweiß. Sie können sehr nachtragend sein und lassen sich ungern auf Zwischentöne ein. Erwachsene Menschen sind eher in der Lage, einzusehen, dass nur sehr

wenige Dinge im Leben einem Schwarzweiß-Muster folgen. Da Schimpansen gerne in Schwarzweiß denken, neigen sie zu vorschnellen Urteilen und Reaktionen. Wenn du mit deinem Schimpansen denkst, siehst du oft nur eine einzige Möglichkeit. Schimpansen denken gewöhnlich nicht darüber nach, ob sich eine Situation auch anders interpretieren lässt.

Fühlt sich verfolgt

Der Schimpanse hat ein ausgeprägtes Sicherheitsbedürfnis; er ist daher wachsam und hält stets Ausschau nach Gefahren, was ihn anfällig für paranoide Vorstellungen macht. Nach seiner Überzeugung ist es sehr viel sicherer, ein bisschen paranoid zu sein und sich vor anderen Leuten oder vor einer Situation in Acht zu nehmen, als sorglos zu sein und dabei zu sterben. Es ist daher nichts Ungewöhnliches, wenn unser Schimpanse Anderen misstraut und generell argwöhnisch ist. Je verwundbarer ein Schimpanse sich fühlt, desto stärker wird sein Verfolgungswahn.

Schimpansen, die unsicher sind, können sehr viele Dinge in eine harmlose Situation hineingeheimnissen. Sie können aus Äußerungen anderer Leute hinterhältige und böswillige Botschaften heraushören und dann paranoiden Vorstellungen freien Lauf lassen. Wenn sich der Schimpanse erst einmal eine Meinung gebildet hat, neigt er dazu, sie mit paranoider Hartnäckigkeit zu verteidigen. Er reißt dabei häufig Dinge aus dem Zusammenhang und wird sehr defensiv. Der richtige Umgang mit der Paranoia deines Schimpansen ist eine hohe Kunst, mit der wir uns im Abschnitt ‹Lerne das Beste aus deinem Schimpansen herauszuholen› befassen werden.

Agiert chaotisch

Da Schimpansen ständig auf der Hut vor drohenden Gefahren sind, neigen sie dazu, Katastrophen an die Wand zu malen. Sie lassen sich zu Überreaktionen verleiten und laden Situationen emotional auf. Wann immer sie den Eindruck haben, dass etwas schiefläuft, malen sie sich tendenziell alles Schlimme aus, was sich daraus entwickeln könnte, und verlieren dabei jedes Augenmaß. Das führt häufig zu schwer erträglichen Untergangsfantasien und Situationen, in denen sich dir der Magen umdreht. Dies verbindet sich wiederum oft mit dem besagten Schwarzweißdenken, mit der Folge, dass du das Gefühl bekommst, du befändest dich in einer ausweglosen Lage oder könntest dich von dem, was du gerade erleidest, nicht mehr erholen.

Das Gefühlsleben, das der Schimpanse dem Menschen beschert, ist also furchterregend, extrem und bereitet große Schmerzen. Erinnere dich, wie oft dein Schimpanse dich in emotional aufwühlende Situationen gebracht hat und du dich im Rückblick gefragt hast, wie du es so weit kommen lassen konntest.

Verhält sich irrational

Der Schimpanse ist kein Vernunftwesen. Er bemüht sich nicht, abzuwägen, ob etwas wahrscheinlich oder möglich ist, sondern gelangt typischerweise auf kürzestem Weg zu einer Schlussfolgerung, wobei er unstimmige oder fehlende Details durch irgendetwas Passendes ersetzt. Er kann also sehr irrational werden und am Ende unter Umständen blamiert dastehen. Wenn es dem Schimpansen gelingt, die Kontrolle über dein Denken und die Deutungshoheit über das, was dir widerfährt, zu übernehmen, werden die Rechtfertigungen, die er vorbringt, wahrscheinlich unplausibel und töricht sein. Von Logik wird dabei wenig oder gar nichts zu sehen sein. Leider lässt uns diese irrationale Herangehensweise in peinliche Situationen geraten, in denen wir, wenn die Wahrheit auf den Tisch kommt, am liebsten im Boden versinken würden. Schauen wir uns ein Beispiel an, das aufzeigt, wie der Schimpanse operiert:

Rob wartet vor dem Kino auf seine Freundin Sally. Sie waren für 20:30 Uhr verabredet; jetzt ist es 21 Uhr, und sie ist nicht aufgetaucht. Robs Schimpanse hat das Kommando übernommen und sich auf den Kriegspfad begeben. Der Schimpanse denkt emotional. «Es ist spät; sie hat mir nicht Bescheid gesagt, was los ist; ich verschwende meine Zeit; ich könnte ebenso gut ins Kino gehen; sie ist es nicht wert; sie hat mich versetzt; sie sollte mir das nicht antun; sie hat mich gedemütigt; ich bin wütend; ich bin stocksauer» und etliches mehr. Plötzlich steht Sally vor ihm, aber noch ehe sie etwas sagen kann, prescht Robs Schimpanse vor: «Warum kommst du zu spät? Du lässt mich hier rumstehen wie einen Idioten; was für einen Sinn hat es, jetzt noch reinzugehen? Es ist zu spät» und weitere Vorwürfe dieser Art. Endlich hält er inne, und Sally kommt zu Wort.

«Da ist jemand angefahren worden, gleich dort um die Ecke. Ich bin zu Hilfe geeilt, sie haben mein Handy benutzt, um einen Krankenwagen und die Polizei zu rufen. Ich habe der Frau, die am Boden lag, die Hand gehalten. Der Krankenwagen kam schließlich, und dann habe ich mich beeilt, herzukommen. Es tut mir leid. Ich konnte dir nicht Bescheid sagen, weil die doch für die Notrufe mein Handy benutzt haben.» Jetzt fühlt Rob sich ziemlich belämmert, und sein Schimpanse schaltet emotional auf zerknirscht um. Doch der Schaden ist angerichtet.

Diese einfache Geschichte zeigt, wie emotional der Schimpanse denkt; er wartet nicht auf die Fakten, sondern stellt Vermutungen an und schmollt. In diesem Fall wird der Schimpanse wütend, aber es hätte viele andere Reaktionsmöglichkeiten gegeben, die ebenso zu einem unangemessenen Verhalten bei Rob geführt hätten. Solche Dinge passieren uns allen häufig, wenn wir unseren Schimpansen nicht unter Kontrolle halten. Würden wir alle unseren Schimpansen domestizieren, so würden wir in einer deutlich anderen Welt leben.

Urteilt gefühlsbetont

Schimpansen beurteilen Andere im Schnellschuss und gnadenlos. Ihr Urteil basiert auf allen Kriterien, die im Denken des Schimpansen vorkommen. Es kann also auf reinen Gefühlen oder spontanen Eindrücken beruhen, vielleicht sogar auf dem ureigenen Verfolgungswahn des Schimpansen. Urteile dieses Typs sind nicht vernünftig verhandelbar, und damit ist es unwahrscheinlich, dass der Schimpanse zu der Einsicht gebracht werden kann, vielleicht im Unrecht gewesen zu sein. Es kommt auch vor, dass Schimpansen über Andere urteilen, um ein eigenes Ziel zu verfolgen, etwa jemandem etwas heimzuzahlen oder Macht über jemanden zu erlangen.

Der Schimpanse trifft Entscheidungen auf der Grundlage seines «emotionalen Denkens»

Wenn wir unseren Schimpansen für uns denken lassen, akzeptieren wir, dass «emotionales Denken» die Regie über unsere Vorstellungen von dem, was vor sich geht, übernimmt. Sehr wenig Logik – wenn überhaupt welche – fließt da ein, dafür jede Menge emotionale Energie. Der Schimpanse stückelt seine irrationale, in Schwarzweiß gehaltenen Katastrophenszenarien, Eindrücke und Wahnideen auf eine oft unsinnige Weise zusammen, um dann seine Schlüsse daraus zu ziehen und einen Vorgehensplan zu schmieden. Rationales Denken ist nicht Sache des Schimpansen. Man muss kein Genie sein, um zu erkennen, dass das keine gute Arbeitsgrundlage ist. Glücklicherweise steht uns ein alternatives Denken zur Verfügung: Wir können lernen, die Blutströme in unserem Gehirn so umzuleiten, dass diese Alternative zum Zug kommt. Die Alternative ist das Denken nach Menschenart.

Den Menschen verstehen – logisches Denken

Tatsachen und Wahrheit sind die Grundelemente des logischen Denkens

Menschen beginnen mit der Erforschung dessen, was sie erleben, indem sie zunächst einmal die Tatsachen feststellen. Sie sammeln alle verfügbaren Informationen, bevor sie Pläne zu schmieden beginnen. Haben sie die Tatsachen zusammengetragen, versuchen sie die Wahrheit zu ermitteln und formen auf dieser Grundlage ihre Überzeugungen.

In der Gesellschaft verwenden wir eine Menge Energie und Debatten darauf, die Wahrheit herauszufinden, gleich ob es sich um ernste oder triviale Dinge handelt. Dem Menschen ist das Verlangen angeboren, in jeder Situation die Wahrheit zu ergründen; wenn dies nicht gelingt, kann sowohl der Schimpanse als auch der Mensch Schaden daran nehmen. Wenn Lügen über uns verbreitet werden, ist das für uns Menschen eine besonders unangenehme Erfahrung, und wir legen großen Wert auf Richtigstellung. Wenn diese ausbleibt, springt der Schimpanse oft dem Menschen bei, und beide demonstrieren mit vereinten Kräften ihren Ärger!

Dies sind einige Charakteristika des logischen Denkens:

- auf Beweise gegründet
- rational
- kontextbezogen und zweckgerichtet
- urteilt differenziert und ausgewogen

Auf Beweise gegründet

Menschen arbeiten mit Belegen und suchen nach Beweisen. Sie bleiben offen für Neues und sind in der Lage, sich eines Besseren zu besinnen und den Standpunkt eines Anderen zu verstehen. Sie personalisieren ihre Sicht der Dinge oder ihre Überzeugungen nicht und ziehen sich daher nicht in eine Abwehrhaltung zurück, wenn Kritik an ihnen geübt wird.

Rational

Rationales Denken liegt vor, wenn wir unseren Menschenverstand gebrauchen und beurteilen, ob etwas machbar und realistisch ist. Paradoxerweise ist es oft der Schimpanse, der unser rationales Denken in Gang setzt, indem er den Menschen in uns aktiviert. Als intuitiver Souffleur bringt er ein Glöckchen in unserem Kopf zum Klingen, das uns sagt, dass etwas zu unwahrscheinlich klingt, um wahr zu sein. Dabei muss jedoch der Mensch das Steuer in der Hand behalten und nach Belegen suchen, die das bestätigen, was der Schimpanse ihm zuflüstert. Wenn wir dies versäumen und zulassen, dass der Schimpanse das Kommando übernimmt, gerät unser vernünftiges Denken unter die Räder, und dann kann es sein, dass Dinge, die der Schimpanse uns einredet, irgendwann gegen uns arbeiten. Wenn das passiert, werden wir uns im Rückblick fragen: «Was habe ich da gedacht?»

Kontextbezogen und zweckgerichtet

Die Fähigkeit, Situationen im Kontext und mit Augenmaß zu betrachten, definiert das Denken des Menschen. Der Wunsch, zu verstehen, welche Vorgeschichte ein Ereignis hatte und wie genau es abgelaufen ist, gehört zur Grundausstattung des Menschen und hilft uns, Handlungsweisen und Äußerungen in einen Kontext einzubetten. Als Mensch weiß man auch zu schätzen, dass alle Ereignisse kommen und gehen, und gewinnt eine deutende Sichtweise darauf, was vorgeht und wie wichtig es im Rahmen unserer Lebensrealität ist.

Urteilt differenziert und ausgewogen

Als Kinder agieren wir typischerweise nach den Vorgaben unseres Schimpansen und sehen die meisten Dinge schwarzweiß. Kinder demonstrieren dies dadurch, dass sie in ihrer Situationsbeurteilung ziemlich rigoros sind.

Der erwachsene Mensch denkt hingegen in Grautönen. Als Erwachsene lernen wir zu akzeptieren, dass womöglich viele Faktoren in Vorgänge einfließen, um deren Verständnis wir uns bemühen, und dass wir vielleicht nicht alle diese Faktoren im Blick haben. Wir neigen daher weniger zu harschen Urteilen und sind eher bereit, Zwischentöne wahrzunehmen oder uns ein Urteil ganz zu verkneifen. Wir können auch unser Denken anhand der Erfahrungen, die das Leben uns beschert, modifizieren.

Menschen akzeptieren, dass sie womöglich falsch liegen, denken darüber nach und öffnen sich für Einwände und Anregungen. Sie akzeptieren auch, dass man manchmal vielleicht nicht an die Wahrheit herankommt, dass manche Fragen ohne schlüssige Antwort bleiben oder dass man einfach unterschiedlicher Meinung sein kann.

Der Mensch trifft Entscheidungen auf der Grundlage seines «logischen Denkens»

«Logisches Denken» bedeutet, dass wir unser Denken an Mustern ausrichten, die realitätsbezogen und sinnvoll sind, und dass wir daraus vernünftige Schlussfolgerungen in Bezug auf unser Handeln ableiten. Wenn beispielsweise jemand seinen Unmut äußert, können wir uns sagen, dass es dafür einen Grund geben muss. Diese Überlegung ist auch in umgekehrter Richtung zulässig: Wenn jemandem etwas Unangenehmes zustößt, können wir damit rechnen, dass er ungehalten reagiert. Wir benutzen dabei unterschiedliche logische Vorgehensweisen, zum Beispiel:

- Deduktion über mehrere Stufen
- Aufzeigen von Belegen und Tatsachen, aus denen sich eine Schlussfolgerung ergibt
- Durchgehen von Argumenten durch das Zusammentragen von Informationen
- Aufarbeitung von Problemen durch vernünftiges Argumentieren

Zusammenfassung der beiden unterschiedlichen Denkweisen

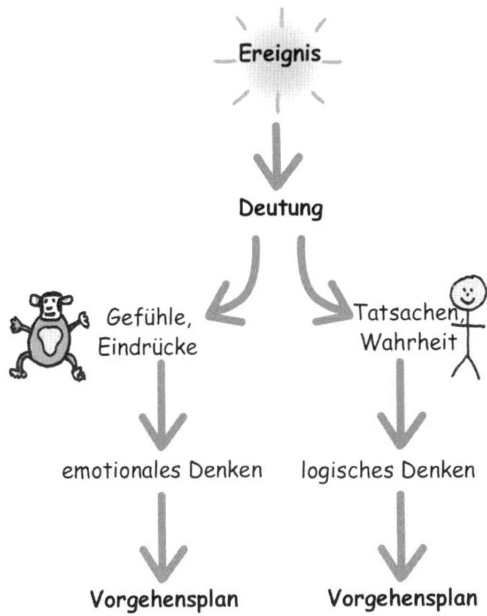

Zwei verschiedene Handlungsziele

Der Daseinszweck des Schimpansen und seine Handlungsziele sind dem Überleben gewidmet.

Dagegen ist das Handlungsziel des Menschen die Selbstverwirklichung. In der Regel sind wir von dem Verlangen beseelt, die Persönlichkeit zu werden, die wir sein wollen, und die Ziele zu erreichen, die wir uns gesetzt haben. Der Mensch begibt sich gern auf die Suche nach dem Sinn des Lebens.

Viele von uns neigen der Vorstellung zu, unser innerer Mensch sei die Behausung für unsere Seele oder unseren Geist. Wenn wir die Unterschiede zwischen den Handlungszielen des Schimpansen und denen des Menschen betrachten, werden wir sehen, weshalb diese beiden Wesen häufig in heftige Konflikte miteinander geraten.

Die Handlungsziele des Schimpansen verstehen

- Erhaltung der Art und eigenes Überleben
- andere Ziele

Erhaltung der Art und eigenes Überleben

Der Schimpanse verfolgt womöglich viele Ziele, die sich zu unterschiedlichen Zeitpunkten ändern können, doch sein oberstes Ziel ist es, die nächste Generation zu zeugen. Auf diese Weise sorgt die Natur für die Erhaltung der Arten.

Der Schimpanse folgt in dem Bemühen, dieses Ziel zu erreichen, seinem Sexualtrieb und anderen Trieben. Der Sexualtrieb steht daher ganz oben auf der Prioritätenliste deines Schimpansen! Ein starker Sexualtrieb weist auf einen gesunden Schimpansen hin.

Knapp dahinter folgt als zweitwichtigstes Ziel des Schimpansen das eigene Überleben, wozu der Schutz vor Verletzungen und Leid gehört.

Diese beiden Handlungsziele des Schimpansen spielen eine überragende Rolle für sein Verhalten. Natürlich ist jeder Schimpanse anders und hat womöglich andere Prioritäten, aber wir betrachten zunächst einmal den typischen Schimpansen.

Diese beiden außerordentlich starken Triebe sind allen höheren Arten, nicht nur dem Menschen, gemein und entscheidend für deren Fortbestand. Wir müssen daher das Verlangen haben, die nächste Generation zu zeugen, oder wir brauchen zumindest bestimmte Triebe (den Sexualtrieb oder einen ausgeprägten Kinderwunsch), die uns dazu bringen, die nächste Generation zu produzieren. Wir müssen, um dies leisten zu können, auch den Willen haben, als Individuum zu überleben.

Im Extremfall, wenn der typische Schimpanse in Gefahr gerät, wird er mit hoher Wahrscheinlichkeit eher für den Fortbestand der Art kämpfen als für das eigene Überleben. Am Beispiel der Spinnenart Schwarze Witwe lässt sich dieses Prinzip demonstrieren. Das Verlangen, die nächste Generation zu zeugen, kollidiert hier mit dem Überlebenstrieb. Die sexuelle Begierde des Männchens, die der Fortpflanzung der Art dient, ist stärker als sein Selbsterhaltungstrieb, und es paart sich mit dem Weibchen, obwohl es weiß, dass es wahrscheinlich aufgefressen wird, wenn es nach der Paarung nicht schnell genug das Weite sucht.

Wir können dieses Gegeneinander der Triebe auch beim Menschen beobachten – wenn auch hoffentlich nicht in so drastischer Ausprägung –, beispielsweise wenn jemand in einer Situation, in der die Gefahr besteht, mit HIV angesteckt zu werden, ungeschützten Sex praktiziert. Dank der Fortschritte der Medizin ist dieses Virus nicht mehr so todbringend wie früher. In der Zeit, in der es erstmals auftrat, gingen die Menschen jedoch unglaubliche Risiken ein in dem vollen Bewusstsein der möglichen tödlichen Folgen.

Man darf die gebieterische Kraft des Sexualtriebs nicht unterschätzen; er ist das Mittel, mit dem die Natur für die Fortpflanzung und Erhaltung der Arten sorgt. Das ist der Grund dafür, dass es nicht wenigen Menschen, die sich in einer Liebesbeziehung befinden und durchaus monogam leben wollen, unglaublich schwerfällt, treu zu bleiben. Der Mensch sagt und will das eine, der Schimpanse sagt und will das andere.

Andere Ziele

Der Schimpanse verfolgt ganz offensichtlich auch andere Ziele, die das Überleben der Art und/oder des Individuums sichern; diese Ziele können sich im Verlauf der Zeit ändern. Als Beispiele lassen sich anführen: das Bemühen, einen Partner oder eine Partnerin zu gewinnen, die Abgrenzung eines eigenen Reviers, die Suche nach Nahrungsquellen und einer Behausung. Wir werden die hinter diesen Handlungszielen steckenden Triebe weiter unten in diesem Kapitel, im Abschnitt «Dschungelzentrum», abhandeln.

Die Handlungsziele des Menschen verstehen

- Ich-Agenda
- soziale Agenda
- andere Ziele

Ich-Agenda

Menschen haben höchst unterschiedliche Vorstellungen davon, was der Sinn und Zweck ihres Lebens ist. Manche führen ein Leben, das von dem Bedürfnis bestimmt ist, die Grundlagen der eigenen Existenz zu sichern, und lassen es dabei bewenden. Andere setzen sich weitergehende Ziele: Selbstverwirklichung und das zufriedene Gefühl, etwas Gutes, vielleicht auch durch Hilfe für andere, bewirkt zu haben.

Man kann sich auf viele unterschiedliche Arten selbst verwirklichen, und es liegt wirklich an dir allein, herauszufinden, was du aus deinem Leben machen willst. Jeder von uns ist einzigartig, und es gibt hier kein Richtig oder Falsch. Viele Menschen setzen sich das Ziel, ihre Potenziale auszuschöpfen, und es hat den Anschein, dass diejenigen, die darauf hinarbeiten und nach Selbstverwirklichung streben, eher mit ihrem Leben zufrieden sind. Eines steht fest: Dem eigenen Leben einen Sinn zu geben, ist etwas, das uns Menschen aufblühen lässt.

Soziale Agenda

Menschen sind von Natur aus eigentlich «soziale Tiere», auch wenn es offenkundige Ausnahmen von dieser Regel gibt. Zu den vorrangigen Zielen des Menschen gehört es, eine Gesellschaft aufzubauen, in der Menschen einträchtig und friedlich zusammenleben können. Man kann diesen Handlungswunsch in allen menschlichen Gesellschaften finden. Menschen sind so beschaffen, dass sie sich ständig bemühen, Regeln für das gesellschaftliche Zusammenleben aufzustellen. Diese Regeln basieren auf Grundsätzen wie Gleichberechtigung und Chancengleichheit und sind im Grunde dazu da, den Schimpansen in uns in die Schranken zu weisen. Der Mensch strebt nach Gerechtigkeit und Struktur und bedient sich ethischer und moralischer Grundsätze, um Menschenrechte und menschliche Werte als Leitlinien für seine Lebensführung zu etablieren. Diese Grundsätze basieren auf Werturteilen, auf der Unterscheidung zwischen Richtig und Falsch und auf dem Bewusstsein für die sich daraus ergebenden Konsequenzen.

Andere Ziele

Bei sonstigen Zielen, die Menschen sich setzen, finden wir erhebliche Abweichungen von einer Person zur anderen, doch haben sie zumeist mit dem Wunsch nach Lebensglück und Erfolg zu tun, so unterschiedlich diese Begriffe definiert sein mögen. Das Problem mit diesen Wunschzielen ist, dass, wenn wir nicht aufpassen, der Schimpanse sich ihrer bemächtigt und sie nach den Regeln des «Dschungelrechts» ansteuert. Dem

Menschen in uns ist es beispielsweise ein Anliegen, dass Firmen auf der Basis ethischer Grundsätze geführt werden. In der Wirklichkeit bestimmen aber oft Revierkämpfe und Einschüchterung das Bild, wenn der Schimpanse in uns das Ruder übernimmt und die ethischen Unternehmensziele des Menschen mit seinen eigenen Agendapunkten vermischt, die mit egoistischen Bedürfnissen oder mit der Errichtung eigener Herrschaftsbereiche zu tun haben.

Zwei unterschiedliche Operationsmodi

Der Schimpanse und der Mensch haben unterschiedliche Zielvorstellungen und bedienen sich zweier sehr verschiedener Vorgehensweisen, um ihre Ziele zu erreichen. Der Schimpanse operiert nach den Regeln des Dschungels und kann dabei auf machtvolle Triebe und Instinkte zurückgreifen. Der Mensch hingegen operiert nach den Regeln der Gesellschaft und bedient sich dabei machtvoller ethischer und moralischer Antriebe, die typischerweise der Zensur seines Gewissens unterliegen.

Die bei weitem größte Herausforderung für den einzelnen Menschen besteht darin, dass in ihm ein Tier lebt, das darauf festgelegt ist, nach den Regeln des Dschungels zu leben und seine Bedürfnisse unter Einsatz äußerst machtvoller Triebe und Instinkte zu befriedigen.

Den Schimpansen verstehen – das Dschungelzentrum

Der Schimpanse arbeitet mit einem «Dschungelzentrum», das auf Instinkten und Trieben basiert. Das Dschungelzentrum ist ein Bereich innerhalb des Schimpansenhirns, der dem Schimpansen die Merkmale und Einstellungen an die Hand gibt, die er zum Überleben in einem Dschungel braucht. Das Repertoire dieses Zentrums besteht aus Überzeugungen und Verhaltensweisen, die im Dschungel gut funktionieren, in der menschlichen Gesellschaft jedoch weit weniger gut! Daher entstehen größere Probleme, wenn der Schimpanse seine dschungelgerechten Triebe in einer menschlichen Gesellschaft auslebt.

Dies sind einige Funktionselemente des Dschungelzentrums:

- Instinkte
- Triebe
- Verwundbarkeit
- spezifische Unterschiede zwischen männlichen und weib-lichen Schimpansen
- Körpersprache

Instinkte

Ein Instinkt ist ein Reaktionsmechanismus, der in der Regel von Geburt an vorhanden ist und auf bestimmte Reize oder Auslöser anspringt. Instinkte sind dafür da, unser Überleben zu sichern. Sie sind vorprogrammierte automatische Verhaltensmuster, die ablaufen, ohne dass es unseres aktiven Eingreifens bedarf; sie brauchen nur einen Auslöser.

Ein neugeborenes Kind zum Beispiel zeigt eine automatische (instinktive) Reaktion auf das Berühren seiner Wange mit einem Finger. Es wendet den Kopf in Richtung des Fingers und beginnt zu saugen. Dieser Sauginstinkt sorgt dafür, dass das Baby, sobald es in die Nähe einer Brustwarze kommt, sich nach ihr reckt und daran saugt. Alle Jungtiere verfügen über ein Arsenal an Instinkten, die ihnen helfen, zu überleben. Dein Schimpanse hat ein Arsenal äußerst machtvoller Instinkte, die ihm helfen, sowohl sich selbst als auch dich vor Gefahren zu schützen.

Der FFF-Reflex (Fight, Flight or Freeze = Kampf, Flucht oder Totstellen) ist wohl der wichtigste und am häufigsten ausgelöste Instinkt, über den unsere Schimpansen verfügen. Im gesamten Tierreich ist dieser Instinkt verbreitet und kommt tagtäglich bei allen Arten, auch beim Homo sapiens, zur Anwendung. Der FFF-Instinkt ist die automatische Antwort der Natur auf eine wahrgenommene Bedrohung. Dieser Sofortreflex dient unserem Schutz. Er ist energiegeladen und geht mit einer starken emotionalen Mobilisierung einher, die unsere Reaktion beschleunigt. Die hohe emotionale Aufgeladenheit dient dem Zweck, in potenziell lebensbedrohenden Situationen unser Überleben zu sichern. Es ist der Schimpanse in uns, der mit dem FFF-Reflex arbeitet und ihn dem Menschen zur Verfügung stellt.

Der FFF-Reflex

Kampf – greif an

Flucht – lauf weg

Totstellen – nicht bewegen

Schnell die richtige Reaktion zu wählen, kann überlebenswichtig sein. Wenn du dich für den Kampf entscheidest in einer Situation, in der du wegrennen müsstest, könnte dich das dein Leben kosten. **Kampf** heißt, dass man sich der Bedrohung stellt; **Flucht** heißt, dass man vor der Gefahr davonläuft; **Totstellen** heißt, dass man sich nicht bewegt, in der Hoffnung, dass die Gefahr verschwindet und man selbst unbemerkt bleibt. Totstellen kann alternativ so verstanden werden, dass wir der Bedrohung ausweichen, uns mit ihr verbünden oder uns ihr ergeben, in der Hoffnung, es möge uns das Schlimmste erspart bleiben.

Für welche Reaktion der Schimpanse sich entscheidet, hängt davon ab, wie verwundbar er sich fühlt. Die meisten Schimpansen entscheiden sich, wann immer möglich, für die Flucht oder für das Totstellen, um dem Kampf aus dem Weg zu gehen.

Im Dschungel ist der FFF-Instinkt eines Schimpansen eine erfolgversprechende Überlebenshilfe. Ein Problem für uns Menschen ist, dass unser innerer Schimpanse immer noch glaubt, im Dschungel unterwegs zu sein, und dass der FFF-Reflex für ihn nach wie vor zur Alltagsroutine gehört. In der modernen Gesellschaft ist das Agieren nach dem FFF-Schema jedoch nicht immer zweckdienlich.

Wenn wir zum Beispiel einen Raum voller fremder Menschen betreten, schaltet bei vielen von uns der Schimpanse in den Fluchtmodus und hat nur noch den Wunsch, das Weite zu suchen. Manche entscheiden sich für den Totstellmodus und versuchen unbemerkt zu bleiben, während andere vielleicht den Kampfmodus einschalten und versuchen, ihre Präsenz offensiv anzuzeigen. Solche Reaktionen treten auf, weil der Schimpanse uns die Botschaft geschickt hat: «Ich fühle mich bedroht und muss etwas tun.» Es kann vorkommen, dass die beschriebenen Reaktionen sehr heftig ausfallen und uns mit großer Angst erfüllen. Um den Schimpansen zu beruhigen, muss der Mensch mit ihm reden und ihm mit vernünftigen Argumenten klarmachen, dass keine reale Bedrohung besteht. Bei manchen von uns hat der innere Schimpanse die Eigenart, Bedrohungen nicht wahrzunehmen, und legt daher nur wenige oder gar keine Reaktionen an den Tag.

Wenn dein Schimpanse dich drängt, auf eine Situation zu reagieren, und du darauf nicht ansprichst, indem du etwa einen den Schimpansen zufriedenstellenden FFF-Reflex produzierst, wird dein Körper Adrenalin ausschütten. Wenn das Adrenalin mit negativen Gedanken einhergeht, wird dein Schimpanse in einen Zustand der Angst geraten. Die Angst ist in diesem Beispiel das Mittel, mit dem die Natur uns in einer Gefahrensituation dazu bringt, eine Entscheidung zu treffen. Angst entsteht typischerweise dann, wenn wir keine Entscheidung treffen. Sie ist eine völlig natürliche Reaktion unseres Schimpansen, die zeigt, dass er gesund ist. Die richtige Antwort darauf ist also, eine Entscheidung zu treffen oder den Schimpansen zu beruhigen!

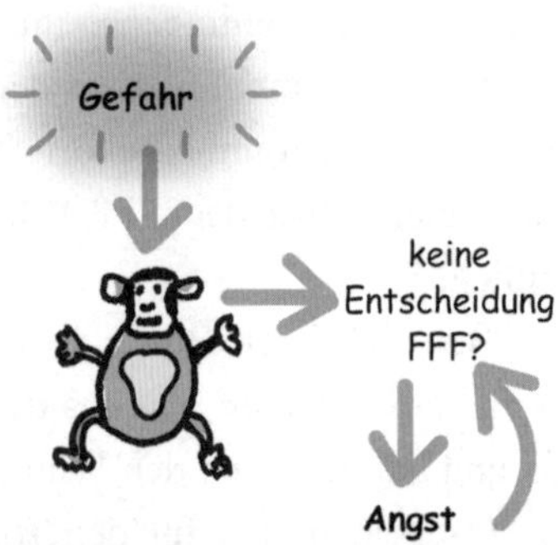

Die Natur schickt die Angst ins Rennen,
um den Schimpansen zu einer Entscheidung zu zwingen

Da FFF-Reflexe über Leben und Tod entscheiden können, wird dabei geballte emotionale Energie mobilisiert, die meist in keinem Verhältnis zum auslösenden Vorgang steht. Wenn du zum Beispiel einen öffentlichen Redeauftritt hast, kann es sein, dass du, kurz bevor es losgeht, heftige Magenkrämpfe und großes Lampenfieber bekommst. Dein Schimpanse hat in den FFF-Modus geschaltet, weil er Gefahr wittert und dir signalisiert, es gehe jetzt um Leben und Tod und du müsstest weglaufen. Der Schimpanse zeigt dank seines emotionalen Denkens also eine Alarmreaktion wie bei einer Katastrophe, mit der er erreichen will, dass du dich in Sicherheit bringst. In Wirklichkeit geht es in der Situation keineswegs um Leben und Tod, doch das weiß der Schimpanse nicht. Daher wird er in vielen Fällen in dem Moment, in dem du dich anschickst, aufzustehen und deine Rede zu beginnen, hysterisch werden und sagen: «Was machst du? Da tut sich eine schreckliche Gefahr auf, und du läufst geradewegs darauf zu. Das könnte dich das Leben kosten.» Wenn der Mensch in dir dann versucht, den Schimpansen zu beruhigen, hält der vielleicht immer noch dagegen und fragt dich: «Und was ist, wenn du dich blamierst?», «Was ist, wenn du einen Fehler machst?», «Was ist, wenn es in die Hose geht?»

und ähnliches mehr. Der Mensch sagt hingegen: «Das ist doch nur eine Rede», «Ich kann mit Kritik umgehen», «Ich kann nur mein Bestes geben», «Hör auf, dich da hineinzusteigern und aus einer Mücke einen Elefanten zu machen» und ähnliches mehr. Anhand dieser Beispiele können wir beginnen, den Kampf ums Denken zwischen dem Schimpansen und dem Menschen richtig einzuordnen.

Triebe

Außer seinen Instinkten hat der Schimpanse auch starke Triebe. Ein Trieb ist etwas, das uns zwingt, aufzustehen und etwas zu tun. Hätten wir keine Triebe, so säßen wir einfach nur herum und täten nichts. Triebe dienen der Erfüllung von Bedürfnissen, die wir haben, seien es körperliche oder emotionale.

Der Schimpanse hat machtvolle Triebe; sie steuern sein Verlangen nach Sex, Vorherrschaft, Nahrung, Sicherheit, Nachwuchs und Mitgliedschaft in einer Gruppe. Der Endzweck dieser Triebe ist die Erhaltung der Art. Wie Instinkte sind auch Triebe angeboren, doch anders als Instinkte benötigen sie keinen Auslöser oder Reiz. Da Triebe überlebensnotwendig sind, haben sie eine gebieterische Kraft, sodass es schwer ist, ihnen zu widerstehen. Der Hunger ist zum Beispiel ein sehr machtvoller Trieb, und dein Schimpanse wird sich wahrscheinlich vollstopfen, wenn ein gutes Nahrungsangebot da ist, weil er nie sicher sein kann, wann es die nächste Mahlzeit gibt. Der Mensch in dir wird vielleicht sagen, dass ein Stück Kuchen ausreicht, wogegen der Schimpanse so viele davon verschlingen wird, wie er kann, ohne zu platzen, und dem Menschen das Schuldgefühl hinterlässt!

Man sollte annehmen, dass Schimpansenweibchen einen ausgeprägteren Fresstrieb haben als Männchen, weil sie die meiste Zeit schwanger sind oder ein Neugeborenes säugen. Um dies leisten zu können, müssen sie viel Nahrung aufnehmen. Ein heranwachsender Fetus in der Gebärmutter kann die physischen Ressourcen der Schwangeren auszehren, und sie muss das schnell und ausreichend kompensieren. In der Natur entspricht es dem Normalzustand eines Weibchens, entweder schwanger zu sein oder zu stillen, und dementsprechend wäre es keine Überraschung, wenn Weibchen einen ausgeprägten Fresstrieb hätten. Der Fresstrieb unseres inneren Schimpansen ist sehr gesund und normal. Wir leben allerdings nicht im Dschungel, sondern in einer Gesellschaft, und hier ist ein zu starker Fresstrieb fehl am Platz. Wir müssen diesen Trieb also bremsen und unter sorgfältiger Kontrolle halten. Viele Menschen, Männer ebenso wie Frauen, leiden Höllenqualen in dem Bemühen, die Essgewohnheiten ihres Schimpansen zu kontrollieren, und der Kampf gegen das Übergewicht kann schrecklich anstrengend sein. Wenn der Mensch erkennt, welche Folgen unmäßiges Essen und Übergewicht haben können, damit aber glücklich und zufrieden ist, kommt es darüber nicht zu einem Konflikt zwischen Mensch und Schimpanse. Wenn die beiden sich jedoch uneins sind, werden erhebliche innere Kämpfe ausbrechen.

Triebe müssen stark sein, um das Überleben des Einzelnen und der Art zu gewährleisten; damit sie sich geltend machen können, sind in unserem Gehirn entsprechend starke Belohnungsmechanismen installiert. Sie setzen chemische Stoffe frei, die in der Regel gute oder unwiderstehliche Gefühle auslösen, was beim Individuum das Verlangen weckt, das triebgesteuerte Verhalten zu wiederholen. Essen ist eine lustvolle Erfahrung: nicht nur Teil eines urwüchsigen Überlebenstriebs, sondern auch eine Gewohnheit mit Suchtpotenzial.

Einige typische Triebe

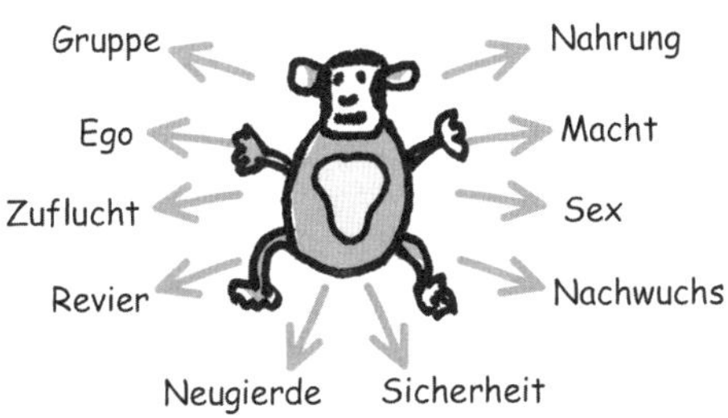

Wenn wir uns der Frage annähern, wie Triebe unsere alltägliche Lebensführung beeinflussen, können wir erkennen, weshalb es zu Machtproben zwischen dem Menschen und dem Schimpansen kommt.

Verwundbarkeit

Im Dschungel steht der Schimpanse nicht an der Spitze der Nahrungskette; deshalb muss er ständig wachsam bleiben – überall kann der nächste Leopard lauern. Der Schimpanse weiß, dass er jeden Moment in Gefahr geraten kann, und gönnt sich daher Momente der Entspannung nur, wenn er sich ganz sicher und geborgen fühlt, hauptsächlich im Schoß seiner Gruppe. Da er ansonsten ständig nach potentiellen Gefahren Ausschau hält, ist er häufig in Alarmbereitschaft, wird leicht nervös oder aggressiv und ist typischerweise emotional instabil.

Hieraus erklärt sich zum Teil, weshalb die meisten inneren Schimpansen in Angst verfallen, wenn sie sich unsicher fühlen oder in eine unvertraute Umgebung geraten. Für den Schimpansen ist dies eine ganz natürliche Reaktion, für den Menschen eine Warnung vor einer potentiellen Gefahr. In unserer Welt ist diese Reaktion jedoch in den meisten Fällen unverhältnismäßig und wenig hilfreich. Sie bietet zudem teilweise eine Erklärung dafür, dass viele Menschen in Sätzen, die man zu ihnen sagt, eine versteckte Bedeutung suchen: Der Schimpanse in ihnen hält Ausschau nach einer potentiellen Bedrohung. Der Schimpanse ist von Natur aus unsicher.

Körpersprache

Körpersprache ist etwas, das wir in unserer täglichen Kommunikation benutzen. Sie hat nichts Geheimnisvolles. Wir alle setzen unser Mienenspiel oder unsere Handbewegungen ziemlich offensichtlich ein, um zu verdeutlichen, wie wir zu bestimmten Dingen stehen. Wir nehmen auch bestimmte Posen ein, um unsere Absichten zu unterstreichen. Unser Gegenüber liest diese Körpersprache und antwortet entsprechend. Dieses intuitive, oft unbewusst funktionierende Anzeigen unserer Gefühle oder Absichten ist etwas, das auch der Schimpanse beherrscht, ebenso wie die Fähigkeit, Körpersprache zu deuten. Bei manchen Schimpansen ist die Fähigkeit, mittels Körpersprache zu kommunizieren, sehr ausgeprägt, andere sind darin weniger gut. Das intuitive Lesen und Deuten körpersprachlicher Signale bei Anderen ist typischerweise einer der Faktoren, die darüber entscheiden, ob wir uns in der Gesellschaft eines Anderen wohlfühlen oder eher unwohl. Es ist ein wichtiger Bestandteil jener inneren Stimme oder jenes inneren Gefühls, das uns vorgibt, welchen Eindruck die betreffende Person auf uns macht.

Spezifische Unterschiede zwischen männlichen und weiblichen Schimpansen

Sagen wir, es gibt zwei verschiedene Typen von Schimpansen, männliche und weibliche. Jede dieser in uns hausenden Emotionsmaschinen hat Triebe und Instinkte. Diese erfüllen jedoch beim Männchen und beim Weibchen unterschiedliche Funktionen; der Stellenwert der Triebe ist daher unterschiedlich, und sie erledigen nicht genau dieselben Aufgaben (seien es physische oder psychische) in unserem Gehirn. Jeder Schimpanse ist ein Unikat, aber um unser Verständnis des Schimpansen zu erleichtern, werden wir auf Verallgemeinerungen über den typischen männlichen und den typischen weiblichen Schimpansen zurückgreifen.

Es ist wichtig, zu beachten, dass zwar zwischen männlichen und weiblichen Schimpansen erhebliche Unterschiede bestehen, nicht aber zwischen männlichen und weiblichen Menschen. Es gibt bei den typischen Merkmalen des männlichen und des weiblichen Schimpansen ebenso weitgehende Überschneidungen.

Was in diesem Abschnitt zur Sprache kommt, soll niemanden provozieren, sondern basiert auf körperlichen und physiologischen Unterschieden zwischen dem männlichen und dem weiblichen Gehirn. Beim Mann hat zum Beispiel die rechte Amygdala (ein Zentrum emotionaler Aktivität im Gehirn) mehr rechtsseitige neuronale Verbindungen, während bei Frauen die linke Amygdala mehr linksseitige Verbindungen aufweist. Dies hilft uns, zu verstehen, wo viele unserer Emotionen herkommen. Es soll auch einer erheblichen Zahl von Leuten helfen, zu verstehen, dass viele der emotionalen Eigenarten, die sie an sich selbst bemerken und vielleicht nicht mögen, nicht ihr eigenes Werk sind, sondern ihnen von ihrem inneren Schimpansen untergejubelt werden.

Wenn wir uns vergegenwärtigen, welche Aufgaben Weibchen und Männchen im Dschungel haben, wird deutlich, warum bestimmte Triebe und Instinkte unterschiedlich starke Ausprägungen benötigen.

In freier Natur muss das Schimpansenmännchen ein muskulöses Kraftpaket sein, muss den Weibchen und der ganzen Gruppe Ehrfurcht einflößen und Sicherheit geben. Es läuft die Grenzlinien des Gruppenreviers, das es schützen muss, jeden Tag ab und hat dabei nur Männchen aus seiner Gruppe dabei.

Das Schimpansenweibchen ist nur halb so groß wie das Männchen und ihm in punkto Körperkraft nicht annähernd gewachsen; dennoch kann das Weibchen Stärke und Aggressivität zeigen, wenn die Situation es erfordert. Das bedeutet, dass die Schimpansin vor dem Männchen auf der Hut sein und die Kunst beherrschen muss, seine Stimmungslage einzuschätzen und sein Verhalten zu antizipieren. Das heißt nichts anderes, als dass sie eine hervorragende Deuterin männlicher Körpersprache ist. Sie muss das sein, um auf sich aufpassen zu können.

Das Schimpansenmännchen muss einen kraftvollen Sexualtrieb haben, denn andernfalls, wenn es teilnahmslos wäre, würde das den Fortbestand seiner Art gefährden. Es kann ein guter oder ein schlechter Vater sein. In jedem Fall wird es das Weibchen als sein Eigentum betrachten und andere Männchen verjagen.

Das Weibchen muss einen starken Mutterinstinkt haben und die Nähe des Männchens suchen, wenn es dessen Gene empfangen und den eigenen Mutterinstinkt befriedigen will. Indem das Weibchen sich immer in der Nähe des körperlich stärkeren Männchens aufhält, schützt es sich selbst vor Fressfeinden. Das Männchen wiederum sucht die Nähe des Weibchens, um sich sexuelle Befriedigung verschaffen zu können.

Schimpansenweibchen haben einen unglaublich ausgeprägten Mutterinstinkt, ohne den der Nachwuchs nicht überleben würde. Sie beschützen ihre Jungen notfalls um den Preis des eigenen Lebens. Sie haben auch einen starken Nestbauinstinkt, um ihren Jungen eine Zuflucht zu bieten. Bei genauerem Nachdenken erkennt man, dass ein Schimpansenweibchen, das sehr unsicher ist, die größten Chancen hat, zu überleben und wachsam genug zu sein, um das Überleben seines Nachwuchses zu sichern. Eine sehr selbstsichere Schimpansin wird wahrscheinlich nicht durchkommen!

Wir können daraus plausibel folgern, dass weibliche innere

Schimpansen oft misstrauisch und wenig selbstbewusst sind. Sie können schnell in Angstzustände verfallen, in denen sie vor lauter Sorge, etwas falsch zu machen, vor jeder Entscheidung zurückschrecken.

Manche Frauen beklagen sich heftig darüber, dass sie sich schwertun, Entscheidungen zu treffen, und sei es nur in der Frage, was sie anziehen sollen. Sie hadern dann mit sich selbst, weil sie diesen Aspekt ihrer Persönlichkeit nicht mögen. Dabei ist es in Wirklichkeit gar kein Aspekt ihrer selbst, sondern das Werk eines außer Kontrolle geratenen Schimpansen, den sie nur bändigen müssten, was im Übrigen erlernbar ist. Frauen sind durchaus in der Lage, Entscheidungen zu treffen, verlieren diese Fähigkeit jedoch, wenn ihr emotionaler Schimpanse sich ihrer bemächtigt.

Warum ich auf diesen Punkt so ausführlich eingehe: Ich habe im Verlauf der Jahre viele mit sich selbst ringende Frauen kennengelernt, die Hilfe suchen, um zu verstehen, warum sie nicht selbstbewusst genug sind, Entscheidungen zu treffen, oder warum sie sich selbst immer wieder klein machen. Ich hoffe, sie können durch ein besseres Verständnis ihres inneren Schimpansen zu der Einsicht gelangen, dass nicht sie selbst die Quelle dieser Probleme sind, sondern ihr Schimpanse. Während Unsicherheit für den inneren Schimpansen ein gleichsam natürlicher Zustand ist, ist sie für die Frau absolut schädlich – wobei klar ist, dass es auch Männer gibt, die unter diesem Widerspruch leiden. Der Schimpanse muss dirigiert werden, damit die Person sich von diesem Problem befreien kann.

> ***Kernpunkt***
>
> *Der männliche und der weibliche Mensch in uns sind einander weitgehend ähnlich, sind aber anfällig für den Einfluss des inneren Schimpansen, der stärker differierende männliche oder weibliche Charakterzüge zeigt.*

Hormone verstärken diese Rollendivergenzen, indem sie die Gene und Systeme innerhalb des Gehirns betanken. Sowohl Männer als auch Frauen haben einen Östrogen- und einen Testosteronspiegel. Das wichtigste weibliche Hormon, das Östrogen, liefert Treibstoff für Mutterinstinkt, Nestbauinstinkt und Passivität. Das wichtigste männliche Hormon, das Testosteron, liefert Energie für Sexualtrieb, Aggression und Muskelaufbau. Vor langer Zeit wurde männlichen Gefängnisinsassen – bevor diese Praxis gesetzlich verboten wurde – Östrogen verabreicht, um sie zu beruhigen und passiver zu machen. Dieses Hormon mochte seinen Beruhigungszweck erfüllen, hatte aber etliche unerwünschte Nebenwirkungen. Männer finden es verständlicherweise nicht erfreulich, wenn ihnen Brüste wachsen.

Eine andere Schwerpunktsetzung als auf männlich/weiblich?

Die Unterschiede zwischen einem männlichen und einem weiblichen inneren Schimpansen basieren auf den Rollen, die beide für die Erhaltung der Art und in der Befriedigung ihrer eigenen Bedürfnisse spielen, und auf den Hormonen, die ihre Triebe mit Energie versorgen. Die Triebe und Instinkte von Männchen und Weibchen unterscheiden sich hinsichtlich der rollenbedingten Intensität, in der sie ausgelebt werden, sind aber doch hochgradig kongruent. Es wäre falsch, zu sagen, bestimmte Merkmale seien männlich und bestimmte andere weiblich; eher ist es so, dass manche Merkmale bei Weibchen häufiger anzutreffen sind als bei Männchen und umgekehrt. Spezifische Merkmale, die eindeutig nur männlich oder eindeutig nur weiblich wären, gibt es nicht. Daraus lässt sich der Schluss ziehen, dass es irreführend wäre, zu sagen, Männchen hätten eine weibliche oder Weibchen hätten eine männliche Seite. Es geht einfach um die unterschiedliche Ausprägung von Merkmalen.

Den Menschen verstehen – das Humanitätszentrum

Das Humanitätszentrum basiert auf Ethik und Moral und ist die Region im menschlichen Gehirn, die auf einem Gehirnscanner aufleuchtet, wenn wir die spezifischen Eigenschaften zeigen, die uns für das Leben in einer Gesellschaft prädestinieren. Wenn jemand zum Beispiel Mitgefühl oder Schuld empfindet, leuchtet dieses Zentrum auf, weil die Blutzufuhr erhöht ist und der Bereich mehr Sauerstoff für seinen Betrieb benötigt. Es lässt sich also aufzeigen, dass und wann dieses Zentrum aktiviert wird. Es enthält die ungeschriebenen Regeln des Menschseins.

Dies sind einige Funktionselemente des Humanitätszentrums:

- Aufrichtigkeit
- Mitgefühl
- Gewissen
- Rechtstreue
- Selbstkontrolle
- Zielorientiertheit
- Leistungsbereitschaft und Zufriedenheit

Es muss betont werden, dass nicht alle Menschen über diese Qualitäten verfügen; es gibt Menschen, die von ihrer Wesensart her unangenehm und unaufrichtig sind. Im Allgemeinen gilt jedoch, dass das Humanitätszentrum den fruchtbaren Boden bildet, auf dem diese Qualitäten gedeihen können.

Aufrichtigkeit

Aufrichtigkeit und Redlichkeit sind für das Funktionieren einer Gesellschaft unabdingbare Qualitäten. Menschen legen Ehrlichkeit und Wahrhaftigkeit in unterschiedlicher Ausprägung an den Tag, gewöhnlich verbunden mit Loyalität und Zuverlässigkeit.

Mitgefühl

Die Grundlage gesellschaftlichen Zusammenhalts ist das Mitgefühl. Empathie und das Verständnis dafür, was Andere erleben oder erleiden, sind, ebenso wie uneigennützige Hilfsbereitschaft Anderen gegenüber, Markenzeichen einer entwickelten Gesellschaft. Die Art und Weise, wie die menschliche Gesellschaft ihre schwächsten Angehörigen behandelt, unterscheidet uns von den meisten tierischen Gesellschaften.

Gewissen

Ein Gewissen zu haben, gehört zu den Grundpfeilern des Menschseins. Ohne Gewissen fehlt uns die Fähigkeit, Bedauern und Reue zu empfinden, und damit die Fähigkeit, uns zu entwickeln. Aus unserem Gewissen resultieren Gefühle von Schuld und Scham, aus denen sich wiederum der Wunsch ergeben kann, uns zu verändern oder etwas wiedergutzumachen. Interessanterweise ist ein Persönlichkeitstypus, den wir als «Psychopath» bezeichnen, intensiv erforscht worden. Es liegt ein substantieller Bestand an wissenschaftlichen Nachweisen vor, die zeigen, dass bei der psychopathischen Persönlichkeit das Humanitätszentrum entweder nicht aktiviert wird oder vielleicht nicht vorhanden ist, die betreffende Person also kein Gewissen hat.

Rechtstreue

Gesellschaften haben Regeln, seien es schriftlich niedergelegte oder aber ungeschriebene Gesetze, die dennoch befolgt werden. Menschen sind rechtstreu und akzeptieren, dass sie für ihr

Handeln verantwortlich und rechenschaftspflichtig sind, allerdings in unterschiedlich starker Ausprägung. Wir können nicht dem Schimpansen die Schuld an allen unseren Problemen geben. Manchmal ist es der Mensch, der die rationale Entscheidung trifft, gegen gesellschaftliche Regeln zu verstoßen und das eigene Gewissen stumm zu schalten.

Selbstkontrolle

Selbstkontrolle ist wahrscheinlich das Merkmal, das uns am deutlichsten vom Schimpansen unterscheidet. Der reale Schimpanse handelt impulsiv und hat seine Emotionen nicht unter Kontrolle. Diese beiden Faktoren sind vermutlich mehr als alles andere dafür verantwortlich, dass der reale Schimpanse im Dschungel bleibt. Der Mensch hat das Potenzial, die Impulse und Emotionen, mit denen sein innerer Schimpanse ihn konfrontiert, zu kontrollieren. Der innere Schimpanse besitzt wenig Selbstkontrolle und fordert sofortige Bedürfnisbefriedigung, während der Mensch die Belohnung hinausschieben und sich bewusst entscheiden kann, sich nicht von Impulsen und Emotionen steuern zu lassen.

Eine anschauliche Demonstration des Faktors Selbstkontrolle liefert das «Stanford-Marshmallow-Experiment». Dieses mit Vorschulkindern durchgeführte Experiment ist später in vielfach abgewandelter Form wiederholt worden und hat gleichbleibende Ergebnisse erbracht. Der Grundgedanke des Experiments war es, Kindern ein Marshmallow zu geben und ihnen zu sagen, wenn sie es nicht essen, sondern aufbewahren würden, würden sie zu einem späteren Zeitpunkt weitere Marshmallows bekommen. Die Kinder, die ihr Marshmallow aufbewahrten, erwiesen sich als die erfolgreicheren in ihrem späteren Leben, während diejenigen, die ihrem Impuls, die Süßigkeit sofort zu verspeisen, nicht widerstehen konnten, später weniger Erfolg hatten.

> ***Kernpunkt***
> *Die Fähigkeit, deinen impulsiven emotionalen Schimpansen zu dirigieren, ist einer der Faktoren, die maßgeblich darüber entscheiden, wie erfolgreich du in deinem weiteren Leben sein wirst.*

Zielorientiertheit
Menschen funktionieren dann am besten, wenn sie sich Ziele setzen. Es kommt offenbar nicht darauf an, welches Ziel es ist, sondern nur darauf, dass man eines hat! Ohne Orientierung zu einem Ziel hin tut sich der Mensch schwer, seinem Leben eine Richtung und einen Sinn zu geben.

Leistungsbereitschaft und Zufriedenheit
Dies sind zwei Qualitäten, die der Mensch offensichtlich braucht, um seine Existenz zu erfüllen. Allgemein gesprochen, resultieren Leistungsbereitschaft und Zufriedenheit aus der Zielorientierung und brauchen diese als Grundlage. Gewinnen kann man sie aus einer Karriere, aus sinnvoller Arbeit oder aus Freizeitaktivitäten.

Zwei verschiedene Persönlichkeiten

Wir werden uns mit deiner Persönlichkeit und mit der Frage, wie sie sich verändern lässt, ausführlicher an späterer Stelle dieses Buches beschäftigen, nachdem wir ein vollständiges Bild vom Psychologischen Ich als ganzem gewonnen haben. An dieser Stelle möchte ich dich nur daran erinnern, dass zwei verschiedene Persönlichkeiten in deinem Schädel hausen: du und dein Schimpanse. Sie bedienen sich für ihre Aktivität zweier verschiedener Gehirne, die sich bemühen, zusammenzuarbeiten. Zwischen ihren Persönlichkeiten mag es große Ähnlichkeiten oder auch große Unterschiede geben. Wenn eine dieser beiden Persönlichkeiten die Entscheidungsgewalt übernimmt, wird sie dominieren und das Bild bestimmen, das du der Außenwelt bietest.

Wenn du es schaffst, die beiden Persönlichkeiten zu durchschauen, wird dir dies helfen, dich selbst besser zu verstehen und jede von ihnen so zu kontrollieren, dass du das Beste aus beiden herausholen kannst. Die meisten Menschen sehen ein, dass sie, wenn sie nicht emotional sind, sondern besonnen, ganz anders denken und sich ganz anders verhalten, als wenn sie emotional aufgewühlt und gestresst sind.

Zusammenfassung der Kernpunkte

- Du, der Mensch, hast eine Persönlichkeit, eine Agenda und ein Humanitätszentrum. Du denkst logisch und arbeitest mit Tatsachen und der Wahrheit.
- Dein Schimpanse hat eine Persönlichkeit, eine Agenda und ein Dschungelzentrum. Er denkt emotional und arbeitet mit Eindrücken und Gefühlen.
- Der Schimpanse ist eine Emotionsmaschine, die Besitz von dir ergreift, wenn du es zulässt. Er ist nicht gut oder böse: Er ist ein Schimpanse. Er kann dein bester Freund sein oder dein schlimmster Feind. Das ist das Schimpansen-Paradox.

Empfohlene Übung:
Dich selbst und deinen Schimpansen verstehen lernen

Entscheidung für den Schimpansen oder für den Menschen

Wenn du Veränderungen in deinem Leben erreichen willst, ist es wichtig, die Unterschiede zwischen dem Schimpansen und dem Menschen hinsichtlich ihrer Handlungsziele, ihres Denkens und ihrer Vorgehensweisen zu verstehen und anzuerkennen. Lasse Dinge, die im Verlauf deines Tages passiert sind, Revue passieren und überlege dir, wie unterschiedlich der Schimpanse und der Mensch mit diesen Situationen hätten umgehen können.

Emotionales oder logisches Denken?

Rufe dir beispielsweise eine alltägliche Szene ins Gedächtnis, in der jemand etwas gesagt hat, das dich gestört oder gewurmt hat, und denke über deine Reaktion darauf nach. Falls du später der Meinung warst, deine Antwort sei wenig hilfreich gewesen, dann denke jetzt darüber nach, wie der Schimpanse reagiert hat und wie der Mensch reagiert haben könnte. Berücksichtige dabei, dass der Mensch bestrebt ist, erst einmal die Tatsachen zu sortieren und sich einen Überblick zu verschaffen, bevor er reagiert. Erinnere dich daran, wie dein Schimpanse auf typische Schimpansen-Verhaltensweisen reagiert hat, und überlege dir, wie eine vernünftigere und angemessenere Reaktion eines Menschen hätte aussehen können. Nutze dieses Kapitel als Quelle für Vergleiche zwischen den Denkweisen.

Nachdenkzeit

Je mehr Zeit du dafür nutzt, über den Operationsmodus deiner Psyche nachzudenken, desto größer ist die Wahrscheinlichkeit, dass du dein künftiges Verhalten optimieren kannst.

Kapitel Drei

Der geteilte Planet

• Teil Zwei

Wie du deinen Schimpansen lenken kannst

Jetzt, da du eine Vorstellung von den beiden unterschiedlichen Lebewesen in deinem Schädel und von ihrer jeweiligen Vorgehensweise hast, kannst du anfangen, mit ihnen zu arbeiten. Zum Einstieg bietet sich ein Verfahren in drei Schritten an:

1. Lerne zu erkennen, wer die Oberhand hat: der Mensch oder der Schimpanse.
2. Lerne die Regeln zu verstehen, nach denen das Gehirn funktioniert, und akzeptiere sie.
3. Hege und pflege deinen Schimpansen und lenke ihn so, dass dabei das Beste für dich herauskommt.

Schritt 1: Lerne zu erkennen, wer die Oberhand hat.

Im ersten Schritt solltest du die Fähigkeit erlangen, zu erkennen, wer die Kontrolle hat, der Schimpanse oder der Mensch. Du kannst eine ganz einfache Frage stellen, die es dir leicht macht, zu erkennen, wer die Oberhand hat.

> **Kernpunkt**
> *Die goldene Regel besagt: Immer wenn du Gefühle, Gedanken oder Verhaltensweisen an den Tag legst, die dir nicht sympathisch oder nicht geheuer sind, hat dein Schimpanse Besitz von dir ergriffen.*

Die ganz einfache Frage beginnt demnach mit den Worten: «Möchte ich …?» Beispiele: «Möchte ich diese Gefühle haben?» oder «Möchte ich diese Gedanken haben?» oder «Möchte ich mich so benehmen?» Wenn die Antwort «nein» lautet, befindest du dich im Schimpansen-Modus; lautet sie «ja», befindest du dich im Menschen-Modus.

Hier einige Beispielsituationen:

- Du machst dir über etwas Sorgen und fragst dich: «Möchte ich mir Sorgen machen?» Wenn die Antwort «nein» lautet, dann bist nicht du es, der sich Sorgen macht, sondern dein Schimpanse. Du kannst dich jetzt entscheiden, deinen Schimpansen zu steuern und ihm die Zügel aus der Hand zu nehmen.
- Etwas ist vorgefallen, das dich wütend macht. Womöglich hat aus deiner Sicht tatsächlich jemand Unrecht getan, und daher ist dein Mensch derselben Meinung wie dein Schimpanse. Du willst etwas tun, möchtest aber nicht deiner Wut freien Lauf lassen, da ein solcher Gefühlsausbruch dir peinlich und unangenehm wäre. Du fragst dich also: «Möchte ich diese wütende Reaktion zeigen?» Wenn die Antwort «nein» lautet, ist dein Schimpanse derjenige, in dem dieses Gefühl kocht. Du kannst jetzt dem Schimpansen für diese Emotion danken, ihn aber zugleich wissen lassen, dass du sie als unangenehm empfindest. Du wirst zwar etwas unternehmen, um die Situation, die deinen Schimpansen in Wut versetzt hat, zu entschärfen, wirst das aber mithilfe des Menschen in dir auf wohlüberlegte Weise tun.

- Du willst etwas tun, hast aber Empfindungen, die dich bremsen. Es könnte dein Schimpanse sein, der einfach keine Lust hat, aktiv zu werden. Ein Beispiel: Du möchtest vielleicht einige E-Mails beantworten oder Arbeit erledigen, aber dein Schimpanse gibt dir negative Gedanken oder Gefühle ein, die auf dich demotivierend wirken. Stelle die Frage: «Möchte ich diese lustlosen und negativen Gefühle haben?» Die Antwort lautet «nein», und daraus ersiehst du, dass sie nicht von dir, dem Menschen, kommt. Du kannst jetzt deinen Schimpansen umsteuern, um diese Gefühle loszuwerden.

Jeder von uns ist anders; was für eine Person richtig ist, mag für die nächste unpassend sein. Es gibt keine richtigen oder falschen Antworten. Nur du kannst lernen, den Unterschied zwischen deinem Schimpansen und deinem Ich zu erkennen. Dieser Lernschritt ist jedoch entscheidend, wenn es dir gelingen soll, deinen Schimpansen zu lenken.

Einige typische Schimpansen-Denkweisen

Es gibt etliche typische Schimpansen-Phrasen, auf die du Acht geben solltest, da du daraus ablesen kannst, wann er für dich denkt.

«Aber was, wenn …?»

«Aber was, wenn …?» ist die Lieblings-Fragestellung des Schimpansen.

«Aber was, wenn es schiefgeht?»

«Aber was, wenn ich es nicht schaffe?»

«Aber was, wenn die Welt untergeht?»

Der Schimpanse schafft es sehr oft, dich mit Fragen, die mit «aber was, wenn» beginnen, zu verunsichern. Hin und wieder stellt auch der Mensch eine Frage, die mit «was, wenn» beginnt, doch sind dies in der Regel konstruktive Fragen, die der

Abwägung von Handlungsmöglichkeiten dienen und nicht dem An-die-Wand-Malen von Situationen, auf die man oft keinen Einfluss hat oder die vielleicht gar nicht eintreten.

«Aber ich fühle mich …»

«Aber ich fühle mich so ausgepumpt, dass ich es nicht tun möchte.»

«Aber ich fühle mich ausgebrannt und habe daher keine Lust, anzufangen.»

«Aber ich habe das dumpfe Gefühl, dass etwas Schlimmes passieren könnte.»

Die Liste ließe sich endlos verlängern. Im Grunde geht es immer darum, dass der Schimpanse dir aus seiner emotionalen Befindlichkeit heraus einflüstern will, was du tun solltest oder was geschehen wird. Auch hier kann es sein, dass der Mensch in dir mit den vom Schimpansen geäußerten Gefühlen übereinstimmt, wenn sie folgerichtig und vernünftig sind. Wenn du dir beispielsweise ein Grippevirus eingefangen hast, ist es vermutlich vernünftig, zu sagen: «Aber ich fühle mich nicht gesund, deswegen fange ich heute lieber nicht an, den Garten umzugraben.»

Kernpunkt

Merke dir, dass der Schimpanse sich bei der Entscheidung, was er als Nächstes tun will, gerne auf seine Gefühle verlässt, während der Mensch eher danach geht, welche Dinge getan werden müssen und wie er sich am Ende des Tages fühlen wird, wenn er rückblickend resümiert, wie er seine Zeit genutzt hat. Das sind zwei höchst unterschiedliche Herangehensweisen.

Schritt 2: Lerne die Regeln zu verstehen, nach denen das Gehirn Informationen empfängt

Alle Informationen gehen zuerst an den Schimpansen
Wenn du deine täglichen Routinen verrichtest, ist der Vorgang immer derselbe: In jeder Situation und bei jeder Handlung landen alle ankommenden Informationen zuerst beim Schimpansen. Er entscheidet dann, ob irgendetwas vorliegt, das Anlass zur Sorge bieten könnte. Ist das nicht der Fall, legt sich der Schimpanse schlafen und übergibt dem Menschen die Kontrolle. Sieht der Schimpanse jedoch Anlass zur Beunruhigung, wird die Blutversorgung seiner Gehirnregionen hoch bleiben, und er wird Entscheidungen darüber treffen, was vorgeht und was zu tun ist.

Sowohl der Mensch als auch der Schimpanse denken im Hier und Jetzt und interpretieren Situationen in dem Moment, in dem sie ablaufen. Dabei deutet der Mensch die Informationen, die bei ihm ankommen, in ruhiger und logischer Abwägung. Der Schimpanse benutzt hingegen emotionale Deutungsmuster.

Der Schimpanse und der Mensch können effektiv zusammenarbeiten. Der Schimpanse mit seinen Instinkten und Trieben kann für unsere Sicherheit und Gesundheit sorgen, kann uns sagen, wann wir essen und wann wir schlafen sollten, kann uns vor Gefahren warnen und uns lehren, mit ihnen umzugehen, oder kann uns antreiben, wenn er nach etwas trachtet, wonach es ihn gelüstet. Für die meisten von uns ist es der Normalfall, dass unsere Emotionen uns durch den Tag bringen, und daran gibt es nichts auszusetzen. Zu Problemen kommt es dann, wenn der Schimpanse uns etwas Unpassendes schmackhaft macht und wenn wir ihm erlauben, uns zu steuern, und nicht über die Fähigkeit verfügen, dem Schimpansen die Zügel aus der Hand zu nehmen.

Warum können wir nicht den Schimpansen entmachten und unsere eigenen Entscheidungen treffen?

Die einfache Antwort ist die, dass der Schimpanse stärker ist und schneller handelt als der Mensch. Ein Schimpanse aus dem echten Tierreich hat die fünffache Körperkraft eines Menschen. Analog dazu können wir uns unseren emotionalen inneren Schimpansen als ein Wesen vorstellen, das fünfmal so stark ist wie wir. Deshalb musst du lernen, den Schimpansen zu beeinflussen, wenn du deinem Wunschbild von dir selbst entsprechen willst.

Der Versuch, einen Schimpansen allein mit Willenskraft zu kontrollieren, ist aussichtslos. Im Armdrücken hätten wir gegen ihn keine Chance. Wir alle lernen im Alter von rund drei Jahren, dass unsere Willenskraft uns bei den meisten Dingen nicht besonders hilft. Sie funktioniert nur, wenn der Schimpanse schläft, gleichgültig oder mit uns einig ist. Hat er aber etwas anderes im Sinn als wir, können wir uns unsere Willenskraft an den Hut stecken. Wir müssen also lernen, uns des Schimpansen anderweitig zu erwehren.

Armdrücken gegen den Schimpansen

Kernpunkt
Willenskraft ist keine gute Lösung für die Aufgabe, deinen Schimpansen zu lenken, beim Armdrücken gegen den Schimpansen ziehst du den Kürzeren!

Während du deine alltäglichen Routinen absolvierst, hält der Schimpanse ständig Ausschau nach Gefahren, und wenn er irgendeine Bedrohung wahrnimmt oder in nervöse Erregung gerät, will er unbedingt die Kontrolle über dein Denken übernehmen. Er mobilisiert Emotionen, um mit der Situation fertigzuwerden. Du, der Mensch, kannst dies zwar erkennen, kannst aber häufig nichts dagegen ausrichten, weil dein Schimpanse Besitz von dir ergriffen hat und dich mit unangenehmen Emotionen überflutet. Wir können diesen Vorgang mithilfe eines Gehirnscanners beobachten: den Schimpansen, der die Blutversorgung abzweigt, und den Menschen, der um die Kontrolle kämpft. Das innere Ringen zwischen Schimpanse und Mensch ist in vollem Gang! Der Schimpanse ist fünfmal so stark wie der Mensch; dieser hat also keine Chance, solange die reine Kraft den Ausschlag gibt.

Versuche nicht, deinen Schimpansen zu überwältigen …
steuere ihn

Kernpunkt
Ein Schimpanse ist fünfmal stärker als ein Mensch. Analog dazu ist dein emotionaler Schimpanse fünfmal stärker als du. Versuche nicht, ihn niederzuringen, steuere ihn. Du brauchst einen Kontrollplan!

Amys Wutanfall am Lenkrad

Vergegenwärtigen wir uns anhand eines alltäglichen Beispiels, wie der Schimpanse den Menschen überwältigt, selbst wenn der Mensch voll dabei ist und zu funktionieren versucht. Wir nehmen ein Beispiel aus dem Straßenverkehr.

Amy fährt im Auto zur Arbeit, als ein anderer Fahrer ihren Weg schneidet und sich vor sie drängt. Ihre beiden denkenden Gehirne (der Mensch und der Schimpanse) treten daraufhin in Aktion.

Der Mensch sagt: «Wie lächerlich. Mir tun Leute leid, die sich so benehmen. Ich lasse mich dadurch nicht beeinflussen, und das Beste, was man tun kann, ist, es einfach zu vergessen; es ist mir nicht wichtig.»

Dagegen sagt der Schimpanse in ihr: «Ich bin stinksauer. Dieser Fahrer hat mich gerade gedemütigt, und das macht mich wütend. Ihm muss eine Lektion erteilt werden; es geht ihm doch nur darum, dass er sich über mich zu erheben versucht. Doch ich werde diesen Kampf gewinnen; er wird damit nicht durchkommen. Ich werde ihm zeigen, dass ich wütend bin. Ich werde es ihm heimzahlen.»

Wenn der Mensch es nicht versteht, den Schimpansen zu zügeln, übernimmt der Schimpanse jetzt das Kommando. Er tritt aufs Gaspedal, fährt so nahe wie möglich an den feindlichen Schimpansen heran und zeigt ihm die Zähne. Der feindliche Schimpanse erkennt, was abläuft, und antwortet mit verächtlichen Gesten. Die Schimpansenschlacht läuft auf Hochtouren. Sie geht mehrere Kilometer weiter, bis der feindliche Schimpanse abbiegt und sich mit einem Wink verabschiedet. Amys Schimpanse hat sich in eine noch größere Wut hineingesteigert, als sie ihre Arbeitsstelle erreicht. Es dauert mehrere Stunden, bis er sich beruhigt hat. Der Schimpanse ereifert sich weiter über den Zwischenfall und den Ärger, den er Amy verursacht hat. Sogar noch auf der Heimfahrt wartet er darauf, dass ein anderer Fahrer dasselbe versucht, und wehe diesem, wenn es tatsächlich passiert!

Am Abend trifft sich Amy mit einer Freundin und erzählt ihr, was sie erlebt hat. Die Freundin sagt: «Warum lässt du es nicht einfach an dir abprallen?»

Da Amys Schimpanse inzwischen seinen Zorn verausgabt hat, gelingt es dem Menschen in Amy schließlich, die Situation und ihre Gefühle unter Kontrolle zu bringen. Ihr Schimpanse hat sich schlafen gelegt, und so reagiert sie jetzt vernünftiger und sagt: «Ich weiß, es ist wirklich dumm; keine Ahnung, warum ich mich immer so aufrege. Manchmal hasse ich mich selbst dafür, dass ich mich nicht beherrschen kann.»

Solange Amy nicht versteht, wie ihr Gehirn arbeitet, wird sie sich immer wieder selbst quälen und sich Vorwürfe machen. Versteht sie jedoch, wie ihr Gehirn arbeitet, werden die Deutung und die Reaktion ganz anders ausfallen. Was tatsächlich passierte und wie Amy es zutreffender hätte deuten können, lässt sich wie folgt ausmalen:

Amys Lenkrad-Wut – Version 2

Amy und ihr Schimpanse sind im Auto unterwegs. Der feindliche Schimpanse schneidet ihre Fahrbahn. Amy bleibt ruhig und akzeptiert, dass dieses Verhalten zwar ein Ärgernis ist, aber keine Kriegserklärung. Amy sagt sich: «Ich werde es ignorieren; es hat keinen Sinn, mich über einen Schimpansen, der sich vor mich drängt, aufzuregen.» Gleichzeitig jedoch erwacht, wie wir gesehen haben, Amys Schimpanse und schaltet in seinen Protestmodus.

Was Amy in diesem Moment tun könnte, wäre, ihrem Schimpansen gut zuzureden, ihn zu beruhigen und ihre Fahrt fortzusetzen. Sie ist jedoch nicht in der Lage, dies zu tun. (Wir werden uns an späterer Stelle eingehender mit der Frage beschäftigen, wie man den inneren Schimpansen besänftigt.) Amy könnte auch noch an ihrer Arbeitsstelle mit ihrem Schimpansen fertigwerden oder später in Gegenwart ihrer Freundin, wenn sie wüsste, wie man das macht. Als ihr Schimpanse endlich Ruhe gibt, weil er sich verausgabt hat, schwappt die Blutzufuhr im Gehirn vom Schimpansen auf den Menschen über.

Amy hätte die Situation anders deuten und sich darüber klar werden können, wie frustrierend der Versuch ist, einen ungezogenen Schimpansen zu zügeln, der immer wieder Besitz von ihr ergreift und sie in eine Richtung treibt, in die sie nicht gehen will. Sie hätte auch sagen können, wie nervenaufreibend es ist, die Emotionen zu ertragen, die ihr Schimpanse ihr den ganzen Vormittag über nach dem ärgerlichen Erlebnis beschert hat. Sie hätte dann sagen können: «Ich muss den Umgang mit meinem Schimpansen üben.» Sie hätte lächeln können, anstatt sich selbst zu quälen, auch wenn ihr Schimpanse ihr ins Ohr geflüstert hätte: «Du bist eben ein unbeherrschter Mensch, und das kann jeder sehen.» Amy hätte stattdessen sagen können: «Es tut mir leid, dass mein Schimpanse mit mir durchgegangen ist; ich will weiter an mir arbeiten, um ihn steuern zu können, und dann werde ich es besser machen. Damit quälen werde ich mich bestimmt nicht mehr.»

Der innere Kampf: Auseinandersetzungen und Machtproben zwischen Mensch und Schimpanse

Entweder wirst du in deinem Leben die Entscheidungen treffen oder dein Schimpanse. Wenn ihr beide dasselbe wollt, wird Friede herrschen. Bist du anderer Meinung als dein Schimpanse, wird er dich in aller Regel attackieren, und seine Angriffe können emotional sehr schmerzhaft sein. Diesen Kampf unter Kontrolle zu halten, ist entscheidend für dein Glück und deinen Erfolg.

Im Prinzip funktioniert deine Emotionalität so, dass der

Schimpanse das, was du erlebst, interpretiert und dem Menschen in dir sodann eine Emotion und eine Empfehlung für den Umgang mit der Situation präsentiert. Der Mensch entscheidet dann, ob er sich das, was der Schimpanse ihm anbietet, zu eigen macht oder nicht.

Akzeptiert der Mensch die vom Schimpansen favorisierte Reaktion, entsteht kein Problem – wir handeln dann gemäß unseren Empfindungen. Wenn der Mensch sich jedoch gegen die vom Schimpansen forcierte Reaktion entscheidet, haben wir ein Problem, denn sehr wahrscheinlich wird sich der Schimpanse in diesem Fall widersetzen und nicht gehorchen. Er wird ein emotionales Tohuwabohu anrichten und so lange Ärger machen, bis er entweder seinen Willen bekommt bzw. uns diesen aufzwingt oder bis wir gelernt haben, unsere Emotionen zu beherrschen, ohne sie auszuagieren.

Ein Teil des Problems besteht darin, dass die meisten Leute nicht begreifen, dass der Schimpanse lediglich ein **Angebot** macht und uns nicht etwa einen **Befehl** erteilt. Du musst deinen Emotionen nicht nachgeben, du hast eine **Wahl**.

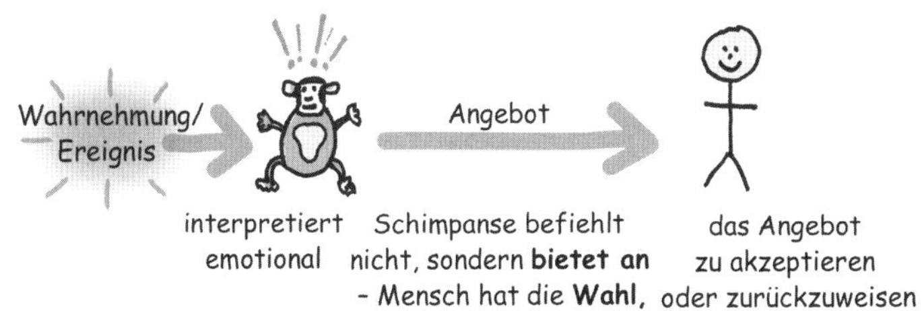

Mensch und Schimpanse können sich uneins sein

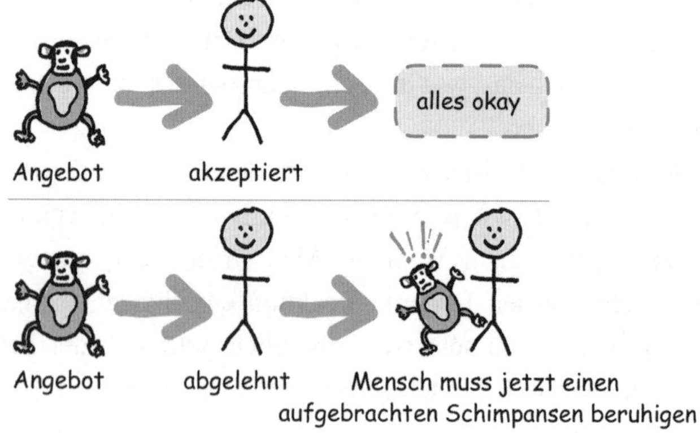

Der Taxifahrer und der Schimpanse

Angenommen, du bist zu spät zum Bahnhof aufgebrochen und könntest deinen Zug verpassen. Du nimmst ein Taxi, um so schnell wie möglich hinzukommen. Der Taxifahrer fährt defensiv und lässt sich beim Abbiegen und an Kreuzungen Zeit. Du verfolgst seine Fahrmanöver von der Rückbank aus. Der Mensch in dir wird sagen: «Der Taxifahrer fährt umsichtig; sollte ich nicht rechtzeitig ankommen, wäre daran niemand anders schuld als ich selbst. Ich bin derjenige, der zu spät aufgebrochen ist, und ich werde mit den Folgen leben müssen.» Dementsprechend wird der Mensch tief durchatmen und sagen: «Das ist kein Weltuntergang.»

Ganz anders der Schimpanse: Er wird wütend, wenn der Taxifahrer vor einer Kreuzung abbremst, beginnt an dessen Fahrweise herumzumäkeln und geht vielleicht sogar so weit, dem Taxifahrer Vorwürfe zu machen.

In deinem Kopf kämpfen jetzt die beiden um die Vorherrschaft. Der Mensch ist derjenige, der darüber entscheidet, wer den Kampf gewinnt, aber nur wenn er weiß, was zu tun ist. Besitzt er die nötigen Fähigkeiten, kann er den Schimpansen beruhigen und die Situation unter Kontrolle halten. Hat er diese Fähigkeit nicht, wird der Schimpanse die Oberhand gewinnen, mit der Folge, dass dem Menschen womöglich sein eigenes, vom Schimpansen dirigiertes Verhalten peinlich ist.

Kaffee und Kuchen

Stell dir vor, du gehst mit einem Freund einen Kaffee trinken, und der Freund sagt: «Möchtest du gerne ein Stück Kuchen zu deinem Kaffee?» Wenn du dich bemühst, auf dein Gewicht zu achten, wird der Mensch in dir antworten: «Nein, danke.» Aber wenn du sehr gerne Kuchen isst, wird dein Schimpanse antworten: «Ja, bitte.» Wer wird in der konkreten Situation die Antwort geben, der Mensch oder der Schimpanse?

Im typischen Fall ist es der Schimpanse, der antwortet, und er wird sein emotionales Denken mit Rationalisierungen garnieren, um seine Entscheidung zu rechtfertigen. «Es ist doch nur ein Stück Kuchen», «Ich will mein Leben genießen», «Es ist lächerlich, etwas nicht zu essen, was man mag.» Der Schimpanse kann eine Million Ausflüchte vorbringen. Worauf es hinausläuft, ist, dass du das Stück Kuchen isst und danach entweder dein Gewissen zu beruhigen versuchst oder dass dich rund eine halbe Stunde später ein ganz übles Gefühl überkommt und du dich konsterniert fragst, warum du den Kuchen gegessen hast. Dein Schimpanse hat das Kommando über dich übernommen. Es warst nicht du, der gesagt hat: «Ja, ich möchte einen Kuchen», sondern dein Schimpanse. Der Schimpanse kommt ungeschoren davon, und es ist der Mensch in dir, der auf dem Schuldgefühl und der Frustration sitzen bleibt. Natürlich ist es auch möglich, dass du dich dem Wunsch anschließt, den Kuchen zu essen, so dass du und dein Schimpanse ein Herz und eine Seele seid und kein Problem besteht. Wenn du jedoch das Gefühl hast, übertölpelt worden zu sein, dann hast du ein Problem mit der Kontrolle deines Schimpansen.

Sex und der streunende Schimpanse

Manchmal bringen uns die Triebe unseres Schimpansen in höchst problematische Situationen. Ein Stück Kuchen zu essen, ist das eine; dich auf eine Affäre einzulassen, ist ein ungleich größeres Problem. Im letzteren Fall können viele Menschen verletzt werden.

Viele von uns haben einen Menschen in sich, der sich fest vorgenommen hat, treu und monogam zu bleiben. Unser Schimpanse hat jedoch andere Prioritäten – sein starker Sexualtrieb bewirkt, dass er sich häufig auf die Suche nach einem Abenteuer begibt. Wirkmächtige Triebe dieser Art zu erkennen und mit ihnen klarzukommen, ist eine Kunst, deren Beherrschung Mühe kostet. Wir werden uns dieses Thema im Kapitel **Wie du deinen Schimpansen lenken kannst** genauer anschauen.

dein Schimpanse – **deine** Verantwortung, deine Rechenschaftspflicht!

Denk daran: Du kannst deinen Schimpansen nicht als Alibi benutzen. Hättest du einen Hund und würde dieser jemanden beißen, könntest du nicht einfach sagen: «Tut mir leid, es war der Hund, nicht ich.» Du bist für deinen Hund und alles, was er tut, verantwortlich. Desgleichen bist du uneingeschränkt verantwortlich für deinen Schimpansen und alles, was er tut. Also keine Ausreden! Du kannst nicht sagen: «Tut mir leid, das war mein Schimpanse, also gebt mir bitte nicht die Schuld» oder

«Naja, ich habe schreckliche Dinge gesagt und getan, das kann nur mein Schimpanse gewesen sein, also gebt mir nicht die Schuld». **Du bist für die Kontrolle deines Schimpansen verantwortlich**. Du kannst daran arbeiten, deinen Schimpansen so gut in den Griff zu kriegen, dass er dich nicht mehr in Verlegenheit bringt und Anderen keinen Schaden mehr zufügt. Den Schimpansen zu lenken, ist eine Kunst und erfordert Zeit, und vielleicht brauchst du dabei Hilfe von jemandem, der dich bei der Beherrschung deiner Emotionen und Impulse unterstützen kann. Es gibt kaum eine Entschuldigung dafür, deine Verantwortung nicht wahrzunehmen, indem du dir selbst hilfst oder dir Hilfe besorgst.

> ***Kernpunkt***
> *Du kannst die Persönlichkeit deines Schimpansen nicht ändern, aber du bist verantwortlich für die Steuerung seines Verhaltens.*

Schritt 3: Lerne, deinen Schimpansen zu steuern und deinen Menschen weiterzuentwickeln

Die Triebe des Schimpansen sind unveränderlich, doch sein Verhalten ist es nicht

Eine wichtige Etappe auf dem Weg zur Selbstkontrolle ist die Einsicht, dass sich an den grundlegenden Trieben deines Schimpansen nichts ändern wird. Du kannst die Persönlichkeit des Schimpansen, an dem du arbeitest, nicht verändern. Er ist eine Emotionsmaschine, die du nicht umprogrammieren kannst. Dein Schimpanse wird immer seinen Trieben nachgeben und seiner Natur entsprechend handeln, wird Emotionen und Verhaltensweisen wie Aggression, Neurose oder Impulsivität an den Tag legen.

Du musst dich zum Beispiel damit abfinden, dass der Schimpanse regelmäßig Hunger kriegt und dass er diesen Trieb und die damit verbundenen Emotionen ständig an dich herantragen wird. Jeder Versuch, diesen Trieb abzuschalten oder ihn durch Anwendung von Willenskraft zu bekämpfen, wäre sinnlos. Es geht vielmehr darum, den Trieb zu akzeptieren und mit ihm zu arbeiten, etwa durch Lächeln, Lockerheit und Domestizierung des Schimpansen. Wenn es dir gelingt, kannst du den Trieb für deine Ziele statt für die Bedürfnisse des Schimpansen einsetzen.

Anstatt zu versuchen, den Schimpansen zu ändern, musst du also darauf hinarbeiten, seine Emotionen und Impulse zu steuern, indem du anerkennst, was er braucht und wie er tickt. Es kann dabei immer passieren, dass der Schimpanse dich mit Gedanken und Empfindungen konfrontiert, die dir unliebsam sind. Dein Schimpanse wird einen Reifeprozess durchlaufen und dabei einige grundlegende Verhaltensweisen erlernen, doch seine Triebe bleiben dieselben.

Hege und Pflege kommt vor Steuerung

Die Arbeit an deinem Schimpansen lässt sich in zwei Phasen zerlegen: das **Hegen** des Schimpansen und seine **Lenkung**, und zwar in dieser Reihenfolge.

Die Abfolge bei der Erziehung des Schimpansen

Das ist ein wirklich wichtiger Aspekt, also denke bitte sorgfältig darüber nach. Wenn du einen Schimpansen in dir hast, der gut gehegt wird und alle seine Bedürfnisse erfüllt bekommt, dann wird dieses glückliche Tierchen dir wahrscheinlich keinerlei Probleme bereiten. Das macht es sehr leicht, ihn zu kontrollieren. Wenn du hingegen deinen Schimpansen vernachlässigst, wird er wahrscheinlich zu unberechenbaren Zeitpunkten aktiv werden und dir jede Menge Ärger bereiten. Den Schimpansen zu hegen und zu steuern, ist eine erlernbare emotionale Fähigkeit; es wird dich Zeit und Anstrengung kosten, sie dir anzueignen und zu bewahren.

Hege und Pflege den Schimpansen

Wenn du die Bedürfnisse deines Schimpansen erfüllst, versetzt du ihn damit in eine Verfassung, in der er mit sich reden lässt und zuhört. Ein Beispiel: Fühlt dein Schimpanse sich unsicher, musst du ihm Sicherheit geben, um ihn in eine Stimmungslage zu versetzen, in der er sich steuern lässt. Hast du es mit einem aggressiven und dominanten Schimpansen zu tun, können manchmal einfache Dinge wie sportliche Betätigung helfen, sein primitives Dominanzstreben auf eine gesellschaftlich akzeptable Weise zu befriedigen.

Die vordringlichsten Triebe und Bedürfnisse des Schimpansen sind bei jedem Einzelnen individuell ausgeprägt. Bei den meisten unserer Schimpansen sind sie eine Mixtur aus Bedürfnissen nach Macht, eigenem Revier, Egoismus, Dominanz, Sex, Nahrung, Gruppenzugehörigkeit, Sicherheit, Wissbegier und elterlicher Liebe zu den eigenen Kindern. Das sind alltägliche triebhafte Bedürfnisse, von denen wir uns zwei etwas genauer ansehen wollen.

Der Reviertrieb

Schimpansen haben das Bedürfnis nach einem klar abgegrenzten eigenen Revier; es gibt ihnen eine gewisse Sicherheit, was ihre Nahrungsversorgung und ihre Vertrautheit mit der Umgebung betrifft. Letztere trägt dazu bei, Nahrungskonkurrenten und Raubtieren das unbemerkte Eindringen ins Revier und Überraschungsangriffe auf die Schimpansen zu erschweren. Schimpansen, die ein eigenes Territorium haben, fühlen sich sicherer und sind entspannter.

Unser innerer Schimpanse hat kein abgegrenztes Urwaldgebiet mehr als Revier, wird aber versuchen, etwas Gleichartiges in der Gesellschaft zu finden. Er kann uns Menschen mit territorialen Instinkten versehen, die wir dann in Bezug auf unser Haus oder unseren Garten ausleben können. Streitigkeiten zwischen Nachbarn über eine Koniferenhecke oder über eine 20 cm zu breite Hofeinfahrt können tödlich ausgehen. Es gibt jede Menge dokumentierte Fälle von Nachbarschaftsstreitigkeiten, die mit dem Tod eines der Beteiligten endeten. Das Bedürfnis nach Abgrenzung unseres Territoriums ist so stark ausgeprägt, dass unser innerer Schimpanse jederzeit bereit ist, zum Schutz dieses Territoriums aktiv zu werden, was, wenn wir diesen Trieb nicht beherrschen können, katastrophale Folgen nach sich ziehen kann.

Der Reviertrieb bezieht sich nicht unbedingt nur auf das eigene Zuhause oder einen physischen Raum. Er kann sich auch in der Arbeitsumgebung und auf psychologischer Ebene bemerkbar machen. Schimpansen reagieren mit Unmut, wenn sie das Gefühl haben, dass andere sich in ihren Verantwortungsbereich, etwa in berufliche Zuständigkeiten, einmischen. Wie Versuche gezeigt haben, kann schon das Erlebnis, dass jemand an unserem Tisch Platz nimmt, bewirken, dass wir sauer werden oder uns bedrängt fühlen. Bei einem Experiment saßen zwei Personen einander an einem Tisch gegenüber; einer von ihnen schob seine Habseligkeiten absichtlich ein Stück weit über die unsichtbare Mittellinie des Tisches. Das Gegenüber, das in das Experiment nicht eingeweiht war, zeigte daraufhin Anzeichen von Ärger darüber, dass die andere Person in sein Territorium eindrang. Es gibt selbstverständlich auf Tischen keine Mittellinie, doch unser Schimpanse zeichnet sie triebgesteuert für uns ein. Dabei erhält er Rückendeckung vom Menschen in Form unserer gesellschaftlichen Benimmregeln, die implizit festlegen, dass allen ein gleich großer Anteil der Tischfläche zusteht. Der Schimpanse wird also, mit eventueller Unterstützung des Menschen, nervös werden und möglicherweise eine Reaktion zeigen.

Der Reviertrieb ist bei beiden Schimpansengeschlechtern gleich stark ausgeprägt, wobei die Männchen eher dazu neigen, um die Reviergrenzen zu kämpfen, während die Weibchen eher das «Nest» verteidigen. Diese Instinkte sind sehr machtvoll, weil sie wichtig für die Erhaltung der Art sind; es ist also nicht verwunderlich, dass sie uns alltäglich begegnen – vielleicht in einer täuschenden Verkleidung, doch mit ein wenig Scharfsinn können wir lernen, sie zu erkennen.

Der Reviertrieb kann auch in der Welt von heute noch zur Anwendung kommen; er ist nicht als gut oder schlecht einzustufen. Du selbst musst darüber entscheiden, ob du diesen Trieb aktivieren solltest oder ob er in der gegebenen Situation unzweckmäßig oder unverhältnismäßig wäre. Kommst du zu der Auffassung, dass du dem Schimpansen sein Revier zugestehen musst, kannst du ihm helfen, indem du es auf eine kultivierte Weise einrichtest. So kannst du deinen Schimpansen glücklich machen und deinen Weg weitergehen, ohne dass er dich ständig nervt. Das Wichtige ist, die Bedürfnisse deines Schimpansen zu erkennen und ihm zu geben, was er braucht. Für den Schimpansen ein vernünftiges Revier abzustecken, das sich mit den Normen der Gesellschaft, in der wir leben, verträgt, ist der richtige Weg. Ein festes Zuhause und ein fester Arbeitsplatz sind für den Schimpansen in uns eine große Beruhigung.

Wie gehen wir am besten vor, um möglichst viele Bedürfnisse des Schimpansen zu befriedigen? Vor allem: **Erkenne an**, dass es diese Triebe gibt, und **finde dann eine Lösung**, die dem

Schimpansen Befriedigung gewährt und zugleich in der Welt, in der du lebst, keinen Anstoß erregt.

Wenn du also merkst, dass dein Schimpanse einen Reviertrieb hat, musst du ihn hegen und pflegen, indem du ein Revier, einen Freiraum für ihn absteckst. Das kann ein Zimmer sein, eine Wohnung, ein Haus, ein Arbeitsplatz mit einer klar definierten Rolle oder einfach ein psychologischer Raum, den du schaffen kannst, indem du dich aus der Welt in die Lektüre eines Buches zurückziehst. Was immer du wählst, sollte deinen Schimpansen zufriedenstellen. Derjenige, der das Nötige tut, um ein Revier zu schaffen, ist nicht der Schimpanse, sondern der Mensch!

Um das Abstecken eines Reviers an einem Beispiel zu erläutern, werfen wir einen Blick auf deine Rolle am Arbeitsplatz. Wenn dein Schimpanse dir sagt, wie unsicher er sich fühlt, weil er sich noch nicht über seine Rolle im Klaren ist, dann ist es deine Aufgabe, zu deinem Vorgesetzten zu gehen und mit ihm diese Rolle zu definieren, also dafür zu sorgen, dass du zufrieden bist und der Schimpanse weiß, woran er ist. Sonst wird dein Schimpanse unsicher bleiben und anfangen, sich danebenzubenehmen, weil du ihn im Stich gelassen hast. Hast du aber dein Revier an der Arbeitsstätte abgesteckt, wird dein Schimpanse sich beruhigen und sich in seinem Bereich des Dschungels (so sieht er das) sicher fühlen.

Elternschaftstriebe

Elternschaftstriebe sind eine Mischung aus Trieben und Instinkten. Sie umfassen auf der einen Seite das Verlangen und das Bedürfnis, Nachwuchs zu bekommen, auf der anderen den Instinkt, den Nachwuchs zu beschützen.

Wie gehen Menschen mit diesen Elternschaftstrieben um, wenn sie nicht befriedigt werden? Man kann einen Trieb durch Sublimierung befriedigen. Unter Sublimierung versteht man das konstruktive Umleiten eines Triebs bzw. seiner Energie auf ein anderes Objekt. Manche Menschen sublimieren ihren Elternschaftstrieb dadurch, dass sie einen Beruf wählen, in dem sie für Andere sorgen können, insbesondere für junge Menschen. Andere bewerkstelligen die Sublimierung vielleicht mittels eines Haustieres; ein Hund ist, wie leicht zu erkennen ist, ein klassischer Kindesersatz. Er kann in manchen Fällen allerdings auch Objekt eines anderen sublimierten Triebs sein, etwa als Statussymbol fungieren. Für manche Menschen kann ihr Hund auch einfach ein Gefährte sein. Worauf es für dich ankommt, ist deine eigenen Schimpansentriebe zu erkennen und sicherzustellen, dass sie so befriedigt werden, wie es deinen Ansprüchen entspricht, und dass du mit deiner Art, deine Triebe zu sublimieren, im Rahmen bleibst und keine Grenzen überschreitest.

Lob und Anerkennung als Elemente der Schimpansen-Hege

Ein wichtiger Faktor bei der Hege und Pflege des Schimpansen ist das Wissen um das unterschiedliche Verhältnis von Schimpanse und Mensch zu Anerkennung und Lob. Schimpansen haben, wie Kinder, das Bedürfnis, gelobt zu werden, während Menschen, wie Erwachsene, auch aus innerer Anerkennung Selbstvertrauen schöpfen können. Natürlich freuen sich Menschen ebenso über Anerkennung und Lob, aber sie suchen in der Regel nicht danach.

Schimpansen mögen es, wenn sie Lob und Anerkennung vom Alpha-Schimpansen bekommen (also von Individuen, die in ihren Augen wichtig sind). Man sollte dem Schimpansen daraus keinen moralischen Vorwurf machen – während du als Mensch Lob und Anerkennung von Dritten nicht unbedingt brauchst, sehnt dein Schimpanse sich wahrscheinlich danach, und du tust gut daran, ihn nicht darben zu lassen. Um deinem eigenen Schimpansen Genüge zu tun, solltest du dich tatsächlich um Lob seitens derer bemühen, deren Meinung du respektierst oder für wichtig hältst. Das wird deinem Schimpansen guttun. Wenn du es unterlässt, dich auf bescheidene Weise um Anerkennung und Lob zu bemühen (natürlich nur, wo es angebracht ist!), riskierst du, dass dein Schimpanse sich unterbewertet fühlt und mit offenem Frust reagiert. Das führt im typischen Fall zu negativen emotionalen Interaktionen. Tu deinem Schimpansen etwas Gutes und besorge ihm die Anerkennung, die er braucht, indem du jemanden, auf dessen Meinung du große Stücke hältst, um eine konstruktive Rückmeldung bittest.

Schimpansen-Steuerung

Den Schimpansen toben lassen

Wenn dein Schimpanse sich über etwas aufregt oder ärgert, ist das Erste, was er tun muss, diese emotionale Erregung abzureagieren. Wir können dies gezielt unterstützen, indem wir «den Schimpansen toben lassen». Wir müssen ihm dazu Gelegenheit geben, wenn wir wollen, dass er auf uns hört. Wenn wir dem Schimpansen erlauben, emotionale Energie abzureagieren, wird er sich beruhigen und danach in der Lage sein, vernünftig zuzuhören oder einfach einzuschlafen.

Sich emotional abzureagieren, bedeutet, dass man rundheraus sagt, was man denkt, gleich wie irrational es auch klingen mag, und dass man damit so lange fortfährt, wie es eben dauert. Vergiss nicht, dass dein Schimpanse ein irrationales Wesen ist; lass zu, dass er seinen Gefühlen freien Lauf lässt. Wenn er damit fertig ist, kannst du als Mensch die vernünftigen Dinge herauspicken, die er artikuliert hat, und den unsinnigen Rest ignorieren. Die meisten Schimpansen werden weniger als zehn Minuten brauchen, um ihre Ängste oder Emotionen auszudrücken, und werden dann ruhig und zuhörbereit. Manchmal brauchen sie vielleicht eine zweite Runde zum Toben.

Wolltest du einem realen Schimpansen Gelegenheit geben, sich abzureagieren, so könntest du ihn etwa in ein geschlossenes Gehege bringen und ihn laufen lassen. Du würdest ihn wohl kaum in deinen lokalen Supermarkt mitnehmen und ihn dort von der Leine lassen! Lass deinen Schimpansen sich nicht im Supermarkt austoben!

Wenn du deinen Emotionen an unpassender Stelle freien Lauf lässt, an einem öffentlichen Ort, zu einem falschen Zeitpunkt oder vor den Augen und Ohren der falschen Leute, ist das so, als würdest du deinen Schimpansen im Supermarkt von der Leine lassen. Wenn du deinen Schimpansen dagegen in einem geschlossenen Gehege loslässt, ist das so, als ob du deine Emotionen unter vier Augen mit der richtigen Person teilst. Mit der «richtigen Person» meine ich jemanden, der erkennt und weiß, dass hier ein Schimpanse seinen Gefühlen freien Lauf lässt und nicht dein wirkliches Ich. Du kannst in Gegenwart dieser Person sagen, was du willst, und sie wird nicht darauf reagieren, wird sich nicht um dich sorgen oder Dinge, die du sagst, wiederholen. Sie wird sich darüber klar sein, dass hier nur dein Schimpanse agiert, nicht du. Die falsche Person wäre jemand, der mit dem, was dein Schimpanse von sich gibt, interagieren würde – ein Verhalten, das die Dinge schlimmer machen würde.

Wenn der Schimpanse sich ausgetobt hat, wirst du dich besser fühlen und kannst deinen Schimpansen einschlafen lassen, während du eine menschgemäße und ruhige Konversation führst. Unterbräche jemand den Schimpansen beim Dampfablassen, würde er wahrscheinlich nicht zuhören, sondern sich allenfalls noch mehr aufregen. Wenn du also den Schimpansen einer anderen Person poltern hörst, warte am besten, bis er sich ausgetobt hat!

Manchen Leuten fällt es schwer, Gefühle zu artikulieren; es hilft ihnen womöglich, wenn man sie sich selbst überlässt, und manchen hilft es auch, ihre Gefühle zu Papier zu bringen. Du kannst deinen Schimpansen sehr wirksam ohne fremde Hilfe toben lassen, aber die meisten Schimpansen wünschen sich jemanden, der sich anhört, was sie zu sagen haben, der sie versteht und sie trösten kann oder ihrer Meinung ist. Ein Gefühl auszuleben, hat nicht unbedingt etwas mit Gezeter und Gefuchtel zu tun. Man kann das auch unaufgeregt und trotzdem wirkungsvoll tun. Der springende Punkt ist, dass man loswird, was einem auf dem Herzen liegt, und sich dadurch in die Lage versetzt, die Situation zu analysieren und sinnvoll zu agieren. Vergiss nicht, dass dein Schimpanse gute Gründe haben kann, unzufrieden zu sein, und dass du als Mensch die Dinge, die ihm zu schaffen machen, ernst nehmen und auf die Reihe bringen solltest.

Den Schimpansen bändigen

Wenn sich dein Schimpanse erst einmal ausgetobt hat, eröffnet sich dir die Chance, dich mit ihm in aller Ruhe auseinanderzusetzen. Wenn wir annehmen, dass der Schimpanse sich ausreichend abreagiert hat und daraufhin bereit ist, Informationen aufzunehmen, können wir seine Ängste und Sorgen angehen, indem wir mit ihm darüber reden.

Unter Berufung auf Tatsachen, Wahrheiten und Logik können wir weiter daran arbeiten, den Schimpansen herunterzukühlen und argumentativ zu bearbeiten. Wir nennen das «den Schimpansen bändigen».

John wird Opfer einer Intrige

Schauen wir uns ein Szenario an, bei dem jemandem Unrecht getan wird, einen Fall, der bei den allermeisten von uns höchstwahrscheinlich den Schimpansen zum Ausrasten bringen würde.

John ist als Vorarbeiter auf einer Straßenbaustelle tätig, auf der zwei Männer unter seiner Aufsicht arbeiten. In einer Arbeitsbesprechung erklärt er den beiden unmissverständlich, was sie zu tun haben, und schärft ihnen ein, dass sie ihn beim Auftreten irgendwelcher Probleme unbedingt anrufen sollen, da der Auftrag noch am selben Tag erledigt sein muss. John verabschiedet sich dann, weil er noch auf einer anderen Baustelle gebraucht wird. Als er ein paar Stunden später zurückkommt, haben die beiden Männer die ihnen aufgetragenen Arbeiten nicht erledigt; sie haben, untätig herumsitzend, auf seine Rückkehr gewartet und ihn nicht angerufen. John ist angefressen und sagt, er werde seinen Vorgesetzten anrufen und ihm Bericht über das Problem erstatten. Bei dem Telefonat erfährt John zu seinem Schrecken, dass der Vorgesetzte schon auf der Baustelle vorbeigeschaut und mit den beiden Männern gesprochen hat. Sie haben ihm erzählt, John habe ihnen weder Anweisungen gegeben noch eine Telefonnummer hinterlassen; daher trügen nicht sie die Schuld am Stillstand der Arbeit, sondern John. Der Vorgesetzte lässt John gar nicht erst zu Wort kommen, sondern sagt ihm, er sei entlassen. Wie John später erfährt, ist einer der beiden Arbeiter ein Neffe seines Vorgesetzten.

Wenn wir uns jetzt sowohl Johns Reaktion als auch die seines Schimpansen auf diesen Vorgang vorstellen, können wir herausarbeiten, wie man sich in einer solchen Situation am besten verhält. Unbestreitbar ist John Opfer einer Ungerechtigkeit geworden. Sein Schimpanse wird die Situation mit Recht so deuten, und wir können erwarten, dass er darauf mit Wut und Empörung reagiert. Das wäre eine verständliche Reaktion des Schimpansen. John sollte zunächst einmal zulassen, dass sein Schimpanse sich abreagiert, sodass er die Wut über das erlittene Unrecht in den Griff bekommt. John hat versucht, seinem Vorgesetzten die Sache zu erklären, doch der wollte davon nichts hören. John könnte jetzt beschließen, den Fall vor eine Schlichtungsstelle zu bringen und um seinen Job und eine Entschädigung zu kämpfen. Die Wege, die dafür offenstehen, müssen erkundet werden, aber keinesfalls von seinem Schimpansen! John muss die Emotionen aus dem Spiel kriegen, indem er seinem Schimpansen die Möglichkeit gibt, sich an einer unschädlichen Stelle abzureagieren, vielleicht bei einem Freund oder Verwandten, der fähig ist, zuzuhören, ihn zu verstehen und zu erkennen, dass John Unrecht geschehen ist. Damit wäre schon ein gutes Stück auf dem Weg zur Beruhigung des Schimpansen zurückgelegt. Allerdings könnte der Schimpanse den Wunsch haben, es den beiden Männern heimzuzahlen und eine Entschädigung zu fordern. Der Wunsch nach einer Entschädigung ist verständlich, aber vielleicht unrealistisch. Jetzt muss der Schimpanse gebändigt werden, während der Mensch sich der Aufgabe widmen sollte, sich die nächsten Schritte zu überlegen.

John bändigt den Schimpansen

Der Mensch in John wird einige Fakten und Wahrheiten brauchen, die den Ansprüchen des Schimpansen genügen, um ihn zu bändigen. Der Mensch in John wird sich bewusst sein, dass Ungerechtigkeiten, so schmerzhaft sie auch sind, immer wieder vorkommen und oft nicht wiedergutgemacht werden. Es könnte durchaus lohnend sein, sich auf die Hinterbeine zu stellen, aber der Augenblick kann kommen, an dem man erkennen muss, dass man sein Ziel nicht erreichen wird und es klüger ist, einen Schlussstrich zu ziehen, um nicht noch mehr zu verlieren. Es ist eine Tatsache, dass das Leben ungerecht ist.

John muss sich mit seinem Schimpansen darüber verständigen, dass es eine Grenze dafür gibt, wie viel Kraft und Zeit man in den Versuch investiert, sich gegen das Unrecht zu wehren. Er wird seinen Schimpansen mit den unbequemen Wahrheiten des Lebens konfrontieren. Die rationalen Pläne, die John sich zurechtlegt, werden dem Schimpansen helfen, die Situation zu akzeptieren und zum richtigen Zeitpunkt loszulassen.

Gelingt es John nicht, mit einer faktenbasierten, soliden und wahrheitsgemäßen Antwort aufzuwarten, ist es wenig wahrscheinlich, dass der Schimpanse sich besänftigen lässt. Wenn etwa der Schimpanse auf Rache an den beiden Männern sinnt, geht es nicht an, dass John ihm sagt: «Finde dich einfach damit ab, auch vielen Anderen ist schon übel mitgespielt worden.» Diese Aussage ist nicht sehr hilfreich, basiert sie doch teilweise auf der Wahrheit und teilweise auf einer Anweisung oder Empfehlung von John an seinen Schimpansen: «Finde dich einfach damit ab.» Eine bessere und logischere Antwort wäre vielleicht: «Hier ist Unrecht geschehen, aber vielleicht wird dieses spezielle Unrecht niemals wiedergutgemacht; daher legen wir besser eine Grenze fest, bis zu der wir in unserem Kampf um Wiedergutmachung gehen wollen.» John könnte noch weitere Wahrheiten anführen wie: «Es ist kein Weltuntergang, wenn dieses Unrecht nicht aus der Welt geschafft wird», «Ich bin erwachsen und kann mit diesem Problem umgehen», «Ich muss mich nicht ständig weiter darüber ereifern, wenn ich beschließen kann, damit aufzuhören», «Dieser Vorfall wird bald Vergangenheit sein, und ich werde nach vorne blicken».

Offenkundig muss John Antworten finden, die seinen Schimpansen zufriedenstellen, und es ist gut möglich, dass keine dieser Antworten wirkungsvoll genug ausfällt. Fest steht, dass er Antworten finden muss, wenn er seinen Schimpansen bändigen und seinen Blick nach vorne richten will. Schafft er das nicht, läuft er Gefahr, sich von den Gefühlen seines Schimpansen mitreißen zu lassen und in noch mehr Stress zu geraten.

Es gibt Kämpfe, die man nicht gewinnen kann. Es ist wichtig, dies einzusehen und zu akzeptieren. Wer das begriffen hat, kann seinen Schimpansen entsprechend ermahnen. Vergiss nicht, dass dein Schimpanse dir ein **Angebot** macht. Du als der Mensch hast eine **Wahl**. Du kannst entweder deinen Emotionen folgen, oder du kannst dich gegen sie sperren und dem Schimpansen klarmachen, dass du von ihm nützlichere Emotionen erwartest. Es ist nicht leicht, aber unter dem Strich wird es viele Situationen in deinem Leben geben, in denen es nicht gut für dich läuft. Sinn und Zweck der Übung, deinen Schimpansen zu bändigen, ist es daher, ihm **Wahrheiten, die er akzeptieren wird**, einzubläuen, mit dem Ziel, ihn zu beruhigen.

Andys Zahnarztbesuch

Ein weiteres Beispiel soll noch besser veranschaulichen, wie das Konzept der Schimpansen-Bändigung zum Zwecke seiner Beruhigung gemeint ist. Andy hat einen Zahnarzttermin, um sich eine Zahnfüllung einsetzen zu lassen. Er bekommt es mit der Angst und steigert sich so hinein, dass er krank wird. Er weiß, dass das albern ist, wo es doch nur um eine einfache Zahnbehandlung geht, aber diese Einsicht hilft ihm überhaupt nicht.

Als Erstes muss Andy einsehen, dass nicht er der Angsthase ist, sondern sein Schimpanse. Der zeigt ein natürliches Verhalten, indem er sich vor der Behandlung ängstigt. Andy weiß, dass die Angst das Werk des Schimpansen ist, weil er die Frage

«Möchte ich diese Gefühle haben?» mit einem klaren «nein» beantwortet. Wir haben es hier also mit einem sehr ängstlichen Schimpansen zu tun. Was will Andy? Er sagt, er wolle die Sache auf Normalmaß herunterschrauben und ruhig und positiv gestimmt zum Zahnarzt gehen. Der Mensch in ihm sagt also: «Ich möchte mich beruhigen, es ist nur eine Zahnfüllung.» Der Schimpanse sagt: «Ich werde damit nicht fertig. Ich habe Todesangst und will da nicht hingehen.»

Es ist hier also ein Kampf entbrannt zwischen dem Schimpansen und dem Menschen.

Andy lässt seinen Schimpansen toben

Will der Mensch sich durchsetzen, muss er die richtigen Dinge in der richtigen Reihenfolge tun. Das Erste ist, dass der Schimpanse dazu gebracht wird, sich zu verausgaben.

Andys Schimpanse tritt in Aktion. Er sagt:

«Ich bin so dumm, und das ist erbärmlich. Ich kann nicht glauben, dass ich so große Angst vor einem Zahnarzttermin habe. Ich weiß, dass ich mich lächerlich mache. Warum habe ich aber auch ein Loch im Zahn? Ich wünschte, es wäre nicht da. Warum müssen wir überhaupt Zähne haben, warum können wir nicht etwas Haltbareres haben?»

Dieses Hadern mit sich selbst wird immer skurriler, dabei aber auch immer schwächer. Nach etwa zehn Minuten hört es auf, und dann hören wir den Menschen sagen: «Ich habe genug von diesem Gejammer.» Der Schimpanse ist müde geworden, fühlt sich vielleicht sogar völlig ausgepumpt. Mach dir bitte klar, dass dieses «Gejammer» sehr wichtig für das Ermüden des Schimpansen war. Würdest du es unterdrücken, sänke die Wahrscheinlichkeit, dass du mit dem Schimpansen reden kannst. Also bitte nicht die Handbremse anziehen!

Andy bändigt seinen Schimpansen

Jetzt kann Andy seinen Schimpansen bändigen, also mit Hilfe von Wahrheit und Logik auf ihn einreden. Dabei könnte er dem Schimpansen in etwa Folgendes sagen:

«Wenn du wirklich nicht zum Zahnarzt gehen willst, dann gehen wir eben nicht; wir können mit einem Loch im Zahn leben und uns den Problemen stellen, die daraus zwangsläufig erwachsen werden. Wenn wir hingehen, könnte es, da stimme ich dir zu, ein Stück weit weh tun.»

(Manchmal ist es das Richtige, dem Schimpansen beizupflichten, wenn er die Wahrheit sagt. Es hat keinen Sinn, auf «positives Denken» zu pochen, wenn das bedeutet, dass man die Wahrheit ignoriert. Denken wir doch lieber realistisch, das kommt besser!)

«Wenn wir hingehen und den Zahn behandeln lassen, wird nach rund einer halben Stunde alles erledigt sein, und wir werden sehr viel davon haben. Wenn es vorbei ist, werden wir wieder glücklich und zufrieden sein. Die Behandlung und die damit verbundenen Unannehmlichkeiten werden nicht ewig dauern. Machen wir aus dieser Sache doch kein Drama: Wir lassen einen Zahn behandeln, das ist nicht das Ende der Welt. Ich will diese Füllung wirklich machen lassen.»

Wie du siehst, gibt es viele Antworten und Wahrheiten, die Andy dem Schimpansen nahebringen kann. Diese Wahrheiten werden den Schimpansen aber nur beruhigen, wenn sie ihm etwas bedeuten. Jeder von uns muss die Wahrheiten finden, die für den **jeweils eigenen** Schimpansen bedeutsam und überzeugend sind. Manche Wahrheiten werden beruhigend auf den Schimpansen der einen Person wirken, während die Schimpansen anderer Leute andere Wahrheiten brauchen. Noch einmal: Worauf es für dich ankommt, ist die Wahrheiten zu finden, die geeignet sind, **deinen** Schimpansen zu beruhigen, so dass er sich in sein Nest verzieht und einschläft.

Wenn du das gut machst, wirst du feststellen, dass du deinem Schimpansen beibringen kannst, dass es Regeln gibt, an denen er sein Leben ausrichten soll, und dass du, der Mensch, diese Regeln aufstellst. Früher oder später wird dein Schimpanse anfangen, regelkonform auf dich zu reagieren. Es kann sein, dass er sich anfänglich einer Kooperation verweigert und dass du ihn bei jedem Problem mehrmals toben lassen musst, bevor du es schaffst, ihn zu bändigen. Womöglich musst du den Schimpansen im Zuge jeder einzelnen Problemlektion mehrere Male in sein Nest zurückschicken, aber mit zunehmender Übung und Geschick wird er kommunikativer werden, bis du als Mensch schließlich die Dinge in den Griff bekommst.

Vielleicht muss Andy erleben, dass sein Schimpanse doch noch manchmal die Fassung verliert; er muss daher geduldig genug sein, dasselbe Programm mehr als einmal durchzuexerzieren, um seinen Schimpansen wieder in den Ruhezustand zu versetzen.

Wir beherrschen den Schimpansen nie; wir lenken ihn. Das ist nicht dasselbe. Denk daran, der Schimpanse ist fünfmal so stark wie du; mache also nicht den Versuch, ihn durch Willenskraft zu beherrschen. Er würde dich auf lange Sicht niederringen. Versuche stattdessen, den Schimpansen zu dirigieren, indem du ihn toben lässt und dann bändigst.

Kernpunkt

Du musst deinen Schimpansen womöglich bei jedem Problem mehrmals toben lassen, bevor du ihn bändigen kannst. Es kann auch sein, dass du den Schimpansen mehrmals in sein Nest zurückschicken musst, bis er die eine oder andere Lektion gelernt hat.

Muss ich meinen Schimpansen immer toben lassen?

Manchmal muss der Schimpanse sich nicht verausgaben, sondern kann direkt mithilfe von Wahrheit und Logik in sein Nest geschickt werden. Du solltest den Schimpansen nie unnötig provozieren, indem du ihn animierst, auszurasten. Denke auch daran, dass der Schimpanse irrational agiert, was bedeutet, dass er unberechenbar sein kann und manchmal aus keinem bestimmten Grund in große Erregung gerät, während er andere Male vielleicht sehr ruhig bleibt, ebenfalls aus keinem bestimmten Grund. Versuche erst gar nicht, zu verstehen, warum das so ist, denn der Schimpanse ist kein rationales Wesen, und sein Verhalten bleibt in vielen Fällen einfach unverständlich. Arrangiere dich einfach mit seiner Emotionalität, anstatt immer den Versuch zu machen, ihn zu verstehen.

Das emotionale Denken des Schimpansen und wie man damit umgeht

Der Schimpanse verfällt ständig in emotionale Denkmuster, die etwa die folgenden Merkmale aufweisen: gedankliche Schnellschüsse, Schwarzweißdenken, paranoide Vorstellungen. Es ist wichtig, dass du merkst, wenn du deinem Schimpansen erlaubst, für dich zu denken, und dass du über Mittel und Wege verfügst, dies zu unterbinden.

Das probateste Mittel, um zu erkennen, dass der Schimpanse für dich denkt, ist zu merken, wenn du emotional wirst oder wenn dich, obwohl du ruhig bleibst, ein ungutes Gefühl beschleicht. Vergegenwärtige dir, dass dein Schimpanse dir seine Gefühle anbietet und du dann entscheiden musst, was du daraus machst. Wenn du in der Lage bist, zu erkennen, dass der Schimpanse in emotionales Denken verfällt, kannst du dich einiger spezieller Techniken bedienen, um damit klarzukommen. Übt sich dein Schimpanse beispielsweise in Schwarzweißdenken, so stell dir die Frage, welche Alternativen dir zur Verfügung stehen oder ob sich ein Mittelweg anbietet. Nehmen wir an, du befindest dich in einer schwierigen Beziehung und bist zutiefst verdrossen darüber, dass du nicht weißt, ob du diese Beziehung fortsetzen möchtest oder nicht. Das ist nie eine gute Situation und kann dich emotional zerstören. Dein Schimpanse versucht, das Problem zu lösen, indem er – in der Überzeugung, eine Entscheidung treffen zu müssen – eine klare Alternative aufbaut: Entweder ich verlasse diesen Menschen, dann ist alles vorbei, oder ich bleibe bei ihm und bemühe mich um eine Besserung der Lage. Dieses Dilemma und die Unfähigkeit zu einer Entscheidung werden dir vom Schimpansen präsentiert, und es ist nun an dir, zu erkennen, dass hier Schwarzweißdenken am Werk ist. Du kannst jetzt nach einem Mittelweg Ausschau halten. Frage dich, ob es nicht noch Alternativen gibt. Eine Möglichkeit besteht darin, die Situation so einzuschätzen, dass noch keine Notwendigkeit zu einer unverzüglichen Entscheidung besteht. Du und dein Partner könnten beispielsweise eine Auszeit nehmen, eine einvernehmlich festgelegte Phase des Getrenntseins, in der du versuchst, Klarheit über deine Gedanken und Wünsche zu gewinnen, sodass sich dir ein schärferes Bild bietet. Eine solche Auszeit ist ein Kompromiss, der dir als Mensch die Chance gibt, mit deinem Schimpansen zu reden und ihn zu beruhigen. Sie gewährt auch dem Schimpansen Zeit, seine Emotionen auszuleben und sich an ihnen abzuarbeiten, bis er sich besser fühlt.

Mit paranoiden Fantasien kann man fertigwerden, indem man erst einmal erkennt, dass man es mit einem überreagierenden Schimpansen zu tun hat, der einem Vorstellungen serviert, die zu abenteuerlich oder weit hergeholt sind. Der Schimpanse tut das häufig dann, wenn er sich unsicher fühlt und über zu wenig Faktenwissen verfügt, sodass er seine Wissenslücken mit Fantasien ausfüllt. In einem ersten Schritt kannst du deinem Schimpansen grünes Licht für seine paranoiden Gedanken geben, um dann zu beurteilen, ob sie noch einen spürbaren Realitätsgehalt haben. Wenn ja, kann der Mensch in dir nach Tatsachen und Belegen Ausschau halten, und zwar sowohl nach solchen, die diese Vorstellungen stützen (und den Beifall des Schimpansen finden werden), als auch nach solchen, die dagegen sprechen. Diese Tatsachen und Belege einem Freund vorzutragen, kann hilfreich für die Klärung des Sachverhalts sein. Wenn wir mit Freunden eine Sache mehrmals durchsprechen, wird das Bild in der Regel klarer. Das wichtigste ist, die Tatsachen auf die Reihe zu bekommen, und das bedeutet gewöhnlich, dass man an die beteiligten Personen herantritt, um auf konstruktive Weise aufzuklären, was geschehen ist. Sehr oft, wenn wir uns verfolgt oder bedroht fühlen, verschwindet dieses Gefühl unverzüglich, sobald wir unvoreingenommen die richtigen Fragen stellen und uns die Antworten darauf anhören.

Bananen

Eine dritte Strategie, mit der wir unseren Schimpansen dirigieren können, besteht darin, ihn mit Bananen zu füttern. Darunter verstehe ich Dinge, die auf dem Wunschzettel des Schimpansen stehen und die man ihm entweder als Ablenkung oder als Belohnung verabreichen kann. Wir können also mit zwei Arten von Bananen arbeiten: Ablenkungen und Belohnungen. Dem Schimpansen Bananen zu servieren, ist keine besonders überzeugende Art der Problemlösung, kann aber unter manchen Umständen ein sehr effektives Mittel für die Beeinflussung unseres Schimpansen sein.

Die Ablenkungsbanane

Stell dir zum Beispiel vor, es fiele dir schwer, morgens aus dem Bett zu kommen. Schon im Moment des Wachwerdens beginnt dein Schimpanse auf dich einzureden: «Ich kann nicht aufstehen, es ist schön warm hier drin. Ich bin noch müde, mein Körper fühlt sich schwer an, nur noch fünf Minuten …»

Das Problem besteht in diesem Szenario darin, dass du deinem Schimpansen das Denken überlässt, was nicht hilfreich ist. Um ihn abzulenken, kannst du sagen: «Wir fangen nicht mit dem Denken an, bevor wir auf den Füßen stehen.» Wenn also dein Wecker angeht, sagst du in resolutem Ton zu deinem Schimpansen: «Wir denken nicht nach, wir stehen einfach in fünf Sekunden auf: fünf, vier, drei, zwei, eins – und Füße auf den Boden.» Wenn du dir dieses Programm am Vorabend vornimmst und es beim Klingeln des Weckers konsequent umsetzt, wirst du auf deinen Füßen stehen, bevor der Schimpanse die Chance hat, dich in eine Diskussion zu verwickeln. Damit dies funktioniert, musst du den Schimpansen vom Denken abhalten. Du lenkst ihn ab, indem du gleichzeitig zählst und dich in Bewegung setzt. Du kannst zum Beispiel bei fünf schnell (und ohne Nachdenken) die Bettdecke zurückschlagen, dich bei vier auf den Bettrand setzen (immer noch ohne irgendwelche Gedanken zuzulassen), bei drei aufstehen, bei zwei schon auf dem Weg zum Badezimmer sein und dich bei eins dazu beglückwünschen, dass du dein Programm abgespult und dem Schimpansen ein Schnippchen geschlagen hast. Diese Banane (die aus einer schnellen Abfolge von Handlungen unter bewusster Ausschaltung des Denkens besteht) hält den Schimpansen vom Nachdenken ab, aber du musst deinen Schimpansen damit überrumpeln. Viele Leute setzen diese Banane mit gutem Erfolg ein, um morgens aus dem Bett zu kommen. Mit dem Schimpansen über das Aufstehen zu diskutieren, führt hingegen nur selten zum Ziel. Den Schimpansen vom Denken abzuhalten, ist ein Trick, der sich in sehr vielen unterschiedlichen Situationen erfolgreich einsetzen lässt.

Die Ablenkungsbanane kann auch ein Mittel sein, einen erregten oder ungeduldigen Schimpansen zu beschäftigen, wenn du auf etwas warten und Zeit totschlagen musst. Einfache Ablenkungen wie die Lektüre eines Buches oder das Anhören von Musik sind oft am wirkungsvollsten.

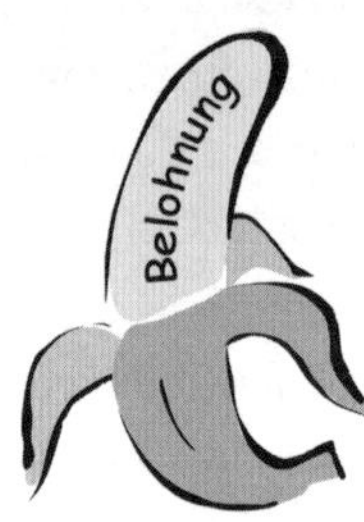

Die Belohnungsbanane

Deinem Schimpansen eine Belohnung zu geben, führt oft zu überraschend guten Ergebnissen. Nehmen wir zum Beispiel an, dass du zehn E-Mails schreiben musst, dich aber nicht aufraffen kannst und erst einmal deinen Kaffee schlürfen möchtest. Wenn du zu deinem Schimpansen sagst: «Sobald du fünf E-Mails geschrieben hast, kannst du deinen Kaffee haben», kommt es nicht selten vor, dass er dir plötzlich grünes Licht für das Schreiben der E-Mails gibt. Die «Banane», ihm eine Tasse Kaffee nach den ersten fünf E-Mails in Aussicht zu stellen, kann deinen Schimpansen so reizen, dass er dich ermuntert, die E-Mails zu schreiben. Er wird es darauf anlegen, dass du dich mit aller Kraft auf die Aufgabe konzentrierst, und wird dir helfen, anstatt dich zu behindern. Das mag auf bizarre Weise irrational erscheinen, aber der Schimpanse ist nun einmal irrational, und der Trick funktioniert gewöhnlich.

Für die meisten Schimpansen bestehen Bananen üblicherweise in Lob oder Zustimmung seitens anderer Menschen. Die meisten Schimpansen sehnen sich nach Anerkennung und Zustimmung von Dritten; ihnen dies als Belohnung zu versprechen, kann also höchst wirkungsvoll sein. Stell dir zum Beispiel vor, dein Zimmer zu Hause könnte einen neuen Anstrich gebrauchen; du weißt, dass du dir einen Neuanstrich wünschst, kommst damit aber einfach nicht aus den Startlöchern. Du kannst deinen Schimpansen belohnen, indem du einen Freund anrufst und ihn zur Besichtigung deines frisch gestrichenen Zimmers einlädst. Kein Wunder, dass dein Schimpanse aufspringt und dich antreibt, das Zimmer zu streichen, weil er auf das Lob des Freundes scharf ist (und auch, weil er vor dem Freund nicht blöd dastehen möchte).

Bananen können ein nützliches Mittel zur Beeinflussung deines Schimpansen sein, wenn du schnell etwas erledigt bekommen, dich von einem Sorgenthema ablenken oder eine Auszeit nehmen willst. Im Allgemeinen sind Bananen aber nicht so wirkungsvoll wie die Bändigung des Schimpansen, da sie in der Regel die Ursache des Problems nicht beseitigen.

Den Menschen in dir entwickeln

Im Machtkampf zwischen Mensch und Schimpanse auf dem geteilten Planeten darfst du dich selbst nicht vergessen. Du bist nicht identisch mit deinem Schimpansen, sondern ein Wesen für dich. Du hast als Mensch Bedürfnisse, genauso wie der Schimpanse in dir Bedürfnisse hat. Um die Bedürfnisse des Menschen in dir zu erkunden, müssen wir uns mit seinen Charaktermerkmalen beschäftigen. Allgemein gilt, dass der Mensch Befriedigung und Erfüllung aus konstruktiven eigenen Leistungen zieht, aus selbstbestimmter Arbeit im Rahmen von Hobbys und Interessen, die nicht unbedingt überlebenswichtig sind, aber unser Leben bereichern und lebenswert machen.

> ***Kernpunkt***
> *Schimpansen wollen überleben; Menschen wollen ihr Leben mit Sinn füllen.*

Wenn wir zielorientiert sind, wird das mit dem Wunsch nach Sinnhaftigkeit einhergehen, und dieser Wunsch wird uns einen Weg weisen, der zu Lebensleistung, Befriedigung und Wohlergehen führt. Wir werden uns in späteren Kapiteln dieses Buches eingehend mit Lebenszielen wie Erfolg und Glück beschäftigen, es hier aber erst einmal mit der Botschaft bewenden lassen, dass du, wenn du deine Maschine gut pflegen willst, die Bedürfnisse sowohl des Schimpansen als auch des Menschen in dir berücksichtigen musst. Allzu oft schenken wir unser Augenmerk nur dem Schimpansen, weil er unsere Zeit beansprucht und am lautesten schreit.

Zusammenfassung der Kernpunkte

- «Möchte ich …?» ist die Frage, die du stellen musst, um herauszufinden, ob dein Schimpanse gerade dabei ist, das Kommando zu übernehmen. Lautet die Antwort auf die Frage «nein», dann sitzt er dir bereits im Nacken.
- Du bist immer für deinen Schimpansen verantwortlich.
- Dein Schimpanse ist fünfmal so stark wie du.
- Hege und pflege deinen Schimpansen, bevor du versuchst, ihn zu beeinflussen.
- Steuere deinen Schimpansen, aber versuche nicht, ihn zu beherrschen.
- Es gibt drei übliche Mittel für die Beeinflussung deines Schimpansen: Toben lassen, bändigen und Bananen.

Empfohlene Übung

Die «NEAK»-Übung

- normal
- erwarten
- akzeptieren
- kümmern

Es ist **normal**, dass dein Schimpanse aus der Haut fährt und Verhaltensweisen zeigt, die du nicht gut in den Griff bekommst. Du solltest daher **erwarten**, dass dies von Zeit zu Zeit geschieht. **Akzeptiere**, dass du nicht perfekt bist und es mit einem sehr kraftvollen Tier zu tun hast. **Kümmere** dich um seine Schübe unbeherrschter Aktivität mit geeigneten Mitteln, etwa indem du dich entschuldigst, wenn du Andere verärgert hast, oder indem du Nachsicht mit dir selbst walten lässt, wenn du das Gefühl hast, hinter deinen eigenen Ansprüchen zurückgeblieben zu sein.

NEAK als Richtschnur bedeutet, dass du in eigener Sache Vorsicht und Nachsicht walten lässt. Wann immer du dich mit irgendeiner Reaktion deines Schimpansen konfrontiert siehst, die dir zu entgleiten droht, halte inne und denke NEAK. Akzeptiere, dass dies die Art und Weise ist, wie die Maschine funktioniert, und versuche dann, dich um die Situation zu kümmern, ohne dich von ihr unterkriegen zu lassen. Schuldgefühle, Scham, Frustration und andere negative Emotionen sind nicht da, um uns zu vernichten, sondern um uns beim Ausbügeln unserer Schwächen zu helfen. Niemand von uns tut in jeder Situation das Richtige, viele von uns tun sogar ziemlich häufig das Falsche.

Arbeite an deiner NEAK-Kompetenz als Mittel zur Verbesserung deiner Fähigkeit, den Schimpansen zu beeinflussen. Wenn dich negative Gefühle befallen, versuche, sie ins Positive zu wenden und sie als Triebkräfte für deinen Weg nach vorne zu benutzen. Denke dir Mittel und Wege aus, wie du mit negativen Emotionen umgehen kannst, anstatt dich auf sie einzulassen.

Kapitel Vier

Der Leitmond

• Teil Eins

Lerne den Computer in deinem Gehirn verstehen

Der Leitmond ist der Computer deines Gehirns. Im Universum fungieren die Monde als Stabilisatoren der Planeten, die sie umkreisen; dein Leitmond stabilisiert also deinen geteilten Planeten. Das wiederum bedeutet: Wenn wir den Computer in deinem Gehirn dazu bringen, gut zu funktionieren, wird er dich stabilisieren und dir die Aufgabe, deinen Schimpansen zu lenken, stark erleichtern.

Der Computer: einige grundlegende Tatsachen

Welche Funktionen hat dein Computer?

Dein Computer hat zwei Funktionen:

- Er kann für dich automatisiert denken und handeln, indem er vorprogrammierte Gedanken und Verhaltensweisen abspult.

- Er ist eine Art Depot oder Nachschlagewerk für Informationen, Überzeugungen und Werte.

Wie gelangen Informationen in den Computer?

Bei deiner Geburt ist dein Computer praktisch eine unbeschriebene Festplatte. Er ist nicht mehr als ein Trägermedium für Verhaltensweisen und Überzeugungen, die der Mensch oder der Schimpanse ihm eingibt. Er besitzt nicht die Fähigkeit zu selbstständigem Denken und keine eigene Deutungshoheit, sondern agiert auf Basis in ihm abgelegter Informationen. Der Mensch oder der Schimpanse sind sich oft vielleicht gar nicht im Klaren darüber, dass sie solche bewussten oder unbewussten Gedanken oder Verhaltensweisen im Computer abgelegt haben. Wie gut dieser funktioniert, hängt davon ab, wie nützlich und wahrheitsgemäß unsere Eingaben waren.

Der Computer hat potentiell mehr Einfluss als der Schimpanse und der Mensch, weil er die Informationsquelle ist, auf die beide zurückgreifen, wenn sie Hilfe und guten Rat brauchen.

Es ist deshalb ratsam, zu ergründen, wie der Computer arbeitet und wie man ihn in Schuss hält, sodass die Leitlinien, die man von ihm abruft, zu Erfolg und Glück führen.

Ist der Computer bei Männern und Frauen der gleiche?

Die kurze Antwort lautet: ja. Die Arbeitsweise ist bei beiden sehr ähnlich, auch wenn einige Unterschiede bestehen. Der typische weibliche Computer kann zum Beispiel mit Sprache auf einem höheren Niveau operieren als der typische männliche. Im weiblichen Gehirn finden sich deutlich mehr sogenannte Assoziationszentren für den Umgang mit Sprache als im männlichen. Andererseits gibt es im männlichen Gehirn einen für mathematisches Denken und das Lesen von Landkarten zuständigen Bereich, der viermal so groß ist wie seine weibliche Entsprechung – ob er besser funktioniert, sei freilich dahingestellt! Man kann es jedenfalls für wahrscheinlich halten, dass, da weibliches und männliches Gehirn typischerweise physische und physiologische Unterschiede aufweisen, beide auf etwas unterschiedliche Weise funktionieren und für bestimmte Aufgaben oder Lernprozesse besser (bzw. weniger gut) geeignet sind.

Bei Diskussionen zu diesem Thema schlagen die Wellen der Erregung häufig hoch, wenn Personen sich in eine Klischeeschublade gesteckt fühlen; das ist jammerschade, denn die Wissenschaftler wollen uns nur helfen, uns selbst besser zu verstehen. Natürlich gibt es bei beiden Geschlechtern immer Ausnahmen von der Regel, und die wissenschaftliche Forschung bringt hier fortschreitend mehr Licht ins Dunkel. Sowohl in anatomischer als auch in physiologischer Hinsicht bestehen also Unterschiede zwischen dem männlichen und dem weiblichen Computer. Man kann in unterschiedlichen Bereichen des Gehirns auch abweichende Reaktionen auf manche Neurotransmitter – als Botenstoffe fungierende chemische Substanzen – beobachten.

Wie schnell ist der Computer im menschlichen Gehirn?

Wir können uns den Computer als eine Maschine vorstellen, die rund viermal schneller arbeitet als der Schimpanse und rund zwanzigmal schneller als der Mensch. Wenn der Computer also gut arbeitet, kann er Befehle mit atemberaubender Schnelligkeit und perfekter Genauigkeit ausführen, bevor der Schimpanse oder der Mensch dazu kommt, einen Gedanken zu Ende zu bringen.

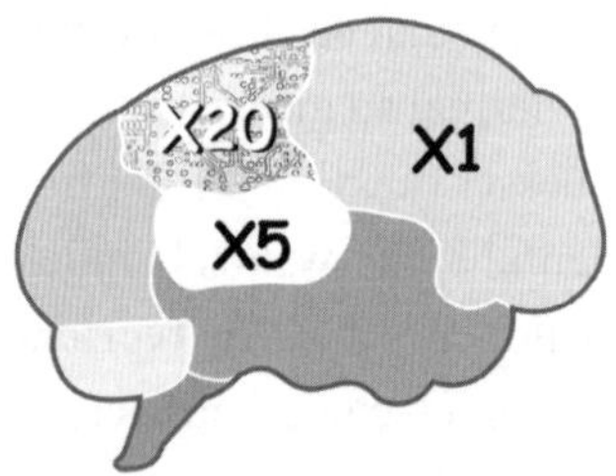

Reaktionsgeschwindigkeit

Diese Zahlenwerte reflektieren die Geschwindigkeiten der im menschlichen Gehirn ablaufenden Prozesse und zeigen, dass manche Bereiche tatsächlich sehr viel schneller arbeiten als andere.

Wie sieht das Innenleben des Computers aus?

- Der Autopilot ist eine konstruktive oder hilfreiche Überzeugung oder Verhaltensweise.
- Der Gremlin ist eine destruktive oder wenig hilfreiche Überzeugung oder Verhaltensweise, die man jedoch abschalten kann.
- Der Kobold ist eine destruktive oder wenig hilfreiche Überzeugung oder Verhaltensweise, die gleichsam festgenietet ist und sich nur unter größten Schwierigkeiten entfernen lässt.
- Der Stein des Lebens beherbergt die Werte und Überzeugungen, denen gemäß du dein Leben lebst.

Die Funktionsweise des Computers im Detail

- Automatismen
- Nachschlagewerk

Automatismen

Automatismen beruhen auf erlernten Verhaltensweisen, erlernten Überzeugungen und automatischen Programmen. Sie laufen immer dann ab, wenn wir Verhaltensweisen oder Gedanken abrufen, die wir fast im Schlaf beherrschen. Sie erfordern vom Menschen in uns kaum gedankliche Anstrengung. Wenn wir verschiedene Verhaltensweisen miteinander verbinden, können wir sie zu komplizierten Programmen zusammensetzen, die wir irgendwann automatisch ausführen, etwa das Zubereiten einer Tasse Kaffee oder das Radfahren.

Der Schimpanse und der Mensch füttern den Computer mit Anweisungen, das heißt, sie programmieren ihn. Verfügt der Computer erst einmal über lauffähige Programme, wird er diese eigenständig abarbeiten und dem Schimpansen und dem Menschen die Chance geben, sich eine Erholungspause vom Denken und Interpretieren zu gönnen. Der Computer ist darauf programmiert, für uns zu denken und zu handeln, kann dabei aber nur Informationen verwenden, die wir ihm zur Nutzung gegeben haben. Es handelt sich also um gespeicherte Überzeugungen und Verhaltensweisen, die zuvor vom Menschen und vom Schimpansen erlernt und dann dem Computer beigebracht worden sind. Hier besteht ein gewisser Gegensatz zu den Instinkten des Schimpansen, die wir in unseren Genen weitergeben und die eigentlich auf das Abrufen unverzüglicher Reaktionen seitens des Schimpansen angelegt sind.

Der Computer leistet die meiste Arbeit beim Abspulen unserer Tagesroutinen. Wie gut er uns durch den Tag führt, hängt davon ab, was wir in ihm abgelegt haben. Natürlich können wir dem Computer Neues beibringen und Inhalte aus seinem Bestand entfernen, wenn wir uns die Zeit für diese Wartung und Pflege nehmen. Das Problem ist, dass die meisten von uns dies nicht tun.

Autopiloten

Autopilot

Unter Autopiloten verstehe ich all die positiven, konstruktiven Überzeugungen, Verhaltensweisen und Automatismen, die uns helfen, ein erfolgreiches und glückliches Leben zu führen. Sie können in jedem Lebensalter im Computer abgelegt werden. Zur Kategorie der Autopiloten zählen beispielsweise: Fahrrad fahren; ruhig bleiben, wenn etwas schiefgeht; sich weniger auf Probleme als auf Lösungen konzentrieren; Schnürsenkel binden; sich Ordnung und Disziplin angewöhnen; ein positives Bild von sich selbst haben.

Kobolde und Gremlins

Gremlin Kobold

Kobolde und Gremlins sind mehr oder weniger das Gegenteil von Autopiloten. Sie stehen für destruktive, wenig hilfreiche Verhaltensweisen, Überzeugungen oder automatische Programme, die im Computer gespeichert sind.

Ein Kobold wird deinem Computer gewöhnlich eingepflanzt, wenn du noch sehr jung bist. In deinen allerersten Lebensjahren tendiert dein Computer dazu, jede ihm zufließende Information fest abzuspeichern. Kobolde sind daher in deinem Computer fest verbaute Reaktionsmuster, die sich nur schwer entfernen lassen; du musst also lernen, sie in Schach zu halten. Eine Faustregel besagt, dass Kobolde sich vor dem achten Lebensjahr einnisten, während Gremlins gewöhnlich erst nach dem achten Lebensjahr auftauchen. Gremlins sind nicht fest verankert, sodass du sie entfernen kannst, wenn du sie findest. Die Unterscheidung zwischen Kobolden und Gremlins treffen wir hauptsächlich deswegen, weil es wichtig ist, zu wissen, welche unserer Reaktionsmuster abschaltbar sind und welche wir wahrscheinlich nicht entfernen können. Das bewahrt dich vor dem Versuch, das Unmögliche zu schaffen. Auf jeden Fall kannst du diesen wenig hilfreichen Kreaturen Zügel anlegen, wenn du sie erst einmal lokalisiert hast.

Ein Beispiel für einen Kobold

Das Kühlschranktür-Syndrom liefert eines der alltäglichen Beispiele für das Wirken eines Kobolds und ist den meisten Menschen in der westlichen Welt vertraut.

Am ersten Schultag ist das Kind in aufgekratzter Stimmung. Die Lehrerin sagt zu ihm: «Warum malst du nicht ein Bild für deine Eltern?» Das Kind malt ein Bild und kommt später nach Hause gerannt, um es den Eltern zu zeigen. Als es auf die Eltern zuläuft, sagt einer von ihnen: «Was hast du da mitgebracht?» Das Kind überreicht ihm das Bild. Der Elternteil sagt: «Das Bild ist fantastisch; du bist ein kleines Genie. Ich bin so stolz auf dich, ich möchte, dass die Welt sieht, wie gut du bist», und befestigt das Bild dann an der Kühlschranktür, damit alle Welt sehen kann, wie toll das Kind ist.

Dem Kind wurde somit ein großer Kobold eingepflanzt, mit dem es ab jetzt sein Leben teilen wird!

Betrachten wir dasselbe Szenario unter anderen Vorzeichen. Das Kind kommt mit dem gemalten Bild aus der Schule und rennt auf die Eltern zu. Ein Elternteil sagt: «Einen Moment», schiebt das Bild beiseite und umarmt das Kind. Dann sagt der Elternteil: «Ich bin so stolz auf dich, und du bist ein kleines Genie, und ich will, dass die ganze Welt weiß, wie stolz ich auf dich bin. Und jetzt zeig mir, was du mitgebracht hast.» Die Eltern und das Kind unterhalten sich sodann über das Bild; die Eltern sagen etwas Lobendes über das Bild und das Kind und fragen, ob es nicht schön wäre, die Zeichnung an die Kühlschranktür zu heften, weil sie so hübsch ist.

Im ersten Szenario lobt der Elternteil das Kind als ein kleines

Genie und lässt es wissen, dass er stolz darauf ist, **was das Kind geschafft hat**. Die implizite Botschaft lautet also, dass der Wert des Kindes von dem Bild bestimmt wird. Im weiteren Verlauf wird dem Kind gesagt, dass die Eltern ihren Stolz auf das Kind mit der Welt teilen wollen, indem sie das Bild an der Kühlschranktür befestigen. Die Botschaft an das Kind lautet: «**Die Dinge, die du in deinem Leben leistest und schaffst, machen dich wertvoll**. Das, was du tust, wird andere veranlassen, zu dir aufzuschauen.»

Die Botschaft an das zweite Kind lautet: **Du bist etwas wert, einfach so wie du bist. Du wirst geliebt und respektiert, ohne eine größere Leistung erbringen zu müssen.** Die Eltern geben dem Kind dann noch zu verstehen, dass es gut ist, etwas zu leisten, aber dass man das eigene Selbstwertgefühl nicht nur mit Leistungen verknüpfen sollte. Es ist natürlich immer eine gute Sache, ein Kind zu loben, wenn es sich angestrengt hat, gleich auf welchem Leistungsniveau.

Es ist klar, dass man hier ein Gleichgewicht finden muss, und ich habe in diesen beiden Szenarien extreme Alternativen gezeichnet, um deutlich zu machen, worum es mir geht, denn leider machen sich zu viele von uns einen Kopf darüber, ob wir gut genug sind und wie andere uns beurteilen.

Viele Schüler und Studenten entwickeln vor einer Prüfung große Ängste und fürchten die Ergebnisse. Wenn man sie fragt, wie sie über die Prüfung denken würden, wenn außer ihnen selbst niemand von dem Ergebnis erfahren würde und wenn sie im Fall des Nicht-Bestehens die Prüfung unbemerkt so oft wiederholen dürften, bis sie sie bestehen, sagen sie gewöhnlich: «Dann hätte ich keine Angst davor oder Probleme damit.» Offensichtlich ist das eigentliche Problem für diese Schüler oder Studenten nicht die Prüfung, sondern die Angst davor, dass Andere das eigene Versagen mitbekommen, und welche Folgen das für einen selbst haben wird.

Wenn wir wüssten, dass niemand schlecht über uns denkt, hätten wir sehr viel weniger Grund für Ängste; bei einer Prüfung zu versagen, wäre dann allenfalls noch ein Ärgernis, mit dessen Folgen wir fertigwerden müssten. Wir würden aber nicht unser Selbstwertgefühl von einem Prüfungsergebnis abhängig machen, denn das wäre ein Festessen für unseren Kühlschranktür-Kobold!

Dieses Syndrom ist äußerst weit verbreitet und scheint sich bei der Mehrheit unserer Zeitgenossen festgesetzt zu haben. Die gute Nachricht ist jedoch, dass wir lernen können, uns nicht davon beherrschen zu lassen, sondern es in den Griff zu bekommen. Teilweise besteht das Problem darin, dass der Schimpanse in uns dem Kobold hilft. Der Schimpanse hat einen sehr starken Herdentrieb, der darauf abzielt, durch das Eingebundensein in unsere «Herde» unser Überleben zu sichern. Wir müssen ein akzeptiertes Mitglied der «Herde» sein, um ihren Schutz zu genießen. Um von ihr akzeptiert zu werden, müssen wir stark und nützlich sein. Der Wunsch, Andere zu beeindrucken, entspricht also dem primitiven Schimpansen-Instinkt. Wenn sich dieser Trieb mit dem Kobold zusammentut, kann er sehr mächtig werden. Viele Menschen leiden unter emotionalem Stress, weil sie sich ständig den Kopf darüber zerbrechen, was Andere von ihnen denken; sie würden nur allzu gern einfach ihr Leben leben, ohne sich ständig selber Druck zu machen, doch der Schimpanse und der Kobold lassen das nicht zu.

Ein Gremlin-Beispiel

Es folgt ein Beispiel für zwei verbreitete Gremlins, die die meisten Menschen in ihrem Computer haben und mit denen sie es von Zeit zu Zeit zu tun bekommen: Es handelt sich um die Zwillings-Gremlins der unrealistischen Erwartung und der nicht hilfreichen Erwartung.

Nachzuprüfen, ob die Erwartungen, die du an dich selbst stellst, realistisch und vernünftig sind, ist immer eine gute und nützliche Sache. Wenn deine Erwartungen unrealistisch oder nicht hilfreich sind, kannst du dir fast sicher sein, dass das sehr heftige negative Emotionen bei dir hervorrufen wird. Das sind im typischen Fall Gefühle wie Frustration, Wut oder Enttäuschung.

Stell dir einen einfachen Gremlin vor, der sagt: «Ich habe mir vorgenommen, immer pünktlich zu sein.» Wenn du dich dann einmal, gleich aus welchen Gründen, verspätest, gerätst du wahrscheinlich in Stress, weil du deiner Überzeugung nach immer pünktlich kommen solltest. Du könntest den Gremlin durch einen Autopiloten ersetzen, der sagt: «Ich wäre gerne pünktlich, wann immer das möglich ist, doch manchmal geht es nicht, und dann ist das auch kein Weltuntergang, und ich werde damit zurechtkommen.» Das ist eine realistischere Maxime, die dir vermutlich helfen würde, entspannter zu sein und dich eher wie ein Erwachsener als wie ein Kind zu verhalten, wenn einmal etwas nicht nach Plan läuft.

Ein weiteres Beispiel für eine unrealistische Erwartung ist der Anspruch an dich selbst, immer zu gewinnen, um dir zu beweisen, wie gut du bist. Ein Tennismatch zu spielen, kann Spaß machen, wenn du von der Prämisse ausgehst, dass es nur ein Spiel ist und das Ergebnis im Grunde keine Rolle spielt. Das heißt nicht, dass du nicht dein Bestes geben solltest, um zu gewinnen, aber es heißt, dass du mit Augenmaß an die Sache herangehst. Wenn du hingegen in der Überzeugung antrittst, gewinnen zu müssen, weil davon dein Wert als Mensch abhängt, besteht die Gefahr, dass es ein verbissenes und wahrscheinlich unangenehmes Match wird. Mit welcher Einstellung du herangehst, wirkt sich mit Sicherheit auf deinen Umgang mit dem Ergebnis und auf deine Reaktion darauf aus. Es ist besser, realistische Erwartungen zu haben – oder manchmal auch gar keine Erwartungen.

Einige weitere Beispiele für Gremlins:

- Wenn du auf Situationen überreagierst
- Wenn du jedes Mal etwas isst, wenn dir danach ist, ohne echten Hunger zu haben
- Wenn du dich selbst bestrafst
- Wenn du dir über Entscheidungen den Kopf zerbrichst, statt sie zu treffen
- Wenn du wütend wirst, ohne es eigentlich zu wollen

Der Computer als Nachschlagewerk

Die Nutzung des Computers als Nachschlagewerk hat drei Aspekte:

- Allgemeine Ablage mit Autopiloten und Gremlins
- Der Stein des Lebens mit den «Wahrheiten des Lebens», den «Werten» und der «Lebenskraft»
- Mentalität

Allgemeine Ablage mit Autopiloten und Gremlins

Sowohl der Mensch als auch der Schimpanse nutzen den Computer als Nachschlagewerk für ihre Entscheidungsprozesse. Wenn wir mit einer Situation konfrontiert werden, interpretieren der Mensch und der Schimpanse das Geschehen und rufen dann aus dem Computer die dort gespeicherten einschlägigen Erfahrungen, Überzeugungen oder Erinnerungen ab. Entscheidungen, die wir treffen, oder Handlungswege, die wir einschlagen, können von den im Computer abgelegten früheren Erfahrungen beeinflusst werden.

Lass mich an einem Beispiel aufzeigen, wie das funktionieren kann. Adam arbeitet für einen sehr strengen Chef, der ihn nur zu sich ruft, um ihn zu kritisieren und ihn darauf hinzuweisen, dass sein Job an einem seidenen Faden hängt. Der Mensch in Adam ist höchst beunruhigt über das Verhalten des Chefs und speichert in seinem Computer die Erfahrung ab: «Wenn du diesen Chef siehst, rechne damit, gemaßregelt zu werden, und sei darauf emotional vorbereitet.» Das ist eine offensichtlich durch Erfahrung belegte Regel. In deinem Computer abgelegt, wird sie als hilfreiche Interpretation dessen, was du erlebst, fungieren und würde sich daher gut als Autopilot eignen (als wahrheitsgemäße und nützliche Erfahrung, auf die du dein künftiges Verhalten aufbaust).

Adams Schimpanse wird auf Begegnungen mit dem Chef verständlicherweise höchst gereizt reagieren und vielleicht die folgende Regel im Computer abspeichern: «Wenn du jemandem begegnest, der der Chef ist, rechne damit, in große Unruhe zu geraten und etwas Negatives gesagt zu bekommen.» Das ist eine Verallgemeinerung, denn nicht jeder Chef entspricht dieser Typisierung, und selbst ein und derselbe Chef kann sich situationsabhängig von unterschiedlichen Seiten zeigen. Der Schimpanse jubelt dem Computer hier also die wenig hilfreiche Überzeugung unter: «**Alle** Chefs lassen kein gutes Haar an dir und verderben dir die Laune.»

Diese Deutung durch den Schimpansen ist nicht besonders hilfreich und könnte auf lange Sicht sehr destruktiv sein. Sie entspricht nicht der Wahrheit und ist deshalb ein Gremlin (eine nicht hilfreiche Überzeugung, die wahrscheinlich zu einem nicht hilfreichen Verhalten in der Zukunft führen wird).

Wir haben es jetzt mit zwei sehr unterschiedlichen im Computer abgelegten Botschaften zu tun. Beide werden künftig als Referenz dienen.

Der Mensch und der Schimpanse könnten entweder einen Autopiloten oder einen Gremlin wählen. Was danach folgt, hängt davon ab, wie ihre Wahl ausfällt.

Solange Adam an seinem Arbeitsplatz unter dem besagten Chef bleibt, wird jede der beiden als Referenz gespeicherten Botschaften anspringen, wenn der Chef ihn zu sich ruft, denn die Wahrscheinlichkeit ist hoch, dass der Mann wieder seine Laune an ihm auslässt. Nehmen wir aber einmal an, Adam sucht sich einen neuen Arbeitsplatz und bekommt es mit einem neuen Chef zu tun. Der neue Chef hat eine andere Arbeitsauffassung als der alte; er ist sehr verständnisvoll und hält viel davon, seine Mitarbeiter zu loben und zu unterstützen. Adam erhält einen

Anruf, dass sein neuer Chef ihn kennenlernen möchte. Der Schimpanse in Adam wittert sogleich Gefahr und schaut im Computer nach, ob irgendwelche Anhaltspunkte zu finden sind, die als Rüstzeug dienen könnten. Der Schimpanse spricht mit dem Gremlin, und dieser sagt: «**Alle** Chefs haben etwas an dir auszusetzen und wollen dich schlecht aussehen lassen.» Daraufhin sagt der Schimpanse: «Das ist eine sehr schlechte Nachricht, weil jeder Boss es darauf abgesehen hat, dich schlecht aussehen zu lassen, und das kann dich den Job kosten.» Der Mensch bekommt keine Chance, weil der Schimpanse und der Gremlin stärker sind. Das führt dazu, dass Adam das Büro des neuen Chefs voller Angst betritt und dass die Unterredung mit dem Boss wahrscheinlich nicht gut verlaufen wird, weil Adam in seiner Angst das Ergebnis schon zu kennen glaubt. Der alternative Verlauf wäre der, dass Adams Mensch beim Autopiloten nachschlägt und dann beruhigend auf den Schimpansen einwirkt, indem er sagt: «Ich werde diesem neuen Chef eine Chance geben, vielleicht ist er anders als der alte.»

Das Sammeln von Erfahrungen ist eine Methode, mit der Gremlins und Autopiloten kreiert werden. Entweder der Schimpanse oder der Mensch legt sie im Computer ab, zur künftigen Nutzung als Referenzpunkte. Dieses Beispiel zeigt auch, auf welche Weise der Schimpanse sehr eng mit den Gremlins zusammenarbeitet. Gremlins und Autopiloten lassen sich auch noch auf andere Weise kreieren: durch Erziehung und Bildung oder durch Gespräche, in denen andere Menschen uns an ihren Erfahrungen teilhaben lassen.

Der Schimpanse und der Mensch nutzen also im Computer gespeicherte Erfahrungsregeln als Referenzbeispiele für ihre eigenen Entscheidungsprozesse. Wenn der Computer über einen großen Vorrat an Autopiloten verfügt, wird er mäßigend auf den Schimpansen einwirken, ihn bremsen und beruhigen. Das wiederum verschafft dem Menschen Gelegenheit, nach Autopiloten zu suchen und sie einzusetzen, das gesamte System zu stabilisieren und so das Gefühlsleben der Person zu beruhigen. Man kann dieses System gleichsam bei der Arbeit beobachten: Ein Gehirnscanner zeigt, wie Blut in unterschiedliche Regionen des Gehirns strömt, die gerade aktiviert werden. Ein von sehr vielen Gremlins bevölkerter Computer wirkt stark destabilisierend sowohl auf den Menschen als auch auf den Schimpansen.

Der Stein des Lebens mit den «Wahrheiten des Lebens», den «Werten» und der «Lebenskraft»

Der Stein des Lebens ist dein letztendlicher Referenzpunkt. Er ist gleichsam die Tafel, auf der deine «Wahrheiten des Lebens», deine «Werte» und deine «Lebenskraft» eingemeißelt sind. Der Stein des Lebens ist für den Schimpansen und den Menschen das Maß aller Dinge – Grund genug, seine drei Inschriften einer detaillierten Betrachtung zu unterziehen.

Die Wahrheiten des Lebens

Die Wahrheiten des Lebens sind die Essenz deiner Auffassungen davon, wie die Welt funktioniert, und du kannst ihren Wahrheitsgehalt durch Beispiele und Erfahrungen «beweisen». Du hast diese Wahrheiten entweder selbst ausformuliert oder sie von irgendwoher übernommen (von Eltern, Lehrern, aus gemachten Erfahrungen usw.).

Jeder hat unterschiedliche Wahrheiten in seinem Fundus, doch haben viele von uns einen gemeinsamen Vorrat an Wahrheiten. Diese Wahrheiten stimmen womöglich mit etlichen deiner Autopiloten oder sogar deiner Gremlins überein, aber sie sind diejenigen, nach denen du zu leben beschlossen hast. Sie bilden eine Gruppe von Überzeugungen, die du für wahr hältst.

Nehmen wir zum Beispiel an, du glaubst an die Erfahrungsregel «Das Leben ist nicht fair.» Die meisten von uns werden das als eine vertretbare «Wahrheit des Lebens» empfinden, einfach weil wir wissen, dass es «wahr» ist. Wenn wir uns also im Leben danach richten, sollte das bedeuten, dass wir uns nicht großartig aufregen (oder uns vielleicht gar nicht aufregen), wenn uns etwas Unfaires widerfährt, denn so ist nach unserer Überzeugung das Leben. Es bedeutet nicht, dass wir nicht versuchen würden, in unserem Leben Fairness walten zu lassen; es bedeutet aber, dass wir, wenn das Leben unfair zu uns ist, dies akzeptieren und das Beste daraus machen.

Wenn jemand als seine Wahrheit anerkennt, dass das Leben fair ist, und sich bemüht, gemäß dieser «Wahrheit» zu leben, dann liegt die Annahme auf der Hand, dass diese Person ziemlich oft in Aufregung oder Wut geraten wird, wenn das Leben sie unfair behandelt. Stellen wir uns zum Beispiel vor, dass dieser Mensch in einem Laden ein Kartenspiel kauft und zu Hause feststellt, dass eine Karte fehlt. Er wird sich über diese «Unfairness» echauffieren, wird zu dem Laden zurückgehen, das Problem schildern und wird erwarten, im Umtausch ein neues Kartenspiel zu erhalten. Das wäre eine vernünftige Erwartung. Aber die Verkäuferin erklärt ihm, ein kostenloser Umtausch sei ausgeschlossen, da er es unterlassen habe, vor dem Verlassen des Geschäfts die Vollzähligkeit der Karten zu überprüfen. Du kannst dir den wütenden Protest dieses Menschen vorstellen. Doch letzten Endes wird das Sich-Beschweren über die ihm widerfahrene Ungerechtigkeit ihn nirgendwohin bringen außer in Wut. Manchmal ist es das Beste, man seufzt und sagt: «Das Leben ist nicht fair, und in diesem Fall war es das schon gar nicht; aber ich will das akzeptieren, weil ich nichts dagegen unternehmen kann.» Du hast die Wahl, entweder um dein Recht zu kämpfen und diesen Kampf möglicherweise zu gewinnen oder die Sache als eine weitere Erfahrung abzuhaken und dir eine vielleicht schäbige und fruchtlose Auseinandersetzung zu ersparen.

Meine ersten drei «Wahrheiten des Lebens» lauten:

1. Das Leben ist nicht fair.
2. Die Ziellinie wandert.
3. Es gibt keine Garantien.

Wenn ich es schaffe, mein Leben an diesen «Wahrheiten» oder Erfahrungsregeln auszurichten, wird mich kaum etwas aufregen. Wenn ich mich nicht konsequent an diesen «Wahrheiten» orientiere, sondern Tage einschiebe, an denen ich sage: «Und das Leben ist doch fair», laufe ich Gefahr, die Fassung zu verlieren, und muss mich dann mühsam wieder an die Realität herantasten. Das Akzeptieren dieser Wahrheiten bedeutet nicht, dass ich in meinem Leben alles klaglos hinnehme, ganz und gar nicht. Es bedeutet vielmehr, dass ich unterm Strich, wenn mir Unfaires widerfährt, bereit bin, es zu akzeptieren, und dass ich unversehrt daraus hervorgehe.

Woher kommt die Vorstellung, dass das Leben fair ist oder fair sein **sollte**? Sehr wahrscheinlich aus deiner frühen Kindheit, in der du vermutlich falsch programmiert worden bist! Als Kind sind dir Märchen vorgelesen worden, oder du hast sie dir angeschaut. Darin bekam der Prinz immer die Prinzessin zur Frau, und die böse Hexe starb, und alle lebten glücklich bis an ihr Ende (außer der Hexe natürlich, die aber auch bekam, was sie verdiente). Mit anderen Worten: Das Gute trägt am Ende immer den Sieg davon. Aber das waren Märchen, und sie haben dir in einer Art Gehirnwäsche die Überzeugung eingepflanzt, dass es im Leben so zugeht. Dem ist nicht so. Wir würden unseren Kindern tatsächlich einen Gefallen tun, wenn wir die Märchen umschrieben: Die Hexe würde die Prinzessin umbringen und den Prinzen heiraten; nach mehreren Schreckensjahren würden sie sich scheiden lassen, und der Prinz würde für den Rest seines Lebens um die tote Prinzessin trauern, während die Hexe zufrieden grinsen würde. Das wäre näher am wirklichen Leben dran. Lass dich aber gewarnt sein: Wenn du diese Art von Märchen einem Kind erzählst, das bereits die feste Überzeugung verinnerlicht hat, dass das Gute immer siegt, könnte dieses Kind die Krallen ausfahren, also bleibe besser auf Sicherheitsabstand!

Im wirklichen Leben nehmen die Dinge oft kein gutes Ende. Ich glaube daran, dass es eine gute Sache ist, wenn wir uns bemühen, fair zu sein und dem Guten zum Sieg zu verhelfen, aber es wäre unklug, sich einzureden, dass dies die Norm sein **sollte** und dass etwas faul ist, wenn das gute Ende ausbleibt. Daher lautet meine persönliche Nummer eins unter den Wahrheiten des Lebens: «Das Leben ist nicht fair.»

Werte

Du hast in deinem Computer ungeschriebene Werte gespeichert, die nach deiner Überzeugung wichtig für dich sind. Genauso wie bei den Wahrheiten des Lebens ist es auch bei deinen Werten nützlich, dir ein klares Bild von ihnen zu verschaffen, fungieren sie doch als Leitlinien für das Verhalten deines Menschen und deines Schimpansen. Deine Werte werden dich immer wieder daran erinnern, wo dein Herz und deine Seele stehen, und werden in Zeiten, in denen es hart auf hart geht, sowohl den Menschen als auch den Schimpansen stabilisieren. Werte sind moralische Maximen, die du dir gesetzt hast; sie stehen für ethische Grundsätze, an die du dich zu halten beschlossen hast. Einer der Werte, zu denen du dich bekennst, ist beispielsweise die Maxime: «Lügen ist falsch.» Das ist keine Wahrheit des Lebens, da es keine beweisbare Aussage ist; es ist ein Werturteil. Werte, zu denen sich die meisten Menschen bekennen, sind:

- Untreue ist falsch.
- Die Familie ist wichtiger als die Arbeit.
- Selbstlosigkeit ist eine Tugend.

Der Unterschied zwischen «Wahrheiten» und «Werten» ist also der, dass Wahrheiten prinzipiell beweisbare Aussagen sind, während Werte persönliche, subjektive Urteile darstellen.

Die Lebenskraft

Um die Lebenskraft auf deinem Stein des Lebens zu entdecken, stell dir vor, du seist hundert Jahre alt und lägest auf deinem Totenbett mit nur noch einer Minute Zeit zu leben. Dein Ururenkel fragt dich: «Sag mir bitte, bevor du stirbst, was ich mit meinem Leben anfangen soll?»

Halte einen Augenblick inne und versuche, innerhalb der folgenden sechzig Sekunden eine ehrliche Antwort auf die Frage zu formulieren. Du hast nur diese eine Minute; lege gleich los, und wenn die Zeit um ist und du deine Antwort formuliert hast, lies weiter.

Die Antwort auf diese Frage wird zeigen, welche Dinge dir wichtig sind, woraus die Sonne in deinem Universum wesensmäßig besteht und worum es in deinem Leben geht. Du beschreibst damit deine «Lebenskraft».

Bei vielen von euch wird die Antwort in etwa so lauten: «Es kommt nicht darauf an, was du machst», «Werde glücklich», «Zermartere dir nicht das Gehirn» oder «Mach das Beste daraus».

Wie immer dein Ratschlag an deinen Ururenkel lauten mag, es ist eigentlich ein Ratschlag an deine eigene Adresse. Wenn du nicht selbst nach der betreffenden Maxime lebst, die du als den Sinn und das Wesen deiner Existenz angibst, gibst du dich einer Lebenslüge hin. Davor solltest du dich hüten, denn es wird dir mehr zu schaffen machen als alles andere.

Der Stein des Lebens, zusammengefasst:

- Die Wahrheiten des Lebens sind Aussagen, die beschreiben, wie die Welt funktioniert, und die nach deiner Überzeugung wahr sind.
- Deine Werte sind die Grundsätze und Ideale, an die du glaubst.
- Die Lebenskraft ist deine Auffassung davon, welchen Sinn und Zweck dein Leben hat und wie du es führen solltest.

Die Mentalität

Ein letzter Aspekt, der bei der Betrachtung unseres Computers als Nachschlagewerk zu beachten ist, ist die Mentalität. Um deutlich zu machen, was unter einer Mentalität (als individueller Kategorie) zu verstehen ist, ist es hilfreich, drei konkrete Fragen zu stellen:

- Wie siehst du dich selbst?
- Wie siehst du Andere?
- Wie siehst du die Welt?

Die Art und Weise, wie wir unser Leben angehen, hängt sehr stark davon ab, wie wir uns selbst sehen, wie wir Andere sehen und wie wir die Welt sehen, in der wir leben. Diese drei Sichtweisen zusammen ergeben unsere Mentalität. Unsere Mentalität ist also der Boden, aus dem unser Umgang mit uns selbst, mit Anderen und mit der Welt erwächst.

Die Wahrnehmungen, die unsere Mentalität prägen, treten typischerweise in Clustern (von Autopiloten und Gremlins) auf, die sich zu einem charakteristischen Gesamtbild formieren. Es ist wichtig, festzuhalten, dass das nicht deine Persönlichkeit ist, wenn auch einer der Faktoren, die deine Persönlichkeit beeinflussen. Es ist eine in deinem Computer abgelegte Verarbeitungsroutine, die auf Überzeugungen basiert, die veränderbar sind.

Stell dir beispielsweise vor, dass du dich selbst als einen sehr intelligenten Menschen wahrnimmst, der bei allen Leuten beliebt ist und der die Welt als einen Ort von Spaß und vielen Gelegenheiten empfindet. Das ist eine Mentalität, die die Wahrscheinlichkeit erhöht, dass du jeden Morgen mit einem guten Gefühl und voller Vorfreude auf neue Erfahrungen aufstehst. Es bedeutet ferner, dass du, wenn du jemandem begegnest, der dich nicht mag, wahrscheinlich annimmst, dass mit ihm oder mit seiner Welt irgendetwas nicht stimmt und dass er, wenn sich dies wieder einrenkt, seine Sympathie für dich entdecken wird. Diese spezielle Mentalität ist, wie du dir vorstellen kannst, die meiste Zeit sehr vorteilhaft für dich und bringt dich nur in seltenen Ausnahmefällen in Schwierigkeiten. Jedenfalls wirst du mit hoher Wahrscheinlichkeit ein glücklicher Mensch sein.

Stellen wir uns jetzt die umgekehrte Situation vor, nämlich dass du dich selbst für nicht sehr intelligent hältst und glaubst, dies verdecken zu müssen, so dass andere es nicht merken. Du bist auch der Überzeugung, dass andere besser sind als du und es in aller Regel darauf abgesehen haben, deine Unzulänglichkeiten aufzudecken. Du glaubst ferner, die Welt sei ein feindseliger Ort, an dem es Tag für Tag um dein Überleben geht. Man braucht nicht viel Fantasie, um zu erkennen, wie destruktiv eine solche Mentalität für dich wäre. Du hättest nicht den Wunsch, irgendetwas Neues auszuprobieren, weil du fürchten würdest, dich zu blamieren und vor aller Welt als Idiot dazustehen. Du würdest womöglich im Umgang mit anderen Menschen sehr defensiv agieren, würdest ihnen ablehnend gegenübertreten und

Fehler an ihnen finden, weil sie auf dich vielleicht arrogant wirken. Wahrscheinlich hättest du nur wenige Freunde und würdest dich entweder von einer Welt, in die du nach deinem Gefühl nicht passt, missmutig zurückziehen oder sehr aggressive Züge entwickeln, immer angetrieben von dem Gefühl, du müsstest dich selbst beweisen oder dich gegen andere verteidigen.

Ich habe diese beiden Mentalitäten sehr extrem ausgemalt; sie verkörpern die beiden Pole eines Spektrums, in dem wir alle irgendwo unseren Platz haben. Es lohnt sich unbedingt, dir die Zeit zum Nachdenken darüber zu nehmen, welchem Typ von Mentalität du selbst entsprichst, denn sie beeinflusst und verzerrt deine Wahrnehmung von allem, was in deinem Alltag abläuft, und wirkt sich entsprechend auf das Verhalten deines Schimpansen, deines Menschen und auf die Vorgänge in deinem Computer aus.

Betrachten wir ein weiteres extremes Beispiel, um noch klarer zu machen, was gemeint ist. Stell dir vor, du glaubst, Miss World oder Mister Universum zu sein, und besuchst einen Nachtklub; wahrscheinlich würdest du ihn mit einem positiven Gefühl und in selbstbewusster Pose betreten: lässiger Gang, hoch erhobenes Haupt, Vorfreude auf Begegnungen mit anderen Leuten signalisierend. Und jetzt stell dir vor, du hieltest dich für einen Doppelgänger von Quasimodo. Du würdest wohl kaum selbstbewusst auftreten, sondern dich eher in den Klub hineinmogeln und den Kontakt mit anderen Menschen meiden. Deine Mentalität hat einen starken Einfluss darauf, wie du auftrittst und welches Bild du der Welt bietest.

Zusammenfassung der Kernpunkte

- Dein Computer hat zwei Hauptaufgaben: automatisierte Programme abzuspulen und dem Menschen und dem Schimpansen in dir als Nachschlagewerk zu dienen.
- Man kann sich den Computer als eine Maschine vorstellen,

die zwanzigmal so schnell reagiert und handelt wie der Mensch und viermal so schnell wie der Schimpanse.

- Autopiloten sind konstruktive und hilfreiche automatisierte Verhaltensweisen und Überzeugungen.
- Gremlins sind destruktive und nicht hilfreiche automatisierte Verhaltensweisen und Überzeugungen, die sich jedoch abschalten lassen.
- Kobolde sind destruktive und nicht hilfreiche automatisierte Verhaltensweisen und Überzeugungen, die fest verankert sind.
- In den Stein des Lebens sind deine Wahrheiten des Lebens, deine Werte und deine Lebenskraft eingemeißelt.
- Deine Mentalität basiert auf deiner subjektiven Wahrnehmung der Wirklichkeit und beeinflusst die Art und Weise, wie du dein Leben angehst.

Empfohlene Übung:
Wie du deinen Computer und deinen Stein des Lebens überwachst

Wie du in deinem Computer Gremlins aufspürst

Da dein Computer einen ausgleichenden Einfluss sowohl auf deinen Menschen als auch auf deinen Schimpansen ausübt, ist es wichtig, regelmäßig nachzuschauen, was in ihm vorgeht. Halte in deinem Alltag Ausschau nach den Gremlin-Zwillingen der unrealistischen Erwartung und der nicht hilfreichen Erwartung. Du wirst dich womöglich wundern, wie oft diese beiden hinter vielen emotional unangenehmen Erlebnissen stecken. Wenn du dich über etwas ärgerst, nimm es zum Anlass, zu prüfen, ob die Erwartungen, die du an die Situation oder an beteiligte Personen geknüpft hast, realistisch und hilfreich sind. Dein Schimpanse neigt dazu, von Anderen sehr viel zu erwarten. Kalkuliere das ein und ersetze die hohen Erwartungen deines Schimpansen durch menschliche Erwartungen. Ein Beispiel: Die Erwartung, dass deine Freunde immer der gleichen Meinung sind wie du, ist typisch Schimpanse; erwarte stattdessen, dass deine Freunde eine eigene Meinung haben, und hoffe darauf, dass sie sich mit deiner Meinung deckt – das wäre menschlich.

Wie du deinen Stein des Lebens sichtbar machst
Betrachte deinen Stein des Lebens und nimm dir die Zeit, dir ein sehr klares Bild davon zu machen, was in ihn eingemeißelt ist. Sorge dafür, dass du konkrete Wahrheiten und Werte hast, mit denen du arbeiten kannst. Bringe deine Lebenskraft-Maxime zu Papier. Wenn du damit fertig bist, kannst du deinen Stein des Lebens in Plakatgröße ausdrucken und an einer gut sichtbaren Stelle aufhängen, als ständige Erinnerung daran, woran du glaubst und nach welchen Grundsätzen du leben möchtest.

Kapitel Fünf

Der Leitmond

• Teil zwei

Wie du deinen Computer steuerst

Beim Steuern deines Computers geht es hauptsächlich darum, konstruktiven Gedanken und Verhaltensweisen den Weg zu bahnen. Um zu sehen, wie man dies bewerkstelligt, wollen wir diese vier Themen durcharbeiten:

- Wie du Gremlins aufspürst und durch Autopiloten ersetzt
- Wie du verhinderst, dass weitere Gremlins sich in deinem Computer einnisten
- Wie du deinen Stein des Lebens perfektionierst
- Wie du dir eine stabile Mentalität zulegst und dein Leben an ihr ausrichtest

Wie du Gremlins aufspürst und durch Autopiloten ersetzt

Automatisierte Arbeitsabläufe stützen sich auf gespeicherte Überzeugungen und Verhaltensweisen. Wenn du dich und deinen Schimpansen in den Schlafmodus versetzen und den Computer das Ruder übernehmen lassen willst, musst du ihn gut programmieren. Läuft er nicht richtig oder weiß er nicht, was er tun soll, werden dein Schimpanse und du wach bleiben und sich einmischen.

Nützliche, konstruktive Verhaltensweisen und Überzeugungen sind Autopiloten. Nutzlose, destruktive Verhaltensweisen oder Überzeugungen sind Gremlins. Du solltest also als Erstes die Gremlins in deinem Computer identifizieren und sie unschädlich machen, indem du sie durch Autopiloten ersetzt. Erinnere dich daran, warum das so wichtig ist: Immer wenn der Mensch oder der Schimpanse Informationen empfängt, sucht er zunächst einmal den Computer nach irgendwelchen Mustern ab, die er kennt oder an die er sich erinnert, und schreitet erst dann zur Tat. Erhalten Mensch und/oder Schimpanse konstruktive und hilfreiche Auskünfte von einem Autopiloten, werden sie sich beruhigen und entsprechend agieren; erhalten sie dagegen Informationen von einem destruktiven Gremlin, werden sie beunruhigt reagieren und entsprechend handeln. Im Normalfall versetzt der Gremlin den Schimpansen in einen wenig hilfreichen Gefühlszustand und irritiert den Menschen, was zu einem negativen Ergebnis und wahrscheinlich zu einem Verhalten führen wird, das du später bedauerst.

Der Schimpanse und der Mensch schauen immer im Computer nach, bevor sie handeln

Gremlins sind oft versteckt, sodass man nach ihnen suchen muss. Wenn du zum Beispiel unterschwellig überzeugt bist, nicht so gut zu sein wie andere Leute, bist du dir dessen womöglich gar nicht bewusst und musst es erst herausfinden. Stell dir vor, du stehst in einer Schlange an, um dir einen Kaffee zu kaufen, und es drängelt sich jemand vor dich. Der Mensch in dir möchte vielleicht höflich sagen: «Entschuldigen Sie, wir stehen hier in der Schlange», und dein Schimpanse möchte vielleicht dasselbe sagen, aber in einem sehr viel aggressiveren Ton und Wortlaut! Doch bevor einer der beiden das Wort ergreifen kann, schauen dein Schimpanse und du erst einmal im Computer nach. Dort trefft ihr auf den Gremlin, der sagt: «Du bist nicht so gut wie andere Leute.» Das ist dann die Referenz, an der dein Mensch und dein Schimpanse ihr Verhalten ausrichten. In diesem Fall hindert dich dieser Gremlin daran, etwas zu sagen, weil du das Gefühl hast, kein Recht dazu zu haben, oder weil du Angst vor der Reaktion des Dränglers hast.

Dieser Gremlin ist sehr destruktiv und beeinträchtigt deine Fähigkeit, erwachsenes Verhalten an den Tag zu legen. Stell dir vor, du hättest stattdessen einen Gremlin, der sagen würde: «Du bist besser als alle Anderen.» Ein solcher Gremlin würde dir eine Menge Selbstvertrauen einflößen, aber du würdest vielleicht einen arroganten und herrschsüchtigen Eindruck machen, und das wäre auf lange Sicht genauso wenig hilfreich wie das vom ersten Gremlin induzierte Verhalten.

Gremlins müssen durch Autopiloten ersetzt werden

Wenn du destruktive Gremlins identifizieren kannst, kannst du sie auch entfernen. Um einen Gremlin zu entfernen, musst du einen Autopiloten in petto haben. Anders gesagt: Wenn du einer Überzeugung anhängst, die nicht hilfreich ist, musst du sie durch eine hilfreiche Überzeugung ersetzen. Im vorliegenden Beispiel könnte eine solche hilfreiche Überzeugung lauten:

«Alle Menschen sind gleich viel wert und verdienen Respekt.» Wäre dieser Autopilot in dem Augenblick, in dem jemand sich vor dir in die Schlange drängt, in deinem Gehirn präsent, dann würden dein Mensch und dein Schimpanse bei ihrer Suche nach Reaktionsmustern in deinem Computer einen Autopiloten antreffen, der sagt: «Wir alle schulden einander Respekt», und dann könnte einer von ihnen dem Drängler etwas Passendes sagen. (Hoffentlich hätte der Mensch sich den Vortritt vor dem Schimpansen verschafft und gesagt: «Lass mich das auf höfliche Art erledigen.»)

Wie man Gremlins aufspürt

Wann immer und wo immer ein Gremlin am Werk ist, wird er dir typischerweise eine negative Erfahrung bescheren, sei es eine ungewollte Emotion oder ein unbefriedigendes Ergebnis. Oft wirkt sich das so aus, dass der Gremlin dich daran hindert, etwas zu tun, das du gerne tun würdest, oder dass er dich dazu bringt, etwas zu tun, das dir gegen den Strich geht. Nur du kannst entscheiden, ob die Überzeugung, der du anhängst, hilfreich ist oder nicht; es kommt immer darauf an, welche Dinge dich glücklich machen und wie du dein Leben leben willst.

Um deine Gremlins aufzustöbern, versuche dich an eine Situation zu erinnern, in der du eine Empfindung hattest, die dir unangenehm war. Im Normalfall handelt es sich dabei um eine negative Emotion – kaum jemand klagt darüber, zu glücklich oder zu begeistert zu sein! In Frage kommen Empfindungen wie Zorn, Frustration, Unmut oder Enttäuschung. Versuche als Nächstes, die Situation noch einmal zu durchleben. Was hat sich abgespielt? Was hast du getan? Was haben Andere getan? Was hast du gedacht? Konzentriere dich darauf, was du in der Situation gedacht hast, und frage dich, ob es ein hilfreicher Gedanke war oder nicht. War es darüber hinaus ein wahrheitsgemäßer Gedanke oder nicht? Wenn er bei dir ein negatives Gefühl auslöst, ist es wahrscheinlich ein nicht hilfreicher Gremlin, und du könntest ihn entfernen. Gremlins und der Schimpanse lassen sich möglicherweise schwer voneinander unterscheiden, wenn beide dasselbe sagen. Das sollte uns nicht verwundern, war es doch der Schimpanse, der den Gremlin ursprünglich im Computer abgelegt hat! Der Schimpanse denkt im Hier und Jetzt. Der Gremlin erinnert sich lediglich daran, welche Überzeugungen der Schimpanse früher geäußert hat. Stell dir zum Beispiel vor, jemand bittet dich, ihm bei der Erledigung einer Aufgabe zu helfen. Es könnte sein, dass dein Schimpanse darauf spontan mit einer negativen Empfindung reagiert oder dass ein Gremlin sich daran erinnert, dass solche Mithilfe sich immer als harte Arbeit erwiesen hat. Wegen dieser negativen Erfahrungsregel beschert der Gremlin dir eine automatische negative Gefühlsreaktion.

Wie du deine Gremlins loswerden kannst

Wir wollen an einem alltäglichen Beispiel zeigen, wie du einen Gremlin ausbooten und in einen Autopiloten verwandeln kannst.

Stell dir vor, du wärst unglücklich darüber, dass du zu Anderen einfach nicht «nein» sagen kannst; du empfindest dies als zunehmend ärgerlicher, weil du dir dadurch zu viel auflädst oder weil es für dich mehr Arbeit bedeutet. Dein Gremlin ist in diesem Fall deine zwanghafte Neigung, unwillkürlich «ja» zu sagen, wann immer du um eine Gefälligkeit gebeten wirst. Hinter diesem Gremlin stecken andere Gremlins, die den Charakter destruktiver Überzeugungen haben, und sie musst du finden.

Um die Gremlins aufzuspüren, die dich veranlassen, jedes Mal «ja» zu sagen, wenn du um etwas gebeten wirst, stelle dir selbst diese beiden Fragen:

- Was würde es deiner Meinung nach über dich aussagen, wenn du zu jemandem «nein» sagen würdest?

- Welche Folgen hätte es, wenn du zu jemandem «nein» sagen würdest?

Angenommen, deine Antworten auf diese Fragen würden ungefähr so ausfallen: «Wenn ich ‹nein› sage, bedeutet das, dass ich egoistisch bin, und es hätte die Konsequenz, dass Andere mich als faul einstufen.» Damit hast du zwei Gremlins dingfest gemacht, die den Menschen in dir zu schlechten Entscheidungen verleiten.

Versuche, diese Gremlins durch einige Wahrheiten zu ersetzen. Zum Beispiel:

- «Nein» zu sagen, ist die angemessene Reaktion eines Erwachsenen, der seine eigenen Belastbarkeitsgrenzen kennt und beachtet.
- «Nein» ist eine Respekt gebietende Aussage aus dem Mund eines ausgeglichenen Menschen.
- Menschen, die realistisch sind, können eine Absage akzeptieren und anerkennen, dass du das Recht hast, «nein» zu sagen.
- Menschen haben Respekt vor Leuten, die «nein» sagen können.

Eine erfolgversprechende Methode, von der Gepflogenheit des Jasagens wegzukommen, besteht darin, zu einer Art Bremsroutine zu greifen. Wenn du um eine Gefälligkeit gebeten wirst, kannst du deinem Menschen eine Chance zum Nachdenken eröffnen, indem du eine Standardantwort gibst wie etwa: «Ich brauche einen Augenblick, um zu überlegen, ob ich das unterbringen kann» oder «Ich muss darüber nachdenken, ob es für mich in Ordnung ist, das zu tun». Wenn du es dir zur Routine machst, erst einmal hinhaltend zu antworten und den Fragenden wissen zu lassen, dass du Zeit brauchst, wird er dies respektieren, und du verschaffst dir damit die Chance, eine kluge Entscheidung zu treffen.

Deine Gremlins loszuwerden, erfordert unter Umständen mehrere Anläufe und einigen Zeitaufwand, aber mit Beharrlichkeit wirst du ans Ziel kommen. Von Bedeutung ist dabei die Zahl der «Wahrheiten» oder Autopiloten, die für die Lösung dieses Problems vonnöten sind. Damit dies funktioniert, musst du diese Wahrheiten finden und sie dann kontinuierlich verstärken, bis sie fest in deinem Computer gespeichert sind und dir zur zweiten Natur werden. Um auf das obige Beispiel zurückzukommen: Die meisten Leute werden verstehen und akzeptieren, wenn du ihnen sagst, dass du ihnen nicht helfen kannst. Den Leuten, die gewohnheitsmäßig «ja» sagen und sich danach darüber ärgern, werden keine Medaillen verliehen. Wenn du erkennst, dass es dir Probleme bereitet, «nein» zu sagen, bedeutet das an sich schon, dass Veränderungsbedarf besteht.

Du musst entscheiden, was deine «Wahrheit» ist

Stellen wir uns eine Mutter vor, die sich immer wieder über die Unordnung im Zimmer ihrer 14-jährigen Tochter ärgert, aber diese emotionale Reaktion selbst nicht gut findet. Der Ärger und die Unordnung belasten die Beziehung zwischen Mutter und Tochter. Die Mutter könnte sich fragen: «Was sind die Überzeugungen, die mich dazu bringen, mich zu ärgern?»

Die Überzeugungen, die ihrem Ärger zugrunde liegen, könnten wie folgt aussehen:

- Meine Tochter ist faul, wenn sie ihr Zimmer nicht aufräumt.
- In dem Zimmer werden sich Keime ausbreiten, wenn sie es nicht sauber hält, und Keime sind schlecht.
- Es ist mein Haus, und da gibt es Regeln.

Die Mutter könnte sodann diese Überzeugungen auf den Prüfstand stellen, um zu sehen, ob sie wahr sind oder nicht. Selbst wenn sie zu dem Ergebnis kommt, dass sie wahr sind, kann sie sich diese weiteren Fragen stellen:

- Was ist wichtiger, ständiger Streit über das Zimmer oder eine gute Beziehung zu meiner Tochter?
- Gibt es einen anderen Weg, das Problem anzugehen?

Die Mutter kann nicht erwarten, dass ihr Ärger keine Reaktion seitens ihrer Tochter hervorruft, und diese Reaktion entspricht vielleicht nicht dem, was sie sich wünscht. Ihr steht die Möglichkeit offen, die oben aufgezählten Überzeugungen zu modifizieren und durch hilfreichere zu ersetzen, die etwa so aussehen könnten:

- Ein unaufgeräumtes Zimmer zu haben, ist nicht dasselbe, wie faul zu sein; meine Tochter ist einfach nur ein unordentliches Mädchen, das zufällig ein Teenager ist.
- Meine Tochter ist dabei, das Erwachsenwerden zu lernen, und das lernt sie am besten, wenn sie Dinge selbst herausfindet.
- Wenn ich ihr erkläre, dass mich ein unaufgeräumtes Zimmer ärgert, tut sie mir vielleicht den Gefallen, es aufzuräumen.
- Es ist wohl mein Haus, aber es ist das Zimmer meiner Tochter.

Die Mutter kann sich natürlich nach wie vor entscheiden, wütend zu werden und auf ihre Regeln zu pochen, und es könnte sein, dass alles gut geht. Andererseits darf sie sich nicht beklagen, wenn sie die Durchsetzung der Regeln über ihre Beziehung zu ihrer Tochter stellt und diese Beziehung dann in die Brüche geht.

Dieses Beispiel zeigt, dass wir alle selbst entscheiden müssen, was wir wollen, wie wir uns verhalten möchten und woran wir glauben wollen. Wir müssen uns für eine der Alternativen entscheiden, und jede Entscheidung ist mit Konsequenzen verbunden. Nur du kannst entscheiden, wie du dich in deiner Welt verhalten möchtest. Wenn du eine Veränderung bewirken willst, musst du es mit einem anderen Blick auf die Dinge probieren. Wenn du nicht bereit bist, deine eigenen Überzeugungen in Frage zu stellen, wird dein Gremlin die Stellung halten, und du wirst die Konsequenzen akzeptieren müssen.

Denk daran, dass du, wenn du den Gremlin identifiziert hast, der hinter deinen negativen Emotionen steckt, ihn durch etwas Besseres ersetzen musst. Du solltest versuchen, in deinem Gehirn ein neues automatisiertes Denkmuster zu installieren – einen Autopiloten oder Pfad. Du musst den Gremlin durch eine positive Autopilot-Routine ersetzen, und das ist etwas, worüber du regelmäßig nachdenken und das du so lange einüben solltest, bis es zu einer automatischen Reaktion wird.

Auch Mütter brauchen noch ein Leben

Ein weit verbreiteter, von manchen Schimpansenweibchen eingeschleppter Gremlin bezieht seine Kraft aus dem Mutterinstinkt. Es ist die Überzeugung, dass die Rolle einer Mutter einzig und allein darin besteht, sich um ihre Kinder und ihre Familie zu kümmern. Ihr Schimpanse hat in ihrem Computer ein Programm abgelegt, das bewirkt, dass sich ein Gremlin meldet, der sagt: «Die Familie muss in jedem Fall an erster Stelle stehen, sonst bist du eine schlechte Mutter.» Das hat zur Folge, dass die Mutter ihre ganze Zeit damit verbringt, hinter der Familie herzurennen, und sich keine Zeit für sich selbst nimmt. Alles, was sie für sich selbst tut, bereitet ihr Schuldgefühle. Das ist keine hilfreiche oder gesunde Einstellung und wirft die Frage auf, welches Rollenmodell sie ihrer Tochter damit vorlebt, die vielleicht auch einmal Mutter sein wird.

Wie du es schaffst, deine Gremlins abzuservieren

Stell dir vor, du bist auf dem Weg zur Arbeit und fährst in die Stadt hinein. Du bist rechtzeitig losgefahren, und alles läuft gut. Plötzlich siehst du ein Auto vor dir, das rückwärts aus einer Grundstückseinfahrt herausstößt und deine Fahrspur blockiert. Der Fahrer hat offenbar den Motor abgewürgt, das Auto rührt sich nicht vom Fleck. Du stehst jetzt in einer Schlange, in der nichts mehr vorwärts geht. Die Zeit vergeht, und der Mann bewegt sein Auto, aus welchen Gründen auch immer, nicht von der Stelle. Der Gegenverkehr macht keinen Platz für dich, und so steckst du fest. Zehn Minuten sind vergangen, und du weißt jetzt, dass du zu spät zur Arbeit kommen wirst. Du weißt auch, dass dein Vorgesetzter sehr wenig Verständnis für Leute hat, die zu spät kommen. Was würdest du tun?

Ein Durchschnittsmensch würde sich vielleicht ungefähr so verhalten:

Zuerst wäre der Schimpanse an der Reihe mit wütenden Nörgeleien wie: «Was macht dieser Idiot?» «Warum kriegt er seine Karre nicht von der Stelle?» «Es muss ihm doch klar sein, dass wir alle zu spät kommen» «Na super, genau, was ich brauche» usw.

Der Mensch versucht den Schimpansen mit gutem Zureden zu beruhigen: «Vielleicht kann der Mann ja nichts dafür», «Er macht das doch nicht mit Absicht», «Es wird bald weitergehen».

Je mehr Zeit vergeht, desto heftiger tobt der Schimpanse, und der Mensch verliert die Kontrolle über ihn. Beide schauen jetzt im Computer nach, um zu sehen, welche Überzeugungen hier im Spiel sind. Sind es Gremlins oder Autopiloten?

Zu den Gremlins gehören Überzeugungen wie die folgenden:

- Ich erwarte, an meinen Arbeitsplatz zu kommen, ohne aufgehalten zu werden.
- Ich bin früh genug losgefahren, somit ist diese Situation inakzeptabel.

- In meiner Welt sollte nichts schiefgehen.
- Wenn in meiner Welt wegen der Fehlleistung eines Anderen etwas schiefgeht, darf ich wütend werden.
- Ich sollte die Hoheit über meine Fahrt zur Arbeitsstelle besitzen.
- Wenn etwas passiert ist, für das niemand etwas kann, tragen die Beteiligten trotzdem eine Schuld.

Das sind allesamt bei genauerem Hinschauen ziemlich lächerliche Überzeugungen, aber wenn sie in deinem Kopf herumspuken, ist es nicht verwunderlich, dass der Schimpanse immer wütender wird, wenn er auf diese Gremlins hört, die ihm absurde Dinge einflüstern.

Versuchen wir, diese Überzeugungen umzudrehen und einige wahrheitsgemäße Autopiloten an ihre Stelle zu setzen, sodass wir diese Gremlins abservieren können. Unsere Gegen-Überzeugungen sind:

- Ich hoffe jeden Tag, ohne Hindernisse an meine Arbeitsstelle zu kommen, aber es gibt dafür keine Gewähr.
- Ich fahre früh genug los, was aber nicht bedeutet, dass ich pünktlich ankommen werde.
- Ich kann nicht erwarten, dass in meiner Welt immer alles nach Plan läuft.
- Wenn in meiner Welt jemand etwas anstellt, das für mich hinderlich ist, muss ich nicht wütend werden; ich kann damit besonnen umgehen.
- Ich habe nicht die Kontrolle über meinen Weg zur Arbeitsstelle.
- Wenn etwas passiert, das außerhalb meiner Kontrolle liegt, kann es wohl kaum meine Schuld sein.
- Wenn mein Vorgesetzter sich darüber aufregt, dass ich zu spät komme, dann komme ich damit zurecht.

Angenommen, diese Autopiloten befänden sich im Computer, dann würde der Schimpanse in dem Moment, da er wütend oder sauer wird, in den Computer schauen und erkennen, dass dies eine unangemessene Reaktion war; er würde sich zusammenreißen und beruhigen. Diese Einsicht muss freilich durch vorsorgliches Einüben verstärkt werden, so dass die im Computer abgelegten Reaktionswege funktionieren und ihre wenig hilfreichen Vorgänger ersetzen.

Ein Riesengremlin namens «Ich sollte»

Ein vertrauter destruktiver Gremlin erblickt das Licht der Welt häufig dank der Formulierung «Ich sollte». Gremlins sind oft Sprachformeln, die appellative Verben wie «müsste» oder «sollte» enthalten. Gehe mit diesen Wörtern so bewusst wie möglich um, denn sie sind oft unpassend und können Schaden anrichten.

«Alle Leute **sollten** höflich mit mir umgehen, wenn ich höflich mit ihnen umgehe.»

Wenn diese Überzeugung in deinem Computer abgespeichert ist und dein Schimpanse den Computer zu Rate zieht, wann immer jemand unhöflich zu dir ist, wird er dir wahrscheinlich Emotionen wie Wut, Frust oder Gekränktheit einflößen. In der Realität teilen nicht alle Menschen zwangsläufig deine Werte oder leben gemäß deinen Überzeugungen. Wenn du dir das klar machst, tust du vielleicht gut daran, den betreffenden Gremlin durch einen Autopiloten zu ersetzen. Indem du das Wort «sollten» durch das Wort «könnten» ersetzt, gelangst du zu einer Wahrheit, die als Richtschnur für dein Leben einfacher zu handhaben ist. Es ergibt sich dann dieser Autopilot: «Alle Leute könnten höflich zu mir sein, wenn ich höflich zu ihnen bin.» Wenn jetzt jemand diese Erwartung nicht erfüllt, wirst du nicht automatisch enttäuscht oder überrascht sein.

Hier folgen einige Beispiele als Stoff zum Nachdenken. Versuche zu erkennen, was für unterschiedliche Gefühlsbotschaften die Aussagen nur dank eines ausgetauschten Wortes vermitteln.

Sollte	***Könnte***
Ich sollte immerzu vernünftig essen.	*Ich könnte immerzu vernünftig essen.*
Ich sollte besser organisiert sein.	*Ich könnte besser organisiert sein.*
Ich sollte meinen Schimpansen besser im Griff haben.	*Ich könnte meinen Schimpansen besser im Griff haben.*

Der Unterschied zwischen den jeweils alternativen Formulierungen besteht darin, dass der Gebrauch des Wortes «sollte» oft ein Urteil, einen Appell, ein Schuldgefühl oder eine Versagensangst transportiert, während mit dem Gebrauch des Wortes «könnte» in der Regel die Aussicht auf etwas – eine Hoffnung, eine Option, eine selbstbestimmte Wahl mit Veränderungspotenzial – einhergeht. Analog dazu lautet auch das Äquivalent für «müsste» «könnte». Probiere das mit einigen selbstformulierten Sätzen aus.

Es ist vernünftig, gewisse Erwartungen zu haben, was passieren **könnte**, aber es ist vermutlich unvernünftig, zu erwarten, dass diese Dinge passieren **müssen**. Zweifellos gibt es Situationen, in denen die Wörter «muss» und «sollte» angemessen sind – ich habe es also nicht darauf abgesehen, sie aus unserem Wortschatz zu tilgen!

Mit den Gremlins tanzen

Wenn mehrere Gremlins zusammenkommen, tut man sich unter Umständen schwer, sie auseinanderzuhalten. Jeder Gremlin scheint den nächsten Gremlin zu stärken. Wenn du von einer falschen oder nicht hilfreichen Überzeugung zur nächsten springst, fängst du schließlich an, mit den Gremlins zu tanzen.

Stell dir beispielsweise vor, dir steht die erste Begegnung mit Verwandten deines Partners oder deiner Partnerin bevor. In deinem Computer nisten ein paar Gremlins, die aus diesem Anlass aufwachen und dir Dinge einflüstern, die deinen Schimpansen in Aufregung versetzen. Die Gremlins könnten so ticken:

- Ich muss einen guten Eindruck machen.
- Man wird sich ein Urteil über mich bilden.
- Wahrscheinlich habe ich mit ihnen nichts gemeinsam.
- Wenn ich mich blamiere, werden sie mich für einen Dummkopf halten.

Alle diese möglicherweise wahren, aber nicht hilfreichen Überzeugungen sind Gremlins, die zusammen herumtanzen.

Das beste Mittel, um jeden dieser Gremlins und die Art und Weise ihres Zusammenwirkens zu identifizieren, ist sie in der Reihenfolge ihres Auftretens zu Papier zu bringen. Hast du sie erst einmal aufgeschrieben, kannst du daran arbeiten, jeden einzeln zur Strecke zu bringen. Der Versuch, sie alle auf einen

Streich zu erledigen, führt sehr wahrscheinlich nicht zum Ziel, weil du jedem von ihnen mit einer eigenen, auf Wahrheit und Logik basierenden Antwort zu Leibe rücken musst, um ihn abschalten und durch einen Autopiloten (eine akzeptable Wahrheit) ersetzen zu können.

Lass es uns einfach mal durchexerzieren!

Die Antworten, die du gibst, müssen für dich der Wahrheit entsprechen, weil sie sonst den Gremlins nichts anhaben können. Du musst versuchen, jeden von ihnen mit einer Antwort anzusprechen, die aus den Wahrheiten, an die du glaubst, die dafür nötige Kraft bezieht. Wenn du deine Antworten gefunden hast, solltest du sie niederschreiben und sie dir so lange immer wieder ins Gedächtnis rufen, bis sie einen festen Platz in deiner Denkhaltung gefunden haben. Was immer du tust, versuche nicht, dich selbst einer Gehirnwäsche zu unterziehen oder dir selbst etwas vorzutäuschen, woran du nicht wirklich glaubst, denn so lassen sich die Gremlins nicht abschalten.

Es kann sein, dass du mehrere Wochen oder Monate brauchst, um einen Autopiloten stark genug zu machen und den Gremlin zu verscheuchen. Gremlins haben die garstige Gewohnheit, sich zurückzumelden, sei also auf der Hut vor ihnen. Du musst wachsam sein und dich bemühen, sie dir jedes Mal, wenn du sie kommen siehst, wieder vorzuknöpfen.

Gremlin	***Autopilot***
Ich muss einen guten Eindruck machen.	*Ich kann nur ich selbst sein, und wie sie mich finden, ist ihre Sache.*

Man wird sich ein Urteil über mich bilden.	*Sie werden mich kennenlernen, und ob sie ein Urteil über mich fällen oder nicht, kann ich nicht bestimmen; ich kann mich aber darüber freuen, ich selbst zu sein.*
Wahrscheinlich habe ich mit ihnen nichts gemeinsam.	*Ob ich mit ihnen irgendetwas gemeinsam habe oder nicht, darauf kommt es nicht an; ich kann ihnen immer Fragen stellen und ihnen zuhören.*
Wenn ich mich blamiere, werden sie mich für einen Dummkopf halten.	*Wenn ich mich blamiere, wird das nicht absichtlich geschehen; ich kann nur mein Bestes tun, und welche Schlüsse sie daraus ziehen, ist ihre Sache.*

Verhindere, dass weitere Gremlins sich in deinem Computer einnisten

Gremlins, aber auch Autopiloten gelangen in deinen Computer durch Erfahrungen (wozu auch Diskussionen sowie Erziehung und Bildung gehören). Jede Erfahrung, die du im Leben machst, versiehst du mit einer Interpretation. Wenn du einer Erfahrung eine negative, nicht hilfreiche Deutung gibst, nistet sich diese Deutung als Gremlin in deinem Computer ein und kann künftig dort nachgeschlagen werden. Interpretierst du ein Erlebnis oder eine Erfahrung hingegen auf eine positive oder konstruktive Weise, wandert diese Deutung als Autopilot in deinen Computer. **Im Hinblick auf die in deinem Computer abgelegten Referenzen ist es daher wichtig, jede Erfahrung, die du machst, sorgfältig zu analysieren und richtig zu interpretieren.**

Wenn etwa unter deinen Arbeitskollegen jemand ist, der sich dir gegenüber brüsk und abweisend verhält, ist es für den Schimpansen ein Leichtes, dieses Verhalten emotional zu deuten und auf kürzestem Weg zu Schlussfolgerungen wie diesen zu gelangen: «Diese Person mag mich nicht», «Mit denen stimmt etwas nicht», «Mit mir stimmt etwas nicht» oder «Mir war klar, dass ich bei allen unbeliebt bin». Die Deutungsmöglichkeiten sind unbegrenzt.

Der Mensch als logisch denkendes Wesen wird die Sache vermutlich anders angehen und zu Deutungen dieser Art gelangen: «Ich bin mir nicht sicher, weshalb sich diese Person mir gegenüber abweisend verhält; ich muss es herausfinden», «Es macht mir eigentlich nicht viel aus, solange ich selbst höflich und nett bleibe», «Vielleicht gibt es ein Problem, oder der Person geht es nicht gut oder sie sorgt sich wegen etwas» oder «Vielleicht habe ich diesen Menschen gegen mich aufgebracht und muss mich entschuldigen». Auch diese Liste ließe sich endlos fortsetzen.

Der springende Punkt ist, dass, wenn wir auf unseren Schimpansen hören, zwangsläufig neue Gremlins in unseren Computer gelangen und alte Gremlins bestärkt werden. Halten wir uns stattdessen an den Menschen und bringen den Schimpansen zum Schweigen, so werden wir uns als Erstes bemühen, den Dingen auf den Grund zu gehen, und werden auf der Basis neu erlangter Wahrheiten Autopiloten in unserem Computer platzieren. Entscheidend ist, dass wir nicht auf unseren Schimpansen hören, sondern auf den Menschen in uns, und das heißt, dass wir erst einmal die Tatsachen überprüfen. Daraus gewinnen wir dann Autopiloten als künftige Referenzpunkte in unserem Computer.

Um auf das obige Beispiel zurückzukommen: Wenn du die betreffende Person ansprichst, stellt sich vielleicht heraus, dass sie schlimme Kopfschmerzen hatte, und vielleicht entschuldigt sie sich für den abweisenden Eindruck, den sie auf dich gemacht hat. Danach kannst du einen gesunden Autopiloten in deinem Computer abspeichern, der besagt: Wann immer jemand sich scheinbar abweisend verhält, prüfe zunächst die Tatsachen, bevor du vorschnelle Schlüsse ziehst.

Wir wollen aber auch den denkbaren Extremfall betrachten, dass die betreffende Person dir auf den Kopf zusagt, sie könne dich nicht ausstehen und sei absolut gewillt, dich feindselig zu behandeln. Du kannst in diesem Fall zumindest einen neuen Autopiloten in deinem Computer ablegen, der besagt: Nicht alle werden mich sympathisch finden, und damit muss ich leben; manchmal kann ich, so sehr ich mich auch bemühe, nichts ausrichten.

So oder so, das Wichtige ist, die charakteristischen Unterschiede zwischen den Deutungs- und Denkmustern des Schimpansen und denen des Menschen zu erkennen.

> ***Kernpunkt***
> *Der Mensch in dir behält nicht immer Recht, der Schimpanse in dir hat nicht immer Unrecht.*

Hilfreiche und nicht hilfreiche Informationen werden deinem Computer entweder vom Schimpansen oder vom Menschen eingepflanzt. In der Regel kommen vom Menschen Autopiloten und vom Schimpansen Gremlins, doch gibt es Ausnahmen von dieser Regel. Wenn der Mensch eine Information erhält, die er nicht oder falsch versteht, kann er in seiner logischen Analyse dieser Information zu einer falschen Schlussfolgerung gelangen und wider Willen einen Gremlin im Computer ablegen. Stell dir beispielsweise vor, du suchst deinen Hausarzt auf, und dieser zeigt sich ungehalten und wirft dir vor, dass du seine Zeit verschwendest. Einige Zeit später suchst du einen anderen Hausarzt auf, der ebenfalls ungehalten reagiert und dir sagt, du verschwendetest seine Zeit. Der Mensch gelangt mittels logischer Analyse zu der Deutung: Ich verschwende die Zeit meiner Hausärzte, denn es kann nicht sein, dass beide sich irren. Tatsächlich besteht aber die Möglichkeit, dass du auf zwei Ärzte getroffen bist, die in dem Moment äußerst hilfsunwillig waren, und dass du keineswegs ihre Zeit verschwendet hast. Mit Hilfe seiner Logik hat der Mensch jedoch die Erfahrung falsch interpretiert und einen Gremlin in seinem Computer abgespeichert, der ihm sagt: Wenn ich zum Arzt gehe, verschwende ich seine Zeit.

Umgekehrt kann es sein, dass der Schimpanse mit seinem emotionalen Denken richtig liegt und einen Autopiloten abspeichert. Stell dir zum Beispiel vor, du lernst jemanden kennen, und dein Schimpanse macht sich ein emotionales Bild von dieser Person, indem er ihre Körpersprache deutet, und sagt dir, man könne diesem Menschen nicht trauen. Die Überzeugung, die dein Schimpanse im Computer ablegt, lautet: «Diese Person ist nicht vertrauenswürdig, sei vorsichtig.» Das ist kein Gremlin, sondern ein Autopilot, wenn der Schimpanse mit seinem Eindruck richtig liegt, und du tätest dann gut daran, auf ihn zu hören.

Wie du deinen Stein des Lebens vervollkommnest

Das ganze Geheimnis, wie du dein Universum in Ordnung bringen kannst, liegt darin, dass du die Sonne, die im Mittelpunkt deines Universums steht, zum Fixpunkt von allem machst. Um die Sonne kreist deiner tiefen Überzeugung nach das Leben, und die Sonne steht für Selbstverwirklichung und Erfüllung. Gewiss haben viele Menschen einen tiefen Glauben, schöpfen aus ihm den Sinn ihres Lebens und gründen auf diesen Glauben auch die meisten, wenn nicht sogar alle ihrer Werte. Noch einmal: Wenn du tiefe religiöse Überzeugungen hast, ist es gut, dir selbst darüber klar zu werden, was genau diese Überzeugungen beinhalten, und dann dafür zu sorgen, dass du in Übereinstimmung mit ihnen stehst und dein Leben an ihnen ausrichtest.

Wenn du keine tiefen religiösen Überzeugungen hegst, musst du definieren, was für dich das höchste Ziel ist, das du zu erreichen versucht, denn damit gelangst du zur Definition deiner Lebenskraft. Viele Menschen würden ungeachtet ihrer religiösen oder anderweitigen Überzeugungen der Aussage zustimmen, dass es im Leben darum geht, sich zu verwirklichen und sein Glück zu finden. Aber nur du selbst kannst entscheiden, was dir wichtig ist.

> ***Kernpunkt***
> *Der Stein des Lebens birgt den Schlüssel zur Stabilisierung deines gesamten Universums.*

Wie du deine Mentalität festigst und dein Leben an ihr ausrichtest

Es lohnt sich, deine Mentalität experimentell auf den Prüfstand zu stellen. Ich habe einmal im Zuge der Arbeit mit einer Gruppe von Medizinstudenten an einer Klinik ein Experiment durchgeführt. Einige der Studenten wurden aufgefordert, sich vorzustellen, sie seien der ärztliche Direktor der Klinik. Anschließend wurde das Verhalten dieser Studenten beobachtet. Die meisten durchschritten mittig die Gänge, grüßten Mitarbeiter und Patienten mit einem höflichen «Guten Morgen» und waren dabei sichtbar diejenigen, von denen die Interaktion ausging.

Anschließend baten wir dieselben Studenten, wieder durch die Gänge zu gehen, aber dieses Mal mit der Vorstellung, sie seien Mitglieder einer Putzkolonne, eingesetzt auf Basis eines befristeten Vertrages, dessen Laufzeit ihrem Ende entgegengeht. Unter dieser Voraussetzung wählten die meisten einen Weg entlang der Seitenwand des Gangs und grüßten die Leute nicht, denen sie begegneten. Die Studenten wussten nicht, dass sie auf ihr Verhalten hin beobachtet wurden. Als wir ihnen später zeigten, wie sich ihr Verhalten abhängig von ihrem Rollenverständnis verändert hatte, waren sie überrascht.

Eine Methode, um herauszufinden, wie du auf Andere wirkst, besteht darin, zu registrieren, wie Andere auf dich reagieren. Fühlen sie sich in deiner Gesellschaft wohl? Fühlen sie sich nach einer Begegnung mit dir vitaler? Entscheide, welche Gedanken über dich selbst konstruktiv und welche destruktiv sind. Stelle sicher, dass du realistische Erwartungen in Bezug auf deine Person hast.

Denk daran: Die Werte, an die du glaubst, sind wahrscheinlich sehr viel wichtiger als dein Aussehen oder dein Leistungspotenzial.

> **_Kernpunkt_**
> *Wahre Freunde mögen uns wegen unserer Werte und unserer Persönlichkeit, nicht wegen unserer Leistungen, unserer Stellung und unseres Besitzes.*

Wenn du daran glaubst, dass Werte und Haltungen die wichtigen Dinge in deinem Leben sind, dann verschaffe dir Klarheit über sie und arbeite an ihnen, wenn du ein Bild von dir selbst entwickeln möchtest, denn sie sind es, die für dich wichtig sind und die dich definieren. Damit will ich nicht sagen, dass wir uns nicht bemühen sollten, etwas zu erreichen oder Eigentum zu erwerben, oder dass wir uns an diesen Dingen nicht erfreuen sollten; was ich meine, ist dass diese Dinge im Einklang mit deinen Werten stehen sollten. Wenn deine Werte darauf basieren, dass du dir bestimmte Persönlichkeitsmerkmale zuschreibst und bestimmte Ansichten vertrittst, dann stelle sicher, dass du deine Zeit dafür nutzt, dich in diese Richtung weiter zu entwickeln.

Wenn du wissen willst, wie du auf andere wirkst, kannst du dazu immer einige deiner Freunde befragen, wobei du jedoch auf die eine oder andere unangenehme Wahrheit gefasst sein solltest. Wenn du Antworten bekommst, die du als ziemlich kritisch empfindest, hast du zumindest einen Ausgangspunkt, von dem aus du gezielt an der Veränderung deiner Außenwirkung arbeiten kannst.

Deine Mentalität definiert sich nicht nur durch das Bild, das du von dir selbst hast, sondern auch durch die Art, wie du Andere und wie du die Welt wahrnimmst. Ich möchte, um diesen Punkt plastisch klarzumachen, zwei Extreme ausmalen.

Beginnen wir mit der Person, die überzeugt ist, dass die Welt, in der sie lebt, ihr gehört. Diese Person wird selbstbewusst und resolut auftreten, weil es ihre Welt ist. Es gibt natürlich niemanden, dem der Planet Erde gehört, aber jedem von uns gehört seine eigene Welt. Wir entscheiden weitgehend darüber, wie unsere Welt regiert wird und wer sich in ihr aufhalten darf.

Wenden wir den Blick jetzt einer Person zu, die glaubt, in einer Welt zu leben, die einer anderen Person gehört und in der sie fehl am Platz ist. Dieser Person wird es an Selbstsicherheit mangeln, und sie wird meinen, sie habe kein Recht, da zu sein, wo sie ist. Das führt wahrscheinlich dazu, dass sie unglücklich ist, in einer Abwehrhaltung verharrt und die Welt als einen gefährlichen und bedrohlichen Lebensraum empfindet. Sie geht vielleicht noch einen Schritt weiter und glaubt, sie müsse ihre Nische kämpferisch verteidigen, weil Andere ihr ihre Rechte streitig machen. Du kannst dir viele weitere Überzeugungen ausmalen, die sich eine solche Person zu eigen machen könnte, nur weil sie meint, die Welt gehöre Anderen. Die meisten von uns rangieren irgendwo zwischen diesen extremen Polen und können in die eine oder in die andere Richtung abdriften, wenn wir nicht aufpassen.

Zusammenfassung der Kernpunkte

- Es ist entscheidend, deinen Computer so auszustatten, dass er korrekt arbeitet.
- Du kannst Gremlins aufspüren und durch Autopiloten ersetzen.
- Der Stein des Lebens ist das mächtigste Bauteil deiner Psyche.
- Der Stein des Lebens ist etwas, an dem du arbeiten kannst.
- Den Stein des Lebens zu stärken, indem du ihn jeden Tag sichtbar machst, ist eine Routine mit großem Stabilisierungspotenzial.
- Es liegt in deiner Hand, die richtige Mentalität für deinen Lebensentwurf zu wählen.

Empfohlene Übung:
Deinen Computer im Griff behalten

Gremlins vom Typus «sollte» durch Autopiloten vom Typus «könnte» ersetzen

Wenn du spürst, dass du unter Druck oder Stress gerätst, versuche herauszufinden, ob ein unzweckmäßiger Gremlin vom Typus «sollte» dahintersteckt. Ersetze ihn durch einen Autopiloten vom Typus «könnte» und denke darüber nach, welch unterschiedliche Emotionen die beiden Alternativen auslösen. Diese Übung solltest du mehrere Male machen, wenn du den Autopiloten so fest in deinem Computer verankern möchtest, dass er ohne dein Zutun funktioniert.

Das stabilisierende Element schlechthin

Ich kann dir nicht dringend genug anraten, dir immer wieder deinen Stein des Lebens vorzunehmen und dein Selbstbild nötigenfalls zu überarbeiten und zu vervollkommnen. Wenn du in diesem Punkt Klarheit erlangst, wird davon der wirksamste stabilisierende Einfluss auf deinen Schimpansen, auf deinen Menschen und auf deine Existenz als ganze ausgehen. **Vergiss nicht, dass dein Stein des Lebens der bei weitem wirksamste Stabilisator für dein Psychologisches Ich und sogar für dein ganzes Universum ist.**

Kapitel Sechs

Persönlichkeit und Psyche

Wie deine Psyche funktioniert und wie sie deine Persönlichkeit beeinflusst

Du hast jetzt eine Vorstellung von den drei Gehirnen in deinem Schädel: dem Menschen, dem Schimpansen und dem Computer. Als Nächstes können wir uns ansehen, wie der Leitmond (Computer) den geteilten Planeten (das Ringen zwischen Mensch und Schimpanse) stabilisiert. Um das System zu optimieren, kannst du lernen, die Blutzufuhr in deinem Kopf zu beeinflussen und wahlweise mit dem Schimpansen, dem Menschen oder dem Computer zu operieren, je nachdem welcher von ihnen für die Aufgabe am besten geeignet ist. Wir können ferner deine Persönlichkeit in den Blick nehmen, herausfinden, wie sie geformt wird, und sie dann weiterentwickeln.

Wie der Computer mit dem Schimpansen und dem Menschen interagiert

Wenn dein Schimpanse und dein Mensch entspannt und sorgenfrei sind, arbeitest du automatisch mit dem Computer, was bedeutet, dass du deine Alltagsroutinen ohne großen Denkaufwand erledigen kannst, weil dein Computer automatisierte Programme abspult. Machen sich jedoch irgendwelche Gefahren oder ungewöhnliche Umstände bemerkbar, erwacht der Schimpanse oder der Mensch und übernimmt das Kommando.

Wie der Schimpanse, der Mensch und der Computer mit Eingaben umgehen

Wie die Grafik zeigt, ist es der Schimpanse, der mit seiner Entscheidung, ob Gefahr im Verzug ist oder nicht, den Prozess in Gang setzt. Welcher Teil deines Gehirns sich der Situation annimmt, hängt von zwei Hauptfaktoren ab:

- ob der Schimpanse eine Gefahr oder Bedrohung wittert
- ob der Mensch mit der Situation vertraut ist oder nicht

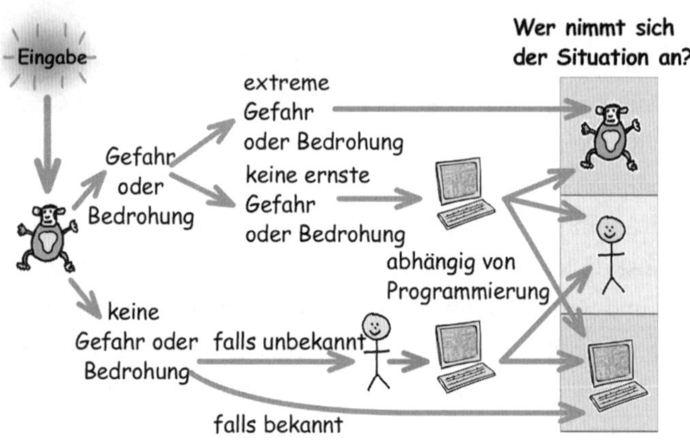

Unter dem Strich zeigt sich, dass im Falle einer extremen Gefahr der Schimpanse die Kontrolle übernimmt. In Fällen einer weniger großen Gefahr wird der Schimpanse zunächst im Computer nach einer passenden Erfahrungsregel suchen. Findet sich dort nichts, was den Schimpansen beruhigt, wird er die Zügel in die Hand nehmen. Andernfalls wird entweder der Mensch oder der Computer entscheiden, wie es weitergeht. In einer Situation, in der der Schimpanse keine Gefahr erkennen kann, wird er das Heft des Handelns entweder dem Menschen oder dem Computer übergeben. Um an einem einfachen Beispiel zu demonstrieren, wie die drei Gehirnteile miteinander interagieren, stellen wir uns einen Klavierspieler vor.

Der Klavierspieler

Nehmen wir an, ein Pianist spielt sein Lieblingsstück, das er gut kennt und schon viele Male ohne Probleme gespielt hat. Die Aufgabe liegt als fest installiertes Programm im Computer des Pianisten vor, der dadurch die Finger des Pianisten steuert, ohne dass dieser viel Gedankenarbeit leisten müsste. Er kann das Stück sozusagen im automatisierten Modus spielen. Nehmen wir darüber hinaus an, der Mensch im Pianisten sei entspannt und guter Dinge, der Schimpanse ein Tier in hochgespannter Erwartungshaltung und der Computer eine Maschine, die einfach nur ihr Pensum abspult. Wir können drei alternative Szenarien betrachten:

Erstes Szenario

Ich betrete den Raum und stelle keine Gefahr für den Pianisten dar, der unbeeindruckt weiterspielt. Ich frage ihn, ob er eine Tasse Kaffee haben möchte, und der Mensch in ihm antwortet mit ja oder nein. Der Computer spielt derweil das Stück fehlerlos weiter. Der Schimpanse ist im Schlafmodus, weil keine Gefahr besteht. Der Mensch ist entspannt und lässt den Computer die Arbeit machen.

Zweites Szenario

Ich betrete den Raum und sage zum Pianisten: «Können Sie mir erklären, wie Sie Ihre Finger die Tastatur rauf und runter fliegen lassen?» Dieses Mal fordere ich den Pianisten, ohne dass ich eine Gefahr für ihn signalisiere, mit einer Frage zum Denken auf. Der Mensch in ihm ist deshalb erwacht, und die Blutzufuhr ins Gehirn wird dem Menschen zugeleitet. Dieser fängt an zu denken, tut es aber sehr langsam (20 Mal langsamer als der Computer). Dazu kommt, dass er das Stück Ton für Ton zusammensetzen muss und dass ihm dabei Fehler unterlaufen. Der Pianist hält inne und sagt: «Ich kann nicht so schnell denken, aber wenn Sie einfach nur zusehen, kann ich das Stück problemlos durchspielen.» Er macht dann dort weiter, wo er aufgehört hat, und spielt das Stück sogleich wieder mit der gewohnten Leichtigkeit. (Der Mensch in dir ist keine gute Adresse für deine Blutzufuhr, wenn du schnelle Denkarbeit leisten oder eine vertraute Routinearbeit erledigen musst!)

Drittes Szenario

Ich betrete den Raum zusammen mit einer Gruppe berühmter Pianisten und sage dem Klavierspieler: «Wir wollen nur sehen, wie gut Sie Klavier spielen können.» Dann stütze ich meinen Arm auf den Flügel und schaue dem Pianisten genau auf die Finger! Dieses Mal wacht der Schimpanse im Pianisten auf und gerät in Panik, weil er Gefahr wittert. Die Blutzufuhr geht daher jetzt zum Schimpansen. Er wird emotional und unberechenbar; er wird derjenige sein, der das Wort ergreift, wobei er typischerweise eine Abwehrhaltung annimmt und sich vor den Menschen drängt. «Ich bin heute nicht gut drauf», würde eine typische Antwort aus dem Munde des Schimpansen lauten, und dabei würden entweder die Hände das Klavierspielen einstellen, oder der Schimpanse würde weiterzuspielen versuchen, was aber nicht gut klingen würde!

Rechenaufgabe

An einem weiteren Beispiel wollen wir das Bemühen der drei Gehirnteile, zusammenzuarbeiten, demonstrieren. Der Computer ist von den dreien der schnellste Denker, weil bei ihm alles schon abrufbereit eingespeichert ist. Wenn dich jemand auffordern würde, eine einfache Multiplikation vorzunehmen, zum Beispiel 3 × 3, würdest du unverzüglich antworten, weil die Antwort in deinem Computer gespeichert ist. Der Schimpanse würde sich nicht bedroht fühlen, denn es wäre eine leichte Rechenaufgabe.

Würde die Rechenaufgabe jedoch 13 × 17 lauten, dann würdest du – es sei denn, du wüsstest das Ergebnis auswendig – eine Weile nachdenken und rechnen müssen, du würdest dafür deinen Menschen und als Helfer deinen Computer einsetzen. Würdest du diese Multiplikation jeden Tag durchführen, würde sie bald zur Routine und zu einem Automatismus. Je öfter du etwas einübst, desto eher wird es zu einem Automatismus, der zuverlässig und schnell abläuft.

Wenn wir dich jetzt auffordern, die nächste mehrstellige Multiplikationsaufgabe vor einer Gruppe von Fremden zu lösen, wird die Blutzufuhr in deinem Gehirn sehr wahrscheinlich direkt zu deinem Schimpansen gehen, weil du dich unter Druck gesetzt fühlst. Wer weiß, was der Schimpanse aus dieser Situation machen würde! Vielleicht würde er kreischen, vielleicht lachen, vielleicht einfach streiken. Sicher ist, dass die Blutzufuhr, wenn du dich bedroht fühlst, erst einmal zu deinem Schimpansen geleitet wird, in zweiter Linie dann entweder zum Menschen oder zum Computer. In diesem Beispiel solltest du, wenn du dich bei einer Rechenaufgabe gut aus der Affäre ziehen willst, zuerst deinen Schimpansen in den Griff bekommen, dann deinen Menschen dazu bringen, die richtigen Lösungen im Computer abzuspeichern, und dafür sorgen, dass der Computer sie sich gut merkt.

Wie kannst du Änderungen an diesem Standardprogramm vornehmen?

Jetzt da wir verstehen, wie die Maschine arbeitet, können wir lernen, wie wir in den Prozess eingreifen und das Programm für uns arbeiten lassen können.

Es stehen hauptsächlich drei Wege zur Verfügung, mit denen wir den Umgang der Maschine mit Informationen beeinflussen können. Alle drei beinhalten ein aktives Eingreifen des Menschen, der

- seinen Schimpansen so steuert, dass dieser aufhört, seine emotionalen Impulse auszuleben,
- Andere um Hilfe bittet und
- seinen Computer zum Steuern des Schimpansen einsetzt.

Der Mensch greift ein

Hier ist die Grafik, die wir schon in den Kapiteln über den Menschen und den Schimpansen gesehen haben, jedoch ergänzt um eine Interventionslinie. **Du kannst nicht verhindern, dass der Schimpanse auf alles, was passiert, reagieren wird** (dargestellt als die erste Stufe, bevor sich die beiden Pfade trennen).

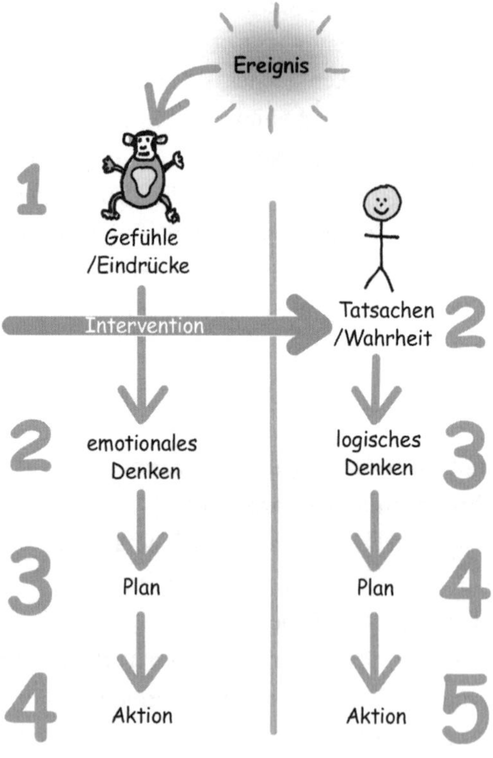

Zwei Wege zur Auswahl

Du kannst jedoch den Schimpansen daran hindern, dass er seiner emotionalen Reaktion Taten folgen lässt.

Wenn der Schimpanse also auf ein Erlebnis reagiert und auf sein emotionales Denken zurückgreift, um die Situation zu deuten, muss der Mensch eingreifen. Der Mensch muss Tatsachen und Wahrheiten sprechen lassen, um einen Prozess des logischen Denkens in Gang zu setzen, der den Schimpansen daran hindert, sich weiter in sein emotionales Denken hineinzusteigern.

Das gebrochene Bein und die verlorene Urlaubsreise

Hier ist ein praktisches Beispiel: Toni hat mit Freunden eine Urlaubsreise ins Ausland gebucht und freut sich sehr darauf. Eine Woche vor der Abreise stürzt er und bricht sich das Bein.

Diese Information wird als Erstes bei seinem Schimpansen ankommen. Toni kann nicht verhindern, dass der Schimpanse die Information als Erster bekommt und darauf reagiert; er muss das akzeptieren und damit arbeiten. Die Reaktion seines Schimpansen ist unvermeidlich und nachvollziehbar. «Es ist nicht fair», zetert der Schimpanse, «Ich kann nicht glauben, dass das passiert ist», «Das ist das Letzte, was ich brauche» usw.

Toni hat in diesem Moment die Wahl: Er kann entweder zulassen, dass der Schimpanse mit seinem emotionalen Denken die Kontrolle übernimmt und mit einer Litanei von Wehklagen und wütenden Tiraden die Stimmungslage weiter verdüstert, denn irgendwelche konstruktiven Ideen oder Pläne sind von ihm nicht zu erwarten. Oder er kann seinen Menschen eingreifen lassen und dem Schimpansen einige Tatsachen und Wahrheiten vor Augen halten, um seine emotionale Reaktion einzudämmen. Wenn das gelingt, kann der Mensch sich mit seinem logischen Denken durchsetzen und sich konstruktive Pläne einfallen lassen. Zu den Einsichten, mit denen er den Schimpansen bremst, könnten etwa folgende gehören: «An dem, was passiert ist, kann man nichts mehr ändern», «Ich kann entweder das Beste aus der Situation machen und mich entscheiden, die nächsten paar Wochen zu genießen, oder ich kann weiter herumnörgeln und Trübsal blasen» oder «Auch wenn es nicht ideal ist, kann ich doch etwas Sinnvolles finden, das ich in den nächsten paar Wochen tun kann».

An diesem Punkt muss Toni freilich diese Einsichten mit konstruktiven Ideen und Plänen für etwas unterlegen, auf das er sich freuen kann.

Was üblicherweise passiert, ist, dass man dem Schimpansen keinen Einhalt gebietet, sondern zulässt, dass er die Dinge immer weiter aufbauscht und Toni in eine sehr negative Stimmung versetzt, in der er sich auf kaum mehr etwas freuen kann. Wenn es Tonis Mensch nicht gelingt, den Schimpansen in den Griff zu bekommen, besteht immer die Möglichkeit, jemanden um Hilfe zu bitten. Ein Freund, der emotional nicht so stark betroffen ist wie er selbst, wird in der Lage sein, sich anzuhören, was Tonis Schimpanse zu sagen hat, und ihn dann mit Tatsachen und Wahrheiten konfrontieren mit dem Ziel, die Situation in eine logische Richtung zu lenken, in der sich ein konstruktiver Ausweg auftut.

Dem Schimpansen unaufhörlich gut zuzureden und beruhigend auf ihn einzuwirken, ist für den Menschen auf die Dauer emotional anstrengend. Es ist nützlich und wirkungsvoll, aber auch kraftraubend. Es gibt einen weniger auslaugenden Weg, dem Schimpansen Zügel anzulegen: indem man dafür den Computer einsetzt.

Dein Computer als mächtiges Erinnerungswerkzeug und Referenz

Die Empfehlung, durch Einschalten des Menschen den Schimpansen am Ausagieren seiner emotionalen Impulse zu hindern, hat den Haken, dass der Mensch langsam ist. Es kostet zudem eine Menge Energie, mit Tatsachen und Wahrheiten einzugreifen – in der Kürze der Zeit, in der die Reaktion des Schimpansen abläuft, sind wir womöglich gar nicht in der Lage, uns die Tatsachen zurechtzulegen, mit denen wir ihn ruhigstellen könnten. Wenn wir uns vergegenwärtigen, wie schnell der Schimpanse Schlussfolgerungen zieht und dass er fünfmal schneller denkt und handelt als der Mensch, wird deutlich, dass der Mensch ständig einem Vorsprung des Schimpansen hinterherläuft.

Es gibt jedoch ein einfacheres Mittel, die emotionale Reaktion des Schimpansen ohne Einschaltung des Menschen in den Griff zu bekommen. Unser Computer denkt, wie wir gesehen haben, 20 Mal so schnell wie unser Mensch und viermal so schnell wie unser Schimpanse. Wenn wir also unseren Computer dazu bringen können, schneller zu handeln, als der Schimpanse denkt, können wir den Wettlauf zwischen Mensch und Schimpanse unterbinden. Das funktioniert aber nur, wenn du dir vorsorglich Gedanken darüber gemacht hast, welche Situationen eintreten könnten, und in deinem Computer eine vorprogrammierte Reaktion auf diese Situationen abgespeichert hast.

Wir greifen noch einmal auf die «Lenkradwut» als Beispielfall zurück. Ein Fahrzeug drängt sich auf deine Spur und zwingt dich zum Bremsen.

Dein Schimpanse sagt: «Das ist ein vorsätzliches Eindringen in mein Revier und eine Kampfansage. Ich muss dagegenhalten und gewinnen.»

Der Mensch sagt: «Das ist ein Verkehrsrowdy oder jemand, der sein Fahrverhalten falsch eingeschätzt hat. Wie auch immer, ich will mich nicht an Kleinigkeiten festbeißen, denn es geht hier eigentlich um nichts.»

Wenn dein Computer diese beiden Eingaben erhält, wird er sich dem Schimpansen anschließen, weil der die stärkere Kraft ist. Du als Fahrer wirst dann den Fehdehandschuh aufnehmen.

Der so begonnene «Kampf» führt in aller Regel zu keinem nützlichen Ergebnis und lässt dich frustriert zurück. Deinem Computer entgeht das nicht.

Bei der nächsten ähnlichen Situation erinnert dein Computer deinen Schimpansen daran, dass der Kampf gegen einen Verkehrsrowdy zu nichts Gutem führt; dein Schimpanse will das jedoch noch immer nicht hören und reagiert mit demselben aggressiven Verhaltensmuster. Wenn der Kampf in eine handfeste Auseinandersetzung mündet, bei der der Schimpanse Blessuren davonträgt, registriert der Computer auch das. Beim nächsten Vorkommnis derselben Art mag der Schimpanse erneut in Wut geraten, doch wenn er einen Blick in den Computer wirft, wird er daran erinnert, dass es keine gute Idee ist, in den Kampf zu ziehen, und wird es sein lassen. Allerdings bleibt auch hierbei ein wütender und frustrierter Schimpanse zurück.

Es besteht jetzt die Möglichkeit eines alternativen Szenarios: Der Mensch nimmt sich die Zeit, darüber nachzudenken, was es mit der «Lenkradwut» eigentlich auf sich hat, und gelangt auf logischem Weg zu dem Schluss, dass er sich nicht wie ein Schimpanse aufführen und sich nicht in eine Schimpansen-Mentalität hineinprovozieren lassen will. Er möchte lieber wie ein zivilisierter Mensch handeln und akzeptieren, dass wir unsere zivilisierte Welt mit einigen weniger angenehmen Leuten teilen müssen, die es nicht wert sind, dass man sich mit ihnen über Nichtigkeiten streitet.

Dein Mensch legt diesen Autopiloten jetzt in seinem Computer ab und versetzt diesen damit in die Lage, sowohl dem Menschen als auch dem Schimpansen als Erinnerung zu dienen. Wenn sich der nächste Vorfall dieser Art ereignet und der Schimpanse gewohnt reflexhaft reagiert, stößt er bei seiner Nachfrage im Computer auf den Autopiloten, der ihm sagt, dass es keinen Sinn hat, einem primitiven Kampfimpuls nachzugeben, weil man einen solchen Kampf nicht gewinnen kann und der Impuls daher unzweckmäßig ist. Der Schimpanse hält jetzt entweder inne und hört auf den Autopiloten, oder er wird unsicher und zögert, und das gibt dem Menschen genug Zeit, um die Botschaft des Computers zu bestärken und das Denken selbst zu übernehmen. Der Schimpanse regt sich daraufhin ab, und der Mensch kann weiterfahren.

Toni zeigte nach seinem Beinbruch zunächst eine Schimpansen-Reaktion. Nehmen wir jetzt einmal an, er hätte seinen Stein des Lebens griffbereit und einige Wahrheiten parat gehabt, nach denen er zu leben beschlossen hat. In diesen Wahrheiten seien bei ihm die folgenden absoluten Überzeugungen verankert:

- Ich bin ein erwachsener Mensch und kann mit jeder Situation umgehen.
- Das Leben ist nicht fair.
- Alles, was passiert, geht vorüber.
- Enttäuschungen sind schwer zu verdauen, aber wir müssen sie in Relation setzen.
- Sein Glück kann man auf vielerlei Weise finden.
- Nicht die Ereignisse entscheiden über deinen Seelenfrieden, sondern deine Art, mit ihnen umzugehen.
- Jeder Tag ist kostbar.

Wenn Toni wirklich an diese Wahrheiten glaubt, wird sein Schimpanse beim nächsten Mal sofort im Computer nachschauen und sie finden. Erinnere dich daran, dass der Schimpanse und der Mensch das jedes Mal tun, wenn sie Informationen bekommen. Sie ziehen erst den Computer zu Rate, bevor sie reagieren. Das geht so schnell, dass Toni selbst es unter Umständen gar nicht mitbekommt. Er registriert vielleicht nur eine gewisse Gelassenheit im Umgang mit der Situation. Bei einem Gehirnscan zeigt sich, dass Reaktionen dieser Art in einem Zeitraum von weniger als 0,02 Sekunden ablaufen! Wenn wir unsere Überzeugungen und Wahrheiten regelmäßig für uns wiederholen, versetzen wir unseren Computer in die Lage, den Reaktionen des Schimpansen zuvorzukommen. Das erfordert einen geringen oder gar keinen Energieaufwand und ist die beste Methode, den Schimpansen in den Griff zu bekommen. Der Stein des Lebens ist die Kraftquelle schlechthin in unserem Psychologischen Ich.

Der Schimpanse schlägt im Computer nach

Deine Persönlichkeit

Der Begriff «Persönlichkeit» lässt sich nicht ohne Weiteres definieren. Wir alle haben eine taugliche Vorstellung davon, was Persönlichkeit ist, tun uns jedoch schwer, es mit Worten zu erklären. Grob könnte man Persönlichkeit als die Gesamtheit festgefahrener Verhaltens- und Reaktionsweisen definieren, die wir einem Menschen zuschreiben und von ihm erwarten. Wenn jemand es bei jeder Begegnung mit etwas Neuem mit der Angst zu tun bekommt, schreiben wir ihm oder ihr eine ängstliche Persönlichkeit zu, denn dieses Bild vermittelt dieser Mensch seiner Umgebung. Wenn jemand in jeder Situation ruhig und gelassen wirkt, würden wir ihm oder ihr eine ruhige Persönlichkeit oder ein ruhiges Naturell bescheinigen. Was geht in diesen Menschen aber tatsächlich vor? Es gibt dazu jede Menge Erklärungen und Diskussionen, doch wir wollen unser Modell verwenden, um den Begriff zu verstehen.

Die Persönlichkeit, die du deiner Umwelt zukehrst, ist letzten Endes eine Mixtur aus deinem Menschen, deinem Schimpansen und deinem Computer. Dein Mensch und dein Schimpanse haben eine je eigene Persönlichkeit; beide können konstruktiv oder destruktiv, angenehm oder unangenehm sein. Menschen sind nicht zwangsläufig gut, Schimpansen nicht zwangsläufig böse, aber im Großen und Ganzen ist der Schimpanse der weniger Hilfreiche! Es gibt höchst mitfühlende Schimpansen und sehr kaltherzige Menschen. Beide sind eine Mischung aus vielen Merkmalen, beide können konstruktiv oder destruktiv sein, und beide können von Tag zu Tag eine je andere Seite ihrer Persönlichkeit nach außen kehren.

Es ist wichtig, dir zu vergegenwärtigen, dass die Persönlichkeit deines Schimpansen nichts mit dir zu tun hat; dein Schimpanse ist eine Maschine, die dir mitgegeben worden ist, damit du mit ihr arbeiten kannst. Deine Persönlichkeit kann sich von der deines Schimpansen stark unterscheiden. Dein Computer bearbeitet nur das, was Mensch und Schimpanse ihm anbieten, und er kann, je nachdem, wie du ihn programmiert hast, eine hilfreiche oder wenig hilfreiche Einflussgröße sein.

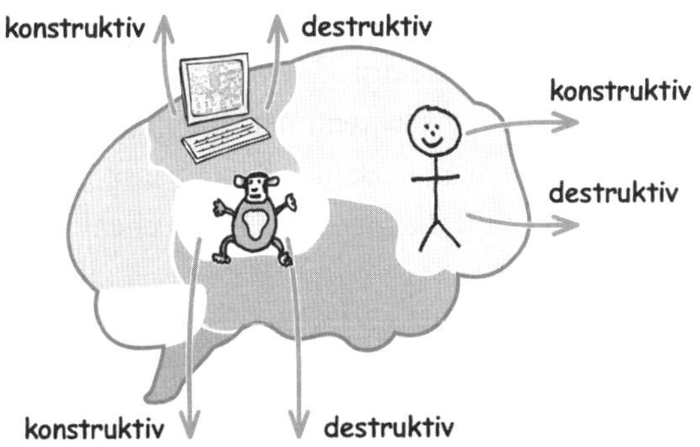

Alle drei sind unabhängige Einflussgrößen, die konstruktiv oder destruktiv sein können

Die Entwicklung deiner Persönlichkeit im Verlauf der Jahre

In den Jahren deines Heranwachsens hat dein Gehirn in Wechselwirkung mit sich verändernden Hormonspiegeln viele strukturelle Veränderungen und Entwicklungsstufen durchlaufen. Unterschiedliche Hormone beeinflussen unterschiedliche Teile deiner Maschine, bringen sie in unterschiedlichen Etappen deines Lebens zum Laufen und steuern ihren Betrieb. Der Schimpanse und der Mensch in dir durchlaufen Wandlungen und entwickeln abhängig davon unterschiedliche Sichtweisen. Ein vertrautes Beispiel für diese Vorgänge ist der Unterschied zwischen einem Kind, das bereitwillig von seinen Eltern lernt, und einem Teenager, der mit einer gewissen Selbstverständlichkeit dazu übergeht, die Vorstellungen seiner Eltern kritisch zu hinterfragen.

Offenkundig spielen gesellschaftliche Einflüsse eine große Rolle bei der Persönlichkeitsentwicklung. Wenn du zum Beispiel Verantwortung übernehmen musst oder selbstständig wirst, kann das dein Auftreten gegenüber der Außenwelt verändern; deine Persönlichkeit kann sich scheinbar von einem Tag auf den anderen verändern, wenn du plötzlich gefordert bist, Verantwortung für etwas oder jemanden zu übernehmen. Unter dem Einfluss der vielfältigen Faktoren, die unser Leben bestimmen – einer davon ist unser stetig alterndes Gehirn –, verändert sich unsere Persönlichkeit kontinuierlich, auch wenn der «Bauplan» unseres Ichs gewöhnlich erhalten bleibt. Beide, Schimpanse und Mensch, wachsen heran und entwickeln sich ständig weiter.

Natur und Hege

Schimpansen, Menschen und Computer sind eine Melange aus Natur und Hege. Ersteres können wir als das genetische Paket definieren, mit dem jeder von uns zur Welt kommt – das uns von unseren Eltern mitgegebene Erbgut, das sich im Laufe unseres Heranwachsens entfaltet, wenn dieser Prozess nicht unterbrochen wird. Hege definiere ich als die Gesamtheit der Erfahrungen, die das Leben uns vermittelt, sowie unserer Reaktionen und Deutungen dieser Erfahrungen und der Einflüsse, die sie auf uns ausüben.

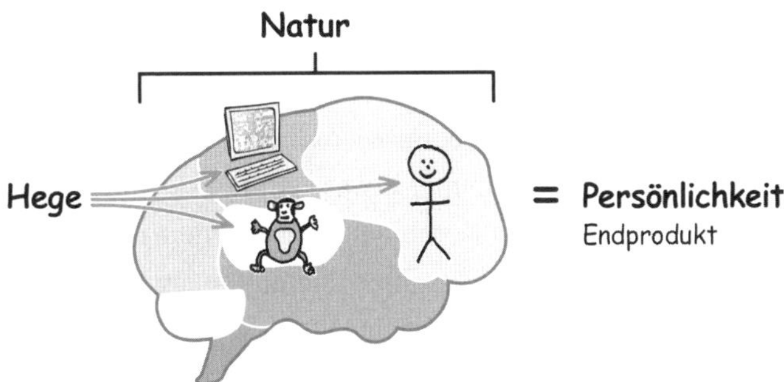

Schimpanse, Mensch und Computer; aus ihrer Interaktion mit Natur und Hege entsteht das Endprodukt

Natur

Mensch, Schimpanse und Computer kommen mit ererbten Eigenschaften auf die Welt. Der Schimpanse zum Beispiel erbt diverse emotionale Eigenschaften, der Mensch die Fähigkeit, logisch oder künstlerisch zu denken, der Computer die Fähigkeit, Programme für Sprachen oder Musik anzulegen. Diese Merkmale sind bei unterschiedlichen Personen unterschiedlich stark ausgeprägt; so werden sich Leute, die von ihren Erbanlagen her zur Ängstlichkeit neigen, schwerer tun, ruhig und gelassen zu bleiben, als Leute, die von Geburt an eher die Ruhe weg haben.

Hege

Die Erfahrungen, die wir in unserem Leben sammeln, und die Art und Weise, wie wir auf diese Erfahrungen reagieren, summieren sich zu einem Lernprozess. Klar ist, dass unsere Eltern und die Gesellschaft einen sehr großen Einfluss auf diesen Prozess haben. Die Erfahrungen, die wir machen, können einschneidend sein und uns stark beeinflussen, können aber auch so oberflächlich sein, dass sie uns kaum beeinflussen. Sehr oft sind die Deutungen, die wir unseren Erfahrungen unterlegen, wichtiger als die Erfahrungen selbst.

Im Allgemeinen gilt, dass die meisten Schimpansen in hohem Maß von der Natur gesteuert werden und die Hege nur kleinere Beiträge leistet, während beim Menschen die Hege dominiert und die Natur nur manchmal etwas beiträgt. Dein Computer stellt eine ausgeglichene Kombination aus beidem dar. Alle drei sind unterschiedlich, und aus ihrer Interaktion ergibt sich deine Persönlichkeit, so wie die Außenwelt sie wahrnimmt. Manchmal zeigst du der Welt eher deinen Schimpansen, andere Male eher deinen Menschen. Kein Wunder, dass wir manchmal das Gefühl haben, eine gespaltene Persönlichkeit zu sein! Die wirkliche Persönlichkeit, also dein wahres Ich, ist der Mensch. Der Schimpanse ist stets darauf aus, dich als Geisel zu nehmen, und lässt dich oft nicht als derjenige erscheinen, der du sein möchtest; er verkörpert also nicht dein wahres Ich.

Weitere Faktoren, die zu deiner Persönlichkeit beitragen

Außer deinen genetischen Anlagen und den Erfahrungen, die du machst, finden sich in deinem Menschen und deinem Schimpansen weitere Faktoren, die deine Verhaltensmuster beeinflussen. So gehört zum Beispiel die **Beharrlichkeit**, mit der du an der Verwirklichung deiner Trieb- und Wunschziele arbeitest, zu den wichtigsten Faktoren deines Lebenserfolgs und ist Bestandteil deiner Persönlichkeit. Der Grad deiner **Flexibilität** und **Anpassungsfähigkeit** an unterschiedliche Situationen ist ebenfalls mit entscheidend dafür, wie gut es dir gelingt, deine Pläne zu verwirklichen. Sich wiederholende, eingefahrene Verhaltensweisen, also **Gewohnheiten**, gelten im Allgemeinen als Ausdruck deiner Persönlichkeit; daher ist es in der Regel sinnvoll, die eigenen Gewohnheiten zu ändern, wenn sie sich als wenig nützlich erweisen.

Im Computer-Kapitel haben wir erläutert, was wir unter **Mentalität** verstehen. Die Mentalität, die du dir mit Hilfe deines Computers aufgebaut und in ihm abgelegt hast, ist ebenfalls ein Element deiner Persönlichkeit und beeinflusst die Art und Weise, wie dein Mensch und dein Schimpanse handeln und denken. Menschen, die ein positives Bild von sich selbst und von Anderen haben und die die Welt, in der sie leben, als erfreulichen Ort empfinden, gehören mit deutlich erhöhter Wahrscheinlichkeit einem ähnlichen Persönlichkeitstyp an.

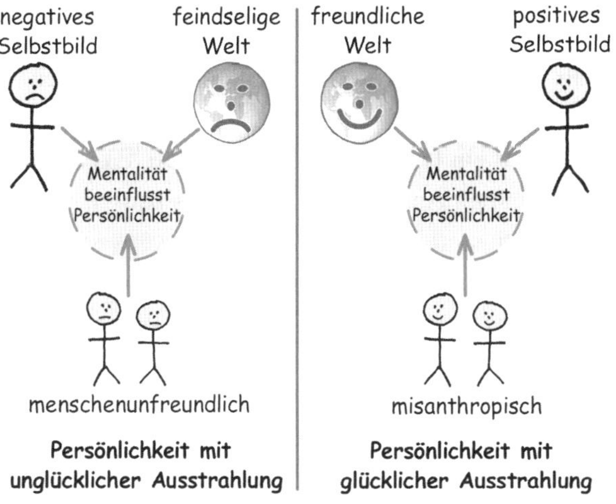

Deine Mentalität entscheidet mit über dein Persönlichkeitsbild

Wer bist du also?

Nachdem es so viele Faktoren gibt, die in größerem oder geringerem Ausmaß deine Persönlichkeit beeinflussen, wie kannst du da feststellen, wer du wirklich bist? Das herauszufinden, ist eine einfache Übung: Stell dir vor, du würdest eine Liste all der Eigenschaften erstellen, die du gerne hättest, und würdest darin Attribute wie ruhig, mitfühlend, vernünftig, positiv, zuversichtlich, glücklich usw. auflisten, dann zeigt diese Aufzählung an, **wer du wirklich bist**. Jedes davon abweichende Verhalten ist ein Fall von Geiselnahme durch deinen Schimpansen. Das ist ein sehr wichtiger Punkt.

> ***Kernpunkt***
> *Merke: Die Person, die du sein willst, ist die Person, die du eigentlich bist.*

Es ist ganz wichtig, dass du verstehst, dass du schlicht fremdgesteuert wirst und dass wir das unterbinden müssen. Während du dich bemühst, du selbst zu sein, lässt dein Schimpanse nicht davon ab, mit Emotionen oder emotionalen Gedanken dazwischenzufunken oder dich fernzusteuern, mit der Folge, dass du der Außenwelt ein Bild von dir selbst bietest, das dir nicht gefällt. Wenn in deinem Computer Gremlins hausen, kann sogar er dich beeinflussen und dich in jemanden verwandeln, der du nicht sein möchtest. Wenn du das nicht als Fremdsteuerung erkennst, kann es passieren, dass du den Glauben an dich selbst verlierst und das Gefühl bekommst, immer nur zu versagen. Das wiederum kann dazu führen, dass du dich selbst quälst, und es gibt nichts Nutzloseres als das. Dich wegen deines vermeintlichen Versagens zu quälen oder dich selbst zu verachten, ist eine destruktive und sinnlose Vergeudung von Zeit und Emotion.

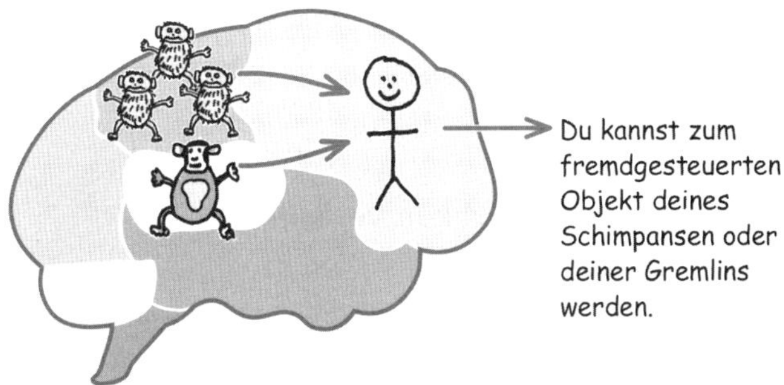

Es wäre gut für dich, wenn du erkennst, dass dein Selbstbild deinem Idealbild von dir entspricht, dass aber dein Schimpanse und einige Gremlins das nicht zulassen. Mit diesem Verständnis kannst du vorankommen, indem du deines Schimpansen und deiner Gremlins überdrüssig wirst, anstatt mit dir selber zu hadern, und indem du dann daran arbeitest, den Schimpansen in den Griff zu bekommen und die Gremlins hinauszuwerfen. Das ist die weitaus konstruktivere Herangehensweise.

Vergessen wir kurz einmal die Fremdsteuerung durch den Schimpansen und werfen stattdessen, um weiterzukommen, einen Blick auf dich. Gehen wir davon aus, dass du auf deine Liste deiner Wunscheigenschaften Worte wie ehrlich, glücklich, zuversichtlich, zuverlässig, freundlich usw. geschrieben hast. Die Chance, dich zu einem Ausbund an Ehrlichkeit, Gelassenheit und was du sonst noch aufgeschrieben hast, zu entwickeln, ist selbst ohne Eingreifen des Schimpansen eher gering, wenn du nicht daran arbeitest. Die meisten von uns haben das Zeug dazu, glückliche und gelassene Menschen zu sein, haben aber diese Facette ihrer Persönlichkeit nicht entwickelt. Dich in die Richtung deines wirklichen Ichs zu entwickeln, braucht Zeit und Mühe. Du brauchst einen Plan, um die Eigenschaften, die in dir schlummern und die du zum Blühen bringen willst, aus dir herauszukitzeln. Sie sind vorhanden, kommen aber wahrscheinlich nur einige wenige Male zum Vorschein. Es ist Zeit, dafür zu sorgen, dass sie das nicht nur zufällig tun, sondern die meiste Zeit. Wir wenden uns jetzt der Frage zu, wie das zu bewerkstelligen ist.

Wie du deine Persönlichkeit veränderst und entwickelst

Die Frage, die die meisten Leute stellen wollen, lautet: «Kann ich meine Persönlichkeit verändern, oder können Andere ihre Persönlichkeit verändern?»

Ein Kollege fragte mich einmal: «Wie veränderst du Menschen?» Die Antwort lautet: Das kann ich nicht. Ich helfe Leuten, ihren Schimpansen in den Griff zu kriegen und ihren Computer zu konfigurieren und zu warten. Ich habe den Schimpansen nicht verändert, ich **kann** den Schimpansen nicht verändern und versuche das nicht einmal. Wenn die Menschen jedoch ihren Schimpansen in den Griff bekommen und ihren Computer gut warten, kann ihr wahres Ich zum Vorschein kommen.

Stellen wir uns vor, ein Wunder ist geschehen, und dein Schimpanse rührt sich nicht mehr, was immer du auch tust. Er ist in einen Tiefschlaf gefallen oder kommt nur noch mit hilfreichen Emotionen um die Ecke. Nehmen wir des Weiteren an, wir hätten alle Gremlins aus deinem Computer hinausgeworfen. Dann wärst du jetzt eine entspannte Person mit den Merkmalen des Menschen in dir. Um glücklich zu sein, musst du jedoch diese Gemütslage kultivieren, und um das tun zu können, musst du definieren, wie du ein glücklicher Mensch werden und bleiben willst. Ähnliches gilt für das Ideal der Gelassenheit: Um ihm nahe zu kommen, brauchen wir einen Plan für den Umgang mit Stress und den Willen, diesen Plan durchzuführen. Gleich welche Facette deiner Persönlichkeit du entwickeln möchtest, du musst dafür Zeit investieren. Am einfachsten ist es, wenn du an einer Facette nach der anderen arbeitest und deine Fortschritte überwachst.

Bei dem Bemühen, den Menschen in dir zu entwickeln und dein Bestes von innen nach außen zu kehren, geht es darum,

- deine Entwicklung voranzubringen
- deinen Schimpansen in den Griff zu bekommen und deine Gremlins loszuwerden
- produktiv zu kommunizieren
- die richtigen Leute um dich zu haben
- eine Lebenswelt für dich zu erschaffen
- dich um dich selbst zu kümmern
- Qualität in dein Leben zu bringen

Wenn du diese Bereiche aufmerksam betrachtest, wirst du feststellen, dass sie den Planeten in deinem Psychologischen Universum entsprechen. Du musst daher, um deine wahre Persönlichkeit zu entwickeln und nach außen zu kehren, jeden der Planeten durchforsten und funktionsfähig machen. Das ist der Grund dafür, dass es das Psychologische Universum gibt: Es verkörpert die Bereiche in deinem Leben, die du anpacken kannst, um der Erfüllung und Selbstverwirklichung näherzukommen und den Menschen in dir zu befreien.

Zusammenfassung der Kernpunkte

- Der Schimpanse äußert seine Deutung immer als Erster, vor dem Menschen.
- Der Schimpanse überlässt das Heft des Handelns dem Menschen nur dann, wenn keine Gefahr oder wahrnehmbare Bedrohung besteht.
- Der Mensch kann das reaktive Handeln des Schimpansen stoppen, indem er Tatsachen und Wahrheiten vorlegt.
- Der Computer lässt sich so programmieren, dass er den Schimpansen ruhigstellt, bevor dieser in Aktion tritt.
- Die Persönlichkeit ist eine Mischung aus Mensch, Schimpanse und Computer.

- Natur und Hege beeinflussen deine Persönlichkeit.
- Deine Mentalität bestimmt mit darüber, wie du wahrgenommen wirst.
- Du kannst an deinem Menschen, deinem Schimpansen und deinem Computer arbeiten, um deine Persönlichkeit zu verändern.
- Du bist die Person, die du sein möchtest, aber dein Schimpanse ergreift Besitz von dir und macht dich zu jemand anderem.

Empfohlene Übung:
Wie du dein wirkliches Ich kennen lernst

Schreib die Eigenschaften der Person auf, die du gerne wärst. Dann schreibe die Eigenschaften der Person nieder, die du nach deiner Einschätzung wirklich bist. Bitte einen engen Freund, der dich gut kennt, ebenfalls eine Liste der Eigenschaften deiner Persönlichkeit zu erstellen. Vergleiche jetzt die drei Listen. Stelle fest, welche Gremlins du entfernen und welche Schimpansen-Verhaltensweisen du in den Griff bekommen kannst, um deren Einmischungen in dein Verhalten einzudämmen, so dass du in der Lage bist, dich deinem Persönlichkeitsideal anzunähern.

Teil Zwei

Funktionieren im Alltag

Kapitel Sieben

Der Planet der Anderen

Wie man andere Menschen versteht und mit ihnen umgeht

Andere verstehen:

- Die Psyche und Persönlichkeit anderer Menschen verstehen
- Unterschiede in der Physis des Gehirns
- Unterschiedliche Mentalitäten
- Andere kennenlernen
- Erste Eindrücke
- Weshalb möchtest du andere Menschen verstehen?
- In deinen Erwartungen realistisch bleiben

Planet der Anderen

Unter dem Planeten der Anderen verstehen wir die Gesamtheit unserer Beziehungen und Interaktionen mit anderen Menschen in ganz unterschiedlichen Zusammenhängen. Wir erkunden in diesem Kapitel einige fundamentale Erkenntnisse über Menschen, damit wir sie besser verstehen und lernen können, in eine sinnvolle und nützliche Beziehung zu ihnen zu treten.

Einer meiner Klienten war ein Mann, der das Schimpansen-Modell verstanden hatte, aber nach wie vor über Ärger mit seiner Frau klagte. Wie er erzählte, verhielt sie sich ihm gegenüber zuweilen unfreundlich und sagte ihm unschöne Dinge, für die sie sich dann entschuldigte. Eines Tages dämmerte ihm, dass seine Frau ebenso wie er einen Schimpansen hatte, der sich manchmal gegen ihren Willen in Szene setzte. Ihr Schimpanse übernahm hin und wieder plötzlich das Kommando und machte Bemerkungen, die sie später bereute, weil sie die Kontrolle über den Schimpansen verloren hatte. Der Ehemann reagierte zumeist auf die Sticheleien des Schimpansen seiner Frau und ließ seinen eigenen Schimpansen von der Leine. Dann waren es ihre beiden Schimpansen, die einander anschnauzten, nicht die beiden Menschen. Als sie das einmal erkannt hatten, konnten sie einander dabei unterstützen, ihren jeweiligen Schimpansen in den Griff zu bekommen, und konnten dann als Menschen zusammenarbeiten.

Die Psyche und Persönlichkeit anderer Menschen in deiner Welt verstehen

Ob du versuchen willst, Andere zu verstehen, bleibt dir überlassen; es zu tun, wäre jedoch letzten Endes von Vorteil für dich. Denk darüber nach. Wenn du eine Katze hättest, würdest du wohl kaum Stöckchen werfen und erwarten, dass sie sie apportiert, und dann von der Katze enttäuscht sein, weil sie es nicht tut. Wer ist hier schwer von Begriff? Oder stell dir vor, du hättest einen Hund, dann würdest du nicht erwarten, dass er den ganzen Tag herumsitzt und keine Lust auf einen Spaziergang mit dir hat. Du musst lernen, die Bedürfnisse des Hundes zu verstehen. In diesem Sinn gilt auch, dass, wenn du die Person, mit der du es zu tun hast, verstehst und mit realistischen Erwartungen arbeitest, dir dies helfen wird, diese Person zu fördern, und dich auch vor Enttäuschungen und Frust bewahren wird.

Ich trete keineswegs dafür ein, alle Leute von jeglicher Verantwortung freizusprechen, aber wir müssen in der realen Welt leben. Wir können nichts daran ändern, wie Andere uns gegenübertreten; sie müssen schon selbst den Wunsch haben, dies zu ändern. Wir können jedoch entscheiden, ob wir daran arbeiten wollen, das Beste von ihnen zum Vorschein zu bringen und dabei zugleich ihre Grenzen zu akzeptieren. Die Alternative besteht natürlich darin, sie links liegen zu lassen, wenn wir ihr Verhalten nicht ertragen können oder wenn wir einfach keinen Draht zu ihnen finden, obwohl wir unser Bestes getan haben. Diejenigen, die mit unrealistischen Erwartungen an Andere herangehen und laut, frustriert, wütend oder ungehalten werden, werden damit sehr wahrscheinlich nichts erreichen und am Ende oft ziemlich belämmert dastehen. Es gibt Situationen, in denen wir uns mit Menschen abgeben müssen und sie nicht einfach ignorieren können; im Folgenden kommen einige Vorschläge, wie man solche Situationen meistern kann. Um es ganz einfach zu sagen: Du musst herausfinden, wer die Person ist, mit der du es zu tun hast. Du kannst dich dafür entscheiden, ihr zu helfen, ihren Schimpansen in den Griff zu bekommen und ihre Gremlins zu identifizieren, oder du kannst sie danach beurteilen, wie sie dir gegenübertritt. Du hast die Wahl

Unterschiede in der Physis des Gehirns

Wir gehen oft von der Annahme aus, dass unser Gegenüber ein Gehirn besitzt, das prinzipiell denselben Bauplan aufweist wie unseres. Die meisten von uns haben tatsächlich ein physisch gleich beschaffenes Gehirn, aber es gibt auch Leute, bei denen das nicht zutrifft. Ich möchte deinen Blick auf zwei Beispiele für anders funktionierende Gehirne lenken. Das erste Beispiel ist das Gehirn eines Menschen, bei dem eine Autismus-Spektrum-Störung diagnostiziert worden ist. Bei Autisten funktionieren gewisse Bereiche des Gehirns nicht optimal, und andere Bereiche sind hochgradig empfindlich. Ein Kind oder Erwachsener mit einer Autismus-Spektrum-Störung tut sich beispielsweise sehr schwer, das Mienenspiel oder die Körpersprache eines Menschen zu verstehen. Autisten haben ein Problem damit, die Gefühle anderer Leute zu erkennen, und tun oder sagen daher vielleicht Dinge, die den meisten von uns unangebracht erscheinen. Wenn wir verstehen, dass sie das nicht in verletzender Absicht tun, können wir anfangen, mit ihnen zu arbeiten. Wir können ihnen helfen, das Beste aus sich zu machen, sodass wir eine wohltuende Beziehung zu ihnen aufbauen können. Autismus gibt es in unterschiedlich starken Ausprägungen: Schwere Formen sind leicht zu erkennen, mildere nur schwer zu identifizieren.

Der frustrierte Vater

Vor einigen Jahren, als ich in einer Klinik arbeitete, kam ein Vater mit seinem 18-jährigen Sohn in die Sprechstunde. Der Vater sprach über den Verdruss, den sein Sohn ihm bereitete, und dass er, so sehr er den Jungen liebte, dessen befremdliches Verhalten nicht mehr ertragen könne. Als Beispiel dafür, dass sein Sohn keinen Gebrauch vom gesunden Menschenverstand mache, erzählte er, dass der Junge, wenn er duschen ging, für das Haarewaschen eine ganze Flasche Shampoo verbrauchte. Auch wenn er dem Jungen noch so oft und deutlich erklärt habe, dass und warum das unvernünftig sei, höre er nicht damit auf.

Weiter berichtete der Vater, dass, wenn er von der Arbeit nach Hause komme, sein Sohn ihn mit Fragen bombardiere; er beantworte so viele davon, wie er könne, doch nach einer Weile werde er wütend und herrsche den Sohn irgendwann schließlich an, damit aufzuhören.

Je länger wir uns unterhielten, desto deutlicher wurde, dass bei dem Sohn eine Form von Autismus vorlag. Ich erklärte dem Vater, das Gehirn seines Sohnes sei so verschaltet, dass der Junge nicht immer in der Lage sei, zu beurteilen, wann es an der Zeit war, mit einer Handlung aufzuhören. Ein typischer Fall dieser Eigenart war es, dass er beim Duschen so lange seine Haare wusch, bis das Shampoo alle war, oder dass er endlos Fragen stellte. Nachdem ich dem Vater diesen Aspekt des Verhaltens seines Sohns erklärt hatte, einigten wir uns auf einen simplen und praktischen Vorgehensplan, um sowohl dem Sohn als auch dem Vater zu helfen. Wir kamen überein, dass der Vater immer nur so viel Shampoo in die Flasche füllen würde, dass es für eine Haarwäsche reichte. Des Weiteren einigten wir uns darauf, dass der Sohn, wenn der Vater von der Arbeit nach Hause kam, ihm genau drei Fragen stellen durfte; danach sollte er in sein Zimmer gehen und an seinem Computer spielen. Das funktionierte bestens, weil der Junge bereit war, Regeln zu akzeptieren, solange sie unmissverständlich formuliert waren. Dem Vater blieb auf diese Weise viel Ärger und Frust erspart.

Die wichtige Lehre aus dieser Geschichte ist, dass wir verstehen müssen, mit wem wir es zu tun haben und wie derjenige denkt und funktioniert. Wenn wir dies akzeptieren, können wir mit der Person arbeiten; Voraussetzung ist jedoch, dass wir bereit sein müssen, dem Anderen vorurteilslos zu begegnen. Tatsächlich prägen häufig die Erwartungen, die wir an eine Person stellen, und unsere Reaktion auf ihr Verhalten das Bild, das wir uns von ihr machen, und damit unser Verhältnis zu ihr. Ich habe Autismus als extremes Beispiel gewählt, um deutlich zu machen, was ich meine.

Eine Gefahr, die es zu beachten gilt

Mein zweites Beispiel für ein sehr anders getaktetes Gehirn ist dasjenige des Psychopathen (dessen Kondition man auch als dissoziale Persönlichkeitsstörung kennzeichnen könnte). Räumen wir als Erstes einen verbreiteten Mythos aus: Nicht alle Psychopathen sind gewalttätig und potentielle Mörder. Psychopathen **können** gewalttätig und zu Mördern werden, aber das ist die Ausnahme. Die meisten Psychopathen bewältigen ihr Leben und schlagen sich ganz gut, allerdings lassen sie an ihrem Wegesrand sehr viele verletzte und geschädigte Menschen zurück. Sie sind oft, wenn auch nicht immer, in kriminelle Aktivitäten verwickelt, weil sie kein Gewissen haben. Es gibt Psychopathen interessanterweise in praktisch jeder Berufsgruppe – beispielsweise auch bei Ärzten, Anwälten, Krankenschwestern oder Lehrern –, doch sie lernen, das Gehirn, das ihnen in die Wiege gelegt wurde, zu zügeln und zu benutzen und auf der richtigen Seite der Linie zu bleiben, die Recht von Unrecht trennt. Die Schätzungen weichen voneinander ab, aber es sieht so aus, als ob dieser spezielle Typus von Gehirn bei einem von 150 Menschen vorkommt.

Dem Gehirn eines Psychopathen fehlt, auf einen einfachen Nenner gebracht, das Menschlichkeitszentrum, über das wir Anderen verfügen, also der Teil unseres Gehirns, der Sitz unseres Menschen ist. Dieses Menschlichkeitszentrum enthält Bereiche, die emotionale Reaktionen und Zustände wie Schuldgefühl, Reue, Mitgefühl, Empathie oder Gewissen beherbergen. Psychopathen sind typischerweise kaltblütige, berechnende Menschen, die Andere für sich ausnutzen. Aber ist ein Psychopath für das, was cr tut, wirklich verantwortlich? Darüber wird sehr viel gestritten; doch unabhängig davon, zu welcher Antwort wir neigen, liegen zahlreiche Belege dafür vor, dass beim Psychopathen dieses Menschlichkeitszentrum entweder fehlt oder sich im Tiefschlaf befindet. Die Fähigkeit, Psychopathen als solche zu erkennen, ist von Vorteil, denn sie verhalten sich uns gegenüber gerne destruktiv, wenn wir ihnen begegnen. Wenn wir den Umgang mit Psychopathen lernen, bedeutet das, dass wir in der Lage sind, uns nach einer Begegnung zurückzuziehen, ohne verletzt worden zu sein oder Schaden genommen zu haben.

Wenn du dich mit jemandem eingelassen hast und dir der Verdacht kommt, es könne sich um einen Psychopathen handeln, suche immer Rat – frage Andere nach ihrer Meinung und versuche, etwas über die Vergangenheit des Betreffenden herauszufinden. Wenn du derjenige bist, den der Psychopath zum

Zielobjekt seines Handelns erkoren hat, mache dir keine Selbstvorwürfe; halte deine Verluste in Grenzen, indem du einen Schlussstrich ziehst und das, was du erlebt hast, einem Freund, dem du vertraust, mitteilst. Du bist nicht der Einzige, der auf den Betreffenden hereingefallen oder von ihm getäuscht worden ist. Erwarte nicht, dass der Psychopath sich ändert – sein Gehirn ist fest verdrahtet.

Was verstehen wir unter einer Persönlichkeitsstörung?
Wenn wir in der Psychiatrie eine Persönlichkeitsstörung diagnostizieren, bedeutet das grundsätzlich, dass wir bei dem Betreffenden bestimmte fest verwurzelte Verhaltensweisen und Überzeugungen festgestellt haben. Diese Persönlichkeitsmerkmale sind nicht beeinflussbar, sie sind schädlich oder nachteilig für die betroffene Person selbst und/oder für andere, die mit ihr in Kontakt kommen. Gewissermaßen handelt es sich also um eine extreme Ausprägung eines normalen festgefahrenen Verhaltensmusters.

Es gibt zahlreiche Formen von Persönlichkeitsstörungen. Die Betroffenen sind nicht krank im landläufigen Sinn, sondern zeigen etwa zwanghafte oder impulsive Verhaltensweisen in extremerer Ausprägung als die meisten anderen Menschen. Es liegt eine Fülle von Anhaltspunkten dafür vor, dass Menschen mit einer Persönlichkeitsstörung ein anders geartetes oder anders getaktetes Gehirn haben als der Normaltypus.

Unterschiedliche Mentalitäten
Mit Mentalitäten haben wir uns schon an früherer Stelle befasst, und ich möchte hier zwei Beispiele nennen, die nicht allzu ungewöhnlich sind. Sie sollen zeigen, dass und wie Menschen aufgrund ihrer Mentalität an bestimmten Verhaltensweisen und Überzeugungen kleben. Das hilft, bestimmte Mentalitäten (und davon gibt es viele) identifizieren zu können. Bei

vielen Menschen finden sich Teilelemente einer Mentalität anstelle des kompletten Bildes.

Die Schneewittchen-Mentalität

Diese Mentalität ist bei Frauen verbreiteter als bei Männern. Betrachten wir Schneewittchen als unschuldiges, passives Opfer ihrer Mitmenschen und der Umstände, als ein Wesen, das für sein Verhalten nicht im geringsten verantwortlich oder rechenschaftspflichtig ist und keinerlei Einfluss auf den Gang der Dinge besitzt, dann sind wir einem Verständnis dieser Mentalität auf der Spur.

In diesem Fall haben sich mehrere Gremlins zusammengetan und die Psyche des Betroffenen auf eine festgelegte Herangehensweise an das Leben und die eigene Person hin getrimmt. Benennen wir zunächst die Gremlins, die hier zusammenwirken, und betrachten dann die Mentalität, um herauszufinden, wie der Betroffene sich aus ihr befreien kann. Bei den Gremlins handelt es sich um eine Mixtur aus Verhaltensweisen und Überzeugungen. Darunter finden sich einige oder alle der folgenden:

- Ich bin für meine eigenen Entscheidungen nicht verantwortlich.
- Ich bin für mein eigenes Glück nicht verantwortlich.
- Das Leben ist wirklich schwer, und mein Leben ist immer schwer gewesen.
- Ich bin ein Opfer äußerer Umstände.

- Es steht nicht in meiner Macht, irgendetwas zu verändern – «So ist es eben» ist ein häufig geäußerter Satz.
- Andere helfen mir nicht.
- Andere sollten Verständnis für mich haben.
- Den Halt zu verlieren und hilflos zu sein, ist Teil meines Lebens.
- Die Welt ist ein gnadenloser Ort.

Menschen mit einer Schneewittchen-Mentalität sorgen häufig durch subtile Seufzer und Gesten dafür, dass man auf die oben aufgezählten Gremlins aufmerksam wird. Gewöhnlich bemühen sie sich, dir das Gefühl zu geben, dass du ihnen – warum auch immer – eine Menge schuldest und dass sie ungeachtet der Qualen, die sie erleiden, und trotz deines Mangels an Verständnis und (natürlich) deines Egoismus irgendwie durchkommen werden. Sie tun alles, um dich wissen zu lassen, dass sie aus einer für sie fast unerträglichen Lage heldenhaft das Beste machen. Wenn man Zweifel an ihnen äußert, werden sie entweder aggressiv und anklagend, oder sie flüchten sich in Niedergeschlagenheit und Tränen, üben sich also in passiver Aggression gegen dich (weil es, wie sie dich selbstverständlich wissen lassen, dein Fehler ist, dass sie niedergeschlagen und in Tränen aufgelöst sind).

Typische Verhaltensweisen treten zutage, wenn der Schneewittchen-Typus einen Wunsch, den er womöglich nicht einmal ausdrücklich geäußert hat, nicht erfüllt bekommt. Wenn der Partner fragt: «Was ist los?», lautet die Antwort oft: «Nichts» oder «Eigentlich sollte ich dir nicht erklären müssen, warum ich mich ärgere.» Ein Schneewittchen-Typ ist meistens schnell am Boden zerstört, schnell in Tränen aufgelöst oder schmollt, spricht sich aber gerne von jeder Verantwortung für sein eigenes Leben und von jeder Gestaltungsmacht darüber frei. Dieses Selbstmitleid und das zugehörige Gefühl, Andere seien einem etwas schuldig, ziehen gewöhnlich Akte der passiven Aggression nach sich, etwa hartnäckiges Schweigen oder die Verweigerung jeder Kommunikation.

Wie können Menschen mit einer Schneewittchen-Mentalität zu einer gesünderen Lebensauffassung zurückkehren? Es ist ein hartes Stück Arbeit für die Betroffenen (und erst recht für diejenigen aus ihrem Umfeld, die es aushalten müssen!), weil nur eine gründliche Veränderung der Lebensphilosophie einen Weg aus der Sackgasse eröffnet. Doch das muss man schaffen, wenn man die Schneewittchen-Haltung hinter sich lassen will.

Eine notwendige Voraussetzung ist, dass man dem Betroffenen hilft, klar zu erkennen, wie er auf andere wirkt. Um aus deinem Leben das Beste zu machen, musst du proaktiv sein und Dinge anstoßen. Du musst die Realität anerkennen und in der Welt leben, die du hast – was aber nicht bedeutet, sich mit dem eigenen Leid abzufinden. Es bedeutet vielmehr, dafür zu sorgen, dass sich all diejenigen Dinge ändern, die geändert werden können. Und es bedeutet auch, dass du dich um dic Hilfc gccigneter Personen **bemüht** und ihre Hilfe **akzeptiert** hast, Personen, die dir bei den Veränderungen, die **du** angestoßen hast, Hilfe leisten können. Du kannst in deinem Leben entweder ein Opfer sein oder jemand, der die Dinge mit einem **echten** Lächeln anpackt. Es ist deine Entscheidung und nicht die von irgendjemand anderem. Viele von uns haben gelegentlich an der Schneewittchen-Mentalität geschnuppert, wenn wir zugelassen haben, dass die Gremlins aufmarschieren – sei auf der Hut!

Einige Gedanken, die vielleicht helfen, die Schneewittchen-Mentalität von dir fernzuhalten, könnten eine Betrachtung wert sein:

- Leute, die Opfer sind, mag niemand.
- Niemand schuldet dir etwas.
- Leute, die positiv handeln, sind allseits beliebt.
- Glück ist nichts, das einem Schuldgefühle bereiten sollte.

- Glück beruht auf Entscheidungen, die du triffst.
- Nach Glück zu streben, ist nicht egoistisch.
- Leben ist, was du daraus machst, nicht, was es dir zuwirft.
- Jeder ist für sein eigenes Tun und für seine eigenen Überzeugungen verantwortlich.
- Selbstbewusstes Auftreten ist normal und zeichnet erwachsene Menschen aus.

Es ist wichtig, für Leute mit einer Schneewittchen-Mentalität Hilfe zu suchen oder Therapien in Betracht zu ziehen, weil bei ihnen oft tieferliegende Probleme vorhanden sind, die einer Behandlung bedürfen. Wenn man nicht genau weiß, was man tut, birgt der Versuch, die Mentalität eines Freundes oder Partners zu ändern, Risiken. Wenn du indes ein Händchen dafür hast, die richtigen Worte zu finden und Verständnis zu zeigen, könnte dies der Schlüssel sein, der die Mentalität entriegelt und die tanzenden Gremlins verjagt.

Die Alphawolf-Mentalität

Der Alphawolf ist eine dominante Mentalität und kommt bei Männern häufiger vor als bei Frauen.

Die sichtbaren Merkmale dieser Mentalität sind eine Mischung aus den folgenden Überzeugungen:

- Die Welt gehört den Alphawölfen, und sie lassen in ihrer Welt Andere leben.
- Sie bewerten Menschen danach, wie sie sie für die Erfüllung ihrer eigenen ehrgeizigen Ziele benutzen können.

- Sie üben ihre Dominanz auf Grundlage der Überzeugung aus, dass man aus einer Situation den größten Nutzen zieht, indem man null Toleranz gegen andere übt.
- Mitgefühl gilt als Schwäche.
- Die Meinungen anderer Leute sind in den meisten Fällen irrelevant, weil Alphawölfe überzeugt sind, ihre Meinung sei die richtige.
- Das Beste, was man mit jemandem tun kann, der einem als wenig nützlich erscheint, ist ihn zu ignorieren.
- Herausforderungen jeder Art wird mit Aggression und Feindseligkeit begegnet.
- Jedes Eingeständnis, sich geirrt oder etwas falsch gemacht zu haben, ist ein reines Lippenbekenntnis und wird schnell wieder kassiert.

Der Alphawolf ist in höherem oder geringerem Ausprägungsgrad ein Diktator oder ein Kontrollfreak und glaubt fest daran, dass er mehr Gutes bewirken kann als alle Anderen, weil er derjenige ist, der die besten Entscheidungen trifft und am besten weiß, wie es geht. Die Menschen, die er dabei verletzt zurücklässt, sind in seinen Augen Schwächlinge. Popularität ist für ihn kein Thema, geht es ihm doch primär um seinen Erfolg und sein Ego.

Diese Mentalität findet sich oft bei Leuten, die in der Wirtschaft Karriere machen, und ihre Träger können in einer Firmenhierarchie ziemlich weit nach oben kommen. Während es durchaus Manager gibt, die Mitarbeiter loben und ihnen helfen, ihr Potenzial auszuschöpfen (was wiederum dem Unternehmenserfolg zugutekommt), strebt der Alphawolf danach, die Mitglieder seines Rudels in die Knie zu zwingen, wobei er sich zur Festigung seiner Position aggressiver Mittel bedient. Während gute Manager ihre Mitarbeiter einbeziehen, ist der Alphawolf nicht gewillt, Aufgaben zu delegieren, und wird unleidlich, wenn

Termine nicht eingehalten werden (die er gewöhnlich ohne vorherige Diskussion festgesetzt hat).

In der Natur wird die Macht des Alphawolfs respektiert und gefürchtet, während der Alphawolf als Individuum keinen echten Respekt genießt. Analog dazu sind Träger der Alphawolf-Mentalität in ihrem Umfeld unpopulär, und es gibt immer einen anderen Wolf, der nur darauf wartet, die Führung des Rudels zu übernehmen. Hüte dich vor der Alphawolf-Mentalität; sie sorgt für äußerst unglückliche Menschen in ihrem Umfeld, und es ist immer nur eine Frage der Zeit, bis ein Angriff den Alphawolf zur Strecke bringt.

Die Wahrscheinlichkeit, dass es gelingt, diese Mentalität im Einzelfall zu verändern, ist nicht sehr hoch. Der Alphawolf muss entweder einsehen, dass er ein Problem hat, oder erkennen, dass er im Umgang mit Anderen etwas falsch macht, und beides fällt den Trägern dieser Mentalität nicht leicht. Beim Umgang mit ihnen ist Pragmatismus gefragt. Entweder man akzeptiert sie, wie sie sind, oder man hält sich von ihnen fern.

Sie so zu akzeptieren, wie sie sind, bedeutet nicht, dass man sich achselzuckend abwendet. Es bedeutet, dass man lernt, Attacken nicht persönlich zu nehmen, dass man versteht, dass der Betreffende sich sehr wahrscheinlich nicht ändern kann. Man sollte Alphawölfen gegenüber auf jeden Fall selbstbewusst auftreten (was sie in der Regel respektieren), sollte Konfrontationen vermeiden (zumindest solche, bei denen man wahrscheinlich auf verlorenem Posten steht), sollte auf seinen eigenen Seelenfrieden achten und vor allem klug genug sein, zu erkennen, wann es an der Zeit ist, zu gehen.

Es gibt viele unterschiedliche Mentalitäten, die demonstrieren, dass Leute in einen Teufelskreis tanzender Gremlins geraten können. Wenn wir eine Mentalität verstehen, hilft uns dies, auch andere zu verstehen und mit ihnen zurechtzukommen.

Andere kennenlernen

Wenn wir Menschen kennenlernen, gibt es drei Faustregeln, die uns helfen können, besser zu verstehen, wer sie sind:

- Achte darauf, dass du unvoreingenommen an Menschen herangehst.
- Achte darauf, dass du ohne vorgefasste Erwartungen an Menschen herangehst.
- Hüte dich vor Vorurteilen.

Ein Beispiel: Wenn ich bei meiner ersten Begegnung mit einer Person erlebe, dass sie schweigsam ist und im Gespräch desinteressiert wirkt, kann ich das als grobe Unhöflichkeit empfinden und beschließen, dass ich diesen Menschen nicht kennenlernen und nicht wiedersehen möchte. Ich habe mir in diesem Fall jedoch mehrere Annahmen und Urteile über die Person gebildet, ohne viel über sie zu wissen und ohne mir die Zeit zu nehmen, mir ein vollständiges Bild zu machen. Ich habe mich zum Beispiel nicht gefragt, ob die Person in jenem Moment abgelenkt war, und habe unterstellt, sie hätte keinen Grund, mir nicht ihre volle Aufmerksamkeit zu schenken. Ich bin ferner davon ausgegangen, dass die Person wusste, dass ich mich über ihre Teilnahmslosigkeit ärgern würde. Ich bin sicher, du kannst dieser Aufzählung viele weitere Vorannahmen hinzufügen!

Tatsächlich könnte es sein, dass die Person gerade eine schlechte Nachricht erhalten hatte, dass sie Kopfschmerzen hatte oder dass sie aus einem anderen Grund einen distanzierten Eindruck auf mich gemacht hat, der nichts mit mir oder mit dem Verlauf unseres Gesprächs zu tun hat. Hätte ich mir Zeit genommen, Hintergründe und Tatsachen zu erfahren, hätte ich vielleicht kein so negatives Urteil über die Person gefällt.

Es ist immer nützlich, sich zu vergegenwärtigen, dass jeder Mensch in seiner eigenen Welt lebt und dass es womöglich keine sehr erfreuliche Welt ist. Herauszufinden, in was für einer

Welt ein Gesprächspartner lebt, und zu akzeptieren, dass er womöglich momentan von Dingen beeinflusst wird, von denen du nichts weißt, kann verhindern helfen, dass du mit ungerechtfertigten Vorannahmen oder Erwartungen an einen Menschen herangehst.

> ***Kernpunkt***
> *Eine goldene Regel für das Verstehen von Menschen und Situationen lautet: Bemühe dich* ***immer****, einen Überblick über die* ***Fakten*** *zu bekommen, bevor du dir ein Bild von jemandem machst.*

Ein warnendes Wort: Verlasse dich nicht auf «Fakten», die auf Hörensagen beruhen oder aus der Gerüchteküche kommen. Von Hörensagen sprechen wir, wenn jemand dir erzählt, was jemand anders gesagt oder gedacht hat, etwas, das das Bild, das du dir von der Person machst, beeinflussen kann. Nimm, wann immer das möglich ist, direkten Kontakt mit der Person auf und frage sie, was sie wirklich gesagt hat. Akzeptiere nicht, was dir über die Meinung einer dritten Person zugetragen wird, sondern erfrage deren Meinung direkt.

Eine vorgefasste Meinung über jemanden zu haben, kann in gelegentlichen Fällen sinnvoll sein. Es wäre zum Beispiel vernünftig, von einem Menschen, den du kennenlernst, einen zivilisierten Umgang mit dir zu erwarten, aber verlasse dich nicht darauf! Es wäre unvernünftig, zu erwarten, dass einem Menschen nie ein Fehler unterläuft. Wir richten gerne jede Menge Erwartungen an Personen, und diese Erwartungen bringen uns möglicherweise aus dem Tritt. Die Erwartung zum Beispiel, dass ein Freund jemand ist, der sich nie von uns abwendet oder mit dem wir uns nie in die Haare kriegen, ist albern. Jemand, der an dieser Erwartung festhält, wird wohl kaum viele lang andauernde Freundschaften schließen.

Manchmal knüpfen sich Erwartungen an ein Vorurteil. Ein Vorurteil muss nicht unbedingt negativ sein. Wenn du zum Beispiel glaubst, ältere Leute seien weise und könnten dir daher gute Ratschläge geben, hegst du ein positives Vorurteil gegenüber älteren Leuten. Diese Annahme kann leider Probleme heraufbeschwören, denn so richtig es ist, dass manche älteren Leuten weise sind, so klar ist auch, dass viele es nicht sind. Wenn du jemanden kennenlernst und keine vorgefasste Meinung über ihn oder kein Vorurteil gegen ihn hegst oder nichts Bestimmtes von ihm erwartest, besteht eine höhere Wahrscheinlichkeit, dass du einen konstruktiven Zugang zu der Person findest und dahinterkommst, was für ein Mensch sie wirklich ist.

Erste Eindrücke

Wir sprechen beim ersten Eindruck, den ein Mensch auf uns macht, vom Primäreffekt. Wenn wir jemanden zum ersten Mal treffen, reagieren wir auf viele Dinge, etwa sein Auftreten, seine Kleidung, seine Haltung, seine Intonation beim Sprechen, seine Wortwahl, seine Aussagen. In solch einer Situation wird die Blutzufuhr in deinem Gehirn zum Schimpansen hin kanalisiert, weil eine potentielle Gefahr besteht. Dein Schimpanse beäugt die fremde Person und zieht aus deren Verhaltensmerkmalen Schlüsse darauf, mit welcher Art von Mensch du es zu tun hast. Wissenschaftliche Experimente haben gezeigt, dass, wenn dein Schimpanse bei der ersten Begegnung einen falschen Eindruck bekommt, durchschnittlich sieben weitere Begegnungen mit der betreffenden Person nötig sind, um ihn zu einer Korrektur seines ersten Eindrucks zu bewegen!

Ist dein Schimpanse unflexibel oder hegt er ein Vorurteil, kann das noch länger dauern, weil du an Gremlins festhältst, die den Schimpansen immer wieder in seiner Überzeugung bestärken. Aus diesem Grund korrigieren manche Leute nie ihren ersten Eindruck, selbst wenn er falsch war. Stell dir als Beispiel vor, du wärst der Überzeugung, blonde Menschen seien nicht sehr schlau. Du lernst einen blonden Mann kennen, der einen Busfahrplan, der dir ziemlich übersichtlich vorkommt, nicht entziffern kann. Dein erster Eindruck könnte der sein, dass der Mann nicht besonders gescheit ist und noch dazu blonde Haare hat. Du bist daher überrascht, zu erfahren, dass er Rechtsanwalt ist, und gelangst zu dem Schluss, dass du jetzt einen «nicht besonders gescheiten» Rechtsanwalt getroffen hast! Es wird dich einige Zeit und einige Gespräche oder Erlebnisse mit ihm kosten, zu erkennen, dass er sehr wohl hochintelligent ist, aber an dem Tag eurer ersten Begegnung zufällig ein Problem mit dem besagten Busfahrplan hatte. (Wir alle haben solche Momente!) Weil du aber noch immer glaubst, blonde Menschen seien nicht besonders schlau, wirst du dich wahrscheinlich eine ganze Zeit lang schwertun, ehe du dich zu der Erkenntnis durchringen kannst, dass du mit deinem Vorurteil gegenüber blonden Menschen wohl falsch liegst. Natürlich könntest du dir auch einfach sagen, dieser Mann sei die Ausnahme von deiner Regel!

Unterschiede zwischen deinem Menschen und deinem Schimpansen bei der Verwendung von Beweisen

Menschen suchen nach Beweisen und ziehen dann ihre Schlüsse daraus. Schimpansen ziehen ihre Schlüsse und schauen sich erst dann nach bestätigenden Belegen um. Der Fehler des Schimpansen besteht also darin, dass er sich erst eine Meinung über jemanden bildet und dann nach Beweisen für die Richtigkeit seines Urteils sucht. Er arbeitet mit sich selbst erfüllenden Prophezeiungen, das ist emotionales Denken in Reinkultur.

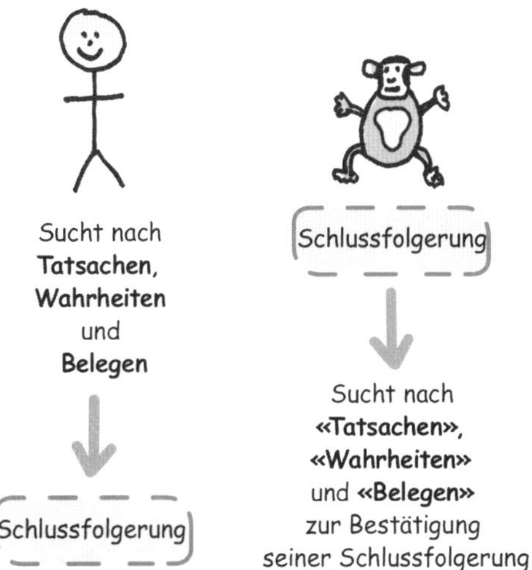

Weshalb möchtest du andere Menschen verstehen?
Bevor du Menschen zu verstehen versuchst, frage dich selbst, warum du das tun und was du damit erreichen willst.

Ich gehe davon aus, dass dein Mensch andere Personen verstehen möchte, um eine bessere Beziehung zu ihnen aufbauen zu können, was bedeutet, dass du dich tolerant zeigen und wahrscheinlich gewisse Abstriche von einigen deiner eigenen Anforderungen oder Forderungen an sie machen willst. Lies diesen Satz noch einmal! Du willst «**tolerant sein und wahrscheinlich gewisse Abstriche machen**». Es ist unwahrscheinlich, dass du irgendjemanden verstehst, wenn du zulässt, dass dein Schimpanse seiner Agenda folgt. Dem Schimpansen geht es wahrscheinlich viel eher darum, ein Urteil über Andere zu fällen und ihnen nichts durchgehen zu lassen, das nicht mit deiner Auffassung davon übereinstimmt, wie es laufen sollte und wie die Menschen sein sollten. Schimpansen sind typischerweise unflexibel und höchst intolerant gegenüber Anderen.

Dagegen sind Menschen typischerweise tolerant und flexibel

und haben Verständnis für Andere. Wo stehst du? Oder vielmehr: **Wo möchtest du stehen?**

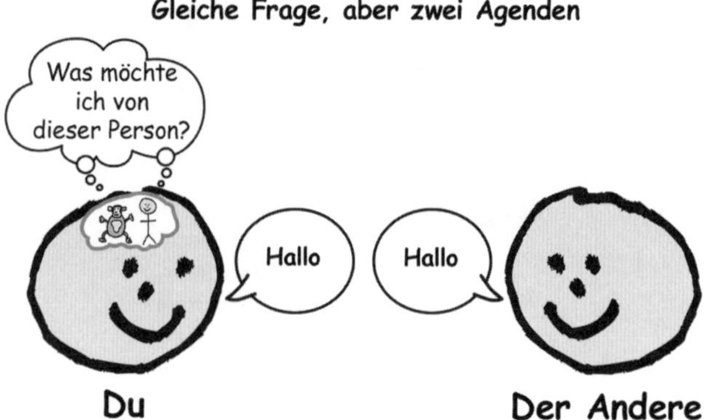

Um andere Menschen besser verstehen zu können, musst du ihnen mit offenem Blick begegnen und bereit sein, sie mit anderen Augen zu sehen – andernfalls wird sich nichts ändern.

Der nächste Punkt ist sehr wichtig: Wenn du eine Brücke zu jemandem bauen willst, musst du derjenige sein, der die Brücke baut. Erwarte nicht vom Anderen, dass er dir dabei hilft, denn wenn du mit dieser Einstellung an die Sache herangehst, wird wahrscheinlich keine tragfähige Brücke entstehen. Es ist dein Wunsch und deine Entscheidung. Denke über meine Worte nach. Wenn du in eine Beziehung hineingehst mit der Forderung oder Erwartung, dass der Andere etwas zugunsten dieser Beziehung tun sollte, wird dir vermutlich eine ziemlich stürmische Fahrt blühen. Auch wenn es nicht unvernünftig erscheinen mag, eine Beziehung auf Gegenseitigkeit zu erwarten, verlass dich nicht darauf.

Ich sage nicht, dass du die ganze Arbeit machen und dich dann gemütlich zurücklehnen sollst. Du solltest einfach wissen, dass es, wenn du Gegenseitigkeit erwartest, zu Problemen kommen kann. Die meisten Menschen werden auf deine Bindungsangebote positiv reagieren, aber wenn sie das nicht tun, dann gib entweder auf oder mach weiter, ohne Erwartungen oder Forderungen an sie zu richten, so lange, bis du das Gefühl hast, es reicht. Es ist deine Sache, zu entscheiden, ob eine angepeilte Beziehung es wert ist, in sie zu investieren.

Eine Bindung aufzubauen, bedeutet, dass du die ganze Arbeit machst!

> ***Kernpunkt***
> *Erfolgreiche Menschen stellen keine Forderungen an Andere, sondern richten die Dinge so ein, dass der Mensch in der anderen Person reagieren kann und deren Schimpanse nicht zum Zug kommt.*

Es kostet Mühe und Geduld, die Beziehung aufzubauen, die du möchtest, und es gibt keine Gewähr dafür, dass sie funktionieren wird, da es nicht nur von dir, sondern auch von Anderen abhängt. Vergiss nicht, dass, wenn wir uns mit Leuten einlassen, die Art und Weise, wie wir ihnen begegnen und mit ihnen interagieren, ihren Umgang mit uns beeinflussen wird.

In deinen Erwartungen an Andere realistisch bleiben

Zu den schlimmsten Dingen, die wir tun können, um eine Beziehung zu untergraben, gehören unrealistische Erwartungen gegenüber Anderen. Es wäre, um ein Beispiel zu geben, angemessen, von jemandem, den du kennenlernst, zu erwarten, dass er dir Respekt bezeugt, indem er dir zuhört und höflich und kooperativ ist. Unangemessen wäre es hingegen, von der Person zu erwarten, dass sie sich für dich und für das, was du zu sagen hast, brennend interessiert, indem sie dir etwa jede Menge Fragen stellt und Komplimente macht. Das wäre ein Bonus! Sei zufrieden, wenn die Menschen in deiner Welt die Fähigkeit haben, einfach sie selbst zu sein, und gib ihnen die Möglichkeit dazu, ohne sie nach dem Maßstab unrealistischer Erwartungen zu beurteilen.

Hier ist ein Beispiel, das diesen Gedanken illustriert. Vor einiger Zeit bat mich ein Freund, ihm bei der Lösung eines Problems zu helfen, das er mit seiner Freundin hatte: ihre schreckliche Unpünktlichkeit. Er erzählte mir, dass sie, ganz gleich wohin sie gehen wollten oder für welche Uhrzeit sie verabredet waren, immer ca. 20 Minuten zu spät kam. Das trieb ihn zur Weißglut, und er wollte wissen, wie er ihr helfen konnte, disziplinierter und pünktlicher zu werden. Ich fragte ihn, ob sie sich dazu geäußert habe, und er verneinte das; sie habe offenbar kein Problem damit, immer zu spät dran zu sein. Für ihn stand jedoch fest, dass sie sich diese Unart abgewöhnen musste.

Mensch, wie verfehlt waren seine Erwartungen an diese Frau? Das Problem, das er mit ihr hat, ist nicht das ihre. Sie hat jedes Recht der Welt, ihr Leben so zu führen, wie sie es will, und wenn es ihr Wille ist, zu jeder Verabredung zu spät zu kommen, ist das ihr gutes Recht. Er muss nicht mit ihr zusammenbleiben, das ist seine Entscheidung. Was man nicht tun kann, ist die eigenen Erwartungen und Bedingungen jemand Anderem aufzuerlegen und dann festzustellen, dass die Person ein Problem hat.

Du kannst natürlich deiner Freundin erklären, dass ihr Verhalten dich frustriert, und du könntest sogar versucht sein, zu sagen, dass du damit nicht leben kannst, aber du kannst nicht von deiner Partnerin fordern, so zu werden, wie du sie haben willst. Unterm Strich läuft es darauf hinaus, dass es **deine** Entscheidung ist, mit dieser Person zusammenzubleiben und sie so zu akzeptieren, wie sie ist, oder dich von ihr zu trennen, und dass sie umgekehrt das Recht hat, so zu sein, wie sie sein möchte.

Denk einmal über wichtige Personen aus deinem Umfeld nach und nimm dir die Zeit, herauszufinden, ob es Personen in deinem Leben gibt, an die du Erwartungen dieser Art richtest. Wenn bestimmte Personen dich immer wieder frustrieren, dann schau dir einmal an, welche Erwartungen du an sie hast und ob diese Erwartungen vernünftig sind. Lege an das, was du unter «vernünftig» verstehst, nicht ausschließlich deine eigenen Maßstäbe an und versuche nicht, sie Anderen aufzuzwingen, denn jeder Mensch hat andere Maßstäbe. Lege an «vernünftig» objektive Maßstäbe an, indem du etwa fragst: «Versucht diese Person, mich einzuschüchtern?» Lautet die Antwort «ja», dann handelt die Person unvernünftig. Jedes Verhalten, das auf Einschüchterung und Demütigung hinausläuft, ist unvernünftig. Dagegen ist es das gute und vernünftige Recht jeder Person, darüber zu bestimmen, wie sie ihre Zeit nutzt und wie sie sich in ihrer persönlichen Beziehung zu dir verhält. Du hast immer die Möglichkeit, deiner Wege zu gehen.

Wenn du ein Gemälde willst, suche nach einem Künstler

Wenn wir uns schon mit unseren Erwartungen an Andere beschäftigen, lohnt es sich, auch ihre Grenzen in den Blick zu nehmen. Sehr oft erwarten oder fordern wir von Leuten, etwas zu sein, das sie nicht sein können, oder etwas zu tun, das sie nicht tun können. Wenn du ein Porträt von dir malen lassen möchtest, tätest du gut daran, einen Künstler zu beauftragen, weil du sonst akzeptieren müsstest, dass das Bild nicht so gut wird, wie du es gerne hättest. Wenn du eine willkürlich ausgesuchte Person bittest, ein Bild für dich zu malen, ist es nicht deren Schuld, wenn dabei kein gutes Bild herauskommt. Es ist vielmehr dein Problem, um etwas gebeten zu haben, dass die betreffende Person nicht liefern kann.

Ein häufig anzutreffendes Beispiel hat damit zu tun, dass viele Männer sich mit der korrekten Deutung von Körpersprache schwertun und teilweise frustriert darüber sind, dass sie nicht in der Lage sind, die Stimmungslage anderer Menschen zu erkennen. Wenn du jemanden mit diesem Defizit in deinem Umfeld hast, wäre es ziemlich unvernünftig von dir, zu erwarten, dass er sich diese Fähigkeit plötzlich aneignet. Das wird wahrscheinlich nicht passieren. Nicht er hat das Problem – er ist eben so; du bist derjenige, der das Problem hat, wenn du sein Defizit nicht akzeptierst. Er wird natürlich versuchen, deine Körpersprache zu verstehen, aber wahrscheinlich musst du ihm deine Gefühle erklären oder deutlich machen, damit er sie versteht. Es hilft ihm nicht, wenn du von ihm die Fähigkeiten eines Gedankenlesers erwartest!

Vergiss nicht: Wenn du ein Gemälde von dir willst, finde einen Künstler. Wenn du unbedingt einen Partner möchtest, der Körpersprache lesen kann und eine Antenne für deine unausgesprochenen Bedürfnisse hat, dann geh raus und finde einen, aber wenn du dich dafür entscheidest, mit jemandem zusammenzubleiben, der das nicht kann oder es womöglich nicht einmal will, darfst du dich nicht beklagen. Du hast dann die Entscheidung getroffen, ein Bild zu akzeptieren, das nicht von einem Künstler gemalt worden ist!

Tolerant zu sein, bedeutet zu verstehen, dass wir alle verschieden sind. Toleranz fällt dann am leichtesten, wenn man keine hohen oder gar keine Erwartungen an die Personen stellt, die man kennenlernt, sondern sie so akzeptiert, wie sie sind, und mit ihnen auf dieser Basis zusammenarbeitet. Wie gesagt: Du musst nicht mit jemandem zusammenbleiben, der sich keine Mühe gibt, es zu versuchen, oder der deinen Erwartungen nicht gerecht werden kann. Es ist deine Entscheidung, mit dieser Person zusammenzubleiben, aber es wäre unvernünftig von dir, dich zu beklagen oder Forderungen an sie zu stellen.

Katzen sprechen nicht

Stell dir vor, ein Freund ruft dich eines Abends an und erzählt dir, seine Katze sei am Verhungern. Du erkundigst dich nach dem Grund und erfährst: «Naja, ich frage die Katze jeden Abend, ob sie lieber Hühnerfleisch oder Fisch möchte, und sie gibt mir einfach keine Antwort. Also bekommt sie gar nichts.» Hier ist es nicht die Katze, der es an Intelligenz fehlt! Auch für Menschen gilt, dass sie manchmal Dinge, die man von ihnen verlangt, nicht tun können; darauf mit Unmut zu reagieren, ist nicht hilfreich. Denke gründlich nach, wenn du dich über jemanden ärgerst, und prüfe, ob du nicht versuchst, eine Katze zum Sprechen zu animieren.

An dieser Stelle tun wir gut daran, uns an einige auf der Hand liegende Wahrheiten zu erinnern, was unsere an andere Menschen gerichteten Erwartungen betrifft. Einige dieser Wahrheiten lauten:

- Nicht alle Menschen werden dir freundlich begegnen.
- Manche Leute ändern sich nie.
- Manche Leute begreifen es nie.
- Manche Leute werden dich nicht mögen.
- Menschen und Schimpansen unterliegen tagesbedingten Schwankungen.
- Kein Mensch ist völlig schlecht.
- Kein Mensch ist völlig gut.
- Niemand wird immer mit allem, was du sagst, einverstanden sein.

Die «Einer-von-fünf»-Regel

Keiner von uns mag es, unbeliebt zu sein oder missverstanden zu werden. Doch in der realen Welt wird es jedem von uns passieren, dass er missverstanden wird oder sich unbeliebt macht. Angenommen, du würdest fünf zufällig ausgewählte, dir unbekannte Personen fragen, ob sie dich mögen oder dich verstehen, so würdest du wahrscheinlich die folgende Reaktion erleben:

Eine dieser Personen wird dich lieben und verstehen, was immer du auch tust oder sagst. Diese Person ist auf deiner Seite.

Einer der fünf wird dich nicht mögen und nicht verstehen, egal was du tust.

Drei der fünf werden dich neutraler beurteilen und werden dabei objektive Kriterien anlegen.

Da, wie du einsehen musst, jeder dieser Kategorien etliche Millionen Menschen angehören, musst du damit rechnen, jede Menge Menschen zu treffen, die gegen dich sind, dich nicht mögen und dich kritisieren werden, ganz gleich was du tust. Diese Leute sind oft sehr irrational und zugleich stimmgewaltig, und du kannst nichts tun, um das zu ändern. Versuche einfach, überzogene und voreingenommene Kritik an dir zu ignorieren. Höre lieber auf die neutrale Mehrheit, von der du positives Feedback und konstruktive Kommentare erwarten kannst, aber natürlich zuweilen auch gut gemeinte Kritik.

Zusammenfassung der Kernpunkte

- Ob du aus Begegnungen mit Leuten das Beste für dich machst, hängt davon ab, wie du auf sie zugehst und wie gut du sie verstehst.
- Wenn du gegenüber Leuten voreingenommen bist oder Erwartungen an sie richtest, kann das dein Verhältnis zu ihnen präjudizieren.
- Die besten Beziehungen entstehen dort, wo du Leute akzeptierst, wie sie sind, und darauf aufbaust.
- Trenne dich von Leuten, deren Verhalten oder deren Überzeugungen du nicht akzeptieren kannst.
- Investiere viel in Menschen, die dir etwas bedeuten.
- Die «Einer-von-fünf»-Regel bedeutet, dass es Menschen gibt, denen du es nie recht machen kannst, was aber nicht zwangsläufig an dir liegen muss.

Empfohlene Übung:
Lerne einzuschätzen, welchen Eindruck du auf Andere machst

Deine Wirkung auf Andere

Frage dich, wie du auf andere Menschen wirkst, nachdem du mit ihnen interagiert hast. Baust du Leute auf oder machst du sie nieder? Flößt du ihnen Energie ein oder entziehst du ihnen eher Energie? Werde dir klar darüber, welche Wirkung du erzielen willst, und arbeite dann daran, dies bei allen deinen Interaktionen im Tagesverlauf in die Tat umzusetzen. Messe deine Fortschritte, indem du am Ende jedes Tages Bilanz ziehst. Vergiss dabei nicht, dass Leute manchmal, unabhängig davon, wie du ihnen gegenübertrittst, abweisend sind; registriere und genieße deine großen und kleinen Erfolge.

Kapitel Acht

Der Gruppenmond

Lerne, dich für das richtige Unterstützungsnetzwerk zu entscheiden

- Sinn und Zweck der Gruppe
- Auswahl der Gruppe
- Wartung und Pflege der Gruppe
- Lebenspartner und Gruppe

Der Gruppenmond steht für die Personen, die dich unterstützen. Es ist entscheidend, die richtigen Personen in deiner Gruppe zu haben und vor allem auch zu wissen, welche Folgen es haben kann, die falschen Leute in der Gruppe zu haben. Eine solidarische Gruppe hat einen stabilisierenden Einfluss darauf, wie du mit Leuten außerhalb der Gruppe zusammenarbeitest.

Sinn und Zweck der Gruppe

Was ist eine Gruppe?

Eine Gruppe ist eine aus einer überschaubaren Anzahl von Personen bestehende Gemeinschaft. Die Mitglieder dieser Gemeinschaft werden dir helfen, dich stützen und deine Entwicklung voranbringen, doch das Wichtigste ist, dass du dich darauf verlassen kannst, dass sie zu dir halten und dich beschützen werden. Das bedeutet nicht, dass sie immer alles richtig machen oder dass sie dich nie enttäuschen werden. Doch wann immer du mit dem Rücken zur Wand stehst, werden sie für dich einstehen.

Wozu brauchen wir eine Gruppe?

Von dem Wunsch nach Gesellschaft einmal abgesehen, sind sowohl der Mensch als auch der Schimpanse Gruppenwesen, wenn auch aus unterschiedlichen Gründen. Eine Gruppe ist etwas, das praktisch alle Schimpansen **brauchen**. Und sie ist etwas, das fast jeder Mensch **gerne hätte**. Es besteht also ein Unterschied. Das ist wichtig, weil der Schimpanse und der Mensch die Mitglieder ihrer Gruppe aus jeweils anderen Gründen auswählen. Da ihre Wahl möglicherweise auf unterschiedliche Personen fällt, kann das unschöne Folgen haben.

Dieses Kapitel sollte nicht nur helfen, deine Gruppe zusammenzustellen, sondern wird auch einige häufig gestellte Fragen beantworten:

- Warum habe ich immer das Bedürfnis, Anderen zu gefallen?
- Warum mache ich mir so viele Gedanken darüber, was Andere denken?
- Warum habe ich immer das Bedürfnis, Andere zu beeindrucken?

Weshalb der Schimpanse eine Gruppe braucht

Fangen wir beim Schimpansen an. In der Natur gehört jeder Schimpanse einer Gruppe an. Ein einzelner wilder Schimpanse hat ohne seine Gruppe kaum Überlebenschancen. Raubtiere oder eine fremde Schimpansengruppe hätten leichtes Spiel, ihn zu schnappen. Gehört er einer Gruppe an, kann er sich darauf verlassen, dass viele Augen und Ohren Wache halten und ihn vor Gefahren warnen. Das instinktive Verlangen eines Schimpansen, Mitglied einer Gruppe zu sein, ist stark ausgeprägt. Es ist einer der mächtigsten Triebe, die ein Schimpanse besitzt.

Das Verlangen deines inneren Schimpansen, eine Gruppe zu finden, ist gleichermaßen stark ausgeprägt; er schaut sich ständig nach Leuten um, die ihm Obhut und Schutz gewähren können. Das Bedürfnis, einer Gruppe anzugehören, ist so stark, dass wir oft unser Leben und unseren Lebensstil ändern, nur um uns die Zugehörigkeit zu unserer Gruppe zu erhalten. Denke daran, wie sich Teenager verhalten, wenn sie eine Schwelle erreichen, an der sie beschließen, die Erwachsenen nicht mehr zu brauchen. Sie bilden dann typischerweise Gruppen, die sich durch gleichartige Kleidung oder gleichartige Verhaltensformen ihrer Mitglieder definieren. Wenn der Anführer der Gruppe orangefarbene Socken trägt, finden es alle anderen cool, auch orangefarbene Socken zu tragen. Beschließt der Anführer, dass ab sofort grüne Socken angesagt sind, steigen alle auf grüne Socken um. In jeder Gruppe kann es Kämpfe um die Führungsposition geben, und häufig kommt es vor, dass Gruppen sich spalten oder sich neu aufstellen. Jeder, der sich mit der Gruppe entzweit, ist in der Regel am Boden zerstört und in Krisenstimmung. Ein Mitglied, das in einer solchen Gruppe Unfrieden stiftet, wird wahrscheinlich aus ihr verstoßen, weswegen es für jeden Einzelnen wichtig ist, sich den Normen der Gruppe anzupassen und Akzeptanz zu gewinnen. Die inneren Schimpansen der Gruppenmitglieder umgarnen einander deshalb und schließen Freundschaften, insbesondere zu hochrangigen Schimpansen, um sich den Schutz der Gruppe zu sichern. Sie werben um Freunde, indem sie Stärke demonstrieren – Anderen zu imponieren, ist sehr wichtig. Aus der Gruppe ausgeschlossen zu werden, würde den inneren Schimpansen in Angst versetzen.

Angesichts dessen kannst du ermessen, wie wichtig und wie stark das Verlangen nach Akzeptanz und Anerkennung durch die Gruppe ist. Dein innerer Schimpanse sagt dir, dass überall Gefahr lauert und dass du Teil einer Gruppe sein musst. Um dir eine Stellung in dieser Gruppe zu verschaffen, musst du den

Eindruck erwecken, stark zu sein, musst dir ständig den Respekt der Anderen verschaffen, musst dich beliebt machen (etwa indem du alle Anderen bei Laune hältst) und musst vor allem dafür sorgen, dass die Anderen viel von dir halten (weshalb es dich brennend interessiert, was sie denken). Damit sind wir bei den Antworten auf die drei eingangs dieses Kapitels gestellten Fragen. Das Resultat unseres Gruppentriebs ist, dass der Schimpanse ein paar Gremlins in den Computer einschleust. Diese Gremlins sind Gewissheiten wie: «Ich muss allen gefallen», «Ich muss mich ständig bewähren», «Ich darf keine Fehler machen», «Alles ist wichtig» usw. Unbewusst beginnen wir fest an diese Gewissheiten zu glauben und bemühen uns dann, sie in die Tat umzusetzen. Der Gruppentrieb ist die treibende Kraft hinter diesen Überzeugungen, aber sie können auch das Ergebnis von Lernprozessen und Verstärkungen sein und zu wenig hilfreichen Gewohnheiten werden.

Warum der Mensch einer Gruppe angehören möchte

Als Menschen stützen wir unsere Überzeugungen auf gesellschaftliche Werte. Wir haben Freude daran, mit Anderen zusammenzuarbeiten und zu teilen, und die meisten Menschen möchten in einer Gesellschaft leben, in der auf jeden Einzelnen aufgepasst wird, insbesondere auf die sozial Schwachen. Der Mensch genießt die Gesellschaft von Freunden und begegnet ihnen mit Respekt und Mitgefühl. Der Mensch wünscht sich, beliebt zu sein und von Anderen anerkannt zu werden, weiß aber auch, dass man sich nicht den Kopf darüber zerbrechen solltc, was Andere denken, und sich keine Vorwürfe machen sollte, wenn Andere unglücklich sind, denn ihr Lebensglück liegt in ihrer eigenen Verantwortung, nicht in unserer. Der Mensch teilt also viele der Bedürfnisse des Schimpansen, allerdings aus ganz anderen Gründen.

Der Haken an der Geschichte!

Aber wir haben ein Problem. Der Haken ist, dass der Mensch den Schimpansen in die Irre geführt hat. Der Schimpanse weiß, dass die meisten, denen er in der Welt draußen begegnet, sich wie Schimpansen verhalten, und dass Leute, die sich im Schimpansen-Modus befinden, sehr gefährlich sein können. Er weiß, dass er, um deine Sicherheit zu gewährleisten, Fremde zurückweisen muss. Der Schimpanse weiß, dass nicht alle Leute auf der Welt Mitglieder deiner Gruppe sein können und dass du Leuten, die nicht deiner Gruppe angehören und die es darauf abgesehen haben, dich schlechtzumachen, nicht imponieren oder gefallen kannst.

Andererseits lässt der Mensch den Schimpansen an den Werten und Überzeugungen der Gesellschaft teilhaben. Der Mensch schöpft diese Überzeugungen aus dem Grundsatz, dass er sich unter Menschen und nicht unter Schimpansen bewegt. Daraus folgt, dass der Mensch dem Schimpansen gut zuredet und ihm sagt: Wir leben nicht in einem Dschungel, sondern in einer Gesellschaft, und deshalb sollten wir uns um jeden Einzelnen kümmern und allen gefallen, weil alle zu unserer Gruppe gehören. Der Schimpanse hört darauf und ernennt alle zu Mitgliedern seiner Gruppe. Das hat dann katastrophale Folgen, weil wir leider nicht in einer perfekten Welt leben und die meisten Menschen sich sehr oft nicht wie Menschen, sondern eher wie Schimpansen benehmen.

Der Schimpanse ist jetzt sehr verwundbar, weil er keine ausgewählte Gruppe hat. Er wird zur Zielscheibe häufiger Attacken und Bisse von Schimpansen, die eindeutig nicht zu seiner Gruppe gehören, auch wenn er selbst das Gefühl hat, er müsse sie einbeziehen. Offensichtlich müssen wir dieses Problem lösen. Letzten Endes wurde dieser Schimpanse von seinem Menschen getäuscht und hat den Eindruck gewonnen, er müsse alle Anderen in seine Gruppe aufnehmen. Im Grunde hatte der

Schimpanse anfänglich recht, und wir sollten ihm zuhören. Es befinden sich nur einige wenige Schimpansen in deiner Gruppe (einige wenige Leute, die wirklich zu dir halten). Alle anderen Schimpansen (Leute) sind nicht Mitglieder deiner Gruppe und könnten dich gewalttätig und aggressiv attackieren. Aus diesem Grund ist es irrelevant, was der Rest der Welt (all die fremden Schimpansengruppen) von uns denkt.

Der Mensch führt den Schimpansen in die Irre!

Wir brauchen jedoch ein Gleichgewicht, weil wir in einer Gesellschaft leben und es unvernünftig wäre, Anderen nicht mit Respekt und einem Minimum an menschlicher Wärme zu begegnen. Wir können das Gleichgewicht dadurch schaffen, dass wir unserem Menschen erlauben, gegenüber jedermann **umgänglich und aufgeschlossen** zu sein und dies zur Grundregel seines Verhaltens zu machen. Andererseits solltest du die Einsicht des Schimpansen akzeptieren, dass nicht alle deiner Gruppe angehören – **hüte dich davor, jedermanns Freund werden zu wollen**, und schütze dich damit vor emotionalen Blessuren. Höre in dieser Beziehung auf deinen Schimpansen!

Wie man den Gruppentrieb unter Kontrolle bringt

Prüfe nach, ob bei dir nicht ein außer Kontrolle geratener Gruppentrieb vorliegt. Dein Schimpanse hat das gebieterische Bedürfnis, ermutigt, gehegt und gepflegt zu werden. Er braucht eine Gruppe, der er gefallen kann, er braucht sie für gegenseitige Anerkennung und Zustimmung. Wenn der Schimpanse jedoch nicht in der Lage ist, zu beurteilen, wer zu seiner Gruppe gehört, und sich um Applaus und Zustimmung von allen Seiten bemüht, kannst du von einem außer Kontrolle geratenen Gruppentrieb ausgehen. Wenn dich also ständig der Gedanke belagert, du müsstest versuchen, alle Leute glücklich zu machen und zu beeindrucken, müsstest dich ständig um Anerkennung bemühen und dich darum sorgen, was Andere von dir denken, ist wahrscheinlich dein Gruppentrieb außer Kontrolle geraten. Setz dich hin und definiere deine Gruppe neu (wie in der Übung am Ende dieses Kapitels beschrieben). Wähle die Individuen aus, die dazugehören, und arbeite dann daran, ihnen Gutes zu tun und ihre Anerkennung zu erringen. Es ist unwahrscheinlich, dass andere Gruppen dich mit offenen Armen aufnehmen. Natürlich ist es hilfreich, immer allen gegenüber freundlich zu sein und gute Umgangsformen zu praktizieren. Sei dir aber über die Gefahren eines außer Kontrolle geratenen Gruppentriebes im Klaren.

Auswahl der Gruppe

Gruppenwahl aus Schimpansensicht – wen der Schimpanse in der Gruppe braucht

Dein Schimpanse hält Ausschau nach starken Individuen, die die Sicherheit und Wehrhaftigkeit der Gruppe gewährleisten können. Wenn dein Schimpanse über angeborene Führungsqualitäten verfügt (und die Forschung legt die Annahme nahe, dass dies bei jedem vierten von uns der Fall ist), wird er sich nach starken Gefolgsleuten umschauen. Verfügt er nicht über solche Qualitäten, wird er nach einem geborenen Anführer oder einer Elternfigur Ausschau halten. Es ist angesichts dessen nicht verwunderlich, dass die meisten Schimpansen sich zu «Helden» oder zu beliebten Individuen hingezogen fühlen.

Dein Schimpanse wird wahrscheinlich besonderen Gefallen an Schimpansen mit Einfluss und Vermögen finden, weil Schimpansen dieser Kategorie das Zeug haben, der Gruppe als ganzer zu mehr Stärke zu verhelfen und dir somit Sicherheit zu geben. Auch der Mensch in dir mag sich von vermögenden Individuen angezogen fühlen, tut das aber aus anderen Gründen!

Der Schimpanse wird sich seine Gruppe also im Hinblick darauf aussuchen, was sie ihm bieten kann oder was er der Gruppe bieten kann, auch im Sinne seiner eigenen Selbstverwirklichung. Der Schimpanse trifft seine Wahl mit den Augen und häufig noch nach anderen ziemlich oberflächlichen Gesichtspunkten. Schimpansen halten Ausschau nach vertrauten Merkmalen. Vertrautheit sorgt für ein Gefühl der Sicherheit und Geborgenheit. Wenn du jemanden kennenlernst, der aus derselben Stadt kommt wie du oder in seinem Leben ähnliche Dinge erlebt hat, wird dein Schimpanse dafür sorgen, dass du dich von dieser Person angezogen fühlst. Auch wenn dein Mensch vielleicht sehr wenig mit dieser Person gemein hat, wird dein Schimpanse sie akzeptieren, wenn Vertrautheit und Gemeinsamkeiten ihn für sie einnehmen. Dagegen wird unser Schimpanse sehr skeptisch oder ablehnend auf Personen reagieren, die sich stark von uns unterscheiden oder eine völlig andere Lebensgeschichte haben. Gemeinsamkeiten in der Herkunft und der Lebensgeschichte sind Faktoren, die uns bei der Auswahl oder beim Aufbau einer Gruppe helfen, uns aber auch zur Bildung einer nicht funktionsfähigen Gruppe verleiten können.

Wenn wir jemanden finden, den wir bewundern oder der bei Anderen in hohem Ansehen steht, neigt unser Schimpanse dazu, sich keine Gedanken über dessen Persönlichkeit zu machen. Es kann sein, dass er die betreffende Person ohne Analyse ihrer Persönlichkeit in die eigene Gruppe aufnimmt. Wenn wir die Person dann näher kennenlernen, denkt unser Mensch vielleicht: «Diese Person mag bewundernswerte Fähigkeiten haben, aber ich finde sie unangenehm.» Wir können also unser Urteil über eine Person ändern und sie aus der Gruppe ausschließen.

Es wäre fahrlässig, dem Schimpansen die Entscheidung über die Zusammensetzung deiner Gruppe zu überlassen. Nur weil jemand aus derselben Stadt kommt wie du, ähnliche Lebenserfahrungen gesammelt hat, bewundernswert oder wohlhabend ist, ist es nicht gesagt, dass er in deine Gruppe passt. Der Schimpanse arbeitet bei der Auswahl seiner Gruppe mit Gefühlen, und die können trügerisch sein. Es ist deshalb wichtig, uns klarzumachen, wen wir in die Gruppe hereinholen und warum – welche Rollen können die Betreffenden ausfüllen? Denk immer daran, dass für den ersten Eindruck dein Schimpanse verantwortlich ist und dass er falsch liegen kann (aber natürlich nicht muss). Wenn wir ihm freie Hand lassen, kann es passieren, dass wir wertvolle Gruppenmitglieder ausschließen oder Leute in die Gruppe aufnehmen, die Unfrieden stiften und nicht zu uns passen.

Gruppenwahl aus Menschensicht – wen der Mensch in der Gruppe haben will

Der Mensch in uns hat deutlich andere Prioritäten. Er umgibt sich gerne mit gleichgesinnten Menschen, von denen er Freundschaft und Kameradschaft erwarten kann. Er wählt diese Individuen nach den ihm wichtig erscheinenden Eigenschaften aus, die in ihrem Menschlichkeitszentrum angesiedelt sind. Dazu gehören Persönlichkeitsmerkmale wie Integrität, Aufrichtigkeit, Selbstlosigkeit, Fähigkeit zur Reue, eine positive Lebenseinstellung, Humor usw.

Von diesen Gefährten können wir erwarten, dass sie uns als Persönlichkeit hegen und voranbringen, indem sie uns verstehen, sich um uns kümmern und uns hin und wieder auch einem Realitätstest unterwerfen, was unsere Lebenseinstellung und unser Verhalten betrifft. Wir schauen uns auch nach Menschen um, die zuverlässig und berechenbar sind. Berechenbarkeit bedeutet gewöhnlich, dass die betreffende Person ihren Schimpansen einigermaßen unter Kontrolle hat, sodass wir ihn nicht allzu oft in Aktion erleben. Und wenn ihr Schimpanse sich doch einmal zu Wort meldet, ist die Gefahr gering, dass er uns attackiert. Der Mensch ist also bestrebt, Seelenverwandte zu finden: Gefährten und Freunde, mit denen er auf einer Wellenlänge liegt.

Richtig verstehen und falsch verstehen

Wie wir erkennen können, sind an dem Bemühen, Mitglieder für deine Gruppe zu finden, zwei von dir beteiligt: dein Mensch und dein Schimpanse. Dein Mensch denkt logisch und hält Ausschau nach Leuten von ausgeprägter Menschlichkeit; er wählt die Mitglieder seiner Gruppe nach relevanten Eigenschaften aus, über die sie verfügen. Anders der Schimpanse: Er denkt und urteilt emotional und wählt Individuen nach ziemlich oberflächlichen Kriterien aus, etwa nach ihrem Aussehen und ihrer Machtstellung. Eine Kongruenz zwischen den beiden herzustellen, ist daher nicht ganz einfach.

Leute in deine Gruppe zu holen, die dir Schaden zufügen werden, ist keine schlaue Idee; so gesehen, lohnt es sich, in die Festlegung der Wunschmerkmale deiner Gruppenmitglieder eine gewisse Zeit zu investieren. Die Größe der Gruppe wird davon abhängen, wer zur Verfügung steht und wer in die Gruppe passt. Manchem mag es schon genügen, wenn die Gruppe nur aus ihm und seinem Partner besteht. Andere haben eine sehr große Gruppe. Wie groß deine Gruppe ist, liegt in deinem Belieben – Regeln gibt es dafür keine.

Zu Problemen kommt es immer dann, wenn der Schimpanse jemanden für die Gruppe auswählt, den der Mensch nicht dabeihaben will. Ein unzuverlässiges und egoistisches Individuum wird der Mensch wohl kaum auswählen, aber wenn die betreffende Person immer gute Stimmung verbreitet und durch ihre Anwesenheit jede Party aufwertet, kann es sein, dass der Schimpanse sie unbedingt behalten will. Eine weitere Schwachstelle, die sich oft auftut, wenn der Schimpanse die Gruppe zusammenstellt, bilden Individuen, die uns umschmeicheln. Unser Schimpanse fällt auf Schmeicheleien und Freundschaftsbekundungen herein und öffnet den betreffenden Leuten den Zugang zur Gruppe. Im extremen – aber gar nicht so ungewöhnlichen – Fall besitzt eine Person ein so schwaches Selbstwertgefühl, dass ihr Schimpanse es zulässt, dass ihr Partner sie körperlich oder psychisch misshandelt und sie trotzdem bei ihm bleibt. Der Schimpanse kommt dann mit Rechtfertigungen wie «Aber das ist doch ein netter Mensch» oder «Du kennst ihn nicht so gut wie ich». (Zum Glück nicht.) Jede Frau und jeder Mann, die in dieser Art misshandelt werden, könnten lernen, zu erkennen, was da vor sich geht, und mit den Emotionen ihres Schimpansen auf eine Weise umzugehen, die es ihnen ermöglichen würde, Selbstwertgefühl und Selbstachtung zu entwickeln und ihre Minderwertigkeitsgefühle zu überwinden. Das ist keine einfache Aufgabe und erfordert oft professionelle Hilfe.

Wir können Freundschaften zu netten Schimpansen aus anderen Gruppen pflegen, die uns nicht feindlich begegnen, aber auch nicht dem inneren Kreis unserer eigenen Gruppe angehören. Zu diesem inneren Kreis gehören typischerweise unsere Partner, einige unserer Angehörigen und unsere engen Freunde. Gewöhnlich entscheiden wir spontan, wen wir in unsere Gruppe aufnehmen, doch könnten wir uns eine Menge emotionalen Aufruhr ersparen, wenn wir ein wenig Gedankenarbeit und

Sorgfalt investieren würden, um eine Trennlinie zwischen denen, die wir nett finden, und den Mitgliedern unserer Gruppe zu ziehen. Wenn man hier zu sorglos agiert, kann es einem gehen wie dem Schimpansen, der sich der falschen Gruppe anschließt und dort attackiert oder vielleicht sogar getötet wird. Vielleicht hast du selbst einmal einen falschen Freund in deinen engsten Kreis aufgenommen, der sich am Ende mit dir angelegt hat. Solche Erfahrungen lehren uns, bei der Zusammenstellung unserer Gruppe keine Fehler zu machen.

Gruppen sind nicht in Stein gemeißelt. Es können Mitglieder dazukommen oder ausscheiden, ohne dass du das kontrollieren kannst. Sich an einen Freund zu klammern, der vielleicht auf dem Weg in eine andere Gruppe ist, kann zu Kränkungen führen; loslassen zu können und zu spüren, wer gerade zu deiner Gruppe gehört, ist das A und O.

Wartung der Gruppe und der Rollenverteilung darin

Die Gruppe braucht Wartung und Pflege. Es ist wichtig, dass du dich um die Mitglieder deiner Gruppe kümmerst. Zu diesem Zweck musst du ihre Bedürfnisse kennen und dich bemühen, sie zu erfüllen. Jedes Mitglied der Gruppe hat eine Rolle inne, die du und auch dein Schimpanse erkennen. Bei der Wartung und Pflege deiner Gruppe musst du darauf achten, dass du nicht jemandem eine Rolle zuweist, die er nicht ausfüllen kann. Die meisten Menschen haben zum Beispiel ein Verlangen nach einer Vater- oder Mutterfigur, und in der Regel sind ihre Eltern diejenigen, die diesen Part übernehmen. Es gibt jedoch Umstände, unter denen die Eltern nicht verfügbar sind und die Rolle daher auf andere Personen übertragen wird. Das könnte ein fürsorglicher Chef sein oder eine betreuende Person wie etwa ein Arzt oder eine Krankenschwester. Einer Person eine falsche Rolle mit den entsprechenden Erwartungen zuzuweisen, ist etwas, das nur selten gut geht! Wenn wir jemandem eine Rolle zuweisen und daran bestimmte Erwartungen und Aufgaben knüpfen, die die Person in dieser Rolle erfüllen soll, kann das, wenn die Person diesen Anforderungen nicht gewachsen ist, zu Frustration oder Schlimmerem führen oder kann die Gefahr heraufbeschwören, dass Zuständigkeitsgrenzen überschritten werden. Umgekehrt kann es vorkommen, dass andere dir eine Rolle zuweisen, die du nicht übernehmen möchtest. Bei der Zuweisung und Verteilung von Rollen zwischen Personen ist es wichtig, dass alle Beteiligten auf derselben Wellenlänge sind. Das gilt in besonderem Maß für deinen Partner bzw. deine Partnerin. Der Versuch, ihn oder sie in eine Rolle zu drängen, für die sie nicht gemacht sind, kann fatale Folgen haben, beispielsweise wenn du versuchst, deinem Partner die Rolle eines Elternteils oder eines Kindes zuzuweisen, weil das womöglich deinen aktuellen Bedürfnissen entspricht.

Wenn Rollen falsch zugewiesen werden, entstehen daraus gewöhnlich Konflikte. Ein vertrautes Beispiel erlebt man in Familien, in denen es zu Streitigkeiten zwischen Schwiegermutter und Schwiegertochter kommt, weil beide um die Aufmerksamkeit des Sohnes bzw. Ehemanns konkurrieren. Die Mutter und die Ehefrau stehen in völlig unterschiedlichen Verhältnissen zu ihm; beide Frauen sind einzigartig, und beide füllen Rollen aus, die die jeweils andere nicht übernehmen kann. Ein Konstellation mit unklaren Grenzen generiert eine Konkurrenz zwischen Rollen, die vermeidbar ist. Wenn du die von Anderen ausgefüllten Rollen ebenso kennst wie die Rolle, die du für die Anderen spielst, besteht eine viel größere Wahrscheinlichkeit, dass die Beziehungen zwischen Familienmitgliedern, Arbeitskollegen usw. reibungslos und ohne emotionale Rückkopplungen und Auseinandersetzungen funktionieren.

Eine sehr wichtige Rolle innerhalb der Gruppe ist die der Führungspersönlichkeiten. Sowohl der Schimpanse als auch der Mensch in dir wünschen sich und brauchen Führung, wenn auch aus unterschiedlichen Gründen. Der Mensch wünscht sich vielleicht jemanden, der ihn mitziehen kann, einen Mentor und Unterstützer, während der Schimpanse einen starken und dominanten Anführer braucht, der ihn beschützen und die Gruppe in den Kampf führen kann. Schaffe Klarheit über die Rolle dessen, der deine Gruppe führt!

Lebenspartner und Gruppe

Wenn zwei Menschen sich ineinander verlieben, können sie leicht der Erwartung anheimfallen, der Partner könne und werde alle Rollen in ihrem Leben übernehmen. Das wird aber höchstwahrscheinlich nicht funktionieren. In der Regel kann unser Partner nicht alle unsere Bedürfnisse erfüllen. Es gibt Sehnsüchte wie die nach männlicher oder weiblicher Kameradschaft, die unser Partner nicht befriedigen kann (es sei denn, wir leben in einer gleichgeschlechtlichen Beziehung). Das Bestreben, eine einzige Person für die Erfüllung aller deiner Bedürfnisse und Rollenerwartungen heranzuziehen, kann große Gefahren heraufbeschwören, denn falls die Beziehung in die Brüche gehen sollte, stündest du völlig alleine da. Es handelt sich hierbei jedoch um eine individuelle Entscheidung, und es könnte Situationen geben, in denen es gut geht.

Zusammenfassung der Kernpunkte

- Dir eine Gruppe aufzubauen, ist wichtig für die Beruhigung deines Schimpansen.
- Werde dir klar über die unterschiedlichen Kriterien, nach denen der Mensch und der Schimpanse Mitglieder der Gruppe aussuchen.
- Meinungen, die von außerhalb deiner Gruppe kommen, sind nicht von großer Bedeutung.
- Eine klare Rollenverteilung innerhalb deiner Gruppe trägt zum guten Funktionieren der Gruppe bei.

- Du musst in deine Gruppe Zeit investieren, wenn sie gut funktionieren soll.

Empfohlene Übung:
Forme deine Gruppe

Wie du deine Gruppe zusammenstellst
Definiere deine Gruppe. Denke sorgfältig darüber nach, wer wirklich in deine Gruppe gehört und passt, und sorge dafür, dass dein Mensch diese Personen auswählt. Mach eine Liste der Mitglieder deiner Gruppe. Ganz wichtig: Erkenne, wer nicht in deine Gruppe gehört, und identifiziere die Personen, denen du dich klugerweise lieber nicht anvertrauen solltest.

Nimm eine klare Rollenverteilung für die Mitglieder deiner Gruppe vor
Denke darüber nach, was jede Person in der Gruppe dir bieten kann und was du umgekehrt dieser Person bieten kannst. Wenn du ein Mitglied der Gruppe mit einer Rolle betraut hast, die nicht zu ihm passt, solltest du das möglichst schnell erkennen und eine geeignetere andere Person für diese Rolle finden. Deine eigenen Bedürfnisse aufzuschreiben, ist ein guter Anfang.

Investiere etwas in die Gruppe
Wenn du weißt, wer in deine Gruppe gehört, setze diese Personen an die Spitze der Liste der Leute, mit denen du Zeit verbringen willst. Kümmere dich um die Mitglieder deiner Gruppe, denn Leute, die sich vernachlässigt fühlen, suchen oft das Weite. Frage dich, was du in letzter Zeit für jedes Gruppenmitglied getan hast.

Kapitel Neun

Der Beziehungs-Planet

Wie man wirkungsvoll kommuniziert

Kommunikation

- Vier Arten zu kommunizieren
- Das Kommunikations-quadrat

- Wie du dich auf wichtige Gespräche vorbereitest
- Wie du mit ungelösten Konflikten umgehst

Jetzt, da wir uns angeschaut haben, wie das Psychologische Ich und der Planet der Anderen funktionieren, können wir uns der Frage zuwenden, wie zwei Ichs miteinander interagieren.

Wenn man es nicht schafft, wirkungsvoll zu kommunizieren, kann das Frustrationen und Konflikte auslösen; deshalb lohnt es sich, etwas Zeit in die Verbesserung deiner kommunikativen Fertigkeiten zu investieren. Denn eines versteht sich von selbst: Wenn du dir nicht die Zeit nimmst, an deiner kommunikativen Kompetenz zu arbeiten, darfst du dich nicht wundern, wenn du nicht vorankommst.

Vier Arten zu kommunizieren

Es gibt vier Arten, auf die zwei Menschen miteinander kommunizieren können. Jeder der beiden kann sich dabei entweder im Schimpansen- oder im Menschenmodus befinden. Im Schimpansenmodus wird die Konversation emotional aufgeladen und nicht unbedingt logisch strukturiert sein. Im Menschenmodus wird sie logisch verlaufen und nicht emotional aufgeladen sein. Jeder von uns kann sehr schnell zwischen dem Schimpansen- und dem Menschenmodus umschalten.

Der ideale Gesprächsmodus zwischen zwei Personen wäre der zwischen Mensch und Mensch, denn da kann ein logisches und sachliches Gespräch entstehen. Das Albtraum-Szenario hingegen wäre eine Konversation zwischen zwei Schimpansen. Wir hätten es dabei mit einer emotional aufgeladenen «Konversation» zu tun, die mit Attacken und Gegenangriffen einhergehen könnte. Wenn sich die eine beteiligte Person im Menschenmodus und die andere im Schimpansenmodus befindet, wird die Kommunikation wahrscheinlich ebenfalls nicht allzu fruchtbar verlaufen.

Vier Arten zu kommunizieren

Das Geheimnis des guten Kommunizierens besteht darin, sich darauf vorzubereiten. Werfen wir also erst einmal einen Blick auf die Grundlagen der Kommunikation und erstellen danach eine Checkliste der Dinge, die wir tun müssen, um uns etwa auf ein wichtiges Gespräch vorzubereiten. Zum Schluss können wir uns kurz der Frage zuwenden, wie man mit ungelösten Konflikten umgeht.

Das Kommunikationsquadrat

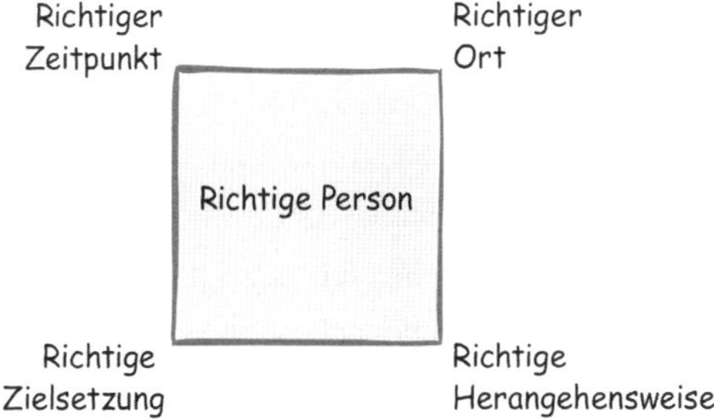

Das Kommunikationsquadrat ist die Basis des Kommunizierens; es hat vier Ecken und einen Mittelpunkt. Um wirkungsvoll kommunizieren zu können, hilft es dir, dir dieses Quadrat einzuprägen.

Der ins Nichts führende Weg mit der falschen Person

Wenn du das Zentrum des Quadrats nicht richtig wählst, verschwendest du wahrscheinlich deine Zeit und tust dir keinen Gefallen. Der «ins Nichts führende Weg mit der falschen Person» ist ein häufig begangener Irrweg. Wenn jemand Grund zur Klage oder Diskussion über eine bestimmte Person hat, kommt es verblüffend oft vor, dass er oder sie sich an alle möglichen Leute wendet, nur nicht an die Person, um die es geht. Anstatt das Problem anzugehen, indem man die betreffende Person darauf anspricht, begibt man sich auf unnütze Wege zu den falschen Personen, die keine befriedigende Lösung des Problems liefern können. Man beklagt und beschwert sich bei allen möglichen Leuten. Damit läuft man Gefahr, selbst zum Problemfall zu werden, und handelt sich womöglich berechtigte Kritik ein.

Gleich mit der richtigen Person zu reden, würde allen Beteiligten sehr viel Zeit, Energie und emotionalen Stress ersparen. Der häufigste Grund dafür, dass wir uns nicht an die richtige

Person wenden, ist ein Mangel an Selbstsicherheit, und damit bin ich bei meinem nächsten Thema.

Selbstsicherheit oder Aggression?

Selbstsicher aufzutreten, bedeutet, dass ich Anderen erkläre, was in meiner Welt akzeptabel und was in ihr aus welchen Gründen nicht akzeptabel ist. Ich sage das in unaufgeregtem Ton, ohne emotionalen Nachdruck. Wenn ich hingegen **aggressiv** auftrete, lege ich emotionale Verhaltensweisen an den Tag, um meine Botschaft zu vermitteln, und riskiere dabei, dass der Angesprochene sich angegriffen fühlt.

Selbstsicherer Kommunikator	***Aggressiver Kommunikator***
Kommuniziert ohne Emotionalität	*Strahlt emotionale Intensität aus*
Wählt seine Worte sorgfältig	*Provoziert beim Gesprächspartner emotionale Reaktionen*

Wenn du innehältst und dir Gedanken über den Schimpansen deines Gesprächspartners machst, kannst du dir leicht ausrechnen, welche emotionale Reaktion du bei ihm mit diesen beiden höchst unterschiedlichen Herangehensweisen wahrscheinlich auslösen wirst. Eine aggressive Ansprache wird sicherlich den Schimpansen in ihm aufwecken, und dieser wird wahrscheinlich eines von zwei Dingen tun: Er wird entweder zum Gegenangriff blasen oder zurückschrecken. So oder so wird deine Botschaft bei der angesprochenen Person wahrscheinlich gar nicht ankommen, weil bei ihr die Emotionen die Regie übernommen haben und ihr Schimpanse jetzt seine eigenen Ziele verfolgt. Wenn du selbstsicher auftrittst, erhöhst du die Wahrscheinlichkeit, dass der Schimpanse deines Gesprächspartners aus der Deckung kommt und dass deine Botschaft empfangen wird und du eine angemessene Antwort bekommst.

Wie lauten also die Regeln für ein selbstsicheres Auftreten? Du brauchst drei Elemente, um ein selbstsicherer Kommunikator zu sein, und **alle drei müssen in der richtigen Reihenfolge eingesetzt werden, um wirksam zu sein**.

Die drei Elemente der Selbstsicherheit sind:

1. Lass die Person wissen, was du nicht möchtest, und benutze dabei das Pronomen «ich».
2. Sage der Person, welches Gefühl sie dir gibt.
3. Sage der Person, was du möchtest, und benutze dabei das Pronomen «ich».

Um deine Botschaft besser rüberzubringen, kannst du hinzufügen, dass du dir wünschst, nicht unterbrochen zu werden, sodass du deine Position zusammenhängend darstellen kannst. Dem Gesprächspartner im Anschluss dafür zu danken, dass er dir zugehört hat, kann nie schaden.

Lass mich an einem Beispiel aufzeigen, wie das in der Praxis ablaufen könnte:

Angenommen, du kommst aus irgendeinem Grund zu spät zu einem anberaumten Gespräch. Die Person, die auf dich wartet, ist sehr ungehalten und begrüßt dich mit dem lautstarken Vorwurf, dein Zuspätkommen sei eine grobe Unhöflichkeit. Denke daran, deine Emotionen aus deiner Stimme zu verbannen, denn sonst würdest du deinen Gesprächspartner zu einer emotionalen Reaktion provozieren, und die Situation würde wahrscheinlich eskalieren. Besser ist es, zu warten, bis der Andere mit seiner Strafpredigt fertig ist, denn ihn zu unterbrechen, könnte ebenfalls zu einer Eskalation beitragen. Gib also dem Schimpansen des Anderen die Chance, sich auszutoben, und gehe nicht darauf ein!

1. Sage ruhig: «Ich möchte gerne, dass Sie sich anhören, was ich zu sagen habe, und ich möchte Sie bitten, mich nicht zu unterbrechen. Dankeschön.»
2. Sage ruhig: «Die Sachlage, wie ich sie sehe, ist die, dass ich mich verspätet habe; der Grund dafür ist, dass ich die Anfahrtszeit unterschätzt habe, und dafür entschuldige ich mich.»
3. Sage ruhig: «Ich möchte nicht, dass Sie mich anherrschen.»
4. Sage ruhig: «Wenn Sie laut werden, fühle ich mich eingeschüchtert.»
5. Sage ruhig: «Ich würde es begrüßen, wenn Sie in normaler Lautstärke mit mir reden würden. Dankeschön.»

Man beachte die Verwendung des Wortes «ich». Es ist sehr wichtig, das Pronomen «ich» zu verwenden und nicht Formulierungen wie «Bitte herrschen Sie mich nicht an». Gewiss ist bei näherem Hinsehen nichts falsch daran, zu sagen: «Bitte herrschen Sie mich nicht an.» Es kann seinen Zweck erfüllen. Wenn du aber deine Ansagen mit dem Wort «ich» beginnst, ist das eine sprachliche Form, die deinem Gegenüber sehr deutlich zu verstehen gibt, dass du mit der Situation nicht glücklich bist und eine Meinung dazu hast. «Bitte herrschen Sie mich nicht an», ist eine Aufforderung, keine Aussage.

Wenn du die fünf genannten selbstbewussten Ansagen mit ruhiger, aber fester Stimme zur Übung laut liest, wirst du verstehen, was gemeint ist. Versuche anschließend, dieselben fünf Sätze noch einmal zur Übung aufzusagen, dieses Mal aber mit hoher emotionaler Intensität. Das wird dir den Unterschied zwischen Aggression und Selbstsicherheit vor Augen führen. Entscheidend ist weniger, was gesagt wird, als, wie es gesagt wird. Stell dir auch vor, wie es sich für dich anfühlen würde, der Empfänger einer aggressiven Botschaft zu sein, und welche Emotionen eine solche Botschaft bei deinem Schimpansen wachrufen würde.

Warum fehlt es so vielen Menschen an Selbstsicherheit? Dieser Mangel hat in der Regel etwas mit Gremlins zu tun. Die am weitesten verbreiteten Gremlin-Überzeugungen beruhen auf Selbsteinschätzungen wie «Ich bin nicht so gut wie Andere» oder «Ich kann nicht so selbstbewusst auftreten wie Andere» oder «Meine Gefühle zählen nicht». In sehr vielen Fällen hat sich der Gruppentrieb – das Bedürfnis, von der Gruppe akzeptiert zu werden – zu einer Gremlin-Überzeugung verfestigt: «Ich muss mich beliebt machen», «Ich muss es den Anderen immer recht machen» oder gar, als Folgerung daraus: «Ich habe keine Rechte.» Das ist ein Mangel an Selbstwertgefühl, an dem du arbeiten solltest. Wenn du keine Selbstsicherheit ausstrahlst, das aber gerne tun würdest, musst du versuchen, herauszufinden, wer oder was dich daran hindert. Weitere verbreitete destruktive Selbsteinschätzungen sind zum Beispiel: «Das ist nicht meine Welt, ich bewege mich in einer Welt, die Anderen gehört», oder «Ich darf nicht offen meine Meinung sagen» oder «Ich kann zu niemandem ‹nein› sagen, weil ich die Leute bei Laune halten muss.»

Die Ecken des Kommunikationsquadrats

Kehren wir jetzt zum Kommunikationsquadrat zurück und nehmen uns die Ecken vor:

- Richtiger Zeitpunkt
- Richtiger Ort
- Richtige Zielsetzung
- Richtige Herangehensweise

Der richtige Zeitpunkt

Suchst du dir den falschen Zeitpunkt aus – zum Beispiel einen Augenblick, in dem das Gegenüber dir nicht zuhören kann oder Zeitdruck besteht –, sinkt die Wahrscheinlichkeit, dass ein produktives Gespräch zustande kommt. Wir brauchen genügend Zeit, um unsere Botschaft zu vermitteln. Beachten wir diesen Aspekt nicht, macht dies die Dinge nur noch schwieriger und komplizierter, da wir unsere Kritikpunkte und Zielvorstellungen nur teilweise und oberflächlich ansprechen konnten und uns das unzufrieden zurücklässt. Stelle sicher, dass für das Gespräch genug Zeit zur Verfügung steht, sodass du deinem Gegenüber zuhören und ihm deine Wünsche und Bedürfnisse erklären kannst – wenn die Zeit dafür nicht reicht, wird es unter Umständen schwierig sein, das Thema später noch einmal anzusprechen. Hilfreich ist auch, sicherzustellen, dass der Zeitpunkt für das Gespräch gut in den Kontext des Geschehens passt. Erst einmal den Mund zu halten, bis die Dinge sich fügen, kann sehr hilfreich sein.

Der richtige Ort

Wenn wir den falschen Ort wählen (einen zu lauten oder zu geschäftigen), werden wir uns mit der Konzentration auf den Kern unserer Botschaft schwertun. Solche Orte versetzen auch unseren Schimpansen und den unseres Gesprächspartners in Alarmbereitschaft, und das ist keine gute Nachricht! Wenn das Gespräch schwierig zu werden verspricht, sorge dafür, dass der Ort, an dem es stattfindet, privat genug ist. Wenn am Nebentisch jemand ein Gespräch mithören kann, bei dem es um sehr persönliche Dinge geht, ist das nicht hilfreich. Ein neutraler Ort, der sich weder in deinem Revier noch in dem deines Gesprächspartners befindet, ist oft die beste Wahl.

Die richtige Zielsetzung

Bei der Zusammenstellung der Zielvorgaben gibt es zwei potentielle Stolperfallen. Die eine ist, dass wir mit einer heimlichen Agenda ins Gespräch gehen, die andere, dass wir uns von unserem eigentlichen Anliegen ablenken lassen und falsche Ziele in den Vordergrund rücken. Das kann bei den Gesprächsteilnehmern zu einem Gefühl der Enttäuschung bei gleichzeitig erhöhtem Erregungszustand führen.

Dir die richtige Zielsetzung zurechtzulegen, ist sehr wichtig, denn wenn du dir nicht vollkommen im Klaren darüber bist, was du besprechen und erreichen willst, mindert das die Erfolgschancen des Gesprächs. Es kann auch sehr leicht passieren, dass du abgelenkt wirst und dich auf eine andere Agenda verlegst. Versuche, dieses Risiko einzuplanen und an deiner ursprünglichen Agenda festzuhalten. Gleich am Anfang des Gesprächs deine Zielvorgaben offenzulegen, ist hilfreich – du kannst sie sogar als Erinnerungsstütze schriftlich vor dir liegen haben. (Vergiss nicht, dass auch dein Gegenüber wahrscheinlich eine Agenda hat und dass es nicht schaden kann, ihn vor Gesprächsbeginn danach zu fragen.) Sprich auf jeden Fall die Dinge an, die dich beschäftigen; versuche nicht, die Dinge aufzuhübschen und das Pferd von hinten aufzuzäumen, nur weil deine eigentliche Agenda zu schwierig zu vermitteln ist. Es liegt auf der Hand, dass eine solche Kosmetik auf längere Sicht zu Verwirrung und Frustration führt.

Der wichtigste Punkt, von dem du bei der Aufstellung deiner Ziele ausgehen musst, ist das Wissen darum, dass an der Konversation zwei deiner Akteure beteiligt sind: du selbst und dein Schimpanse.

Die Agenda des Schimpansen

Die Agenda des Schimpansen ist emotionsbasiert und im typischen Fall von der Einstellung geprägt, es könne nur Gewinner und Verlierer geben. Dein Schimpanse knüpft hier an Dschungelgesetze an – ein Schwarzweißdenken, das keine Zwischentöne zulässt. Der Schimpanse tendiert also dazu, sich am Ende eines Gespräches entweder als Sieger oder als Verlierer zu fühlen. Er hat das Bedürfnis, seinen Gefühlen freien Lauf zu lassen, und er wird jede Schwachstelle des Gegenübers attackieren und zugleich sich selbst gegen jede erdenkliche Kritik (ob wirklich oder vermeintlich geäußert) verteidigen. Er wird auch das Verlangen haben, am Ende des Gesprächs gut und unschuldig dazustehen. Wenn Letzteres nicht klappt, wird er rechtfertigen wollen, warum er sich provoziert oder in eine unmögliche Situation versetzt gefühlt hat, und wird damit alles, was er gesagt und getan hat, begründen.

Frank und Peter und die vier Agenden

Frank und Peter sind Nachbarn und wollen sich zu einem Gespräch über eine Hecke treffen, die Frank gehört und die Schatten auf Peters Garten wirft.

Beschäftigen wir uns zunächst mit Frank und teilen dessen Ich auf in seinen Schimpansen und seinen Menschen. Sein Mensch wird sich eine friedfertige Lösung des Problems und einen für beide Beteiligte zufriedenstellenden Gesprächsverlauf wünschen. Sein Mensch versteht, dass es vielleicht das Beste wäre, einen Kompromiss zu schließen und die Dinge mit Augenmaß zu betrachten. Das bedeutet, dass, selbst wenn Frank die hohe Hecke mag, er vernünftigerweise einsieht, dass sein Nachbar sie als beeinträchtigend empfindet.

Franks Schimpanse will davon nichts wissen. Wenn er ein typischer Schimpanse ist, hat er längst beschlossen, dass die Hecke zu seinem Revier gehört und dass ein Nachgeben nicht in Frage kommt. Den von Peter gestarteten Vorstoß empfindet Franks Schimpanse als Kampfansage an seine Macht, sein Ego und seine Dominanz. Er kann daher nicht anders, als in dem Gespräch ein Duell zu sehen, das er entweder gewinnen oder verlieren wird. Das lässt kaum Raum für einen Kompromiss oder ein Einlenken. Es wird nur darum gehen, die passenden Tatsachen zu präsentieren, die die Überzeugungen des Schimpansen stützen können, und auf sie zu pochen – und nötigenfalls mit Hilfe emotionaler Drohungen oder körperlicher Kraftmeierei die eigene Überlegenheit zu demonstrieren.

Schimpansen und Menschen kämpfen um die Vorherrschaft

Auch Peter wird mit zwei Ichs an das Gespräch herangehen. Sein Mensch hat wahrscheinlich eine ähnliche Agenda wie Franks Mensch und wünscht sich eine Kompromisslösung nach einem gutnachbarschaftlichen Gespräch. Er wird Wert darauf legen, die Argumente seines Gegenübers zu hören, wird versuchen, sie zu verstehen, und wird, wenn nötig, seinen Standpunkt ändern. Dagegen ist sein Schimpanse kampfbereit, sieht in der Hecke eine Beeinträchtigung seiner territorialen Hoheitsrechte und hat einen gegnerischen Schimpansen ins Visier genommen, der ihm die Vorherrschaft streitig macht. Angesichts dieser Deutung der im Inneren der beiden Männer typischerweise ablaufenden Mechanismen wird deutlich, dass hier etwas furchtbar schieflaufen könnte, wenn die beiden sich von ihren Schimpansen übermannen lassen – es sei denn sie schafften es, ihre jeweilige Agenda zu erkennen.

Übliche Schimpansen-Agenden

Was ein Schimpanse will:

- *gewinnen*
- *Emotionen ausleben*
- *das Gegenüber angreifen*
- *sich verteidigen*
- *seinen Standpunkt klarmachen*
- *weder nachgeben noch von der eigenen Position abrücken*
- *am Ende gut und unschuldig dastehen*
- *wenn als Schuldiger benannt, sich darauf herausreden, provoziert und angegriffen worden zu sein*

Der Schimpanse wird versuchen, das Heft in die Hand zu bekommen, indem er als Erster redet, den Anderen übertönt und auf diese Weise den Gegenspieler zu überrumpeln versucht. Er wird zu diesem Zweck Wörter und Körpersprache einsetzen. In der Regel wird er dem Gegenüber nicht zuhören, sondern nur auf die Chance warten, seinen eigenen Standpunkt zu verkünden. Von diesem Standpunkt wird er nicht abrücken, sondern alles in seinem Sinn darstellen und interpretieren. Es wird ihm unheimlich schwerfallen, entweder seine Haltung oder seine Überzeugungen zu ändern, glaubt er doch, er würde dadurch als Verlierer dastehen, und das will er auf keinen Fall! Er wird also nicht einlenken. Der Schimpanse konzentriert sich auf das Problem und seine Opferrolle, nicht auf mögliche Lösungen.

Die Schimpansen-Methode

In einer Konfliktsituation wird ein Schimpanse:

- laut und emotional werden
- Anderen rücksichtslos ins Wort fallen
- gefühlsstarke Ausdrücke benutzen

- mit Schnelligkeit und Lautstärke dominieren
- mit Körpersprache dominieren und einschüchtern
- auf dem Problem herumreiten
- mit Emotionen arbeiten
- nötigenfalls hinterhältig agieren

Die Agenda des Menschen

Im Gegensatz dazu verfolgt der Mensch nicht das Ziel, auf «Sieg oder Niederlage» zu spielen, sondern ein vernünftiges Ergebnis anzusteuern, das beide Personen zufrieden stellt. Der Mensch denkt nicht in Schwarzweiß, sondern arbeitet typischerweise mit Grautönen. Er akzeptiert, dass er auch einmal falsch liegen kann oder dass es vielleicht eine abweichende Erklärung für Dinge gibt. Das versetzt den Menschen in die Lage, von einem vorher vertretenen Standpunkt abzurücken und dem Gegenüber zuzuhören, in dem Bestreben, die Situation richtig zu verstehen. Der Mensch richtet seinen Blick also nach außen, auf andere Leute oder auf das geltende Recht, um herauszufinden, welche denkbare Lösung korrekt, realistisch und akzeptabel wäre. Der Mensch muss eine solche Lösung nicht unbedingt als richtig empfinden, kann sie aber akzeptieren. Er kann einlenken, wenn er erkennt, dass eine Meinung nicht mehr ist als eine Meinung und dass Meinungen sich ändern können, ohne dass dies bedeutet, dass jemand gewonnen und jemand verloren hat. Dem Menschen gelingt das, indem er seine Gefühle im Zaum hält und sich **zuerst** anhört, was die andere Person zu sagen hat, und indem er sich bemüht, deren Standpunkt zu verstehen. Der Mensch wird sich auf die möglichen Lösungen konzentrieren, nicht auf das Problem. Er spricht langsam und mit ruhiger Stimme und versucht sein Gegenüber zu verstehen, indem er ihm zuhört.

Übliche Menschen-Agenden

Ein Mensch wird versuchen:

- *erst einmal die andere Person zu verstehen*
- *die andere Person zu Wort kommen zu lassen*
- *durch konzentriertes Zuhören alle Informationen zu sammeln*
- *nach einer Lösung zu suchen*
- *mit Tatsachen zu arbeiten anstatt mit Gefühlen oder Eindrücken*

Die Methode des Menschen

In einer Konfliktsituation wird der Mensch versuchen:

- Ruhe zu bewahren
- «sanfte», emotionsarme Wörter zu benutzen
- erst einmal zuzuhören
- andere Blickwinkel zu sehen
- offen dafür zu sein, seinen Standpunkt zu ändern
- zu erkennen, dass Meinungen etwas anderes sind als Tatsachen
- zu argumentieren und zu diskutieren
- Gemeinsamkeiten zu finden
- im Rahmen einer vernünftigen Diskussion nach einem Konsens zu suchen
- nach einem Kompromiss zu suchen, der alle zufriedenstellt
- Unterschiede zu akzeptieren

Du hast eine Wahl

Wenn wir der Natur freien Lauf lassen, gehen die beiden Schimpansen erst einmal aufeinander los und jede Menge unfreundliche Worte fliegen hin und her. Wenn die beiden sich dann beruhigt haben und kein allzu großer Schaden angerichtet ist, übernehmen die beiden Menschen das Kommando und versuchen eine Lösung zu finden, mit der beide leben können. Während die beiden Menschen konstruktive Gespräche führen, kann jederzeit einer der Schimpansen (oder beide) aufwachen, von Neuem zum Angriff blasen und die Konversation zum Scheitern bringen.

Der beste Weg zu einem konstruktiven Gespräch besteht darin, dass die beiden Menschen zunächst ein ernstes Wort mit ihrem eigenen Schimpansen reden und herausfinden, was er zu sagen gedenkt und warum. Dabei sollte jeder Mensch seinem Schimpansen erklären, dass einige Punkte seiner Agenda destruktiv und nicht umsetzbar sind, während andere vielleicht vernünftig erscheinen. In der Folge wird der Mensch die vernünftigen Wünsche des Schimpansen in die Diskussion einbringen und dies so konstruktiv tun, dass dabei etwas Gutes herauskommen kann. Das wäre der ideale erste Schritt auf dem Weg zu einer vermutlich schwierigen Konversation, aber dass dies gelingt, ist wenig wahrscheinlich! Die meisten Leute wissen ja nicht einmal, dass sie einen Schimpansen haben, oder sie lassen, selbst wenn sie es wissen, immer noch zu, dass der Schimpanse das Wort führt, statt ihm klarzumachen, dass sie für ihn sprechen werden.

Die richtige Herangehensweise

Bevor du beschließt, ein Gespräch zu führen, überlege dir, ob es besser wäre, per Brief oder E-Mail zu kommunizieren. Beide haben sicherlich ihre Minuspunkte, aber auch zwei eindeutige Vorzüge: Zum einen kannst du dir die Zeit nehmen, dir sorgfältig zurechtzulegen, was du der betreffenden Person sagen willst, und zum zweiten gibst du ihr ebenfalls Zeit, über dein Anliegen nachzudenken und die Sache zu überschlafen. Es gibt auch Situationen, in denen es angebracht sein könnte, für die Kontaktaufnahme eine dritte Person einzuschalten.

Falls du hingegen zu dem Entschluss gelangt bist, der Person persönlich gegenüberzutreten, solltest du dir Gedanken darüber machen, welcher Weg hier der richtige ist. Überlege dir, wie du die Begegnung mit dem Betreffenden initiieren und wie du das Gespräch mit ihm führen möchtest. Bevor du losgehst, solltest du dich in die richtige Gemütslage versetzen, indem du dir klarmachst, dass die richtige Herangehensweise, ein Gespräch zu führen, diejenige des Menschen ist.

> ***Kernpunkt***
> *Dich gut vorzubereiten, ist das Beste, was du tun kannst, um deine Erfolgsaussichten in einem wichtigen Gespräch zu erhöhen.*

Wie ich mich als Kommunikator präsentiere und wie ich meine Botschaft verpacke

Das richtige Verpacken unserer Botschaft ist der Schlüssel zu einem guten Gesprächsergebnis. Es bestehen gewisse Ähnlichkeiten zu der Kunst, ein Produkt zu verkaufen oder ein passendes Geschenk zu machen. Sehr viel kann davon abhängen, wie wir uns präsentieren und wie wir unsere Botschaft verpacken. Das ist so wichtig, dass wir uns die Zeit nehmen, an dieser Stelle ausführlich auf Varianten des Verpackens und verschiedene Arten der Präsentation einzugehen.

Wenn wir kommunizieren, geht es immer um den Austausch verpackter Botschaften. Beginnen wir mit einem trivialen Beispiel: Du hast dir in einem Café eine Tasse Kaffee gekauft und gehst noch einmal zur Theke, um dir einen Löffel zum Umrühren zu holen. Bei der Rückkehr an den Tisch siehst du, dass ein fremder Mensch auf deinem Stuhl sitzt. Du willst dieser Person jetzt mitteilen, dass dies dein Stuhl ist. Das ist die simple Botschaft. Es gibt aber jede Menge Arten, wie du diese Botschaft verpacken kannst. Du könntest den Betreffenden mit lauter

Stimme anherrschen; du könntest ihn lächelnd und mit sanfter Stimme ansprechen; du könntest dich vor der Person aufbauen, um Größe und Stärke zu signalisieren; du könntest sie milde oder drohend anblicken; du könntest ein verbindliches «Bitte entschuldigen Sie» sagen oder ein strenges «Das ist mein Platz», das die Bereitschaft zur Konfrontation signalisieren würde. Jede dieser Optionen geht mit Verpackungen einher. Um die Sache übersichtlicher zu machen, unterteile ich die Verpackungsvarianten in vier Gruppen:

- Körpersprache
- Sprachduktus
- Wortwahl
- Erscheinungsbild

Körpersprache

Körpersprache ist nichts Geheimnisvolles; jeder von uns interpretiert sie Tag für Tag. Forschungsergebnisse lassen vermuten, dass die Fähigkeit, eine Situation durch Deutung körpersprachlicher Signale zu erfassen, bei Frauen deutlich ausgeprägter ist als bei Männern. Wie in vorausgegangenen Kapiteln ausgeführt, ist es unser Schimpanse, der die Körpersprache anderer Menschen entziffert, und er tut dies oft, ohne dass der Mensch in uns es überhaupt registriert.

«Körpersprache» ist schlicht eine Bezeichnung für Botschaften, die wir an andere Personen aussenden, ohne dass wir etwas sagen. Anstelle von Wörtern nutzen wir die nonverbale «Sprache» unseres Mienenspiels, unserer Positionierung und unserer Körperbewegungen. Um ein einfaches Beispiel zu nehmen: Eine Person, die sich von dir distanzieren möchte, wird ihren Blick von dir abwenden, ihre Arme vor der Brust kreuzen und seufzen. Das sind drei höchst eindeutige körpersprachliche Signale.

Bei der Deutung von Körpersprache muss man immer den

Kontext einbeziehen, und auch kulturelle Unterschiede spielen dabei eine große Rolle. Das Phänomen ist von diversen Wissenschaftlern eingehend untersucht worden, deren Forschungsergebnisse ich hier nicht ausführlich referieren kann. Wichtig ist jedenfalls, dass wir uns unserer eigenen Körpersprache bewusst werden, da sie stets unsere Interaktionen mit anderen Personen beeinflusst.

Beispiele für Körpersprache

Wenn wir uns vor jemandem, mit dem wir reden, **aufbauen und auf ihn herabschauen**, ist das ein Verhalten, das viele Leute als einschüchternd und bedrohlich empfinden; alles, was wir der betreffenden Person aus dieser Pose heraus sagen, könnte sich bei ihr mit negativen Eindrücken verbinden. Es handelt sich quasi um eine Form des Eindringens in die persönliche Schutzzone. Wir alle haben einen Bereich um unseren Körper herum, den wir als nur uns persönlich zustehend empfinden; wenn jemand uns uneingeladen zu nahe kommt, löst das bei uns spontanes Unbehagen aus. Der Radius der persönlichen Schutzzone variiert von Kultur zu Kultur und auch von Mensch zu Mensch, aber eine allgemeine Regel besagt, dass wir uns wohl fühlen, solange Andere eine Armlänge Abstand von uns halten. Rückt uns jemand enger auf die Pelle, empfinden wir das als unangenehm, es sei denn, es handelt sich um eine Person, deren Nähe wir genießen.

Die Arme vor der Brust zu kreuzen, bedeutet im Allgemeinen, dass wir uns angegriffen fühlen und eine Abwehrhaltung einnehmen. Es kann auch bedeuten, dass wir uns von einer Informationsflut überrollt fühlen oder nicht sicher sind, ob wir die uns angebotenen Informationen haben wollen. Natürlich kann es auch sein, dass es uns schlicht friert oder dass das Kreuzen der Arme nur eine Angewohnheit ist! Das ändert jedoch nichts daran, dass wir unserem Gegenüber ein negatives Gefühl einflößen, wenn wir ihm mit gekreuzten Armen gegenüberstehen.

Wenn wir mit jemandem reden, blicken wir ihn in der Regel an und ziehen aus seinem **Gesichtsausdruck** Schlüsse darauf, wie er sich fühlt. Wenn wir jemanden anschauen, den wir mögen, weiten sich unsere Pupillen, und unser Gegenüber registriert das und fühlt sich sogleich entspannter. Stehen wir jemandem gegenüber, den wir nicht mögen, ziehen sich unsere Pupillen eher zusammen; das registriert die betreffende Person vielleicht ebenfalls und fühlt sich dann befangen.

In unserer Mimik spielen auch sogenannte **Mikroexpressionen** eine Rolle. Darunter versteht man Gesichtsausdrücke, die in Situationen höchster emotionaler Erregung auftreten und weniger als eine Viertelsekunde andauern. Manche Wissenschaftler vertreten die Ansicht, es gebe Menschen, die solche Mikroexpressionen lesen und daran erkennen können, wenn ihr Gegenüber lügt. Tatsächlich legt die Forschung die Vermutung nahe, dass nur sehr wenige Menschen diese Fähigkeit besitzen und dabei eine hohe Trefferquote erzielen. Da Mikroexpressionen unwillkürlich ablaufen, können wir, wenn wir Videoaufnahmen von einem sprechenden Menschen in Zeitlupe laufen lassen, gezielt nach mimischen Auffälligkeiten suchen, die mit Lügen korrelieren. Dabei werden alle Teile unseres Gesichts, die zum Mienenspiel beitragen, analysiert: Lippen, Augen, Augenbrauen, Nase, Mund und Gesichtsmuskeln.

Was wir sicher sagen können, ist, dass das menschliche Gehirn in der Lage ist, zu registrieren, wenn jemand heftige Empfindungen wie Wut, quälende Langeweile oder emotionalen Stress an den Tag legt. Den Resultaten mancher Forscher zufolge können mehr als 50 Prozent der Botschaft, die von einem Sprecher übermittelt wird, auf das Konto seiner Körpersprache gehen – einer Sprache, die wir intuitiv beherrschen, sodass wir sie nicht zu erlernen brauchen! Wichtig ist hier aber, dass wir die Bedeutung der Körpersprache nicht überschätzen sollten, so ratsam es auch ist, sich genau zu überlegen, wie man seinen Körper in der Interaktion mit Anderen einsetzt. Da die Körpersprache in der Regel eine Interaktion von Schimpanse zu Schimpanse ist, sollten wir darauf achten, keine Missverständnisse mit dem Schimpansen unseres Gegenübers zu riskieren.

Sprachduktus

Rund ein Drittel unserer Kommunikation bestreiten wir verbal, also mit unserer Stimme, und wir können drei Aspekte unseres Sprachduktus' unterscheiden: Sprechtempo, Lautstärke und Betonung.

Sprechtempo

Mit unserem Sprechtempo können wir viele Empfindungen und Eindrücke transportieren: Ungeduld, Verärgerung, Erregung, Unsicherheit und Ähnliches. Wenn jemand schnell spricht, weckt er damit die Aufmerksamkeit des Schimpansen der angesprochenen Person. Der Schimpanse wird das hohe Sprechtempo unter Berücksichtigung des Kontexts interpretieren. Umgekehrt gilt, dass der Schimpanse unseres Gegenübers, wenn wir langsam sprechen, eher gelassen bleiben wird und dass deshalb der Mensch unseres Gesprächspartners leichter zu Wort kommen kann. Erwiesen ist auch, dass wir dazu neigen, das, was wir sehen und hören, unbewusst zu imitieren. Wenn jemand schnell spricht, besteht eine erhöhte Wahrscheinlichkeit, dass wir ihm mit hohem Sprechtempo antworten. Spricht jemand langsam, werden wir es ihm wahrscheinlich ebenfalls nachtun.

> **Kernpunkt**
> *Ein gleichmäßiges Sprechtempo hilft uns, unsere Botschaft in unserem Sinne an den Zuhörer zu bringen, und erleichtert es ihm, uns zuzuhören.*

Lautstärke

Die Lautstärke, mit der man spricht, ist in ihrer Wirkung auf den Schimpansen unseres Gesprächspartners mit dem Sprechtempo vergleichbar. Seine Reaktion wird ein Echo auf die Lautstärke und den Tonfall seines Gegenübers sein.

Ich borgte mir einmal für ein paar Minuten den dreijährigen Sohn eines Freundes aus, um einigen meiner Medizinstudenten an einem eindrücklichen Beispiel vorzuführen, wie der Echoeffekt bei der Lautstärke funktioniert. Ich stellte dem Jungen zuerst die einfache Frage, was er an dem Tag bisher getan hatte. Wir unterhielten uns über seinen Besuch im Zoo, und ich erhöhte dabei gezielt meine Sprechlautstärke. Der Junge ließ sich davon bald anstecken, und schließlich brüllten wir einander beinahe an. Interessant war zudem, dass er im Verlauf dieser Eskalation in meine körperliche Schutzzone eindrang, weil er offenbar sicher sein wollte, dass ich ihn hörte und verstand – aus einer Handbreite Abstand. Nach diesem ohrenbetäubenden Crescendo fuhr ich im Verlauf der nächsten Sätze, die ich sagte, meine Lautstärke gezielt bis zu einem Flüsterton herunter. Wie von Zauberhand gelenkt, tat der Junge es mir nach und ging dabei auch wieder auf körperlichen Abstand. Erst als wir bei der Flüsterlautstärke angekommen waren, rückte er mir wieder auf die Pelle, um sicherzustellen, dass ich ihn hörte. Schließlich unterhielten wir uns wieder in normaler Lautstärke, und er hatte offensichtlich nicht durchschaut, was da abgelaufen war.

Rufe dir das ins Gedächtnis, wenn du mit jemandem redest. Die Reaktionen mögen nicht so dramatisch ausfallen, aber denke immer daran, wie deine Sprechlautstärke auf den Schimpansen deines Gegenübers wirkt.

Wenn du erreichen willst, dass der Schimpanse deines Gesprächspartners die Ruhe bewahrt und sein Mensch dir zuhören kann, ist es das Beste, langsam und mit normaler oder ruhiger Stimme zu sprechen. Wie generell bei der Körpersprache ist es auch hier wichtig, den Kontext zu berücksichtigen. Es gibt Situationen, in denen eine langsame und ruhige Sprechweise unangemessen ist, auf die Zuhörer irritierend wirkt und als eine Form der passiven Manipulation wahrgenommen wird. In solchen Situationen kannst du fast sicher sein, dass bei den so Angesprochenen der innere Schimpanse wach wird.

Betonung

Die Betonung ist ein höchst interessanter Aspekt. Wenn man in einem Satz die Betonung auf ein anderes Wort verlagert, kann dies die Bedeutung des Satzes völlig verändern. Nehmen wir als Beispiel den Satz: «Ich finde, du hast eine sehr gute Stimme.» Wir können den Sinn dieses Satzes variieren, indem wir unterschiedliche Wörter betonen. Ich möchte das an vier Versionen aufzeigen:

So betont, …	***könnte der Satz bedeuten:***
Ich *finde, du hast eine sehr gute Stimme*	*Nur ich bin dieser Meinung.*
Ich **finde**, *du hast eine sehr gute Stimme*	*Mein Urteil über deine Stimme ist subjektiv, aber vielleicht doch treffend.*
Ich finde, **du** *hast eine sehr gute Stimme*	*In Konkurrenz zu Anderen hast du die bessere Stimme.*
Ich finde, du hast eine sehr gute **Stimme**	*Die Stimme ist das Beste an dir.*

Wenn wir das jeweilige Satzende mit anschwellender oder leiser werdender Stimme aussprechen, kann eine weitere Bedeutungsnuance entstehen. Ein Anheben der Stimme am Satzende verleiht dem Satz in der Regel den Charakter einer Frage; in manchen Kulturen ist es aber einfach so üblich. Daraus können wir ersehen, dass die Botschaft, die in der Betonung liegt, immer kontextabhängig ist.

Wortwahl

Der Schimpanse im Dschungel setzt Zweige, seine Zähne und seine Fäuste als Waffen im Kampf gegen andere Schimpansen ein. Will er Freundschaft signalisieren, bietet er einem Artgenossen vielleicht etwas Essbares an oder reinigt dessen Fell.

Wir Menschen kommunizieren überwiegend mit Worten. Worte können ein Freundschaftsangebot sein oder eine Nettigkeit, sie können aber bekanntlich auch als scharfe Waffen dienen. Machen wir uns nichts vor: **Eine Verbalattacke auf eine Person ist eine exakte Analogie zum körperlichen Angriff eines Schimpansen auf einen anderen, bei dem Zähne und Fäuste als Waffen eingesetzt werden – in beiden Fällen können schwere Verletzungen entstehen.**

Betrachten wir zwei höchst unterschiedliche Arten, Sprache einzusetzen: einmal als Kommunikationsmittel, einmal als gefährliche Waffe.

Die erste Option – Sprache als Kommunikationsmittel – erfordert einiges an Denkarbeit. Wenn du Holz spalten möchtest, würdest du nicht zu einem Schraubendreher als Werkzeug greifen. In einem Gespräch ein falsches Wort zu wählen, kann heftige Konsequenzen haben. Einer der Gründe dafür ist, dass sowohl der Mensch unseres Gesprächspartners als auch sein Schimpanse dieses Wort hören. Der Mensch nimmt eher den sachlichen Aspekt des Wortes auf, während beim Schimpansen vor allem sein emotionaler Gehalt ankommt. Alle Wörter, die wir benutzen, haben einen emotionalen Gehalt. Wenn wir Wörter hören, assoziieren wir mit ihnen Emotionen, und in unserem Gehirn werden chemische Substanzen freigesetzt, die unsere Stimmungslage beeinflussen. Wörter wie «Tod» oder «Liebe» sind emotional hoch aufgeladen, während andere, wie «Apfel» oder «Tisch», einen geringen Emotionsgehalt aufweisen. Hier besteht natürlich eine große individuelle Variationsbreite, denn ein und dasselbe Wort kann bei verschiedenen Personen eine ganz unterschiedliche Resonanz auslösen. Wenn du zu jemandem sagst: «Einen meiner Nachbarn hasse ich abgrundtief», löst das Wort «hasse» eine emotionale Reaktion aus, sowohl beim Angesprochenen als auch bei dir selbst. Bei beiden werden chemische Stoffe freigesetzt, die Gefühle auslösen. Hättest du stattdessen gesagt: «Mit einem meiner Nachbarn kann ich nicht allzu viel anfangen», wäre die chemische Antwortreaktion in deinem Gehirn und in dem deines Zuhörers ganz anders ausgefallen. Entsprechend anders wäre die emotionale Resonanz bei beiden. Das Verb «hassen» löst einfach eine andere Reak-

Wortwahl und Reaktion

Wähle deine Worte sorgfältig

tion aus als das neutralere «nicht viel anfangen können». Die Wörter, die du wählst, regen bei dir selbst und bei anderen eine emotionale Reaktion an. Wenn der Schimpanse ein Wort vernimmt, das ihm unangenehm ist, kommt er sofort aus seiner Deckung, um seine Meinung kundzutun.

Oft ist die Zielperson gar kein Dritter. Viele Leute attackieren sich selbst mit Worten. Wenn du die Parole ausgibst: «Ich bin ein nutzloser Mensch», solltest du damit rechnen, dass die chemischen Substanzen in deinem Hirn nichts Gutes für dich tun! Es liegt in deiner Hand.

Hier sind einige vertraute Beispiele dafür, wie der Austausch eines einzigen Wortes die Reaktion deines Schimpansen grundlegend verändern kann.

In einem der vorigen Kapitel habe ich aufgezeigt, was für einen großen Unterschied es für die Bedeutung eines Satzes und für die von ihm geweckten Emotionen ausmachen kann, die Wörter «könnte» und «sollte» gegeneinander auszutauschen. «Sollte» impliziert eine Erwartung oder die Einhaltung einer Norm. Wenn du nicht in der Lage bist, die Erwartungen zu erfüllen, hast du nach den Maßstäben deiner Welt versagt. Das Wort «sollte» weckt typischerweise Assoziationen von Versagen, Vorwurf, Schuld, Strafandrohung, Unzulänglichkeit, ausgelöst nur durch unsere Wahl des Wortes «sollte». Verwenden wir das Wort «könnte», würde es beim Angesprochenen keine Gefühle des Versagens oder nicht erfüllter Normen auslösen. Mit «könnte» assoziieren wir positive Dinge wie Gelegenheiten, Entscheidungsfreiheit, Möglichkeit, Hoffnung.

Es gibt natürlich Situationen, in denen das Wort «sollte» durchaus angebracht ist, und solche, in denen der Gebrauch des Wortes «könnte» unpassend wäre, aber es empfiehlt sich trotzdem, dir den Unterschied zwischen beiden bewusst zu machen, wenn du die Wahl hast.

Sollte	*Könnte*
«Ich hätte dieses Rennen gewinnen sollen.»	*«Ich hätte dieses Rennen gewinnen können.»*
setzt das Ich unter Druck und suggeriert die Möglichkeit des Versagens	*gibt die Möglichkeit, über die Situation nachzudenken und beim nächsten Mal besser vorbereitet zu sein*
«Ich sollte abnehmen und gesünder leben.»	*«Ich könnte abnehmen.»*
erzeugt einen emotionalen Erwartungsdruck und ein Gefühl von Pflicht und potentiellem Versagen	*vermittelt Gefühle von Zuversicht, Hoffnung und Gelegenheit*
«Du solltest ihr sagen, dass es dir leid tut.»	*«Du könntest ihr sagen, dass es dir leid tut.»*
weckt beim Schimpansen Abwehr- und Schuldreflexe	*regt zum Nachdenken an und klingt nicht vorwurfsvoll*

Schau dir die folgenden beiden Sätze an und denke darüber nach:

- «Ich will, dass du mir eine Tasse Tee machst.»
- «Ich würde mich freuen, wenn du mir eine Tasse Tee machst.»

Der erste Satz ist eine Anordnung. Der zweite ist eine Anregung und Bitte, die dem Anderen eine Wahlmöglichkeit lässt.

Kaum ein Schimpanse lässt sich gerne Anweisungen erteilen. Die allermeisten Schimpansen wollen lieber selbst entscheiden. Einen Satz mit «Ich will, dass» zu beginnen, suggeriert normalerweise einen Anspruch auf Verfügungsgewalt über die angesprochene Person. Das kann bei deren Schimpansen Ressentiments oder Abwehrreaktionen hervorrufen.

Überlege dir sorgfältig, welche Worte du wählst und welche Reaktionen sie bei Anderen auslösen können. Wenn wir uns die Zeit nehmen, über unsere Wortwahl nachzudenken, und uns gegebenenfalls für eine alternative Formulierung entscheiden, können wir die Reaktion unserer Mitmenschen auf uns steuern und den Verlauf von Gesprächen so beeinflussen, dass ihr Ergebnis uns zufriedenstellt.

Ein mahnendes Wort

Manchmal kann es richtig sein, einen Satz mit «Ich will» zu beginnen. In Situationen, in denen es angebracht erscheint, Stärke zu zeigen, ist die Formulierung «Ich will» korrekt. Stärke zu zeigen, ist manchmal notwendig. Wenn du beispielsweise eine Beziehung beenden willst und sagst: «Ich will diese Beziehung beenden, weil ich sie nicht mehr will», gibt es keine Diskussion mehr, weil du eine unmissverständliche Aussage gemacht hast.

Wenn du hingegen in dem Bestreben, höflich zu sein, sagst: «Es wäre mir recht, wenn wir diese Beziehung beenden könnten, weil ich nicht glaube, dass sie funktioniert», lässt du Raum für weitere Diskussionen.

Was ich hier deutlich machen möchte, ist, dass es zu diesem Thema **keine strengen und festgelegten Regeln** *gibt. Versuche einfach, ein bisschen gründlicher darüber nachzudenken, welche Wirkung eine von dir gewählte Formulierung auf deine eigene Stimmungslage, auf die von dir übermittelte Botschaft und auf deine Mitmenschen ausüben wird.*

Die zweite Option – Worte als gefährliche Waffen einzusetzen – erklärt sich fast von selbst. Worte können sehr verletzend sein, und sich ihrer in der Absicht zu bedienen, Anderen weh zu tun, ist ein Akt der Aggression. Es lohnt sich, hierüber nachzudenken, bevor du Anderen unwillentlich Schaden zufügst. Worte sind Waffen!

Erscheinungsbild

Das Erscheinungsbild eines Menschen ist seine je individuelle Mischung aus Auftreten, Haltung, Stimmung und der Art seines Umgangs mit Anderen. Der Schimpanse besorgt das für uns. Wenn wir nicht aufpassen und eine Person ansprechen, die uns nicht freundlich gesinnt oder die schlecht gelaunt ist, kann das ernste Folgen haben. Das Erscheinungsbild richtig zu deuten, ist eine sehr nützliche Kunst, doch denken wir oft nicht bewusst daran, ehe nicht Warnsignale angehen. Das Erscheinungsbild einer Person speist sich aus Elementen sowohl seines Menschen als auch seines Schimpansen und kann sich von jetzt auf gleich verändern.

Die richtige Deutung eines Erscheinungsbildes ist bei Kindern und Hunden sehr einfach: Sie benutzen nicht die Masken, die erwachsene Menschen oft aufsetzen. Kinder und Hunde sind offen und durchsichtig; sie haben nichts zu verbergen. Wenn wir einem Hund begegnen, lässt er uns sogleich wissen, was er von uns hält, und zeigt ein entsprechendes Erscheinungsbild. Er kann uns freundlich und entspannt begrüßen oder feindselig und nervös auf uns reagieren. Auch Kinder haben ein Erscheinungsbild, das sie nicht vor uns zu verbergen versuchen. Wir merken schnell, ob sie uns mögen oder nicht.

Wenn wir die Atmosphäre wahrnehmen, die ein Erwachsener um sich herum verbreitet, und die Art und Weise, wie er mit uns interagiert (oder auch nicht), provoziert das unseren Schimpansen zu einer deutlichen Reaktion. Es ist wichtig, dass er weiß, wann er sich anderen Schimpansen nähern kann und wann er sich besser von ihnen fernhält.

Es lohnt sich, über dein eigenes Erscheinungsbild nachzudenken, weil es möglicherweise jede Botschaft überlagert, die du zu übermitteln versuchst.

Stelle dir zwei einfache Fragen:

- Welches Erscheinungsbild wünschst du dir von einer Person, mit der du ein Gespräch führen musst?
- Was für ein Erscheinungsbild dieser Person würde auf dich eher beruhigend wirken und es dir leicht machen, zuzuhören?

Diese beiden Fragen sind beinahe rhetorischer Natur. Es versteht sich von selbst, dass wir alle lieber mit glücklichen, entspannten und netten Menschen zu tun haben, die sich auf uns einstellen und gut zuhören.

Dein Erscheinungsbild ist etwas, das du dir zurechtlegen kannst. Du kannst an deinem Erscheinungsbild arbeiten, indem du dich bemühst, dich selbst zu begutachten und an allen Dingen zu arbeiten, die verhindern, dass du dorthin kommst, wo du sein möchtest. Oft bedeutet das, dass du dein Augenmerk auf die Lenkung deines Schimpansen legen musst. Denke darüber nach, welches Erscheinungsbild du anderen Leuten bietest, und sorge dann dafür, dass es sich genau dorthin entwickelt, wo du es haben willst.

> ***Kernpunkt***
> *Die Arbeit an deiner Körpersprache, deinem Sprachduktus, deiner Wortwahl und deinem Erscheinungsbild hilft dir, deine Kommunikation mit Anderen deutlich wirksamer zu machen.*

Wie du dich auf wichtige Gespräche vorbereitest

Wir können dieses Kapitel jetzt eintüten, indem wir uns der Frage zuwenden, wie wir die bisher gewonnenen Erkenntnisse in die Tat umsetzen können, wenn wir uns auf ein wichtiges Gespräch vorbereiten. Es folgen einige Vorschläge in Form einer Checkliste mit einer Abfolge von Schritten.

Checkliste

Schritt 1: Überprüfe, ob du dir den für deine Agenda richtigen Gesprächspartner ausgesucht hast.

Schritt 2: Stelle sicher, dass du den richtigen Zeitpunkt für das Gespräch gewählt hast.

Schritt 3: Überprüfe, ob der Ort, an dem das Gespräch stattfinden soll, dafür geeignet ist.

Schritt 4: Lege die Agendapunkte deines Schimpansen und deines Menschen fest.

Du musst im Vorhinein für dich selbst eindeutig definieren, welche Ergebnisse du in dem Gespräch erreichen willst. Anders gesagt: Was ist deine Agenda?

Das Wichtigste, was du dir klarmachen musst, ist, dass wenn das Gespräch beginnt, zwei von dir versuchen werden, das Wort zu ergreifen, nämlich du und dein Schimpanse, und dass ihr womöglich ganz unterschiedliche Zielvorstellungen habt. Dein Mensch wird wahrscheinlich Lösungen anstreben, dein Schimpanse wahrscheinlich einfach nur Eindruck machen wollen. Beginne also damit, dass du die Agenda deines Schimpansen und zugleich die deines Menschen definierst.

Schritt 5: Streiche aus der Agenda deines Schimpansen alle unvernünftigen Punkte.

Erkläre deinem Schimpansen, dass es verständlich und berechtigt ist, emotional oder aufgebracht zu reagieren, dass es aber auf lange Sicht eher schadet als nützt, diese Gefühle auf unangemessene Art zum Ausdruck zu bringen. Die Empfindungen, die ein Gespräch bei deinem Schimpansen auslöst, sind normal und vernünftig **für einen Schimpansen**, sind aber womöglich wenig hilfreich. Du solltest also akzeptieren, dass die Gefühle deines Schimpansen verständlich sind, solltest aber dennoch die Punkte seiner Agenda eliminieren, die für deinen Menschen nicht akzeptabel sind, also Zielvorstellungen wie «Ich muss gewinnen» oder «Ich muss mich revanchieren».

Der Mensch als Sprecher des Schimpansen

Schritt 6: Gehe das Gespräch im Menschenmodus an.

Du musst notfalls deinen Schimpansen toben lassen, bevor du in das Gespräch gehst. Stelle sicher, dass du dich im Menschenmodus befindest und menschliche Methoden der Kommunikation pflegst.

Schritt 7: Denke immer daran, deine Argumente im Gespräch richtig zu verpacken.

Denke vor Beginn des Gesprächs über deine Körpersprache, deinen Sprachduktus, deine Wortwahl und dein Erscheinungsbild nach.

Schritt 8: Trage dazu bei, den Schimpansen deines Gesprächspartners zu steuern.

Zu Beginn des Gesprächs wird wahrscheinlich der Schimpanse deines Gegenübers ins Geschehen eingreifen. Versuche zuzulassen, dass er sich verausgabt, und höre ihm zu, reagiere oder antworte aber auf nichts, was er von sich gibt. Ihm ein paar Minuten Zeit für womöglich unschöne Äußerungen zu geben, kann dazu beitragen, dass er sich abreagiert. Was du von ihm zu hören bekommst, bewegt dich vielleicht dazu, deine Sichtweise auf bestimmte Dinge zu ändern und anzuerkennen, dass dein Gegenüber auch ein paar stichhaltige Argumente haben könnte. Vergiss nicht, dass die meisten von uns einen Schimpansen in sich haben, der manchmal nicht leicht zu ertragen ist. Wir bedauern gewöhnlich, was wir unter seinem Einfluss gesagt oder getan haben, und wünschen uns, die Uhr zurückdrehen zu können. Wenn jemand seinen Schimpansen von der Kette gelassen hat und dies bedauert, ist es nicht unbedingt hilfreich, ihn immer wieder daran zu erinnern und es ihm anzukreiden. Irgendwann ist es Zeit, jemandem, der einmal die Kontrolle über seinen Schimpansen verloren hat, Nachsicht zu gewähren und ihm Gelegenheit zu geben, sich wieder von seiner menschlichen Seite zu zeigen, zumindest wenn wir an ihm interessiert sind. (Beachte das **wenn** im letzten Satz.)

Schritt 9: Erspüre die Agenda des Menschen in deinem Gesprächspartner und die seines Schimpansen.

Wenn du es geschafft hast, Letzteren zu beruhigen, kann sein Mensch anfangen, mit dir zu arbeiten. An diesem Punkt kannst du herausfinden, was die beiden wirklich wollen.

Schritt 10: Gib deine eigene Agenda bekannt.

Du kannst jetzt deinem Gesprächspartner erklären, worum es dir geht. Denk daran, wie wichtig es für einen erfolgreichen

Verlauf des Gesprächs ist, dass dein Schimpanse die Klappe hält.

Schritt 11: Betone Gemeinsamkeiten bei Standpunkten und Zielvorstellungen.

Es ist hilfreich, das Gespräch mit dem Aufzeigen von Gemeinsamkeiten zu beginnen; ebenso empfiehlt es sich, die Zielvorstellungen, bei denen ein Konsens besteht, vor Gesprächsbeginn zu benennen.

Schritt 12: Versuche das Gespräch so zu lenken, dass die Agendapunkte deines Gegenübers vor deinen eigenen dargelegt werden.

Wenn du deinem Gesprächspartner erlaubst, seine Ziele zu benennen, wird er eher bereit sein, dir zuzuhören, wenn du anschließend die Punkte ansprichst, über die du verhandeln möchtest. Andernfalls könnte es sein, dass er ständig in Versuchung ist, dich zu unterbrechen und seine eigenen Agendapunkte in den Vordergrund zu schieben.

Schritt 13: Versuche deine eigene Agenda durchzuziehen.

Schritt 14: Fasse zusammen, worauf ihr euch geeinigt habt.

Am besten ist es, hierbei dem Gesprächspartner den Vortritt zu lassen: Er soll zusammenfassen, worüber ihr euch verständigt und geeinigt habt. Nach einem wichtigen Gespräch (und ebenso bei der Übermittlung einer wichtigen Botschaft an einen Dritten) empfiehlt es sich immer, sicherzustellen, dass allen Beteiligten ein gleichlautendes Fazit vorliegt und dass sie dieses verstanden haben. Es ist ein Gebot der Klugheit, sich nach jedem wichtigen Gespräch die Zeit für die Formulierung eines Fazits zu nehmen. Dabei fragst du am besten zunächst deinen Verhandlungspartner, welche deiner Agendapunkte bei ihm angekommen sind. Es kann immer vorkommen, dass jemand etwas missversteht oder einen Teil dessen, was ihm mitgeteilt wird, überhört; sehr oft muss man die eigene Botschaft oder Teile davon mehr als einmal artikulieren, damit der andere sie wirklich zur Kenntnis nimmt. Wenn du eine aus deiner Sicht sehr wichtige Botschaft übermitteln willst, kannst du, um zu prüfen, ob sie angekommen ist, dein Gegenüber bitten, zu erklären, was deine Beweggründe für diese Botschaft sind und warum sie dir wichtig ist. Damit verschaffst du dir die Chance, jegliche etwa noch verbliebenen Divergenzen im Verständnis dessen, was vereinbart worden ist, zu bereinigen.

> ***Kernpunkt***
> *Gehe nie davon aus, dass, nur weil du jemandem etwas mitgeteilt hast, der Adressat es auch gehört oder verstanden hat.*

Schritt 15: Lächle und bedanke dich.

Deinem Gesprächspartner deine Dankbarkeit für die Unterredung und für die dafür geopferte Zeit anzuzeigen, ist nicht nur ein Gebot der Höflichkeit, sondern auch ein Signal deines Respekts vor ihm. Menschen sind keine Gedankenleser, und oft richten wir Schäden nicht mit dem an, was wir sagen, sondern mit dem, was wir zu sagen versäumen.

Wie du mit ungelösten Konflikten umgehst

Auch wenn du die besten aller denkbaren Regeln befolgst, können Konflikte und Differenzen fortbestehen. Wenn es um ein emotional aufgeheiztes Thema geht, ist es manchmal hilfreich, eine dritte Person einzuschalten, am besten jemanden, der neutral genug ist, um eine faire Lösung unterbreiten zu können. Wenn sich zwischen zwei Menschen eine Meinungsverschiedenheit zu einem Konflikt auswächst, kann man dieses Problem auf drei Ebenen angehen: durch Verhandlungen, durch Mediation oder durch einen Schieds- oder Schlichterspruch. Die beiden letztgenannten setzen die Hinzuziehung einer dritten Person voraus.

Verhandlungen

Dies ist der erste Schritt auf dem Weg zu einer Klärung. Gehe auf die andere Person zu und versuche mögliche Gemeinsamkeiten auszuloten, indem beide Beteiligten sich anhören, was der andere zu sagen hat, Respekt voreinander zeigen und sich darauf einigen, unterschiedlicher Meinung zu sein, wenn sie den Konflikt nicht beilegen können.

Mediation

Wenn eine Einigung nicht möglich erscheint, man aber nach einer Lösung suchen möchte, oder wenn es beiden Beteiligten schwerfällt, einander persönlich gegenüberzutreten, wäre eine Mediation ein möglicher nächster Schritt. Mediation heißt nichts anderes, als dass eine neutrale Person, auf die sich die beiden Kontrahenten einigen, ins Spiel kommt, um ihnen bei der Beilegung ihrer Differenzen zu helfen. Der Mediator fällt keinen Urteilsspruch, sondern fungiert als eine Art Gesprächskatalysator und versucht, die bestmöglichen Voraussetzungen dafür zu schaffen, dass eine für beide Seiten akzeptable Lösung erreicht wird. In der Regel sollte es dem Mediator gelingen, die Gemüter zu beruhigen und sowohl die Verhandlungen als auch beide Schimpansen in die richtige Richtung zu lenken!

Schieds- oder Schlichterspruch

Das ist der Schritt zur nächsthöheren Ebene, den man gehen kann, wenn alle anderen Bemühungen um eine Einigung gescheitert sind, man aber doch eine Lösung herbeiführen will. Der Schlichter ist eine von beiden Parteien einvernehmlich ausgewählte Person, die sich die Argumente der Konfliktparteien anhört und letzten Endes ein verbindliches Urteil spricht. Beide Parteien müssen sich im Vorhinein verpflichten, sich dem Spruch des Schlichters zu beugen, ob sie mit ihm einverstanden sind oder nicht.

Zusammenfassung der Kernpunkte

- Wirkungsvolle Kommunikation ist eine entscheidende Voraussetzung für praktische Handlungsfähigkeit.
- Es gibt erlernbare Techniken für die Verbesserung deines Kommunikationsverhaltens, aber sie richtig anzuwenden, ist eine Kunst für sich.
- Die Kunst, wirkungsvoll zu kommunizieren, unterscheidet sich nicht grundsätzlich von anderen menschlichen Fertigkeiten; sie zu entwickeln und ständig beizubehalten, kostet Zeit und Mühe.
- Im Kommunikationsquadrat bildet die richtige Person den Mittelpunkt, und die vier Ecken stehen für den richtigen Zeitpunkt, den richtigen Ort, die richtige Zielsetzung und die richtige Herangehensweise.
- Die Art und Weise, wie du deine Botschaft verpackst, ist entscheidend dafür, wie gut sie angenommen und verstanden wird.

Empfohlene Übung:
Wie du wirkungsvolles Kommunikationsverhalten und Verhandlungsgeschick einüben kannst

Wähle die richtigen Worte

Bemühe dich bewusst, für das, was du mitteilen möchtest, die richtigen Worte zu wählen. Denke daran, dass dein Schimpanse sehr wahrscheinlich stark emotionsbehaftete Formulierungen verwenden und sie mit großer Emphase vorbringen wird. Bemühe dich um eine gemäßigte Wortwahl und vermeide extreme Formulierungen. Statt «Ich kann diese Musik nicht ausstehen» könntest du sagen: «Ich stehe nicht gerade auf diese Musik». Mit dieser sanfteren Wortwahl läufst du weniger Gefahr, eine negative emotionale Reaktion des Zuhörers und eine Verschlechterung der Gesprächsatmosphäre zu provozieren.

Bereite dich auf ein wichtiges Gespräch gut vor

Versuche, dich an der folgenden Checkliste (die direkt dem Text dieses Kapitels entnommen ist) zu orientieren, wenn du dich auf ein wichtiges oder schwieriges Gespräch vorbereitest. Vergiss nicht, dir deine Wortwahl genau zu überlegen!

Checkliste kompakt

1. Überprüfe, ob du dir den für deine Agenda richtigen Gesprächspartner ausgesucht hast.
2. Stelle sicher, dass du den richtigen Zeitpunkt für das Gespräch gewählt hast.
3. Überprüfe, ob der Ort, an dem das Gespräch stattfinden soll, dafür geeignet ist.
4. Lege die Agendapunkte deines Schimpansen und deines Menschen fest.
5. Streiche aus der Agenda deines Schimpansen alle unvernünftigen Punkte.
6. Gehe das Gespräch im Menschenmodus an.
7. Denke immer daran, deine Argumente im Gespräch richtig zu verpacken.
8. Trage dazu bei, den Schimpansen deines Gesprächspartners zu steuern.
9. Erspüre die Agenda des Menschen in deinem Gesprächspartner und die seines Schimpansen.

10. Gib deine eigene Agenda bekannt.
11. Betone Gemeinsamkeiten bei Standpunkten und Zielvorstellungen.
12. Versuche das Gespräch so zu lenken, dass die Agendapunkte deines Gegenübers vor deinen eigenen dargelegt werden.
13. Versuche deine eigene Agenda durchzuziehen.
14. Fasse zusammen, worauf ihr euch geeinigt habt.
15. Lächle und bedanke dich.

Kapitel Zehn

Der Realwelt-Planet

Lerne, dir die richtige Umgebung einzurichten

Die Welt des Schimpansen
Die Welt des Menschen
Die Welt des Computers

Wir haben uns mit der Vorstellung vertraut gemacht, dass dein Gehirn aus drei verschiedenen Funktionseinheiten besteht: dem Schimpansen, dem Menschen und dem Computer. Jedes dieser Gehirne hat seine eigene Wahrnehmung der Welt, und es ist wichtig, diese verschiedenen subjektiven Welten zu verstehen und mit ihnen zu arbeiten. Noch wichtiger ist es, diese Welten oder Umgebungen nach unseren Bedürfnissen zu gestalten, denn das wirkt sich massiv auf unsere Funktionsfähigkeit und Zufriedenheit aus.

Bei der Erledigung unserer alltäglichen Routinen bewegen wir uns in drei höchst unterschiedlichen Welten:

- Dein Schimpanse bewegt sich in einem Dschungel. Er erblickt überall Gefahren und Eindringlinge in sein Revier und lebt nach den Gesetzen des Dschungels.
- Dein Mensch bewegt sich in einer Gesellschaft, der viele andere Menschen angehören, und befolgt die Gesetze dieser Gesellschaft.

- Dein Computer verarbeitet möglichst intelligent die Wahrnehmungen des Schimpansen und des Menschen, interpretiert sie und richtet sie an der realen Welt aus, in der du lebst: einer Mischung aus Gesellschaft und Dschungel, die sich ständig verändert.

Wenn du dich in der realen Welt stressfrei bewegen willst, gibt es drei Dinge, die du tun kannst.

- Als Erstes solltest du die unterschiedlichen Welten erkennen, die der Mensch und der Schimpanse bewohnen.
- Dann solltest du versuchen, diese Welten zu freundlichen und artgerechten Lebensumwelten für die beiden zu machen, indem du ihre Bedürfnisse berücksichtigst.
- Und schließlich kannst du die beiden parallel bestehenden Welten so zu einer einzigen Welt verschmelzen, dass sie miteinander kompatibel werden und in einen sinnvollen Austausch miteinander treten. Was dabei herauskommt, ist die Welt des Computers.

Die Welt des Schimpansen

Dein Schimpanse betritt seinen Dschungel jeden Tag mit einer Dschungel-Mentalität. Wir wissen, dass Schimpansen einen ausgeprägten Revierinstinkt und eine starke Bindung an ihre Gruppe haben. Wenn der Schimpanse also sein Dschungelrevier betritt, hält er Ausschau nach Vertrautem, um sich sicher zu fühlen. Er wird seine Gruppe aufsuchen und ein hohes Bedürfnis nach Routinen haben. Er wird sein Revier wild entschlossen verteidigen und jedes Auftauchen eines nicht zu seiner Gruppe gehörenden Schimpansen als potentiell gefährlich empfinden, wird solche Individuen attackieren oder notfalls vor ihnen flüchten.

Streitigkeiten über Reviergrenzen

Der Schimpanse muss sein Dschungel-Habitat und dessen Grenzen kennen. Das bedeutet, dass du seine Bedürfnisse nach Struktur, Vertrautheit und Sicherheit anerkennen musst, um ihn bei Laune zu halten. Ist er jedoch anerkanntes Mitglied einer starken Gruppe, wird er Selbstvertrauen, Abenteuerlust und Wissbegier entwickeln und seine Umgebung nicht mehr so argwöhnisch prüfen.

Die Tatsache, dass der Schimpanse seine Umwelt eher als einen Dschungel denn als eine Gesellschaft deutet, birgt die Gefahr, dass er seine Triebe über Gebühr auslebt. Unter diesen Vorzeichen können Revierkämpfe, bei denen es um die Verteidigung eines Baums oder die Nutzung eines Pfades geht, in Mord und Totschlag ausarten. Versuche zu verstehen, dass dein Schimpanse die Welt, in der er lebt, als einen Dschungel interpretiert und sich entsprechend nach den Regeln des Dschungels verhält. Alberne Streitigkeiten, etwa um eine weggeschnappte Parklücke, können sich zu ernsten Konflikten auswachsen, wenn der Schimpanse sie als einen Angriff auf sein Territorium wertet.

Bei allen erdenklichen Kämpfen um Reviergrenzen sollte der Mensch stellvertretend für den Schimpansen für Klärung und Beilegung sorgen. Eine Schimpansen-Mentalität in Sachen Reviergrenzen kommt manchmal auch bei der Zuteilung beruflicher Zuständigkeiten zum Vorschein. Wenn du hierüber in Streit gerätst und dein Schimpanse die Überzeugung gewinnt, ein anderer Schimpanse sei in sein Territorium eingedrungen, tust du gut daran, dem Menschen in dir das Kommando zu übergeben und ihn die Sache ins Reine bringen zu lassen. Wenn man dem Schimpansen das Feld überlässt, hat man fast immer das Problem, dass er mit heftigen und oft unverhältnismäßigen Emotionen agiert.

Der richtige Teil des Dschungels

Wenn dein Schimpanse sich in seiner Umgebung wohlfühlen soll, gilt es, gewisse Regeln zu befolgen. Du kannst dich nicht gegen ihn durchsetzen, wenn er nicht in einer ihm gemäßen Welt leben kann. Wenn du deinen Schimpansen zwingen willst, in einem ihm nicht genehmen Teil des Dschungels zu leben, musst du die Folgen akzeptieren. Sehr wahrscheinlich wird dein Schimpanse unter solchen Umständen nervös und deckt dich mit Gefühlen wie Unzufriedenheit und Unbehagen ein. Der Dschungel ist ein furchterregender Ort, doch wenn du den Schimpansen in einem Teil des Dschungels unterbringst, in dem er sich wohlfühlt, wird er Ruhe geben. Das bedeutet: Du musst ihn in die Lage versetzen, mit der **emotionalen Umgebung**, in der er lebt, zurechtzukommen.

Vor einiger Zeit bekam ich Besuch von einer Freundin, die mich um einen Rat bat. Ihre Firma bot ihr eine Beförderung an, und sie fühlte sich geschmeichelt und fand es aufregend. Ihr neuer Posten würde allerdings bedeuten, dass sie erheblich weniger Freizeit haben würde und im Unternehmen mehr Verantwortung übernehmen müsste. Ich konnte nicht mehr tun, als ihr einige Fragen zu stellen, die Entscheidung musste sie selbst treffen. Meine erste Frage – man beachte den Bezug zum Schimpansen im Dschungel – lautete: «Wie viel emotionalen Stress wird dir der Wechsel auf den neuen Posten am Arbeitsplatz und zu Hause bereiten, und wirst du damit klarkommen?»

Sie ging nach Hause, dachte darüber nach und kam zu dem Schluss, dass der neue Job sie überfordern würde. Sie erkannte, dass ihr Schimpanse sich nie mit der neuen Situation abfinden würde und dass es unvernünftig wäre, das schmeichelhafte und aufregende Angebot anzunehmen. Sie verzichtete auf die Beförderung. Jahre später fragte ich sie, wie sie zu ihrer damaligen Entscheidung stehe. Sie sagte, sie sei sehr froh darüber, nicht einer Verlockung nachgejagt zu sein, mit der sie am Ende emotional nicht zurechtgekommen wäre. Sicher hätte die Möglichkeit bestanden, dass sie, wenn sie den angebotenen Job angenommen hätte, in der Folge gelernt hätte, ihren Schimpansen mit der neuen Situation auszusöhnen, aber wir müssen manchmal einfach akzeptieren, dass unser Schimpanse seine Grenzen hat und dass nur wir selbst entscheiden können, wo diese Grenzen sind und wie wir unser Leben im Gleichgewicht halten können.

Ein zweites Beispiel zeigt etwas ganz anderes! Ich erhielt einmal einen Hilferuf von einem Kollegen, der mir erzählte, wie hundsmiserabel er sich in seiner derzeitigen Rolle fühlte. Sein Schimpanse wollte unbedingt, dass er eine Führungsrolle übernahm, hatte aber zugleich ernsthafte Ängste und Bedenken für den Fall, dass es nicht funktionieren würde. Je länger wir die Sache erörterten, desto klarer wurde, dass der Schimpanse Hilfe brauchte, um die Unsicherheit, die er empfand, zu überwinden, und dass der Mensch Hilfe brauchte, um dem Schimpansen rationale Argumente entgegensetzen zu können und alles, was der neue Job mit sich brachte, zu bewältigen. Nach einigen Gesprächen bekam der Schimpanse seine Ängste in den Griff und begann sogar, die Aussichten auf ein neues Leben und auf die Herausforderungen, die es bieten würde, aufregend zu finden. Der Kollege wechselte auf den neuen Job, sein Schimpanse war glücklich, und die Lebensqualität des Mannes verbesserte sich.

Manche Leute verbringen ihr Leben am «falschen» Ort. Zu erkennen, wenn dein Lebensstil den Bedürfnissen deines Schimpansen nicht gerecht wird, und etwas dagegen zu tun, ist einer der Schlüssel zu einem Leben im Frieden mit dir selbst. Der richtige Teil des Dschungels befindet sich dort, wo deine berufliche und deine häusliche Umgebung Orte des Wohlfühlens sind.

Das Revier

Wenn du den für das Wohlbefinden deines Schimpansen richtigen Teil des Dschungels gefunden und dich darin etabliert hast, solltest du dir überlegen, welche Dinge er in diesem Dschungelrevier braucht. Es folgen einige Anregungen, wie du seine Zufriedenheit steigern und verhindern kannst, dass er umherstreift oder unzufrieden wird.

Finanzen und Besitztümer

Zu lernen, nicht über die eigenen Verhältnisse zu leben, ist ein ausgezeichnetes Mittel, den Schimpansen bei Laune zu halten. Dir Geld zu leihen, um dein Leben zu verbessern, ist eine Entscheidung, die du mit deinem Schimpansen ausmachen musst. Manche Menschen kommen damit zurecht, große Kredite aufzunehmen, und schaffen es, dass ihr Schimpanse dies akzeptiert; andere haben dieses Talent nicht. Wenn du zu denen gehörst, denen es chronische Bauchschmerzen bereitet, Schulden zu haben, dann lass die Finger von Krediten. Dein Schimpanse sagt dir, womit er klarkommt und womit nicht; nimm dir die Zeit, zu erkennen, was du emotional bewältigen kannst und was nicht.

Die richtigen Freunde

Dein Schimpanse wird manche Leute sympathisch finden und andere nicht; es ist also an dir, dich nach Möglichkeit mit den richtigen Leuten zu umgeben.

Der richtige Job

Auch wenn du deinen richtigen Job schon gefunden hast, solltest du darauf achten, deinen Schimpansen immer wieder über seine genaue Rolle und seine Aufgaben zu informieren und ihm so Vertrauen einzuflößen. Er muss Zutrauen zu seinen Fähigkeiten haben, um seine Arbeit gut machen zu können.

Die richtige Nahrung

Die richtige Nahrung für einen Schimpansen ist emotionale Nahrung. Was er braucht, ist Bedürfnisbefriedigung gepaart mit Seelenfrieden. Bereite deinem Schimpansen keine Verdauungsstörungen, indem du ihm zumutest, mit belastenden Emotionen wie Stress oder Niedergeschlagenheit zurechtzukommen.

Das richtige Maß an Ruhe

Wenn du deinem Schimpansen nicht genügend Ruhe gönnst, wird er kein glücklicher Bewohner seiner Welt sein. Deine Emotionen unterscheiden sich nicht grundlegend von anderen Bestandteilen deines Körpers. Sie brauchen Aus- und Reparaturzeiten. Solche emotionalen Erholungsphasen sind für deinen Schimpansen sehr wichtig. Du wirst dich danach auf jeden Fall besser fühlen.

Zusammengefasst: Du solltest deinen Schimpansen im richtigen Teil des Dschungels unterbringen und dort mit den richtigen Dingen versorgen, damit er glücklich und zufrieden bleibt. Wenn irgendein Element fehlt, wird ihn das sehr unglücklich machen und dir so lange Probleme bereiten, bis du für Abhilfe sorgst.

Die Welt des Menschen

Dein Mensch lebt in einer Gesellschaft und sieht die Welt daher als einen Ort, der hauptsächlich auf Logik und Mitgefühl basiert. In seiner Welt wird den Schwachen und den Verwundbaren geholfen und jedem werden die gleichen Chancen geboten. Er geht davon aus, dass diese Welt aus rechtstreuen Menschen besteht, die fair und anständig miteinander umgehen, zu deren Erfahrungen aber auch Schuld, Reue und Buße gehören.

Unter diesen Voraussetzungen überrascht es nicht, dass der

Mensch immer wieder Frustrationen und Enttäuschungen erlebt. Was die Menschen nicht genügend berücksichtigen, ist, dass in derselben Welt jede Menge Schimpansen leben, die nicht daran denken, sich an moralische Regeln zu halten – das ist eine Tatsache, der der Mensch ins Auge sehen muss. Hat er dies erst einmal akzeptiert, muss er lernen, es in seine Welt zu integrieren, ohne zuzulassen, dass sein Schimpanse um die Ecke kommt und das Kommando übernimmt.

Umweltbedürfnisse des Menschen

Einer der Unterschiede zwischen dem Schimpansen und dem Menschen besteht darin, dass der Mensch in der Regel erpicht darauf ist, sich zu entwickeln und zu lernen, und dass er nach Möglichkeiten sucht, kreativ zu sein. Menschen brauchen soziale Anreize und geistige Herausforderungen dringender als Schimpansen, deren Hauptsorge dem Überleben gilt. Im Hinblick auf den Menschen kommt es deshalb nicht so sehr auf seine Ernährung an wie auf seine Entwicklung: Du solltest dem Menschen in dir Zeit und Muße für die Entwicklung von Lebensqualität geben. Wir können dieselben Ansprüche, die wir weiter oben dem Schimpansen bescheinigt haben, auch deinem Menschen zugestehen: Was ist der richtige Ort für ihn? Welche Finanzpolster, Besitztümer, Freunde und welchen Beruf, welche Ernährung und wie viele Auszeiten brauchst du, um den Menschen in dir entwickeln zu können? Und noch wichtiger: Welche gesellschaftlichen Anreize und geistigen Herausforderungen stehen dir zur Verfügung? Keine Zielsetzung zu haben, ist Gift für die Seele eines Menschen.

Die Welt des Computers

Der Computer erhält Input sowohl vom Menschen als auch vom Schimpansen. Es ist ziemlich offensichtlich, dass Unverträglichkeiten bestehen zwischen den unterschiedlichen Welten, die der Schimpanse und der Mensch sich wünschen und die sie zu bewohnen glauben. Zwischen ihren Werten und Einstellungen bestehen erkennbare Divergenzen. Es kann nicht sein, dass beide, Mensch und Schimpanse, gleichzeitig Recht haben und zufrieden sind. Würden wir nur in einer dieser Welten leben, könnten wir uns an sie anpassen und gewöhnen. Das Problem ist, dass wir in keiner von ihnen ganz und gar leben. Die reale Welt liegt irgendwo dazwischen.

Der Computer erhält Informationen aus zwei verschiedenen Welten

Der Computer registriert, was der Schimpanse ihm von der Welt erzählt; er registriert ebenfalls, was der Mensch ihm von der Welt erzählt, und macht sich dann seinen Reim auf diese beiden Inputs. Ein fähiger Computer verbindet diese beiden Welten und hilft der Person, beständig zwischen Schimpanse und Mensch hin und her zu schalten, je nach Bedarf. Der Computer hilft der Person also, in der realen Welt der Fluktuation zu leben.

Zusammenfassung der Kernpunkte

- Der Schimpanse lebt in einem **Dschungel** und braucht Fürsorge.
- Der Mensch lebt in einer **Gesellschaft** und braucht Fürsorge.
- Der Computer macht sich einen Reim auf diese beiden Welten und verbindet sie zur **realen Welt**.

- Die reale Welt ist ein fluktuierendes Etwas zwischen zwei parallelen Welten, die sich häufig verändern.
- In der realen Welt zu leben, bedeutet zu lernen, wie man überlebt und sein Glück findet.

Empfohlene Übung:
Ein definiertes Lebensziel

Achte darauf, dass dein Mensch für jeden Tag eine Zielsetzung hat. Das muss nichts Weltbewegendes sein, ein kleiner, schnell zu verwirklichender Vorsatz genügt schon. Das Wichtige daran ist, dass sich für deinen Menschen daraus ein Sinn für seinen Tag ergibt. So gesehen, kannst du deinen Tag damit beginnen, dass du dich fragst, was du bis zum Abend geschafft haben willst. Dein Tagesziel könnte etwa sein, dass du an deiner Arbeitsstelle eine Aufgabe zu Ende bringst oder dass du zuhause einige Hausarbeiten erledigst. Das Ziel muss aber nicht unbedingt etwas mit Arbeit zu tun haben. Du könntest dir auch vornehmen, einen Tagesausflug zu machen oder einfach Zeit mit anderen Menschen zu verbringen. Der Mensch blüht auf, wenn er sich Ziele setzen kann, seien es kurz- oder langfristige.

Kapitel Elf

Der Instant-Stress-Mond

Wie du mit akuter Stressbelastung umgehen kannst

Akuten Stress bewältigen:

- Der Sinn von und die Reaktion auf Stress
- Ein Autopilot für den Umgang mit akutem Stress: "Veränderung"

- Stress abbauen
- Beispiele häufiger Stressfaktoren

Dieser Mond stabilisiert den Realwelt-Planeten, indem er akuten oder plötzlichen Stress bewältigen hilft.

Der Sinn von und die Reaktion auf Stress

Stress ist eine gesunde Reaktion auf Bedrohungen und ist aus gutem Grund etwas Unangenehmes. Er signalisiert uns, dass etwas nicht stimmt und dass wir etwas tun müssen, um die Dinge einzurenken. Stress kann sich auf viele verschiedene Weisen äußern: als Aggression, Ungeduld, dumpfe Vorahnung, Nervosität usw. Dic Erkenntnis, dass diese Stresssymptome von ganz bestimmten Stressfaktoren hervorgerufen werden, ist der erste Schritt auf dem Weg zur Stressbewältigung.

In einer Stresssituation setzt unser Körper jede Menge alarmgebende Hormone frei – Adrenalin und Cortisol sind die beiden wichtigsten. Es gibt physische Stressfaktoren, aber auch psychische. Ein Beispiel für physischen Stress ist etwa die Dehydrierung. Wenn unser Körper innerlich austrocknet, signalisiert er uns dies durch Unwohlsein und Durst. Wir trinken etwas, und das beseitigt den Mangel und den Stress. Psychischen Stress sollten wir auf ähnliche Weise behandeln. Generell gilt, dass wir, wenn wir unter Stress geraten, nach konstruktiven Mitteln suchen sollten, etwas Wirksames dagegen zu tun. Wir haben eine Wahl: Entweder wir reagieren auf den Stress oder wir versuchen die Ursache zu beseitigen. Ganz gleich, welcher Stress dich aus heiterem Himmel überfällt, es gibt immer ein Mittel dagegen.

> ***Kernpunkt***
> *Reagiere nicht einfach nur auf Stress; finde ein konstruktives Mittel gegen ihn.*

Wenn wir in Stress geraten, ist der Schimpanse immer der Erste, der reagiert, schon weil alles, was auf uns zukommt, erst die Wächterschranke des Schimpansen passieren muss. Das lässt sich gar nicht verhindern, und es kann dir in manchen Situationen tatsächlich das Leben retten! Die erste Reaktion, die erfolgt, wird also eine Schimpansen-Reaktion sein. Es ist sehr wichtig, sich dies klarzumachen und es als normal und gesund zu akzeptieren, auch wenn es sich manchmal als unzweckmäßig erweist. Zu erkennen, dass die Reaktion eine des Schimpansen ist, wird dich hoffentlich davon abhalten, **dich selbst** zu kritisieren.

Unter Stress gesetzt, schaltet der Schimpanse in den Kampf-, Flucht- oder Totstell-Modus, je nachdem, was ihm am besten erscheint. Du musst lernen, wie dein Schimpanse auf Stress reagiert, denn das ist individuell verschieden. Ein aggressiver Schimpanse, der am liebsten in den Kampfmodus schaltet, kann seine stressbedingte Aggressivität oder Gereiztheit gegen

Umstehende richten. Ein Schimpanse, der sich in einer Stresssituation tot stellt, negiert im Grunde, dass die Stresssituation besteht, und hofft, das Problem werde sich von selbst erledigen. Der Schimpanse, der zur Fluchtreaktion neigt, will sich dem Problem entziehen, verweigert sich der Konfrontation mit ihm und läuft davon – häufig in der Hoffnung, jemand anders werde es für ihn lösen. Nichts von alledem ist ein idealer Weg, sich mit Stress auseinanderzusetzen, auch wenn alle drei Strategien hin und wieder funktionieren!

Worauf wir hinauswollen, ist einen Weg zu finden, wie wir verhindern können, dass der Schimpanse den Ton angibt. Da der Schimpanse, bevor er loslegt, einen Blick in den Computer wirft, brauchen wir einen Autopiloten, also ein funktionierendes Computerprogramm, das **gut eingespielt** und **lauffähig** ist. Denk daran: Der Computer ist zwanzigmal so schnell wie der Schimpanse, was bedeutet: Ist in unserem Computer ein Autopilot hinterlegt, bekommt der Schimpanse erst gar nicht die Chance, in Aktion zu treten.

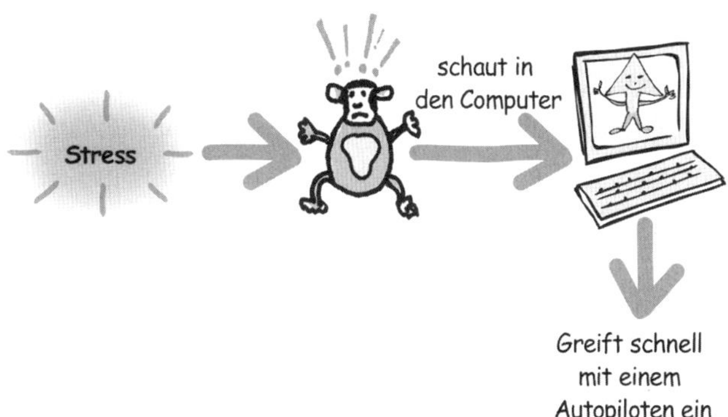

Kernpunkt

Ein Autopilot ist das Mittel der Wahl für die Bewältigung von plötzlichem Stress.

Was du tun kannst, um deinen Schimpansen unverzüglich zu stoppen, wenn er unter plötzlichen Stress gerät:

- erkennen, dass der Schimpanse anspringt
- dein Denken entschleunigen (damit dein Mensch sich einschalten kann)
- Abstand von der Situation gewinnen
- dir Überblick verschaffen
- einen Plan haben

Ein Autopilot, der auf diese Punkte hin programmiert ist, kann dir helfen, mit Stress fertigzuwerden.

Immer wenn wir unter plötzlichen Stress geraten, reagieren wir emotional; manchmal bleibt uns Zeit, nachzudenken, manchmal nicht. Die folgende Blaupause muss so modifiziert werden, dass sie auf dich und deine situativen Umstände passt, doch im Grundsatz lässt sie sich auf jede Art von Stress anwenden.

Blaupause für einen Autopiloten zur Bewältigung von plötzlichem Stress

Die folgenden sieben Schritte können dir helfen, mit akutem Stress fertigzuwerden. Wir werden sie uns nacheinander anschauen, wollen sie aber erst einmal in der Reihenfolge, in der wir sie anschließend abhandeln, auflisten:

1. Erkenntnis und Veränderung
2. Die Pausentaste
3. Flucht
4. Hubschrauber und Überblick
5. Der Plan
6. Nachdenken und Aktivierung
7. Lächeln

Schritt 1: Erkenntnis und Veränderung

Als Erstes musst du erkennen, dass du Opfer einer plötzlichen Stressattacke bist. Das ist nicht immer so leicht, wie es klingen mag. Das deutlichste Signal dafür, dass man unter Stress steht, übermittelt dir dein Schimpanse, indem er dich in Gemütslagen versetzt, die du nicht magst, beispielsweise in Wut, Unbehagen, Magenkrämpfe, Besorgnis und Ähnliches. Sobald du merkst, dass du in Stress verfällst, musst du deinen Computer aktivieren.

Das beste Mittel, einen Autopiloten anzuwerfen, ist ein Wort oder eine Aktion, die deinen Computer aufweckt: etwa wenn du das Wort **«ändern»** sagst, sobald du diese Gefühle bemerkst. Dieses Wort wird den Computer aufwecken und den Autopiloten starten, dessen Programm lautet: **«Ich will meine Sofortreaktion auf Stress ändern.»** Das Wort «ändern» erinnert uns also daran, dass wir dieses Mal etwas anders machen: Anstatt von unserem Schimpansen und unseren Gremlins lassen wir uns von unserem Menschen und einem unserer Autopiloten führen.

Schritt 2: Die Pausentaste

Nachdem du durch das Kommando «ändern» deinen Computer aufgeweckt hast, musst du deinen Schimpansen vom Denken abhalten und dir einen Moment der Ruhe verschaffen. Mit am leichtesten geht das, wenn du dir eine große Pausentaste in deinem Computer vorstellst, die den Schimpansen erstarren lässt, und du diese Taste in dem Moment drückst, in dem der Schimpanse zum Reagieren ansetzt. Dadurch verschaffst du deinem Menschen etwas Zeit, um sich in den Entscheidungsprozess über den Umgang mit der Stresssituation einzuschalten.

> **Kernpunkt**
>
> *Wann immer du deinen Schimpansen stoppen willst, verlangsame aktiv dein Denken. Das funktioniert in* **allen Situationen** *und ist ein weiteres ausgezeichnetes Mittel, deinen Schimpansen in Schach zu halten.*

Schritt 3: Flucht

Geh auf Abstand zu der Situation, wenn möglich. Das hilft dir, Spielraum zu gewinnen. Wenn es physisch möglich ist, verlasse den Schauplatz und komme zur Besinnung. Kannst du nicht weggehen, dann versuche dich zu sammeln und in Gedanken in deine eigene Welt überzuwechseln. Befindest du dich etwa in Gesellschaft eines Menschen, der etwas Verletzendes gesagt hat, erkläre der Person, dass du ein wenig Zeit zum Nachdenken brauchst, ehe du antworten kannst. Scheue nicht davor zurück, kategorisch zu sein, wenn du Zeit zum Nachdenken brauchst.

Schritt 4: Hubschrauber und Überblick

Stell dir vor, du bist in einen Hubschrauber gestiegen, der abgehoben hat und jetzt über der Situation schwebt. Du kannst nach unten schauen und einen Überblick über das Geschehen gewinnen. Stelle dir dein ganzes Leben als einen Zeitablauf mit Anfang und Ende vor und finde heraus, an welcher Stelle du dich zum jetzigen Zeitpunkt befindest. Frage dich: «Wie wichtig ist diese Situation für mein restliches Leben?» «Wird diese Situation für immer anhalten, oder wird sie vorübergehen und werden die Dinge sich ändern?» «Was sind die wirklich wichtigen Dinge in meinem Leben, und ist das hier eines davon – oder etwas, das die Wertigkeiten verschoben hat?»

Rufe dir ins Bewusstsein, dass alles im Leben vorübergeht. Bald wirst du auf diese Situation als eine verblassende Erinnerung zurückschauen. Nur sehr wenige Situationen im Leben erweisen sich als langfristig bedeutsam.

Schritt 5: Der Plan

Im nächsten Schritt kannst du dir einen Plan für die Beseitigung deiner Stressbelastung zurechtlegen. Vergiss nicht, dass du beim Denken deinen Menschen zum Zuge kommen lassen willst, also frage dich zuerst, was du anders machen könntest und ob das die Lage verbessern würde. Kannst du die Art und Weise, wie du die Situation siehst, ändern, und würden sich daraus neue Möglichkeiten ergeben? Nimm die Situation als Ganze und die Begleitumstände in den Blick und überprüfe, ob sich diese verändern lassen. Was kannst du praktisch unternehmen, um Dinge zu ändern, und mit welchen Dingen musst du dich abfinden und beschäftigen?

Schiebe Interaktionen mit den anderen beteiligten Personen so lange auf, bis du ein klares Bild von dir selbst und der Situation gewonnen hast. Schau dir zu guter Letzt die Beteiligten einzeln an und frage einige von ihnen, ob sie dir helfen können oder ob du ihnen helfen kannst.

Werde dir darüber klar, welche Dinge du steuern kannst und welche nicht. Im Allgemeinen gilt, dass du alles steuern kannst, was mit dir selbst und deinen Reaktionen zu tun hat, dass du die äußeren Umstände ein Stück weit steuern kannst, aber die anderen beteiligten Menschen nicht. Akzeptiere dies!

Schritt 6: Nachdenken und Aktivierung

Wenn du jetzt den Spielraum und die Zeit gewonnen hast, die du brauchst, damit dein Mensch das Denken übernehmen kann, solltest du nachdenken, bevor du zur Tat schreitest. Frage dich, wem du die Führung anvertrauen möchtest. Soll dein Schimpanse derjenige sein, der für dich denkt und handelt, oder dein Mensch? Das ist die Auswahl, die du hast. Aktiviere deinen Plan. Verändere, was veränderbar ist, steuere, was du steuern kannst. Lehne dich jedenfalls nicht untätig zurück. Es gibt nichts, das weniger konstruktiv ist, als ein selbsternanntes Opfer – hüte dich davor, dich zum Opfer zu stilisieren. Wenn du wirklich keinen Ausweg findest, rufe jemanden zu Hilfe, der etwas bewegen kann.

Stufe 7: Lächeln
Lächle, so oft du kannst. Gleich wie ernst die Lage ist, versuche sie von der leichteren Seite zu nehmen. Lache über dich selbst, wenn du überreagiert hast.

> ***Kernpunkt***
> *Über dich selbst oder über eine Situation zu lachen, ist eines der wirksamsten Mittel, um den Schimpansen von Stress zu entlasten.*

Wenn es sich um eine schwerwiegende und für dein Leben folgenreiche Situation handelt, musst du selbstverständlich Gefühle wie Kummer oder Trauer unbedingt zulassen und die Hilfe deiner Freunde akzeptieren. Nichts ist falsch daran, zu trauern; es ist vielmehr ein sehr heilsamer Weg, sich mit Katastrophen und Schicksalsschlägen zu arrangieren.

Die sieben Stufen in Aktion – ein Beispiel
Eddie ist unterwegs zu einem Vorstellungsgespräch für eine Arbeitsstelle, die er unbedingt haben will. Der Bus, den er nehmen wollte, hat 30 Minuten Verspätung, und Eddie wird nervös. Als der Bus endlich kommt, ist er so voll besetzt, dass er vorbeifährt, ohne anzuhalten. Ein Taxi kommt an dieser Stelle fast nie vorbei, und Eddies Handy hat hier kein Netz. Sein Schimpanse hat bereits hysterische Anwandlungen und beginnt wütend zu werden. Er übernimmt das Kommando mit einer für ihn natürlichen Reaktion, das ist sein Job. Doch was er tut, hilft nicht wirklich weiter. Versuchen wir jetzt, uns die Schritte auszumalen, die Eddie durchgehen kann, um diese akute Stresssituation zu bewältigen.

Stufe 1: Eddie erkennt, dass der Schimpanse reagiert, und akzeptiert, dass das aus dessen Sicht vollkommen zweckmäßig ist, aber in der Situation nichts besser macht. Eddie sagt zu sich selbst die Parole **«ändern»**, ein Signal dafür, dass er von einer Schimpansen-Reaktion mit Gremlins auf eine Menschen-Reaktion mit Autopiloten umschalten wird.

Stufe 2: Eddie stellt sich jetzt eine große Pausentaste vor und drückt diese in Gedanken kraftvoll, um sich eine Denkpause zu verschaffen und damit eine Chance für seinen Menschen, sich einzuschalten.

Stufe 3: In Gedanken zieht Eddie sich zurück und distanziert sich von dem, was vor ihm liegt.

Stufe 4: Er stellt sich einen Hubschrauber vor, der mit ihm über dem Ort des Geschehens schwebt, sodass er herabschauen und sich einen Überblick verschaffen kann. Was sich da unten abspielt, mag im Moment bedrückend sein, wird aber vielleicht zehn Jahre später in der Rückschau unwichtig erscheinen. Hoch über der Situation schwebend, fragt Eddie sich, ob es wirklich das Ende der Welt wäre, wenn er den Job nicht bekäme. Die Antwort lautet: «Nein, wäre es nicht», und so groß die Enttäuschung auch ist, kann er mit den Folgen dennoch leben, weil er ein erwachsener Mensch ist und kein Schimpanse oder Kleinkind. Sein logisches Denken sagt ihm, dass er vielleicht doch noch etwas Gutes aus der Situation machen kann und nicht zulassen sollte, dass sein Schimpanse in Untergangsfantasien verfällt.

Stufe 5: Eddie schaltet jetzt in den Menschenmodus um und fragt sich: «Was kann ich an der Situation ändern?» Seine Antwort lautet: «Ich kann mir die Emotionen aussuchen, die ich will, und kann mich entscheiden, mich wie ein Erwachsener zu benehmen. Meinen Emotionen freien Lauf zu lassen, hilft niemandem, am allerwenigsten mir. Mir fällt nichts Praktikables ein, was ich im Moment tun könnte – das muss ich akzeptieren. Ich kann mich dafür entscheiden, die Situation zu akzeptieren, anstatt ständig zu sagen ‹Wenn doch nur› oder ‹Das hätte nicht passieren dürfen› oder, noch schlimmer: ‹Das Leben sollte fair sein›.»

Stufe 6: Eddie **beschließt**, seinem Menschen das Kommando zu übertragen, und **beschließt**, seine emotionale Herangehensweise an die Situation aktiv zu ändern. Er wägt seine praktischen Handlungsmöglichkeiten gegeneinander ab: entweder warten und hoffen, dass der nächste Bus bald kommt, oder nach Hause gehen und die Person anrufen, mit der er den Vorstellungstermin vereinbart hat.

Stufe 7: Ungeachtet seiner Enttäuschung könnte Eddie sich ein Lächeln abringen und dankbar dafür sein, dass trotz allem morgen früh die Sonne aufgehen wird. **Er fokussiert sich weiterhin auf die Lösung und nicht auf das Problem.**

Natürlich könntest du für dich eine andere Herangehensweise an die Situation oder eine andere Reaktion darauf bevorzugen, wenn du an Eddies Stelle wärst. Ich habe hier nur beispielhaft aufgezeigt, wie es gehen könnte. Ganz offensichtlich gibt es unzählige Möglichkeiten. Die Hauptsache ist, dass Eddie beschlossen hat, wie ein Mensch und nicht wie ein Schimpanse zu agieren, und dass er sich trotz des erlittenen Malheurs für eine positive emotionale Reaktion entschieden hat.

Wahlfreiheit, auch wenn es ernst wird?

Im gerade geschilderten Beispiel ging es nicht um Leben und Tod. Wie aber sieht die Sache aus, wenn du in eine wirklich schwere Krise gerätst?

Stell dir einen jungen Mann vor, der nach einem Motorradunfall von der Hüfte abwärts gelähmt ist. Leider kommt das nicht ganz selten vor. Wie kommt er mit einer solchen Krise zurecht?

Wie Eddie kann auch er in Gedanken den Hubschrauber besteigen, um einen Überblick zu gewinnen, aber dieser fällt in seinem Fall nicht so positiv aus. Sein ganzes Leben hat sich gerade radikal geändert, und nicht zum Besseren. Es wäre ziemlich widersinnig, ihm zu raten, es mit einem Lächeln und einer neuen Perspektive zu versuchen. Er wird zwangsläufig erst einmal eine Phase der Trauerarbeit durchmachen müssen.

Jeder von uns reagiert auf ein und dieselbe Situation anders, es gibt somit kein richtig oder falsch, wenn es um die Reaktion auf eine schwere Daseinskrise geht. Wichtig ist, dass du deine Reaktion verstehst und selbst darüber entscheidest, wie du mit der Situation umgehen willst. Die oben aufgezählten einfachen Schritte sind nützlich für die Bewältigung kleiner Krisen und plötzlich auftretender akuter Stresssituationen, reichen jedoch nicht aus, wenn uns etwas Schwerwiegendes zustößt, das uns unter starken Dauerstress setzt. Die Freiheit, dir für die Bewältigung deines Kummers so viel Zeit zu nehmen, wie du brauchst, und deine Trauerarbeit auf deine eigene Weise zu gestalten, liegt in deiner Hand. Eine Phase bewusster Trauer einzulegen, ist das Beste für dich: Sie verläuft in wissenschaftlich erforschten Phasen, die du höchstwahrscheinlich durchlaufen wirst und die alle eine gewisse Zeit brauchen. Es wird jedoch ein Zeitpunkt kommen, an dem du die Trauer hinter dir lässt und wieder an deine Zukunft denken kannst. Du wirst einen Punkt erreichen, an dem du dich der Situation stellen und eine Entscheidung treffen musst, so schwer sie dir auch fällt. Für den gelähmten jungen

Mann aus unserem Beispiel wird es eine sehr schwierige Entscheidung. Er kann mit seinem Schicksal hadern, auf die Welt wütend sein und sein restliches Leben in Verbitterung zubringen, oder er kann sich dafür entscheiden, trotz des erlittenen Unfalls nach vorne zu schauen und sich die Chance auf ein glückliches und erfülltes Leben zu bewahren, wie es viele junge Leute in einer vergleichbaren Situation getan haben.

Im Verlauf all der Jahre, in denen ich mit Menschen zu tun hatte, die durch ein schreckliches Ereignis in eine Lebenskrise gestürzt wurden, war ich immer wieder zutiefst beeindruckt von denen, die beschlossen, das Beste aus ihrer Situation zu machen und eine lächelnde und positive Lebenseinstellung zurückzugewinnen. Du hast immer die Wahl (auch wenn es sich nach einer grausamen Wahl anhören mag), die Lage zu akzeptieren und dich auf den Weg in ein glückliches Leben zu machen, oder zu bleiben, wo du bist, und in einem Dauerzustand der Bitterkeit oder Wut weiterzuleben. Wut ist eine Gemütslage, der man sich gewöhnlich länger hingeben kann, als die Phase der Trauerarbeit dauert, aber Wut hilft niemandem.

Stress abbauen

ADP – die Kraft der Elektrizität

Manchmal fällt es nicht leicht, nach vorne zu schauen, weil dein Schimpanse etwas dagegen hat, und er wird dich daran zu hindern versuchen, bis du ihm auf die Sprünge hilfst und ihm eine neue Richtung weist. Die Fähigkeit, nach vorne zu schauen und durchzustarten, lässt sich als dreiphasiger Prozess beschreiben. Ich bezeichne dies als die Kraft der Elektrizität. ADP – die Kraft, die dir hilft, zu **a**kzeptieren, **d**urchzustarten und einen **P**lan zu verfolgen.

ADP ist ein Rezept für die Bewältigung einer schwierigen Situation, mit der du dich abfinden musst. Es kann sich um ein dich belastendes Fehlverhalten handeln, um ein Ereignis, das du am liebsten ungeschehen machen würdest, oder um ein erlittenes emotionales oder körperliches Trauma.

Akzeptieren – um etwas Unangenehmes akzeptieren zu können, ist es hilfreich, erst einmal Abstand davon zu gewinnen. Um das zu schaffen, musst du deinen Schimpansen toben lassen und die Emotionen artikulieren, die das unangenehme Ereignis in dir wachgerufen hat. Tue das so lange und so oft, wie es sein muss, und begehe nicht den Fehler, deine Emotionen in dich hineinzufressen. Emotionen wegzuschließen (analog zum Versuch, einen aufgebrachten Schimpansen zu fesseln), ist wahrscheinlich die schlechteste Methode, denn dein Schimpanse wird sich irgendwann befreien und dann dich und andere attackieren. Er ist nämlich nicht klug, sondern ein Kasper. Wenn du den nötigen Abstand gewonnen hast, wird dein Stress nachlassen, und du wirst anfangen, dich zu entspannen. Erinnere dich an die erste «Wahrheit des Lebens» und richte dich an ihr aus: «Das Leben ist unfair.» Sage es nicht nur, lebe danach.

Durchstarten – stelle fest, wenn du deinen Schimpansen ausreichend hast toben lassen und durchstarten willst. Lass nicht nach, bis du zum Durchstarten bereit bist. Wenn du so weit bist, frage dich, was du als Nächstes tun willst. Du hast nur zwei Optionen: zu bleiben, wo du bist, und das Problem, um das es geht, am Leben zu halten, oder deine Verluste abzuschreiben, einen neuen Plan zu schmieden und nach vorne zu schauen. Es ist, wie immer, deine Entscheidung.

Planen – das Wichtigste am Durchstarten. Ohne Plan kannst du nicht durchstarten, denn du würdest nur auf dasselbe Problem zurückfallen, dieselben Emotionen und dieselbe Situation erneut vorfinden. Ein Plan weist dir den Weg aus dem Teufelskreis und erleichtert dir die Aufgabe, etwas zu akzeptieren, das dir unerträglich vorkommt. Der Plan muss aufzeigen, wie du deine Emotionen verändern kannst, und muss einige praktische Handlungsmöglichkeiten beinhalten.

Fange immer am Startpunkt an

An der falschen Stelle anzufangen, birgt immer ein großes Stresspotenzial. Dort anzufangen, **wo du dich befindest**, und mit dem, **was du hast**, und von da aus vorwärts zu gehen, beschert dir Ermutigung und Befriedigung, weil du jeden Fortschritt in Richtung auf dein Ziel sehen kannst. Viele Leute fangen da an, wo sie sein wollen, und mit dem, was sie haben wollen, stellen dann fest, wie weit sie davon noch weg sind, und verlieren den Mut. Jeder Tag ist für sie eine Maßzahl für die Strecke, die ihnen noch fehlt. Stell dir vor, du hättest dir ein Bein gebrochen, und dein Arzt hätte dir gesagt, es würde drei Monate dauern, bis du das Bein wieder voll belasten kannst. Wenn du akzeptieren kannst, da anzufangen, wo du bist, und mit dem, was du hast, wirst du dir sagen: «Mit jedem Tag wird es ein bisschen besser, der Heilungsprozess schreitet fort.» Dein Mensch wird das Sagen haben, und in deinem Gehirn werden positive chemische Stoffe freigesetzt.

Wenn du da anfängst, wo du sein willst, und mit dem, was du haben willst, wirst du dir sagen: «Ich möchte wieder ganz gesund sein und keine Probleme mit meinem Bein haben.» Jeden Tag wirst du merken, wie weit du davon noch entfernt bist, und das wird deinen Schimpansen veranlassen, das Kommando zu übernehmen; negative Stoffe werden in deinem Gehirn freigesetzt, die dir Stress bereiten, und die drei Monate werden dir wie eine Ewigkeit vorkommen.

Wenn Dinge schiefgehen oder du etwas verbockt hast, ist das Beste, was du tun kannst, **dort anzufangen, wo du bist, und mit dem, was du hast**.

Zeitreisen

Eine fantasievolle Methode, mit Stress umzugehen, ist sich in eine Zeitmaschine zu setzen. Wenn dir etwas Kopfzerbrechen oder Stress bereitet, stell dir vor, du könntest in einer Zeitmaschine zehn Jahre in die Zukunft reisen und von dort aus auf die aktuelle Situation zurückblicken. Frage dich, was für ein Verhalten du bei dir rückblickend am liebsten sehen würdest, welche Worte und welche Taten. Frage dich, ob es hilfreich war, dich von der Situation stressen zu lassen. Wenn du dir darüber eine Meinung gebildet hast, kannst du in die Gegenwart zurückkehren und das, was du dir überlegt hast, in die Tat umsetzen.

Einige typische Beispiele für Stressfaktoren

Stress ist eine sehr individuelle Reaktion, weil jeder von uns sich von anderen Situationen gestresst fühlt. **Welche Dinge uns Stress bereiten, hat fast immer etwas mit der Weise zu tun, wie wir eine Situation wahrnehmen und an welchen Überzeugungen wir festhalten**, denn davon hängt unsere Deutung einer Bedrohung ab. Das ist der Hauptgrund dafür, dass unterschiedliche Personen, die mit demselben Problem konfrontiert werden, ein ganz unterschiedliches Ausmaß an Stress produzieren. Zu den ergiebigsten Quellen von Stress und Problemen gehörst ironischerweise du selbst, aber auch die wichtigste Hilfsquelle für Lösungen dieser Probleme bist du selbst.

Entscheidungsfindung

Keine Entscheidung zu treffen, ist eine der häufigsten Stressursachen. Entscheidungen zu treffen und konsequent an ihnen festzuhalten, ist im Grunde nicht schwierig, wenn du dir erst einmal darüber klar geworden bist, dass deine Unfähigkeit oder dein Unwille, eine Entscheidung zu treffen, deinen Schimpansen auf den Plan ruft – vorausgesetzt du lernst, deinen Schimpansen zur Ordnung zu rufen. Eine Entscheidung, die du treffen willst, zu überschlafen, kann hilfreich sein. Merke dir: Wenn du eine Entscheidung treffen musst und es **keine zusätzlichen Informationen mehr** zu sammeln gibt, ist der richtige Zeitpunkt für die Entscheidung gekommen. Es kann hilfreich sein, deinem Schimpansen zu erklären, dass sein Bestreben, keine Fehler zu machen, nicht unvernünftig ist, dass es aber auch unrealistisch wäre, zu glauben, die emotionalen Entscheidungen des Schimpansen seien immer die besten. Es kann auch helfen, dem Schimpansen zu sagen, dass anders als Schimpansen und Kinder, die oft unfähig sind, mit Konsequenzen zu leben, erwachsene Menschen dazu sehr wohl in der Lage sind.

Manche Schimpansen tun sich mit Entscheidungen besonders schwer. Das ist normal, solange der Schimpanse nicht einen Schritt weitergeht und sich mit wenig hilfreichen Aussagen quält wie «Ich muss dumm sein», «Mit mir stimmt etwas nicht» oder mit anderen Selbstvorwürfen. Glücklicherweise können Menschen ohne Weiteres Entscheidungen treffen, wenn sie es schaffen, ihren Schimpansen zu domestizieren.

Entscheidungen treffen – das Bonbon-Dilemma
Stell dir vor, du hast zwei Bonbons vor dir liegen, ein grünes und ein gelbes. Du wirst aufgefordert dir eines davon auszusuchen – Konsequenzen gibt es keine. Das ist kinderleicht: Du brauchst nur eine Sekunde, um dich für eines der Bonbons zu entscheiden.

Jetzt stell dir vor, du wirst vor dieselbe Wahl gestellt, die aber dieses Mal Folgen haben soll. Suchst du dir das richtige Bonbon aus, darfst du einen Wunsch äußern, der dir dann erfüllt wird. Suchst du das falsche Bonbon aus, wirst du etwas verlieren, das du mehr liebst als alles andere. Jetzt wird die Wahl sehr schwer. Der Grund liegt auf der Hand: Die Konsequenzen deiner Wahl sind folgenreich und werden dein Leben verändern. Der Stress rührt von den Konsequenzen her, nicht von der Entscheidung als solcher.

Das Problem besteht jetzt darin, dass in dem Maß, wie der Schimpanse das Kommando übernimmt, die Logik flöten geht. Es sind keine zusätzlichen Informationen mehr zu gewinnen, und ein weiteres Zuwarten wird nichts bringen, weil deine Entscheidung in jedem Fall mit großer Ungewissheit behaftet ist. Der Schimpanse will nicht zulassen, dass du eine Entscheidung triffst, da er die Folgen fürchtet. Er wird diese Folgen immer wieder herunterbeten und dir nicht erlauben, vorwärtszukommen. Der Mensch kann dank seines logischen Denkens die Entscheidung ohne Weiteres treffen, weil er sich überlegt hat, dass er in einem Moment, in dem keine neuen Informationen mehr einzuholen sind, am besten daran tut, mit einer mutigen Entscheidung das Elend zu beenden und sich mit den Folgen dann auseinanderzusetzen, wenn sie eintreten.

In einer Situation wie dieser wird der Schimpanse zwei Dinge tun: Er wird versuchen, dich an einer Entscheidung zu hindern, weil er fürchtet, es könne die falsche sein, und er wird katastrophale Folgen einer wie auch immer gearteten Entscheidung an die Wand malen, um dich am Vorwärtskommen zu hindern. Das beste Mittel, um das Problem zu lösen, ist die Etablierung einer Entscheidungsfindungsroutine, die dann zum Autopiloten wird.

Der Pfad der Entscheidung

- Sammle alle erdenklichen Informationen, die dich in die Lage versetzen, deine Entscheidung zu treffen.
- Akzeptiere, dass du manche Informationen nie erhältst und manche zu spät – ignoriere das, weil du ohnehin nichts daran ändern kannst.
- Schau dir die Konsequenzen jeder Entscheidung an und versuche zu erkennen, ob eine schwerwiegende darunter ist – akzeptiere, dass beide Entscheidungsalternativen Folgen haben werden.
- Sage deinem Schimpansen, er solle aufhören, Katastrophen an die Wand zu malen, und solle Augenmaß zeigen – sei resolut und nimm die Emotion aus dem Spiel oder dämpfe sie.
- Wenn möglich und angebracht, versuche über dich oder über die Situation zu lachen – lachen ist immer besser als weinen.
- Wenn du trotz alledem keine Entscheidung treffen kannst, besteht zwischen den beiden Alternativen vielleicht kein großer Unterschied; wirf also einfach eine Münze und lebe mit den Konsequenzen.

Der Versuch, alles beim Alten zu belassen

Eine mögliche Quelle von Stress ist das Unvermögen, zu akzeptieren, dass das Leben und die Welt in ständiger Veränderung begriffen sind und dass die Dinge nicht so bleiben, wie sie waren oder sind.

Zwischenmenschliche Beziehungen liefern gute Beispiele dafür. An jedem Tag deines Lebens verändert sich deine Beziehung zu einer anderen Person geringfügig, weil sich die Umstände und du ein Stückchen weit geändert haben. Falls du erwartest, dass deine Partnerbeziehung genauso bleibt, wie sie am Tag des Kennenlernens war, könnte das damit enden, dass du dich unzufrieden oder enttäuscht fühlst. Wir projizieren oft unrealistische Erwartungen auf unsere Beziehungen und wollen nicht wahrhaben, dass sie sich im Lauf der Zeit verändern.

Ähnlich verhält es sich im Berufsleben. Du kannst nicht erwarten, dein Leben lang den immer gleichen Job zu machen oder ihn überhaupt zu behalten. Menschen werden oft ungehalten oder wütend, wenn sie keine Beschäftigungssicherheit oder kein festgefügtes Berufsbild angeboten bekommen, doch dies zu erwarten, ist höchst unrealistisch.

Dein Schimpanse und seine Unsicherheit stecken hinter dieser Sehnsucht nach festgefügten Elementen in deinem Leben. Dein Mensch muss seinen Schimpansen hier eines Besseren belehren. **Die wichtigste Punkt ist, dass, wenn du erwartest, dass irgendetwas in deinem Leben konstant bleiben wird, dies sich sehr wahrscheinlich zu einer Quelle von Stress auswächst, wenn sich die Erwartung nicht erfüllt.** Um diesen Stress loszuwerden, musst du im Hier und Jetzt leben und akzeptieren, dass Veränderungen normal sind und dass du im Interesse deiner Zukunft mit ihnen rechnen und klarkommen solltest.

Unrealistische Erwartungen

Neben der Erkenntnis, dass nichts im Leben gleich bleibt, ist es wichtig, dass du eine realistische Erwartungshaltung gegenüber Personen und Ereignissen entwickelst. Wir haben dieses Thema schon an früherer Stelle mit Blick auf den Gremlin der unrealistischen Erwartung behandelt und kommen hier noch einmal darauf zurück, um es aufzufrischen. Eine verbreitete Quelle von Stress ist, wenn eine Person starre Erwartungen darauf richtet, was passieren **sollte** oder was getan werden **sollte**. An die Welt, in der du lebst, und an die Leute, mit denen du sie teilst, mit realistischen und nützlichen Erwartungen heranzugehen, wird dein Stresslevel erheblich herabsetzen.

Wenn man den Unterschied zwischen Hühner- und Gänseküken nicht kennt

Es gibt Stressarten, die es zu entdecken gilt!

Stell dir Folgendes vor:

Eine Henne befand sich mit ihren Küken in einem Verschlag, vor den ein Fuchs gesetzt wurde. Der Fuchs umkreiste den Verschlag und versuchte, sich die Küken zu schnappen. Die Henne wusste instinktiv, was sie zu tun hatte: Sie stellte sich frontal dem Fuchs gegenüber und breitete ihre Flügel aus. Die Küken liefen hinter die ausgebreiteten Flügel und waren geschützt. Die Henne drohte dem Fuchs weiterhin, indem sie den Kopf senkte und mit ihrem spitzen Schnabel nach ihm stieß. Der Fuchs konnte die Küken nicht fangen, die Henne hatte sich behauptet. Alles war gut, der Fuchs wurde weggenommen.

Später wurden einige Gänseküken zusätzlich in den Verschlag gesetzt. Die Henne fühlte sich sofort für den Schutz auch dieser Küken verantwortlich und bemutterte sie. Wieder wurde der Fuchs losgelassen. Als er den Verschlag umkreiste, versuchten auch die Gänseküken, hinter den ausgebreiteten Flügeln der Henne Schutz zu suchen. Jetzt waren es aber zu viele Küken; sie passten nicht alle unter die Flügel, gerieten in Panik und rannten blindlings im Käfig umher. Die Henne versuchte sie alle in eine Ecke zu scheuchen, um sie unter ihre Flügel zu bekommen, schaffte das aber nicht. In diesem Moment ließ sie in der verzweifelten Erkenntnis, dass ihr Bemühen hoffnungslos war, sowohl die Hühner- als auch die Gänseküken im Stich

und versuchte dem nach oben offenen Verschlag zu entfliehen, womit sie sämtliche Küken dem Zugriff des Fuchses auslieferte.
Wir können daraus etwas lernen: Im Umgang mit Problemen und Verantwortlichkeiten, die das Leben an dich heranträgt, ist es sehr wichtig, zu unterscheiden zwischen Problemen, die in deine Verantwortung fallen (Hühnerküken), und Problemen, für die jemand anders zuständig ist (Gänseküken). Wenn du anfängst, dir die Probleme und Verantwortlichkeiten anderer Leute aufzuhalsen, musst du mit Stress rechnen. Nicht genug damit, dass du es nicht schaffst, den Anderen zu helfen, kann es auch passieren, dass du deine eigenen Aufgaben nicht mehr gelöst bekommst. **Hüte dich vor den Gänseküken in deinem Leben!**
Ich sage natürlich nicht, dass wir Anderen nicht helfen sollten; ich rate nur an, vorsichtig zu sein, bevor man sich die Probleme anderer Leute zu eigen macht. Verantwortung zum Beispiel für jemanden zu übernehmen, der ein Fresssucht- oder Alkoholproblem hat, ist keine gute Idee, da du dir die Aufgabe stellen würdest, etwas zu kontrollieren, das unkontrollierbar ist. Beschränke dich unbedingt darauf, solche Leute darin zu unterstützen, **sich selbst zu helfen**.

Zusammenfassung der Kernpunkte

- Habe realistische Erwartungen und erinnere dich immer wieder an das Offenkundige: Das Leben ist nicht fair; Stresssituationen werden kommen; Dinge werden schiefgehen.
- «Ändern» steht für eine Verhaltensänderung und bedeutet, dass du dir vornimmst, deine automatische Reaktion auf Stress dem Schimpansen und den Gremlins wegzunehmen und sie dem Menschen und seinen Autopiloten zuzuweisen.

- Proaktiv zu sein, bedeutet nach vorne zu schauen und antizipierbaren Stress, wenn immer möglich, zu vermeiden.
- «ADP» steht für «akzeptieren und durchstarten mit einem Plan» und ist eine Methode für die Überwindung stressiger Situationen.
- Wenn du in Stress gerätst, mache dich aktiv auf die Suche nach Lösungen, mit denen du ihn bewältigen oder loswerden kannst.
- Fast alle Situationen bereiten dir nur dann emotionalen Stress, wenn du dies zulässt.

Empfohlene Übung:
Deine Stressplanung

Ein gut durchdachter Plan

Setze einen schriftlichen Plan für den Umgang mit plötzlichen Stressbelastungen auf. Male dir eine Stresssituation aus und lege dir einen gut durchdachten Plan für deinen Umgang mit ihr zurecht. Spiele die Situation und deinen Plan in Gedanken durch und denke auch über einen produktiven Ausweg nach.

Übung macht den Meister

Versuche in jeder erdenklichen Stresssituation bewusst, als Mittel zur Lenkung deines Schimpansen deine Denkvorgänge zu verlangsamen. Wenn zum Beispiel jemand etwas zu dir sagt, das bei dir eine emotionale Reaktion auslöst, versuche diese Reaktion zu bremsen, indem du dir in Gedanken das Wort «ändern» zuflüsterst und die «Pausentaste» drückst, wie weiter oben in diesem Kapitel beschrieben, und dann zu einem besonnenen, rationalen menschlichen Denken übergehst. Das Abbremsen deiner Reaktionen eröffnet deinem Menschen die Chance, in Aktion zu treten, indem es impulsiven Reaktionen deines Schimpansen einen Riegel vorschiebt. Das Einüben dieser Technik, bis sie zur Routine wird, lässt in deinem Computer einen Autopiloten entstehen.

Kapitel Zwölf

Der Dauerstress-Mond

Lerne, mit chronischem Stress fertigzuwerden

Chronischer Stress:

- Verantwortung
- Was ist das?
- Diagnostizieren
- Vorbeugen
- Behandeln
- Eigenverursacht

- Situativ verursacht
- Von Anderen verursacht
- Was, wenn ich immer falschliege?
- Wie man einen Affen fängt

Dieser nächste Mond wird dir helfen, die Welt, in der du lebst, zu stabilisieren, indem du Mittel und Wege findest, mit Dauerstress fertigzuwerden.

Verantwortung

Dieses Kapitel stellt dir die Aufgabe, **in dich hineinzuhorchen, um Lösungen für den Umgang mit Dauerstress zu finden**. Übernimm die Verantwortung dafür, Lösungen für dein Stressproblem zu finden. Beginne damit, dass du dich selbst in den Blick nimmst und nicht anderen Leuten oder äußeren Umständen die Schuld gibst.

Was ist Dauerstress?

Wenn jemand über einen längeren Zeitraum hinweg unter Stress steht, lernt er damit zu leben, und der Stress wird chronisch. Der Körper kann sich darauf ein Stück weit einstellen, indem er Änderungen am Haushalt seiner Hormone und anderer chemischer Stoffe vornimmt. Das kann schädliche Auswirkungen auf die Gesundheit des Betroffenen zeitigen, etwa in Form einer Schwächung des Immunsystems und einer höheren Krankheitsanfälligkeit. Recht oft führt Dauerstress auch zu Depressionen und Angstzuständen. Wenn du für dein Wohlbefinden sorgen möchtest, ist die Beseitigung oder Verhinderung von Dauerstress ein Muss. Leidest du unter schwerem Dauerstress, solltest du deinen Arzt zu Rate ziehen.

Dauerstress diagnostizieren

Die Symptome von chronischem Stress sind leicht zu erkennen, wenn du weißt, wo du hinschauen musst.

Zu den üblichen Symptomen von Dauerstress gehören:

- ständige Müdigkeit
- Reizbarkeit
- Humorlosigkeit
- Angst- oder Grübelzustände aus keinem ersichtlichen Grund
- Angst- oder Grübelzustände aus trivialen Gründen
- Unfähigkeit, locker zu lassen
- Paranoide Vorstellungen
- Das ständige Gefühl, dass alles dringend ist
- Weinerlichkeit oder Depressivität
- Zurückschrecken vor Arbeit oder vor Begegnungen mit Freunden
- Wahrnehmung kleiner Aufgaben als unüberwindlich
- gestörte Schlafrhythmen

Manche dieser Symptome können auch aus anderen Gründen auftreten, doch wenn auch nur eines von ihnen bei dir chronisch vorhanden ist, solltest du wirklich versuchen, dem Problem auf den Grund zu gehen.

Zur Vorbeugung gegen chronischen Stress kannst du gemeinhin Folgendes tun:

- deine Zeit vernünftig nutzen
- selbstsicher auftreten
- realistische Erwartungen haben
- Verantwortung für Dinge übernehmen, für die du tatsächlich verantwortlich bist, und für nichts anderes!
- das Abarbeiten von Problemen nicht auf die lange Bank schieben
- deinen Schimpansen routinemäßig ruhigstellen, indem du ihn hegst und pflegst
- ein potentielles Problem erkennen
- deine Grenzen erkennen
- dich frühzeitig um wirksame Hilfe bemühen
- stressreiche Situationen mit anderen Leuten besprechen

Wenn du feststellst, dass dir eine dieser Facetten deines Verhaltens außer Kontrolle gerät, kannst du fast sicher sein, dass dahinter dein Schimpanse im Bündnis mit seinen Gremlins steckt.

Chronischem Stress vorbeugen

Ebenso wie es Wege gibt, das Auftreten plötzlicher Stressbelastungen zu verhindern, gibt es Wege, die Wahrscheinlichkeit zu verringern, dass du chronischen Stress entwickelst. Ein solcher Dauerstress kann von uns Besitz ergreifen, wenn wir nichts gegen stressige Situationen unternehmen, sondern sie als normal hinnehmen. Diese «Normalität» wird zu einer akzeptierten Herangehensweise an unseren Stress, obwohl sie destruktiv und wenig hilfreich ist. Anders gesagt, tummeln sich in unserem

Computer jetzt Gremlins der Resignation und der fehlenden oder schlechten Bewältigungsstrategien.

Ein Beispiel: Stelle dir einen berufstätigen Menschen vor, dessen reguläre Arbeitszeit um 17 Uhr endet. Eines Tages, als er gerade nach Hause gehen will, fragt ihn der Geschäftsführer, ob es ihm etwas ausmachen würde, noch zu bleiben und einen Vorgang fertig zu bearbeiten. Er erklärt sich bereit, bis 18 Uhr weiterzuarbeiten. Am nächsten Tag gibt es wieder einen noch nicht fertig bearbeiteten Vorgang, und der Mann bleibt erneut länger, dieses Mal bis 19 Uhr. Was als eine einmalige Ausnahme begann, wird bald zu einer akzeptierten Norm. Das Problem ist, dass der Angestellte, wenn er sich nach einigen Tagen vornimmt, er wolle lieber nach Hause gehen und den Vorgang am nächsten Tag abschließen, ein schlechtes Gewissen bekommt. Sein Schimpanse sagt ihm jetzt: «Du darfst die Gruppe nicht im Stich lassen, was werden die Anderen von dir denken?» Tatsächlich wissen wir, dass die Gruppe gar nichts damit zu tun hat. Die relevanten Bezugsgrößen sind hier die Arbeit und der Vorgesetzte. Dem Schimpansen Gutes zu tun, indem man ihn zeitig nach Hause bringt, und sich um seine wirkliche Gruppe zu kümmern, ist wichtiger, als in der Firma dem Vorgesetzten oder den Kollegen gefällig zu sein.

Der Schimpanse wirft jedoch einen Blick in den Computer und sieht einen Gremlin. Der Gremlin sagt dem Schimpansen, Überstunden würden von ihm erwartet und seien akzeptabel; damit steigt der gefühlte Druck auf den Schimpansen. Bei diesem bauen sich Ressentiments auf, da ihm zunehmend klarer wird, dass er in eine Falle gegangen ist. Folgerichtig kommt Stress ins Spiel und flüstert dem Schimpansen ins Ohr, er befinde sich am falschen Ort und solle besser nach Hause gehen. Der Schimpanse bleibt natürlich bei der falschen Gruppe und unter der wachsamen Aufsicht des Gremlins.

Mehr Zeit vergeht, und der Schimpanse fühlt sich dauergestresst und sieht keinen Ausweg. Wenn wir uns dieses Beispiel aus neutraler Distanz anschauen, erkennen wir, dass etwas geschehen muss, um die Stressbelastung loszuwerden. Der Dauerstress ist entstanden, weil die betreffende Person es versäumt hat, sich gegen das ursprüngliche Ansinnen, das ihr den unerwarteten Stress bescherte, zu wehren. Um den daraus entstandenen chronischen Stress zu beseitigen, gilt es, den Gremlin durch einen Autopiloten zu ersetzen und den Schimpansen mit der Wahrheit zu konfrontieren.

Dauerstress behandeln

Wenn du gestresst bist, ist es hilfreich, alles zu notieren, was nach deinem Gefühl die Stressbelastung verursacht oder zu ihr beiträgt. Wenn die den Stress verursachenden Abläufe kompliziert sind, hat der Versuch, sie in Gedanken zu entwirren, gewöhnlich nur geringe Erfolgsaussichten. Du läufst Gefahr, dich im Kreis zu drehen, anstatt konkrete Faktoren, die zu dem Problem beitragen, zu identifizieren und auszuschalten.

> ***Kernpunkt***
> *Notiere die Probleme auf einem Zettel und versuche nicht, sie durch Nachdenken zu entwirren.*

Eine simple Faustregel: Wenn du ein Problem hast, das dir Stress bereitet, teile die Lösungsmöglichkeiten in drei Gruppen auf:

1. deine eigenen Wahrnehmungen und Einstellungen zum Problem
2. die situativen Ursprünge und Umstände des Problems
3. die an dem Problem beteiligten Personen

Wenn du dir diese Bereiche einzeln vornimmst, wirst du wahrscheinlich eine Reihe von Gründen herausfinden, die deinen Stress ursprünglich heraufbeschworen haben; du kannst dann daran gehen, Mittel zur Beseitigung der Stressfaktoren zu finden.

Wenn du dich gestresst fühlst, aber nicht bereit bist, dein Verhalten oder deine Überzeugungen zu ändern, wirst du wahrscheinlich weiterhin unter Stress stehen; wenn du das nicht willst, musst du einsehen, dass du bei dir etwas ändern musst. Du musst dir auch alle Vorwände und Rationalisierungen abschminken, mit denen du begründet hast, warum du gegen die Stressbelastung nichts tun kannst. Manchmal bekommst du, so sehr du dich auch anstrengst, nicht das, was du willst; das musst du akzeptieren und damit leben. Manche Leute können das nicht – sie glauben, ein Recht auf faire oder bevorzugte Behandlung zu haben, kommen von dieser Anspruchshaltung nicht los und führen ihr Leben daher als ständigen Kampf gegen ihre Mitmenschen und gegen die Welt. Chronischer emotionaler Stress resultiert oft aus deinen eigenen Erwartungen und Wahrnehmungen der Welt, deiner Mitmenschen und deiner selbst. Werfen wir einen Blick auf drei potentielle Quellen von Dauerstress:

- von dir selbst verursachter Dauerstress
- aus äußeren Umständen oder Ereignissen resultierender Dauerstress
- von anderen Personen verursachter Dauerstress

Von dir selbst verursachter Dauerstress

Dauerstress, der von dir selbst ausgeht, hat seine Ursache gewöhnlich in Gremlin-Aktivitäten. Gremlins sind gelernte nutzlose Verhaltensweisen wie etwa dürftige Problembewältigungsstrategien oder gelernte destruktive Denkweisen wie die Überzeugung, weniger wert zu sein als Andere. Manche Probleme lassen sich zu sehr einfachen Beobachtungen eindampfen. Es folgen einige Beispiele:

Die eigene Misere erschaffen

Nicht selten trifft man Leute, die ihre eigene Misere erschaffen, aber nicht wissen, was sie tun. Eddie ist grob unhöflich zu Leuten, die er trifft. Anschließend klagt er darüber, dass er sich alleingelassen fühlt und niemand sich für ihn interessiert, was ihm Stress bereitet. Er erkennt nicht, dass sein eigenes Verhalten die Ursache des Problems ist. Eine einfache Regel besagt: Freundliche Menschen haben Freunde.

Ausflüchte

Sandra steht unter Stress; sie möchte unbedingt einen akademischen Abschluss machen, fällt aber immer wieder durch wichtige Prüfungen. Sie sagt, das liege daran, dass sie einen Teilzeitjob hat und dass ihre Seminarleiter nicht gut seien. Das mag teilweise zutreffen, aber was sie nicht erkennt, ist, dass es sich um Ausflüchte handelt und dass sie entweder nicht den erforderlichen Einsatz bringt oder dem Prüfungsstoff nicht gewachsen ist oder nicht in der Lage ist, effektiv zu lernen. Ihre Ausflüchte hindern sie daran, die wirklichen Ursachen ihres Stresses zu ergründen und anzugehen. Sandra müsste bei sich selbst anfangen und ihre Gremlins verscheuchen, dann würde sich ihr Stress verflüchtigen.

Das Pilze-Syndrom

Wenn du Pilze züchtest, wetteifern sie um den verfügbaren Platz. Immer wird einer versuchen, die Nummer eins zu sein. Er wird größer als alle anderen, und wenn er ausgereift ist, erntest du ihn, und er hinterlässt eine Lücke. Der nächstgrößte Pilz stößt in die Lücke und füllt sie aus. Du schneidest ihn ab, und die Geschichte geht weiter. Es wird immer ein Pilz da sein, der in die Lücke hineinwächst und sie ausfüllt.

Manche Leute leiden am «Pilze-Syndrom», nur dass sie nicht Pilze züchten, sondern Sorgen. Wenn sie nichts sehen, worüber sie sich Sorgen machen können, suchen und finden sie etwas. Sie sind nicht in der Lage, diesen sehr destruktiven Gremlin abzuschütteln. Es handelt sich um eine gelernte destruktive Angewohnheit. Sie ist nicht nur anstrengend für die Betroffenen selbst, sondern auch äußerst anstrengend für die Leute in ihrer Umgebung. Das liegt daran, dass sie nicht aufhören können, aus Beobachtungen Sorgen zu machen und diese dann Anderen vorzutragen. Diese Anderen reagieren leider häufig gereizt, was wiederum dem Sorgenpilz-Züchter das Gefühl gibt, man lasse ihn mit seinen Sorgen allein; er verharrt damit in seinem Dauerstresszustand.

Wenn du erkennst, dass du am Pilze-Syndrom leidest, kannst du diesen speziellen Verhaltensgremlin lahmlegen und auslöschen. Er muss mit einem Programm überschrieben werden, das Rationalität ins Geschehen bringt.

Einige nützliche Autopiloten, die an die Stelle dieses Gremlins treten können, sind:

- Menschen lernen, mit Problemen zu leben, lassen aber nicht zu, dass Sorgen Besitz von ihnen ergreifen, denn das wäre wenig hilfreich.
- Menschen akzeptieren, dass die Lösung von Problemen Zeit braucht und dass es nichts bringt, den Weg zur Lösung mit Sorgen zu pflastern.

- Die meisten unserer Sorgen entpuppen sich auf lange Sicht als trivial, und viele erledigen sich von selbst.
- Sich in Sorgen zu wälzen, bewirkt nie Gutes.
- Sich Sorgen zu machen, ist eine Option, und wir können uns entscheiden, es nicht zu tun.
- Zu lernen, wie du Abstand gewinnst, und über dich selbst zu lachen, ist das Produktivste, was du tun kannst.
- Entspanntes Zurücklehnen ist ein höchst wirksamer Sorgenvertreiber.

Entspannungstechniken

Solche Techniken können sehr hilfreich sein, und du kannst etliche von ihnen finden, sei es online, sei es in deiner örtlichen Bibliothek, oder indem du dich mit Freunden und Kollegen unterhältst und von ihnen erfährst, was ihnen geholfen hat. Es lohnt sich, diese Techniken zu erkunden und auszuprobieren.

Widerstreitende innere Antriebe

Ein verbreitetes Beispiel für das Wirken widerstreitender innerer Antriebe liefert die berufstätige Mutter, die sich bemüht, Arbeit und Familie miteinander ins Gleichgewicht zu bringen, und die sich unter Stress setzt, weil sie das Gefühl hat, in beidem Defizite zu haben. In ihrem Inneren kämpft ein mütterlicher Schimpansentrieb mit einem menschlichen Verlangen nach Erfüllung. Wenn sie dieses Problem richtig angeht, besteht keine Notwendigkeit für diesen Kampf, und sie kann in beiden Bereichen wirklich gute Leistungen bringen.

Als mögliche Ursachen für ihren Stress kommen in Frage:

- Sie schätzt nicht realistisch ein, was sie in diesen beiden Bereichen ihres Lebens leisten kann.

- Sie hat das Gleichgewicht nicht richtig austariert.
- Sie bittet nicht die richtigen Leute um Hilfe.
- Sie akzeptiert nicht, dass möglicherweise in beiden Bereichen ein Kompromiss gefordert ist.
- Sie schlägt sich tatsächlich sehr gut, kann das aber nicht akzeptieren, weil entweder der Mensch oder der Schimpanse sich auf einem abwegigen Schuldgefühl-Trip befindet.

Wie diese Beispiele zeigen, kommt chronischer Stress oft aus deinem eigenen Inneren. Besonders das letzte Beispiel demonstriert, dass es eine Vielzahl von Gründen dafür gibt, dass du dich unter Stress gesetzt fühlst, und dass das eine sehr individuelle Sache ist. Wichtig ist, dass du gleich von Anfang an in dich hineinhorchst, um herauszufinden, ob du zu streng mit dir bist oder nicht gut genug auf dich aufpasst.

Emotionale Grenzen und Training

Jeder von uns hat körperliche Belastungsgrenzen, und wir akzeptieren das. Es gibt auch emotionale Grenzen für das, was wir aushalten oder schaffen können, und die sollten wir ebenfalls akzeptieren. Andererseits: Ebenso wie wir unseren Körper trainieren und unsere Fitness verbessern können, können wir auch unsere Psyche trainieren und den Umgang mit unseren Emotionen verbessern.

Aus äußeren Umständen oder Ereignissen resultierender Dauerstress

Wenn äußere Ereignisse dich in eine Stresssituation gebracht haben, ist es ein Gebot der Klugheit, einen Plan zu haben, wie du dich daraus befreien kannst. Fange, wie immer, mit dir selbst an und achte darauf, mit realistischen Erwartungen an die Situation heranzugehen. Sei proaktiv und ändere, was du ändern kannst, oder stelle fest, ob jemand verfügbar ist, der dich unterstützen kann, und bitte den Betreffenden um Hilfe. Wenn das alles nichts bringt, dann greife auf ADP (akzeptieren, durchstarten, planen) zurück. Dir anzugewöhnen, Situationen zu akzeptieren, wird immer schwierig bleiben, aber manchmal bleibt dir kaum eine andere Wahl. So sind etwa chronische Rückenschmerzen ein Problem, mit dem man sich nur schwer abfinden kann; doch die einzige konstruktive Art, damit umzugehen, ist zu akzeptieren, dass die Erfolgsaussichten jeder Behandlung ungewiss sind, und das Beste daraus zu machen.

Von anderen Personen verursachter Dauerstress

Personen, mit denen wir unser Leben teilen, können uns chronischen Stress bereiten, und das kann auf vielfältige Weise geschehen. Wirf, wie immer, zuerst einen prüfenden Blick auf dich selbst, und schlage noch einmal das Kapitel «Der Beziehungs-Planet» auf, um dir Ratschläge für dein Kommunikationsverhalten zu holen. Vergegenwärtige dir, dass dein Schimpanse an Diskussionen mit einer Gewinner-Verlierer-Einstellung herangeht, während dein Mensch versucht, sich einen Plan zurechtzulegen. Nimm dir die Zeit, über deine Vorgehensweise nachzudenken, und stelle sicher, dass sie lösungsorientiert ist. Die meisten Menschen sind für vernünftige Argumente zugänglich, wenn man sie sinnvoll anspricht. Andererseits solltest du akzeptieren, dass es Menschen gibt, die unfreundlich und nicht bereit sind, konstruktiv mit dir an einer Konfliktlösung zu arbeiten.

Vergiss nicht, dir Unterstützung aus deiner Gruppe zu sichern. Deren Mitglieder können dir Ratschläge und Rückhalt geben, wenn du sie darum bittest. Wenn du deine Meinungsverschiedenheiten mit einer Person nicht beilegen kannst, dann denk darüber nach, ob nicht die Vermittlung oder die Hilfe einer neutralen dritten Person zu einer Lösung führen könnten. Wenn du mit deinem Kontrahenten gar nicht zurande kommst, dann handle pragmatisch und versuche den Kontakt zu ihm auf das Notwendigste zu reduzieren.

Was, wenn ich immer falschliege?

Fast jeder von uns steht gelegentlich unter Stress, und fast jeder hat schon einmal in einer solchen Situation kontraproduktiv reagiert, wie überhaupt die meisten von uns mit Stress nicht sehr gut umgehen können. Wir sitzen alle in einem Boot. Wir können aber auch alle lernen, unseren Umgang mit Stress zu verbessern. Manchmal generieren wir mit Dingen, die wir tun, weiteren Stress. Ich möchte dafür einige Beispiele anführen.

Selbstquälerei und Schuldgefühle

Quäle dich auf keinen Fall selbst, wenn du das Gefühl hast, in einer Stresssituation versagt zu haben. Es wäre eine nutzlose und schädliche schlechte Gewohnheit. Weil eine schlechte Gewohnheit nichts anderes ist als ein Gremlin, können wir sie abschalten. Versuche es mit lächeln, entspannen und einem neuen, von Enthusiasmus getragenen Anlauf. Du kannst nicht mehr tun als dein Bestes, also akzeptiere es. Dich zu quälen und schuldig zu fühlen, sind zwei nutzlose und destruktive Gremlins. Sie haben nie etwas Konstruktives anzubieten. Denk daran: Wenn alles, was du versuchst, schiefgeht, bist du eine Geisel deines Schimpansen. Nicht du bist der Versager!

«Wie» statt «Warum»

Bemühe dich, nicht immer «Warum» zu fragen und dann unausgegorene Erklärungen nachzuschieben wie etwa: «Warum fühle ich mich die ganze Zeit elend?» «Warum»-Fragen können manchmal zweckdienlich sein, aber in den meisten Fällen sind sie retrospektiv und wenig konstruktiv.

Frage stattdessen «Wie». Fragen, die mit «Wie» beginnen, sind tendenziell konstruktiv und lösungsorientiert. Beispielsweise ist «Wie kann ich mit meinen eigenen Gefühlen umgehen und glücklich werden?» eine konstruktive Frage und viel sinnvoller als «Warum fühle ich mich elend und gestresst?» «Warum ist das passiert?» könntest du ersetzen durch «Ich akzeptiere, dass dies passiert ist, wie komme ich jetzt darüber hinweg?»

Rede!

Über deinen Stress mit Leuten zu reden, die zuhören und verstehen können (und vielleicht guten Rat für dich haben), ist ein sehr wirksames Mittel, um herauszufinden, was genau dir Stress bereitet, und das Problem zu teilen. Das kann eine enorme Hilfe bei der Suche nach Lösungen sein. Stütze dich auf die Gruppe, dafür ist sie da!

Einige konstruktive Mittel zur Minderung von Dauerstress

- *Erlerne Entspannungstechniken und wende sie an.*
- *Lerne, Dinge zu delegieren und Probleme zu teilen.*
- *Hole dir Hilfe aus geeigneter Quelle.*
- *Verschaffe dir Überblick.*
- *Richte deinen Blick über das Problem hinaus auf Lösungen.*
- *Sei realistisch.*
- *Vergegenwärtige dir immer wieder: Du bist Herr deiner eigenen Gefühle und Wege.*
- *Teile deine Gefühle mit jemandem, dem etwas an dir liegt.*

Eine Analogie – wie man einen Affen fängt

Wenden wir uns zuletzt einer versteckten Ursache für Dauerstress zu: wenn wir uns in eine Sackgasse manövriert haben und es nicht bemerken. Aus der folgenden Analogie kannst du hoffentlich ersehen, wie wir uns manchmal selbst unter Stress setzen, indem wir es nicht fertig bringen, uns von jemandem oder etwas zu trennen.

Einen Affen zu fangen, ist sehr schwierig, weil Affen dir leicht davonlaufen können; du hast keine Chance, einen zu fangen, es sei denn du beherrschst die Kunst, flink in einer Baumkrone herumzuturnen. Mein Lösungsvorschlag:

Grabe eine Vase fest in den Boden ein. Schiebe einen Stein in die Vase, der genau so groß ist, dass du ihn durch den Hals der Vase drücken kannst, er sich aber nicht wieder herausnehmen lässt.

Irgendwann kommt ein Affe vorbei, steckt die Hand in die Vase, bekommt den Stein zu fassen und versucht ihn herauszuziehen. Es gelingt ihm natürlich nicht. Solange der Affe den Stein in der Hand hält, wird seine Hand in der Vase feststecken. **Obwohl der Stein für den Affen keinerlei Wert hat**, wird das Tier ihn nicht loslassen, sondern stur bleiben. Du kannst jetzt einfach ein Netz über den Affen werfen, der seine Freiheit für einen wertlosen Stein aufgegeben hat.

Überlege dir, was das für dich bedeutet. Wenn du es geschehen lässt, dass du dich an einen «wertlosen Stein» klammerst, läufst du Gefahr, am Ende deine Freiheit dranzugeben. Wenn du zulässt, dass dein Leben im Zeichen von Dauerstress steht, weil du dich an Dinge klammerst, die nicht gut für dich sind, musst du akzeptieren, dass dir die Fröhlichkeit abhandenkommt. Habe den Mut, die «wertlosen Steine», die es in deinem Leben gibt, loszulassen. Halte nicht aus reiner Furcht oder lieber Gewohnheit oder schierer Halsstarrigkeit daran fest. Deine Freiheit und dein Glück sind mehr wert als jeder Stein.

Zusammenfassung der Kernpunkte

- Halte regelmäßig nach Anzeichen für chronischen Stress Ausschau.
- Tue etwas gegen Dauerstress, erlaube dir selbst nicht, ihn als normal zu akzeptieren.
- Schätze deine emotionale Grenze für das proaktive Angehen von Problemen richtig ein, überschreite sie nicht.
- Entwickle Techniken für den Umgang mit Stress.
- Lass dein Leben nicht zu einer Sackgasse werden, indem du dich an einen wertlosen Stein klammerst.

Empfohlene Übung:
Werde den Stress los

Treffe einen Freund oder eine Freundin

Sei proaktiv, verabrede dich mit einem Freund oder einer Freundin und erstatte ihm/ihr Bericht über deine aktuellen Stresssituationen. Am besten erstellst du eine Liste deiner Stressfaktoren auf einem Blatt Papier, sodass du immer nachschauen kannst, wie viele du hast und an welchen du arbeiten solltest. Erstelle anhand der Liste einen Plan für dein Vorgehen gegen jeden der Stressfaktoren. Stelle sicher, dass du dir genug Zeit für die Durchführung deiner Pläne nimmst. Verabrede ein weiteres Treffen mit deinem Freund bzw. deiner Freundin, um Bericht über deine Fortschritte zu erstatten!

Lebensstil-Stress

Untersuche deinen gegenwärtigen Lebensstil und dein Verhalten nach Hinweisen darauf, dass du dich vielleicht an irgendwelche wertlosen Steine klammerst. Identifiziere diese Steine: Es könnten Alltagsroutinen sein, altgewohnte

Arbeitsweisen, berufliche Tätigkeiten, Hobbys, Orte oder Beziehungen – eigentlich alles, das dich davon abhält, glücklich zu sein. Auch hier bringt es manchmal viel mehr, eine andere Person als Resonanzboden zu benutzen, als zu versuchen, es aus eigener Kraft zu schaffen. Gute Freunde können dir oft «heimleuchten».

Teil Drei

Deine Gesundheit, dein Erfolg und dein Glück

Kapitel Dreizehn

Der Planet der Schatten und der Asteroidengürtel

Lerne, dich um deine Gesundheit zu kümmern

Körperliche und seelische Gesundheit

- Fehlfunktion und Dysfunktion
- Körperlich fit sein
- Psychisch fit sein
- Erholung und Wiederherstellung

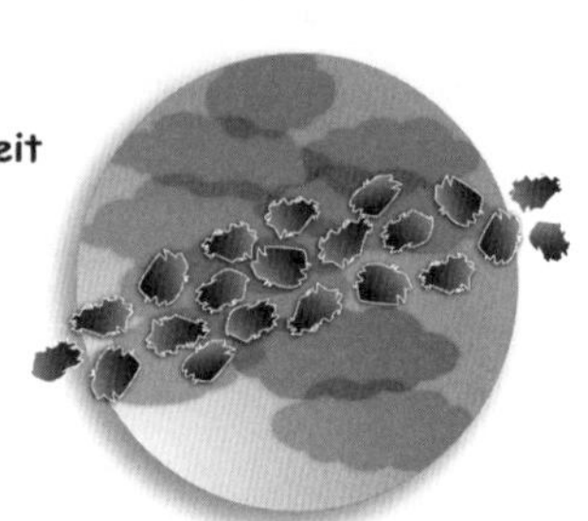

Fehlfunktion und Dysfunktion

Dieses Planetensystem deckt das Themenspektrum deiner körperlichen und seelischen Gesundheit ab. Krankheit und schlechte Wartung und Pflege werfen Schatten über unser Leben, die wir jedoch vertreiben können.

Um das Offensichtliche zu konstatieren: Wenn du an einer Krankheit leidest, musst du dich darum kümmern, denn wenn du das Schimpansen-Modell mit einer Maschine, die nicht richtig arbeitet, anzuwenden versuchst, wird es sehr viel schwieriger, wenn nicht sogar unmöglich.

Eine Fehlfunktion bedeutet, dass du krank bist. Die Maschine arbeitet nicht richtig, und du musst dich ärztlich behandeln lassen. Der Asteroidengürtel, der den Planeten umkreist, steht für Fehlfunktionen und all die körperlichen und seelischen Erkrankungen, die dich befallen können.

Eine Dysfunktion liegt vor, wenn die Maschine scheinbar einwandfrei arbeitet, aber nicht sachgerecht eingesetzt oder nicht instand gehalten wird – sie braucht Wartung und Pflege. Der Planet der Schatten repräsentiert diese Dysfunktion. Wir alle sind bis zu einem gewissen Grad dysfunktional! In diesem ganzen Buch geht es um die Minimierung unserer Dysfunktionalitäten.

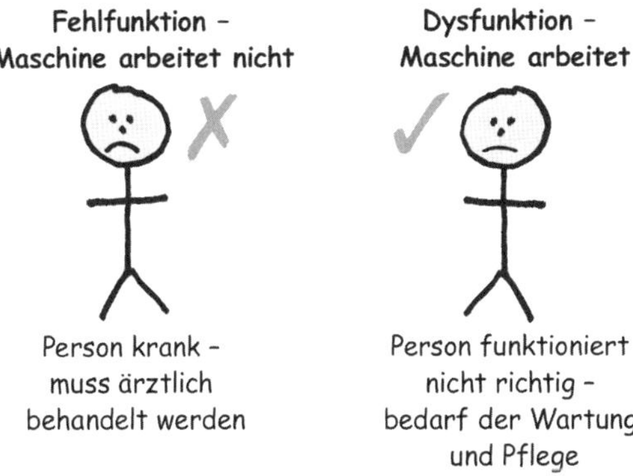

Körperlich fit sein

Das ist ein weitläufiges Thema, das sich auf den begrenzten Seiten dieses Buches nicht abhandeln lässt. Ich begnüge mich hier mit einigen Leitlinien.

Wenn wir uns mit der Wartung und Pflege unseres Körpers befassen, können wir fünf Aspekte unterscheiden: Ernährung, Speisezettel, Gewicht, Anstrengung und Fitness. Schauen wir uns, ohne ins Detail zu gehen, an, welche Dinge in jedem dieser Bereiche schiefgehen und zu Dysfunktionen führen können. Ich werde zu extremen Annahmen greifen, um die Unterschiede hervorzuheben.

Dein Schimpanse und dein Mensch haben für jeden dieser Teilaspekte eine jeweils verschiedene Agenda. Der Mensch weiß im Großen und Ganzen, was er in jedem Bereich will, und es bereitet ihm große Befriedigung, sich fit und gesund zu halten und vernünftig zu essen. Dagegen möchte der Schimpanse am liebsten keinerlei Verantwortung übernehmen, sich Genuss verschaffen, seine Bedürfnisse unverzüglich befriedigen und sich keine Gedanken über die Konsequenzen machen.

Die Vorgabe des Schimpansen lautet hier: das Leben leicht nehmen und nach mir die Sintflut. Die meisten von uns, die diese Erfahrung gemacht haben, werden sich wohl in einem ständigen Ringen um die Domestizierung ihres Schimpansen befinden.

Wate nicht durch Sirup

Ich möchte dir zwei goldene Regeln ans Herz legen, die dir helfen können, körperlich fit zu werden. Die erste Regel lautet: nicht durch Sirup waten. Was ich damit meine, ist: Fange nicht mit den Problemen an und versuche dann, Lösungen zu finden. Beginne vielmehr mit einem leeren Blatt und definiere exakt, was du willst. Wenn du weißt, welche Ziele du verfolgst, dann werde dir darüber klar, wie du sie erreichen wirst. Lege zum Beispiel fest, wie du fit bleiben willst, wie du dich ernähren möchtest usw. Benenne den Idealzustand, den du erreichen möchtest, und arbeite dann auf ihn hin, indem du alle Hindernisse auf dem Weg zu diesem Zustand beiseiteräumst. Durch Sirup zu waten, ist demoralisierend, bedeutet es doch, dass alle deine früheren gescheiterten Anläufe und Gründe dafür, dass es einfach nicht klappen kann, sichtbar bleiben. Lass all das hinter dir und beginne mit einem neuen Plan ein neues Kapitel.

Proaktiv und reaktionsfreudig

Die zweite Regel besagt: Du sollst sowohl proaktiv sein als auch reaktionsfreudig. Erfolgreiche Menschen sind **proaktiv**, das heißt, sie haben einen Plan und ergreifen die Initiative. Und sie sind **reaktionsfreudig**, was bedeutet: Wenn ihr Plan, aus welchen Gründen auch immer, nicht funktioniert, reagieren sie darauf unverzüglich, indem sie umdenken und einen neuen Plan machen. Sie sind widerstandsfähig bei Rückschlägen und geben nicht auf.

Erfolglose Menschen sind oft **reaktiv**, das heißt, sie machen Pläne in Reaktion auf aufgetretene Probleme und befinden sich ständig in der Defensive. Sie betrachten das Leben als einen Kampf. Schimpansen sind tendenziell reaktive Wesen; sie neigen dazu, schnell aufzugeben und den Weg des geringsten Widerstandes zu gehen. Menschen sind tendenziell proaktiv und schmieden deshalb oft und gerne Pläne.

Fitnesskurs

Wende diese Konzepte auf die Wartung und Pflege deines Körpers an; erkenne zugleich deinen Schimpansen und arbeite mit ihm. Nehmen wir als Beispiel an, du hättest den Wunsch, deine körperliche Fitness zu verbessern und abzunehmen. Beginne damit, dass du dein Ziel klar aussprichst. Lege dir sodann einen Plan zurecht, zunächst ohne an die damit verbundenen Mühen zu denken. Klar ist, dass dein Plan realistisch sein muss. Sagen wir, du schleppst deinen Schimpansen ins örtliche Sportstudio und meldest euch zu einem Fitnesskurs an. Du bist dir darüber im Klaren, dass dein Schimpanse wahrscheinlich jede Woche mit einer Litanei von Ausreden den Kurs zu schwänzen versuchen wird, musst also von vornherein einen Plan haben, um ihm entgegenzuwirken. Beispielsweise könntest du nach der ersten Kursstunde mit dem Kursleiter sprechen und ihm sagen, wie sehr du dich darauf freust, in einer Woche wiederzukommen. Das wird den Schimpansen schon einmal verunsichern, denn er will es sicher vermeiden, sich eine Blöße zu geben, und wird dich daher nolens volens darin bestärken, beim nächsten Mal wieder hinzugehen. Simple Pläne wie dieser erweisen sich manchmal als sehr effektiv. Ich werde auf dieses Thema im Kapitel über den Erfolgs-Planeten näher eingehen.

Psychisch fit sein

Psychisch fit zu sein, ist für den Menschen lebenswichtig. Es gibt diverse Möglichkeiten, dir deine psychische Gesundheit zu bewahren. Beispielhaft zu nennen sind hier Aktivitäten und Herausforderungen, die deinen Geist anregen, Lachen und Spaß oder zielgerichtetes und leistungsorientiertes Handeln. Mit solchen Aktivitäten kannst du deine Psyche in einer gesunden Balance halten, solange du es nicht übertreibst und dich unter Stress setzt! Lachen und die Kunst, Dinge mit Humor zu nehmen, sind manchmal die besten Stimulanzien, die du deiner Psyche gönnen kannst. Versuche immer, die lustige Seite einer Sache zu sehen, wenn etwas nicht nach Plan läuft. Die Fähigkeit, über dich selbst und über Dinge, die dir misslingen, zu lachen, ist ein erlerntes Verhalten und ein wichtiger Autopilot, dessen Entwicklung eine lohnende Investition ist.

Erholung und Wiederherstellung

Erholung ist der vielleicht am wenigsten beachtete Aspekt der Wartung und Pflege deiner Maschine. Wenn du dir Erholung als einen auf drei Ebenen ablaufenden Prozess vorstellst, wird dir vielleicht klar, weshalb die meisten von uns ihrem Körper nicht die Chance geben, sich wieder vollständig einzupendeln, bevor wir in unsere Alltagsroutine zurückkehren.

Die drei Ebenen der Erholung lassen sich wie folgt definieren:

- entspannen
- ausruhen
- schlafen

Leider vernachlässigen die meisten von uns alle drei Ebenen. Es geht hier vor allem darum, das Gleichgewicht zwischen Arbeit und Spiel bestmöglich auszutarieren. Dein Geist und dein Körper brauchen Auszeiten, um sich von den Stressbelastungen deines Berufs- und Privatlebens zu erholen. Wenn dir etwas an deinem Wohlbefinden liegt, sollte dies eine deiner Prioritäten sein.

Beim **Entspannen** geht es darum, dass du dir ein paar Minuten in deinem Tagesablauf nimmst, um dich locker zu machen und eine Atempause einzulegen. Beim **Ausruhen** geht es um eine längere Entspannungspause im Verlauf deines Tages, typischerweise am Abend, wenn du Abstand von Arbeit und Stress gewinnen und ganz abschalten möchtest. Das **Schlafen** ist selbsterklärend.

Was sind die Folgen, wenn du dir keine dieser drei Ebenen der Erholung regelmäßig täglich gönnst? Die Antwort auf diese Frage ist bedrückend: Dein Gehirn wird sich angewöhnen, deinen Schimpansen mit Blut zu versorgen und ihm alle Entscheidungen zu überlassen. Man braucht nicht viel Fantasie, um vorauszusagen, was dann passiert. Das Traurige ist, dass wir alle das sehr wohl wissen. Wenn wir müde werden, geraten wir oft in gereizte Stimmung, machen dumme Fehler, treffen übereilte Entscheidungen und leiden unter unberechenbaren Stimmungsschwankungen. Ist es nicht, wenn dies so offenkundig ist, unglaublich, dass wir diesen so wichtigen Aspekt der Wartung und Pflege unseres Körpers und unseres Geistes vernachlässigen? Es wäre absolut lohnend, Zeit für die Erarbeitung eines praktischen Aktionsplans aufzuwenden, mit dem du sicherstellst, dass du deine Entspannungs-, Ruhe- und Schlafphasen auf die Reihe bekommst.

Wie du dich von emotionalen Verletzungen erholst

Wir alle wissen, dass wir nach einer körperlichen Verletzung, etwa nach einem Beinbruch, eine Phase der Heilung und Wiederherstellung brauchen, in der wir unsere Muskelkraft und am Ende unsere volle Leistungsfähigkeit wiedergewinnen. Analoges gilt für emotionale Verletzungen. Wenn du ein Trauma erleidest, etwa den Verlust eines geliebten Menschen oder eine

Trennung von ihm, brauchst du eine Phase der emotionalen Wiederherstellung.

Im Allgemeinen dauert eine solche Phase drei bis sechs Monate und beinhaltet ganz spezielle Stadien der Trauerarbeit, die zu absolvieren sind. Akzeptiere, dass es Zeit kostet, von einer emotionalen Verletzung zu gesunden, und sei nicht allzu streng mit dir selbst. Nimm dir für deine Rückkehr zur normalen Leistungsfähigkeit die Zeit, die du brauchst. Sehr hilfreich für das Auskurieren einer emotionalen Verletzung sind Gespräche darüber mit Freunden, die du führen solltest, so oft und so lange sie nötig sind. Damit schaffst du es, deinen Schimpansen toben zu lassen, sodass er irgendwann seinen Frieden mit der Verletzung und mit deiner Genesung macht. Manche Menschen tun sich schwer damit, über ihre Emotionen zu reden oder sie offen zu zeigen. Es kann hilfreich sein, deine Gefühle und Gedanken aufzuschreiben oder sie einfach gründlich zu durchdenken.

Mitten in der Nacht

Stell dir vor, du bist in Gedanken an etwas, das dir großes Kopfzerbrechen macht, eingeschlafen. Mitten in der Nacht wachst du auf, deine Gedanken beginnen sich im Kreis zu drehen, und du verfällst in Grübeleien. Dein Mensch schläft in diesem Moment tief und fest, das Kommando hat dein Schimpanse. Das bedeutet, dass dein Denken von Irrationalität und Emotionalität geprägt ist.

Der Schimpanse wird die Dinge im Katastrophenmodus betrachten und durchdenken und sich für dich den Kopf zerbrechen, solange du in diesem «Wachzustand» bist. Irgendwann übermannt dich der Schlaf, und am Morgen wachst du wieder auf. Nach dem Aufstehen reibst du dir die Augen und fragst dich, was wohl der Sinn deiner emotionalen Grübelphase mitten in der Nacht war.

Die Antwort ist einfach: Im Lauf der Nacht verändert dein Gehirn seine Funktionsweise, mit der Folge, dass dein Mensch nicht mehr auf deinen Schimpansen aufpasst. Am Morgen findet der Mensch zur Rationalität zurück und gewinnt wieder einen Überblick über die Sachlage. Du siehst nicht mehr alles so tragisch, wenn dein Mensch wieder das Steuer in die Hand nimmt. Es gibt hier eine einfache Lektion zu lernen und eine goldene Regel zu befolgen.

Die einfache Lektion ist die: Wenn du nicht zufällig ein Nachtschicht-Arbeiter bist, befindest du dich in den Stunden zwischen 11 Uhr abends und 7 Uhr morgens im Schimpansenmodus, das heißt, du denkst emotional und irrational. Dein Menschenverstand ist meist ausgeschaltet und kehrt erst nach 7 Uhr morgens zurück.

Die goldene Regel lautet demzufolge:

Wenn du mitten in der Nacht aufwachst, rühren alle Gedanken und Gefühle, die dich heimsuchen, von deinem Schimpansen her, und es sind sehr oft verstörende, schwarzmalerische und ausweglose Gedanken und Gefühle. Am Morgen wirst du dich wahrscheinlich darüber ärgern, dass du dich von ihnen hast vereinnahmen lassen, denn du hast jetzt wieder einen deutlich anderen Blick auf die Dinge.

Versuche einen Autopiloten zu entwickeln, dessen Ansage lautet: Ich bin nicht bereit, irgendwelche Grübeleien in meinen Nachtstunden, in denen der Schimpanse die Kontrolle innehat, ernst zu nehmen.

In der Phase deiner Genesung von emotionalen Verletzungen solltest du dich nur auf Dinge einlassen, die du emotional bewältigen kannst, und dich nicht scheuen, zu «emotionalen Schmerzmitteln» zu greifen. Zu Letzteren zählen etwa: Zeit mit

Freunden und Angehörigen verbringen, die zu dir halten; deine Stimmungslage engen Freunden anvertrauen, denn geteilter Schmerz ist halber Schmerz; Hilfe akzeptieren, wenn sie dir angeboten wird; Nachsicht mit dir selbst üben und dir selbst freie Hand geben, mit einer Verletzung auf die für dich passende Art fertigzuwerden.

> ***Kernpunkt***
> *Emotionen sind manchmal sehr irrational, und du musst mit ihnen arbeiten, statt beständig zu versuchen, sie zu verstehen.*

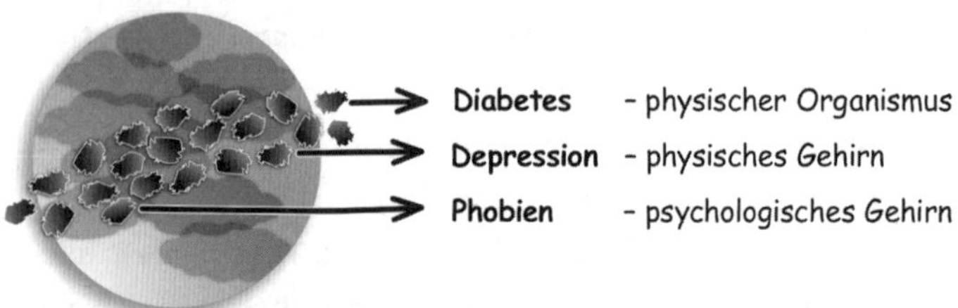

Der Asteroidengürtel

Die Asteroiden stehen für Fehlfunktionen (Krankheiten)
Ein Wort zu Krankheiten: Vergegenwärtige dir, dass manche körperlichen Krankheiten sich «verkleiden» und als Stimmungsschwankungen in Erscheinung treten. Beispiele sind Hormonfluktuationen wie das Prämenstruelle Syndrom (PMS) oder Störungen der Schilddrüsenfunktion – beide sind sehr gut medikamentös behandelbar. In Zeiten, in denen du stark unter PMS oder Schilddrüsenstörungen leidest, wirst du dich sehr schwertun, deinen Schimpansen zu lenken, und kannst daher realistischerweise nur ein Mindestmaß an Verantwortung für sein Verhalten übernehmen! Die einzige Verantwortung, die du in solchen Phasen hast, ist – wie bei jeder Erkrankung –, dir professionelle Hilfe zu holen.

Seelische Erkrankungen

Die meisten seelischen Erkrankungen treten auf, wenn Neurotransmitter (chemische Systeme) im Gehirn aus dem Gleichgewicht geraten. Zu den Neurotransmittern, die bei vielen seelischen Erkrankungen eine Rolle spielen, gehören Serotonin, Noradrenalin, Dopamin, Acetylcholin und GABA (γ-Aminobuttersäure). Wenn bei dir irgendwelche Symptome einer seelischen Erkrankung auftreten, besteht eine große Wahrscheinlichkeit, dass es sich um ein Problem mit einem Neurotransmitter handelt, das medikamentös behandelbar ist. Leider sind seelische Erkrankungen noch immer mit einem Stigma behaftet. Es wäre dir niemals peinlich, zum Arzt zu gehen, wenn du dir das Bein gebrochen hast; weshalb sollte es dir peinlich sein, wenn du ein Problem mit einem Serotoninrezeptor hast, ein Problem, das wir Depression nennen? Affektive Störungen, Angststörungen und andere Fehlfunktionen dieser Art sollten immer vom Fachmann diagnostiziert und behandelt werden.

Alkohol und Drogen

Praktisch alle an einer Drogensucht leidenden Menschen wissen, dass sie ein Problem haben, und die meisten Leute, die ein Alkoholproblem haben, wissen, dass mit ihnen etwas nicht stimmt. Sich einem solchen Problem zu stellen, ist jedoch nicht leicht; Alkoholkranke wollen oft die Wahrheit nicht erkennen. Ich habe als Arzt fast zehn Jahre in der Alkoholikerbetreuung gearbeitet und immer wieder Patienten erlebt, die mir erklären wollten, es bestehe ein Unterschied zwischen einem Menschen, der gewohnheitsmäßig Alkohol trinkt, und einem, der «ein Alkoholiker» ist. Die verbreitete Meinung lautete, ein «Alkoholiker» könne mit dem Trinken nicht mehr aufhören, sobald er sein erstes Glas geleert hat. Eine Ansicht, die zumindest zu etwas nütze ist: Wenn du feststellst, dass du dich nach dem ersten Glas Alkohol bremsen musst, solltest du ernsthaft darüber nachdenken, dir Hilfe zu holen. Leider haftet auch dieser verheerenden Suchtkrankheit ein Stigma an, doch gibt es dankenswerterweise Expertenteams, die Betroffenen helfen können. Die meisten Drogen – und mit Sicherheit der Alkohol – können nicht nur deine Gemütsverfassung beeinflussen, sondern auch dein Denken.

Zusammenfassung der Kernpunkte

- Die einfache Regel besagt: Achte gut auf deinen Körper und deinen Geist, wenn du das Beste aus dir machen willst.
- Arbeite daran, dich körperlich und psychisch gesund zu halten.
- Stelle sicher, dass du ein ausreichendes Maß an Erholung bekommst: Entspannung, Ruhe, Schlaf.
- Wenn du krank wirst, verhalte dich verantwortlich und hole dir die Hilfe, die die besten Aussichten auf Gesundung bietet.

Empfohlene Übung:
Kümmere dich um dich

Erholung verbessert deine Fähigkeit, den Schimpansen zu lenken
Frage dich, wie viel Zeit du dir dafür gibst, dich von Belastungen zu erholen. Schau dir alle drei Ebenen an: entspannen, ausruhen und schlafen, und führe eine Woche lang Tagebuch, um herauszufinden, wie viel Zeit pro Tag du jeder davon widmest. Mach dir klar, dass dein Schimpanse sehr schwer zu lenken ist, wenn du nicht genug Erholungszeiten in seinen Tagesablauf einbaust. Ein schlechtes Erholungs-Management wird sich auf jeden Fall auf deine Beziehungen und auf deine Arbeit auswirken. Ein gutes Erholungs-Management wird mit Sicherheit die Qualität deiner Beziehungen und deiner Arbeit verbessern.

Kapitel Vierzehn

Der Erfolgs-Planet und seine drei Monde

Grundlagen des Erfolgs

Was ist Erfolg?

Wie können wir Erfolg definieren? Halte einen Moment inne und erinnere dich daran, dass sowohl dein Mensch als auch dein Schimpanse eine Antwort auf diese Frage parat hat und dass diese beiden Antworten sich stark unterscheiden könnten. Im Großen und Ganzen gilt für den Schimpansen und seine Definition von Erfolg, dass er dabei in erster Linie an materiellen Besitz und gesellschaftlichen Aufstieg denkt, während der Mensch auch persönliche Qualitäten einbezieht. Eine denkbare Antwort deines Schimpansen könnte beispielsweise lauten: «Millionär zu sein, ist meine Erfolgsdefinition», worauf dein Mensch antworten könnte: «Ein glücklicher Mensch zu sein, ist meine Erfolgsdefinition.» Natürlich könnte dein Mensch die Meinung vertreten, jemand, der eine Million Euro auf dem Konto hat, sei glücklich! Lass dich in dieser Frage nicht von Anderen beeinflussen, sondern finde heraus, was dein Mensch und dein Schimpanse als Erfolg definieren. Dann entscheide, ob die Vorstellungen deines Schimpansen für dich wirklich akzeptabel sind.

Es ist nicht sehr sinnvoll, in deinem Leben dem nachzujagen, was dein Schimpanse als Erfolg definiert, nur um irgendwann, wenn du es erreicht hast, festzustellen, dass es nicht das ist, was du dir ursprünglich als Lebensziel gesetzt hattest.

Messlatten für den Erfolg

Es gibt immer unterschiedliche Maßstäbe und Kriterien für Erfolg. Wenn du dich zum Beispiel für ein Seminar mit Abschlussprüfung einschreibst, gibt es zwei Arten, deinen Erfolg zu messen. Du willst natürlich die Prüfung bestehen, kannst dich diesem Ziel aber auf zwei unterschiedlichen Wegen nähern.

Die erste Messlatte für deinen Erfolg ist das Bestehen der Prüfung; dies entspricht am ehesten dem, was dein Schimpanse unter Erfolg versteht, aber auch ein Mensch könnte dem zustimmen.

Der andere Erfolgsmaßstab könnte die von dir erbrachte Leistung sein, das Seminar bis zum Ende absolviert oder dies zumindest versucht zu haben – das wäre eher im Sinn der menschlichen Definition von Erfolg. Denn nach menschlicher Logik gilt: Wenn ich mich bemüht und mein Bestes getan habe, kann ich hoch erhobenen Hauptes mit den Folgen umgehen.

Wenn du dich für die Erfolgsdefinition des Menschen entscheidest, wirst du, solange du dir Mühe gibst, auf jeden Fall Erfolg haben. Natürlich wäre es toll für dich, die Prüfung zu bestehen! Wenn du das nicht schaffst, bedeutet es aber nicht mehr, als dass du dein Bestes gegeben hast – und mehr als dein Bestes kannst du nicht geben – und daher guten Gewissens den unternommenen Anlauf feiern kannst.

Dein Schimpanse wird darauf beharren, das Nichtbestehen der Prüfung als Fehlschlag zu bewerten. Denke gründlich nach: Du hast hier eine Wahl. Wenn du in deinem weiteren Leben Erfolg immer nur daran misst, auf welche Leistungs- oder Karrierestufe du gelangst, musst du auch die emotionalen Folgewirkungen akzeptieren, die eintreten, wenn du einmal eine angestrebte Stufe nicht erreichst. Misst du hingegen deinen Lebenserfolg daran, was du versuchst und leistest und welchen Einsatz du bringst, hast du es immer selbst in der Hand, Erfolg zu haben und stolz auf dich zu sein. Du kannst dann mit jeder Enttäuschung über das Nichterreichen eines gesetzten Ziels wie ein erwachsener Mensch umgehen.

Definiere also erst einmal, was du unter Erfolg verstehen willst, bevor du dich auf den Weg zu einem Ziel machst, und lege für dich fest, was dieser Erfolg dir bedeuten wird. Du hast Alternativen, kannst Erfolg mit Karriere gleichsetzen oder mit Anstrengung oder mit beidem. Du kannst als Erfolgsmaßstab Geld und materiellen Besitz definieren oder ein geistiges oder persönliches Vorankommen. Vergiss nicht: Schimpanse und Mensch können sehr unterschiedliche Vorstellungen von Erfolg haben.

Teilerfolg

Ein weiterer bedenkenswerter Punkt ist, dass man an Erfolg nicht die Schablone «ganz oder gar nicht» anlegen sollte. Es gibt Abstufungen des Erfolgs und Schattierungen zwischen schwarz und weiß. Du hast die Möglichkeit, Teilerfolge anzusteuern und dich über diese zu freuen. Stell dir beispielsweise vor, du beschließt, dir den Garten vorzuknöpfen, weil er ungepflegt und verwildert ist. Du machst dich an die Arbeit, schaffst es aber nicht, alles auf Vordermann zu bringen. Trotzdem kannst du dich zurücklehnen, einen Teilerfolg genießen und mit dem zufrieden sein, was du geschafft hast.

Teilerfolge sind oft ein Test dafür, was du realistischerweise schaffen kannst. Akzeptieren lernen, dass du einen Fehler gemacht hast, und dich für diese Einsicht belohnen ist sehr viel konstruktiver, als dir Vorwürfe zu machen, weil du etwas nicht perfekt bis zum Ende durchgezogen hast. Versuche zu erkennen, wann der richtige Zeitpunkt ist, dich mit einem Teilerfolg zufrieden zu geben und ihn zu genießen.

Erfolg lässt sich oft in Einzeletappen zerlegen, die du jede für sich feiern kannst. Dein Schimpanse versteht sich sehr gut darauf, dich entweder zum Erfolg zu treiben oder die Handbremse zu ziehen und dir Steine in den Weg zu legen. Erkenne das und gehe dagegen vor, indem du dir eine Erfolgsetappe nach der anderen vornimmst.

Die drei Erfolgsmonde

Es gibt viele grundlegende Stabilisatoren, mit denen du deine Erfolgschancen verbessern kannst. Die Monde, die den Erfolgs-Planeten umkreisen, verkörpern drei solche Stabilisatoren.

Der Königsmond

Dein Reich
- die Krone tragen
- Königsregeln
- Berater
- Untertanen

Das Gemeinschaftsreich
- persönliche oder berufliche Beziehungen
- persönliche Beziehungen
- Teams

Anderer Leute Reich
- Untertan sein

Beim ersten Mond geht es darum, zu erkennen, wer in den unterschiedlichen Sphären deines Lebens das Sagen hat, und dann entsprechend tätig zu werden. Von den Faktoren, die zur Erhöhung deiner Erfolgschancen beitragen können, ist dies einer der wichtigsten.

Das Problem ist der Umgang mit Meinungsunterschieden

Jedes System, in dem Menschen tätig sind, muss, um reibungslos zu funktionieren, über klar definierte Philosophien, Verfahren und «Regeln» verfügen. In der Welt des Menschen ist das kein großes Problem, weil sie nach den Regeln der Logik funktioniert. In der Welt des Schimpansen bereitet es große Probleme, weil sie Emotionen gehorcht und nicht immer regelgeleitet ist. Probleme tun sich immer dann auf, wenn Menschen gegensätzlicher Meinung darüber sind, was getan werden sollte und wie. Wenn wir uns darauf einigen können, wie diese Meinungsunterschiede beigelegt werden können, haben wir den ersten Schritt hin zu einer glücklichen Lebensführung getan. Menschen diskutieren über Vorstellungen und gelangen üblicherweise zu einem Konsens. Schimpansen äußern Meinungen, kritisieren andere Leute und lenken selten ein. Wenn man sie zum Nachgeben zwingt, reagieren sie typischerweise mit trotzigem Widerstand und Sabotage.

Der Mensch und der Schimpanse können beide zu einem Konsens gelangen, wenn es eindeutige Regeln und einen von beiden anerkannten Anführer gibt, der die Fähigkeit hat, eine abschließende Entscheidung zu treffen. Über gute Führungsqualitäten zu verfügen, heißt, dass man bereit ist, sich die Meinung Anderer anzuhören und sie zu respektieren.

Daraus folgt, dass wir festlegen müssen:

- wer in jeder erdenklichen Situation deines Lebens das Sagen haben soll
- welche Regeln gelten sollen
- ob du dich nach den Regeln richtest

Stellen wir uns vor, dass jede Lebenssituation einen König hat. Dieser König trägt die Krone und hat das letzte Wort innerhalb eines definierten «Reichs». Um das Modell einfach zu halten, werden wir nur drei verschiedene Führungsfiguren oder Könige in den Blick nehmen:

- dich
- eine andere Person
- eine kollektive Führung

Dein Reich

Die Krone tragen

Stelle sicher, dass die Krone sich auf dem richtigen Haupt befindet

Es gibt Situationen, in denen zweifellos du das Heft in der Hand hast und also der König bist. Wenn du, um ein Beispiel zu geben, zu Hause bist, bist du der König deines Reichs. Du entscheidest, wer es betreten darf, und du bestimmst die Regeln. Wenn du jemand anderen zu Hause besuchst, betrittst du dessen Revier und damit dessen Reich, das von einem König oder einer Königin regiert wird. In einem solchen fremden Reich würdest du, wenn dort große Hitze herrschen würde, eine höfliche Bemerkung machen und vielleicht fragen, ob du ein Fenster öffnen darfst. Du würdest nicht einfach zu einem Fenster gehen und es öffnen. Man würde dir das als unhöflich und anmaßend auslegen, es sei denn, du wärst mit dem Gastgeber eng befreundet. Umgekehrt würdest du, wenn jemand dich besuchen käme, nicht damit rechnen, dass er sagt: «Mir gefallen deine Wandfarben nicht», einen Farbeimer öffnet und anfängt, die Wände neu zu streichen. Wir würden das nicht zulassen, weil unser Zuhause unser Königreich ist. Auch dein Arbeitsplatz eignet sich als Beispiel für dein Reich. Du füllst dort eine Rolle aus, hast Aufgaben und Verantwortungen. Es ist wichtig, dass du deine Rolle dort und deine Verantwortungen genau kennst, sodass du entsprechend agieren kannst.

Wenn du jemanden in dein Reich hereinlässt, der dann Anstalten macht, es zu übernehmen, wird das deinen Menschen stören und deinen Schimpansen in Aufregung versetzen. Es wird zwangsläufig zu Schimpansen-Aktivitäten in deinem Inneren kommen, und das ist nicht unbedingt wünschenswert. Dein Reich ist dein Reich, und **wenn du entsprechend handelst**, kannst du damit Schimpansen-Aktivitäten zuvorkommen. Wenn du es dir etwa nicht gefallen lassen willst, dass Leute dich anschreien, musst du entschlossen dagegen vorgehen. Du musst entweder ein Machtwort sprechen oder über eine Strategie der Konfliktvermeidung verfügen, die es dir dennoch erlaubt, deine Ansprüche durchzusetzen. Als König musst du dafür sorgen, dass nach deinen Regeln gespielt wird und dass jeder, der dein Reich betritt, diese Regeln kennt und anerkennt, und musst sie, wenn nötig, durchsetzen. Als König wird von dir erwartet,

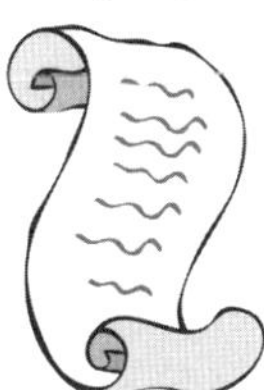

Könige müssen königlich agieren

dass du königlich agierst! Im Hinblick auf die Durchsetzung der Regeln bedeutet dies, dass du das in königlichem Stil machen solltest, durch deinen Menschen und nicht durch deinen Schimpansen.

Königsregeln

Die «Königsregeln» sind Verhaltensweisen und Haltungen, die **du** als König **zu befolgen beschlossen hast**. Sie sind nicht dafür gemacht worden, von Anderen befolgt zu werden! Wenn du dir die Zeit nimmst, gemeinsam mit deinem Menschen darüber nachzudenken und solche Regeln aufzustellen, wird dies die Wahrscheinlichkeit erhöhen, dass du mit dem, was du tust, Erfolg hast. Die Regeln dienen nicht zuletzt als Mahnung an die Adresse deines Schimpansen. Du musst ihn auf Linie bringen und so lenken, dass er nach deinen Regeln lebt. Du könntest beispielsweise eine Königsregel erlassen, die besagt, dass du zu anderen Leuten immer zuvorkommend bist, gleich wie sie dich behandeln. Das ist eine vorbildliche Regel, aber keine, die dein Schimpanse freiwillig befolgen würde. Auch hier kommt es unter dem Strich wieder darauf an, dass du es schaffst, deinen Schimpansen zu lenken.

Berater

Könige können nicht alles wissen; sie sollten sich daher Berater suchen, idealerweise die besten verfügbaren Fachleute. Diese erteilen dem König keine Befehle, sondern Ratschläge. Es ist sehr wichtig, dass du, wenn du auf unsicheres Terrain oder ins Schwimmen gerätst, die richtigen Leute findest, die dir helfen können. Um Erfolg zu haben, ist wirksame Hilfe fast unerlässlich. Einer der Faktoren, durch die sich erfolgreiche von erfolglosen Leuten unterscheiden, ist die Fähigkeit, zu erkennen, wenn man Hilfe braucht, und sie von der bestmöglichen Quelle zu bekommen.

Es liegt in deiner Verantwortung, zu prüfen, ob dein Ratgeber über die nötigen fachlichen Referenzen verfügt. Ist er geeignet und fähig, dich zu beraten oder Aufgaben für dich zu erledigen? Es ist sinnvoll, einen Blick auf Qualifikationen, Berufserfahrung und bisherige Erfolgsbilanzen eines potentiellen Ratgebers zu werfen, ehe man seine Dienste in Anspruch nimmt. Wenn du dich erst einmal für einen fachlich versierten Berater entschieden hast, solltest du wissen, dass es sehr unklug wäre, seine Ratschläge zu verschmähen.

Hast du dir die Dienste von Beratern gesichert, dann vergiss nie, dass du sie dir selbst ausgesucht hast! Wenn sie deine Erwartungen nicht erfüllen, kannst du ihnen nicht schlichtweg die Schuld geben, denn möglicherweise warst du es, der eine schlechte Wahl getroffen hat! Erfolgreiche Leute übernehmen die volle Verantwortung für alles, was sie entscheiden und tun, und bemühen sich, es beim nächsten Mal besser zu machen. Sie lassen nicht zu, dass ihr Schimpanse Anderen die Schuld zuschiebt.

Berater

Suche dir deine Berater sorgfältig aus

Stell dir beispielsweise vor, du möchtest abnehmen – für viele von uns ein nur allzu vertrautes Szenario. Du trägst die Königskrone und besitzt die volle Souveränität über dein Vorhaben. Aus deinem Wunsch, abzunehmen, ergibt sich, dass du es nicht geschafft hast, dein Idealgewicht zu halten! (Kein Vorwurf, nur eine Feststellung.) Du tätest daher klug daran, dir als Ratgeber einen Experten für Gewichtskontrolle zu holen. Das könnte ein Ernährungsberater sein oder einfach ein Freund oder eine Freundin, der oder die weiß, wie man abnimmt, und es selbst schon geschafft hat. Wenn es dann trotzdem nicht klappt und du das Gefühl hast, dich für den «falschen» Ernährungsplan oder Berater entschieden zu haben, dann gib nicht dem Berater die Schuld. Es war deine Entscheidung, dich seinem Rat anzuvertrauen. Die aus diesem Szenario zu ziehende Lehre lässt sich auf viele Bereiche deines Lebens anwenden: Du musst lernen, für die Entscheidungen, die du triffst, verantwortlich und rechenschaftspflichtig zu sein.

Untertanen

Leute, die dein Reich bewohnen, sind im übertragenen Sinn deine Untertanen und sollten sich über zwei Dinge im Klaren sein: zum einen darüber, dass du der König bist, zum zweiten darüber, dass bestimmte Regeln gelten. Als König ist es **deine Aufgabe**, deine Untertanen höflich, aber bestimmt auf diese beiden Dinge aufmerksam zu machen. Wenn Andere es schaffen, die Herrschaft in deinem Reich zu übernehmen, oder wenn Leute ein Verhalten an den Tag legen, das du nicht akzeptieren kannst, bringt es nichts, diesen Anderen die Schuld zuzuweisen, denn offensichtlich hast du es versäumt, ihnen die Rollenverteilung und die geltenden Regeln mit der nötigen Entschiedenheit klarzumachen. Letzteres gelingt dir wahrscheinlich eher, wenn du die Anderen unabhängig davon, wie sie agieren, respektvoll behandelst. Dann hast du eine größere Chance, mit deiner Botschaft durchzudringen. Stelle sicher, dass dein Mensch das Reden übernimmt und nicht dein Schimpanse.

Untertanen zu haben, bedeutet auch, dass du dich um sie kümmern und ihnen jederzeit Respekt erweisen musst. Je mehr Respekt du Anderen entgegenbringst, desto wahrscheinlicher ist es, dass sie umgekehrt auch dich respektieren. Allerdings sind immer auch außer Kontrolle geratene Schimpansen unterwegs; sei also auf der Hut und vergiss nie, dass es sehr unklug ist, sich mit einem fremden Schimpansen anzulegen.

Anderer Leute Reich

Manchmal trägst nicht du Krone

Untertan sein

Wenn du feststellst, dass du nicht derjenige bist, der die Krone trägt, tust du gut daran, demjenigen, der sie trägt, deinen Respekt zu bezeigen. Tust du das nicht, wirft das letzten Endes ein schlechtes Licht auf dich und wird wahrscheinlich deine eigenen Erfolgschancen mindern. Untertan zu sein, bedeutet nicht, dass man Männchen macht oder sich zum Fußabtreter degradiert. Es geht immer um Respekt. Wenn du merkst, dass ein Anderer die Krone trägt und die endgültigen Entscheidungen trifft, ist es vernünftig, herauszufinden, welche Regeln in seinem Reich gelten, und sich an diese zu halten.

Den Kampf gegen das System aufzunehmen, kann manchmal sinnvoll sein, wenn etwa das System oder die Personen, die es tragen, korrupt sind; es ist jedoch wichtig und auch möglich, den Kampf so zu führen, dass du dabei nicht deine eigene Integrität einbüßt. Ist das System nicht korrupt und hat die Person an seiner Spitze einfach nur eine andere Meinung als du, dann musst du, wenn du dennoch weiter gegen beide kämpfst, damit rechnen, dass dir das als respektlos angekreidet wird und du die

Folgen tragen musst. Passiert dies in einem Reich, in dem du ohnehin nicht bleiben möchtest, ist die richtige Lösung, dich so schnell wie möglich zu verabschieden und dich in ein Reich zu begeben, dessen König du respektierst.

Das Gemeinschaftsreich

Persönlich oder beruflich?

Berufliche oder persönliche Beziehungen

Wir bekommen es in unserem Leben mit zwei verschiedenen Arten von Beziehungen zu tun: beruflichen und persönlichen. Beide überschneiden einander oft oder werden nicht korrekt auseinandergehalten. Man gerät dabei leicht auf dünnes Eis. Die Unterschiede zwischen diesen beiden Beziehungstypen zu erkennen und zu wissen, wann welcher angemessen ist, ist sehr wichtig, weil Grenzüberschreitungen in der Regel Ärger verursachen.

Jede Beziehung zu anderen Personen erfüllt ihren Zweck, deshalb solltest du dir überlegen, was du von jeder deiner Beziehungen erwartest. Überlege dir auch, was die andere Person von ihrer Beziehung zu dir erwartet. Das kann für den Erfolg der Beziehung entscheidend sein.

Der Sinn und Zweck einer Beziehung hat nicht ausschließlich mit der Person zu tun. Ich meine damit, dass man manchmal zu jemandem eine Arbeitsbeziehung unterhält, den man nicht unbedingt sympathisch findet. Eine persönliche Beziehung muss keine freundschaftliche Beziehung sein. Du kannst mit jemandem, mit dem du persönlich zu tun hast, freundlich, nahbar und zuvorkommend umgehen, unabhängig davon, ob du ihn magst oder nicht. Dagegen setzt eine freundschaftliche Beziehung voraus, dass beide einander sympathisch sind.

Für eine persönliche Beziehung gibt es keine von vornherein festgelegte Grenze. Du und die andere Person entscheiden, wie sich eure Beziehung gestaltet und wie eng und freundschaftlich sie unter Umständen wird.

Zwischen Menschen, die in einer persönlichen Beziehung zueinander stehen, kommt es zu Momenten der Vertraulichkeit, was bedeutet, dass solche Beziehungen immer auch eine emotionale Grundlage haben, und dein Schimpanse investiert in sie von Anfang an jede Menge positive Emotionen. Beide Beteiligten werden im Rahmen einer solchen Beziehung persönliche Gefühle und Ideen austauschen und somit einen persönlichen Gewinn aus ihr ziehen. Die Beziehung wird beiden emotional gut tun, und das ist ihr erstrangiger Zweck. Sie beruht auf beiderseitiger Vertrautheit, verbunden mit der Erwartung, dass auch die andere Person einen emotionalen Gewinn daraus schöpft. Beide beurteilen einander nach ethischen, moralischen und emotionalen Maßstäben und respektieren im Rahmen ihrer Beziehung interne Grenzen, die jedoch flexibel sind und sich im Zeitverlauf verschieben können.

Bei beruflichen Beziehungen gibt es im Vorhinein festgeschriebene Grenzen, besonders im direkten persönlichen Umgang miteinander. Vertraulichkeit ist oberstes Gebot, und es werden keine emotionalen Urteile gefällt. In eine berufliche Beziehung sollen nach gängiger Erwartung keine emotionalen Anliegen eingebracht werden, da die Beziehung einzig und allein auf beruflichen Pflichten und Aufgaben basiert.

Dass wir unsere beruflichen Beziehungen so oft über vorgezeichnete Grenzen hinweg in persönliche Beziehungen mutieren lassen, hat seinen Grund darin, dass unser Schimpanse – und manchmal auch unser Mensch – diese Grenzen außer Acht lässt und anfängt, in der anderen Person eine Quelle für die Erfüllung eher persönlicher Bedürfnisse zu sehen. Es ist daher vernünftig, dir darüber im Klaren zu werden, welche emotionalen Bedürfnisse du hast, und dir für deren Erfüllung eine geeignete Person **außerhalb** deiner beruflichen Sphäre zu suchen. Lass nicht zu, dass dein Schimpanse oder auch dein Mensch versucht, seine emotionalen Bedürfnisse an einen Arbeitskollegen oder eine Arbeitskollegin heranzutragen. Vermeide es ebenso, negative Emotionen wie Frustration oder Wut in eine berufliche Beziehung hineinzutragen.

Im Hinblick auf den Aufbau erfolgreicher Beziehungen zu deinen Mitmenschen könntest du dir die Frage stellen: «Was erwarte ich von dieser Beziehung, und was erhofft sich die andere Person davon?» Stelle sicher, dass das, was du erwartest, dem Beziehungstypus, um den es geht – beruflich oder persönlich –, angemessen ist.

Persönliche Beziehungen

Eine persönliche Beziehung zu einer Person umfasst immer eine Beziehung sowohl zu deren Mensch als auch zu deren Schimpanse. Überlege es dir also gut, bevor du dich darauf einlässt! Wenn du dich dafür entscheidest, sei dir darüber im Klaren, dass jede persönliche Beziehung auf der jeden Tag neu getroffenen Entscheidung beruht, sie fortzusetzen. Niemand nagelt dich mit den Füßen am Boden fest, wenn es um Beziehungen geht; sie sind immer deine freie Willensentscheidung.

Wenn du eine persönliche Beziehung zu einem Menschen eingehst, ist es wichtig, dir klarzumachen, dass sich ein Teil der Beziehung in einem «Gemeinschaftsreich» abspielt, in dem Entscheidungen zwangsläufig gemeinsam getroffen werden. Andere Bestandteile der Beziehung gehören nicht dem Gemeinschaftsreich an und erlauben daher individuelle Entscheidungen. Stelle dir beispielsweise ein Paar vor: zwei Personen, die einander kennengelernt und sich für einander entschieden haben. Keiner von beiden besitzt den Anderen, keiner kann dem Anderen Regeln für seine persönliche Lebensführung vorschreiben. Beide sind nach wie vor König in ihrem eigenen Reich und haben die uneingeschränkte Souveränität darüber, welche Ziele sie verfolgen und wie sie agieren möchten.

Einer der beiden ist vielleicht entschlossen, jedes Wochenende mit anderen Freunden zu verbringen, und ist nicht bereit, darauf zu verzichten. Das ist sein gutes Recht, er darf dies für sich so entscheiden. Der Partner hat natürlich ebenfalls jedes Recht der Welt, zu sagen: «Das ist für mich inakzeptabel, und wenn du wirklich jedes Wochenende anderswo verbringen willst, ziehe ich daraus für mich die Konsequenz, dass ich die Beziehung mit dir beende.» Natürlich könnte der Partner auch zu dem Schluss kommen, dass es immer noch besser ist, sich damit abzufinden, dass der Andere jedes Wochenende mit Freunden unterwegs ist, als die Beziehung zu beenden. Er dürfte sich in diesem Fall später nicht beschweren, stand doch von Anfang an fest, dass diese Wochenendausflüge eine Grundbedingung für den Fortbestand der Beziehung sind.

In einer Beziehung kann es passieren, dass der eine Partner dem anderen Regeln vorschreibt und sich dann beschwert, wenn die Regeln nicht befolgt werden. Der Betreffende hat den Fehler begangen, sich im Reich eines Anderen die Königskrone aufzusetzen. Einer Person in deren eigenem Reich Regeln aufzwingen zu wollen, ist eine Form der passiven Aggression. Die Krone muss in diesem Fall wieder der berechtigten Person aufgesetzt werden, indem man erkennt, was geschehen ist, und jedem Einzelnen die Entscheidung darüber überlässt, wie er sein Leben führen möchte.

Das Gemeinschaftsreich spielt eine Rolle in der Beziehung,

wenn das Paar gemeinsam eine Entscheidung trifft, zum Beispiel zusammen ein Haus zu kaufen. In diesem Fall tragen beide die Verantwortung für den Kauf, so dass keiner von ihnen sich die Krone aufsetzt – sie tragen sie gemeinsam.

Teams

Teams arbeiten entweder unter einem Chef, der die Krone trägt, oder als demokratisch entscheidendes Kollektiv. Das sind die beiden Extreme eines Spektrums. Wenn ein Team erfolgreich arbeiten will, ist einer der wichtigsten Erfolgsfaktoren das Wissen darum, wer die Krone trägt (wenn es überhaupt einen Kronenträger gibt) und wie die Regeln festgelegt werden. Demokratisch verfasste Teams in einem Gemeinschaftsreich stimmen darin überein, dass sie keinen König haben, sondern eine Regierung.

Der EVVE-Mond

Das EVVE-Prinzip
- Einsatzwille
- Verfügungsgewalt
- Verantwortung
- Exzellenz

Der EVVE-Mond beleuchtet unsere Vorbereitung auf die Durchführung eines Projekts. Schauen wir uns vier Bereiche an, die wichtig für unsere Erfolgsaussichten sind und die wir unter dem Begriff «EVVE-Prinzip» subsumieren.

Der erste Bereich: Einsatzwille

Wenn es dir ernst damit ist, ein Projekt in Angriff zu nehmen, solltest du in einem ersten Schritt prüfen, ob eine reale Chance besteht, dass du schaffst, was du dir vorgenommen hast. Es hat keinen Sinn, loszulegen, wenn du nicht analysiert hast, ob du in der Lage bist, die Herausforderung zu bestehen. Um dies herauszufinden, kannst du dich einem «Einsatzwillen-Test» unterziehen. Dabei ist es wichtig, dass du und der Schimpanse euch zusammensetzt, denn wenn nur einer von euch entschlossen ist, sich in das Projekt zu stürzen, wird es nicht funktionieren. Der erste potentielle Fehler ist also der, zuzulassen, dass entweder nur dein Mensch oder nur dein Schimpanse stellvertretend für den jeweils anderen das Vorhaben vertritt. Ich möchte diesen Punkt an zwei Beispielen verdeutlichen.

Emma und ihre Jogging-Pläne

Emma beschließt, sich zur Verbesserung ihrer Fitness einer Jogginggruppe anzuschließen. Im Moment ihres Entschlusses sitzt sie in ihrer warmen Wohnung. Ihr Mensch sagt: «Das klingt total logisch: Ich werde zweimal wöchentlich mit der Gruppe joggen, und das wird meiner Fitness guttun.» Emmas launischer Schimpanse schaltet sich ein und sagt: «Toll, ich werde das Gefühl, sportlich fit zu sein, echt genießen.» Irgendwann wird es aber Winter, und der Schimpanse überlegt es sich anders. Der Mensch sagt nach wie vor: «Ich möchte fit werden und mit dem Joggen weitermachen», während der Schimpanse nichts mehr davon wissen will.

Emma hat einen großen Fehler begangen, indem sie geglaubt hat, sie könne, wenn die kalte Jahreszeit kommt, ihrem Schimpansen ihren Willen aufzwingen. Du kannst den Schimpansen nicht niederringen! Deine Willenskraft wird nicht ausreichen, den Schimpansen zu etwas zu zwingen, das er nicht will. Würde Emma ihren Schimpansen wirklich gut kennen, könnte sie ehrlicherweise zugeben, dass im Winter das **Gefühl, fit zu sein**, **emotional** nicht ausreicht, um ihren Schimpansen zu einem überzeugten Jogger auch bei widrigem Wetter zu machen. Natürlich könnte Emma sich vornehmen, ihrem Schimpansen das

Joggen anderweitig schmackhaft zu machen, etwa indem sie Freunde zum Mitmachen bewegt; dennoch kann es letzten Endes darauf hinauslaufen, dass der Schimpanse alle ihre Pläne durchkreuzt. Vielleicht täte sie sich leichter, wenn sie einen anderen Weg fände, sich fit zu halten – einen, den auch ihr Schimpanse goutieren würde.

Beachte, dass Emma schon frühzeitig hätte registrieren können, dass ihr Schimpanse ihren Jogging-Entschluss mit der Aussage quittiert hatte: «Ich werde das **Gefühl**, sportlich fit zu sein, echt genießen.» Gefühlsregungen des Schimpansen können sehr kurzlebig und volatil sein. Sie sind manchmal nützlich als Signal, an dem wir uns orientieren können, taugen aber nicht als solide Grundlage für Planungen. Zu einer wasserdichten Planung hätte es für Emma gehört, herauszufinden, wie ihr Schimpanse sich anstellen wird, wenn der Winter Einzug hält.

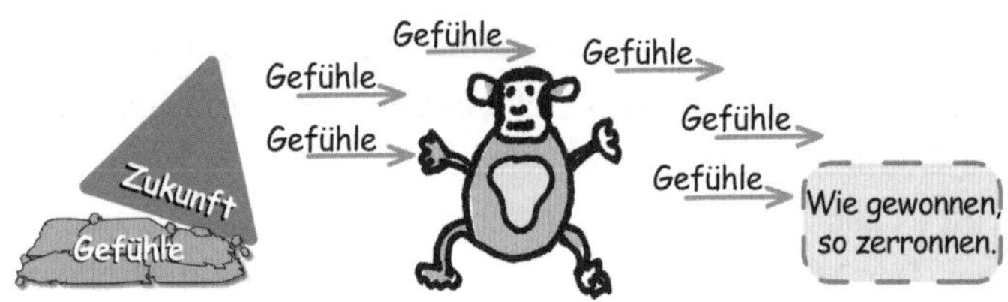

Gefühlsregungen des Schimpansen – wie gewonnen, so zerronnen – keine Grundlage für die Zukunft!

Johns Fußballtraum

John beschließt, einen Fußballverein zu gründen. Er steht total auf Fußball und hat schon immer davon geträumt, Manager eines Fußballvereins zu sein. Sein Schimpanse ist aufgeregt, voller Begeisterung und entschlossen, das Projekt zum Laufen zu bringen. Er weiß, dass sein Mensch willens und fähig ist, das Projekt zu stemmen, und verkündet daher bei der nächsten Gemeinderatssitzung, was er vorhat und dass er dafür um städtische Unterstützung bittet. Das alles klingt gut und könnte funktionieren.

Was ist hier das Problem? Das Problem ist, dass dieses Projekt eine Schimpansen-Idee ist. Johns Schimpanse wird wahrscheinlich seine Begeisterung beibehalten und die Fähigkeit und Energie aufbringen, das Projekt zu verwirklichen; aber hat sich Johns Mensch mit Ernst und Logik in den Plan eingebracht? Ein möglicher Stolperstein für das Projekt ist der, dass John dafür den einen oder anderen grundsoliden Geschäftsplan ausarbeiten müsste.

Eine der schwierigsten Herausforderungen wird darin bestehen, dass ein solches Projekt auf jeden Fall die Einsatzbereitschaft **anderer Personen** erfordert. John mag noch so überzeugt von der Sache sein, alleine kann er sie nicht durchziehen. Er braucht Kapital und Zeit. Hat er sich wirklich gründlich überlegt, wie viel Zeit und Geld er wird investieren müssen? Wir wollen natürlich seine Begeisterung nicht bremsen, aber das Projekt wird nicht sehr weit gedeihen ohne einen soliden Geschäftsplan.

Johns Mensch wird unter Einbringung seines logischen Verstandes in das Projekt einsteigen und ausarbeiten müssen, was für den Erfolg des Projekts nötig ist, andernfalls könnte aus Johns Traum schnell ein Albtraum werden. Erst wenn John es geschafft hat, feste Unterstützungszusagen anderer Personen einzuholen, und eine gesicherte Finanzierung vorweisen kann, wird er festen Boden unter den Füßen haben und loslegen können. Sein Schimpanse wird ihn mit der Energie versorgen, die er braucht, um das Projekt erfolgreich durchzuziehen.

Anhand dieser beiden Beispiele will ich zeigen, wie wichtig es ist, dass du erkennst, welche Beiträge zu deinem Erfolg dein Mensch und dein Schimpanse leisten können. Es hat wenig Sinn, deinem Menschen zum «Erfolg» zu verhelfen, wenn dein Schimpanse damit nicht glücklich ist (oder umgekehrt); du brauchst vielmehr ein Gleichgewicht zwischen beiden.

Viele Leute investieren alles in ihre berufliche Karriere und sind sehr erfolgreich, aber nicht glücklich, weil sie ihre Freunde und ihre Familie fast nie zu sehen bekommen. Dein Erfolg sollte den Preis wert sein, den du für ihn zahlen musst. Welche Belastungen kannst du körperlich und emotional verkraften? Der Schimpanse muss dir mitteilen, was er empfindet, und der Mensch muss dir mitteilen, wie man damit praktisch zurechtkommt. Es bedarf einer Kooperation zwischen den beiden, dann erhöht sich die Erfolgswahrscheinlichkeit erheblich.

Motivation versus Einsatzwille

Die treibende Kraft für deine Motivation ist dein Schimpanse. Motivation basiert auf Emotion. Sie hat ihren großen Auftritt normalerweise dann, wenn eine wertvolle Belohnung winkt oder wenn dein Leidensdruck so groß ist, dass du etwas gründlich ändern möchtest. Motivation ist eine hilfreiche Antriebskraft, aber keine wesentliche Voraussetzung für Erfolg. Es ist unrealistisch, zu erwarten, dass wir uns jeden Tag neu motivieren können, gleich was wir tun. Das Problem mit der Motivation ist, dass sie aus vom Schimpansen gelieferten Emotionen erwächst und dass diese sehr leicht und sehr schnell wechseln können.

Dagegen wurzelt Einsatzwille im Menschen und ist unabhängig von Gefühlen. Ein Mensch mit Einsatzwillen verfolgt seinen Plan, auch wenn ihm an manchen Tagen nicht danach zumute ist. Ein Chirurg etwa kann nicht mitten in einer Operation sagen: «Wisst ihr was, ich habe gerade nicht die Motivation, das hier fertig zu machen, ich höre jetzt auf!» Auf Motivation kommt es bei ihm nicht an; es ist sein Einsatzwille, der ihn antreibt, die Operation zu vollenden.

> ***Kernpunkt***
> *Wenn du beschließt, etwas zu tun, denke daran, dass nicht deine Motivation entscheidend ist, sondern dein Einsatzwille.*

Was es mit dem Einsatzwillen-Test auf sich hat

Um deinen Einsatzwillen strukturiert messen zu können, kannst du einen Einsatzwillen-Test absolvieren, bestehend aus der Beantwortung einer Liste von Fragen. Gemessen werden bei dem Test zwei Facetten. Die erste Facette ist, dass du herausarbeitest, was du für die Realisierung des Projekts brauchen wirst. Die zweite Facette ist die Ausarbeitung von Lösungen für jedes erdenkliche Problem, das dich daran hindern könnte, Erfolg zu haben.

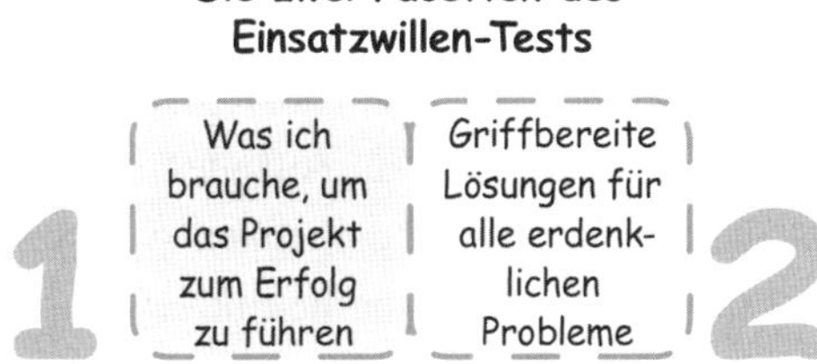

Erste Facette: Was brauche ich für das Projekt?

Wir können diese Frage noch in drei Rubriken auffächern:

- Wesentliches
- Wichtiges
- Wünschenswertes

Wesentliches: Darunter fallen alle Dinge, die für einen Erfolg des Projekts unabdingbar sind. Wenn du also zum Beispiel ein Unternehmen gründen willst, musst du Zugriff auf Kapital in einer bestimmten Größenordnung haben. Wenn du Opernsänger werden möchtest, brauchst du eine gute Stimme. Wenn du mit Jogging deine Fitness verbessern möchtest, musst du regelmäßig laufen. Wesentliche Dinge können sowohl physischer als auch emotionaler Natur sein, und deswegen ist es nützlich, jedes Mal, wenn du dir ein Projekt vornimmst, zwei Listen zu erstellen. Die erste Liste ist für dich als Mensch, die zweite für deinen Schimpansen. Der Mensch deckt die praktischen Aspekte und Wahrheiten ab, der Schimpanse die erforderlichen Gefühle und emotionalen Fertigkeiten.

Wichtiges: In diese Rubrik fallen alle Faktoren, von denen man sicher sein kann, dass sie Einfluss auf das Endergebnis haben werden, und die demzufolge berücksichtigt werden müssen. Wenn du zum Beispiel Gartenarbeiten machen willst, ist es ratsam, dir ein Arsenal von Werkzeugen zurechtzulegen und dich nicht auf nur eines oder zwei zu verlassen. Willst du dich auf eine Prüfung vorbereiten, wäre es außerordentlich hilfreich, dir einen ruhigen Ort zu suchen, an dem du ungestört lernen kannst. Wenn du eine gute Beziehung zu jemandem aufbauen willst, könntest du die Erfolgswahrscheinlichkeit dadurch erheblich steigern, dass du dir genug Zeit für die Entwicklung und Pflege dieser Beziehung nimmst.

Wünschenswertes: Darunter fallen Dinge, die einen positiven Beitrag leisten können oder auch nicht, aber auf jeden Fall für mehr Wohlbefinden sorgen. Wenn du zum Beispiel einen schönen Abend außer Haus verbringen willst, wäre es eine gute Sache, eine gewisse Summe Geldes mitzunehmen. Wenn du abnehmen möchtest, wäre es hilfreich, einen Freund einzubeziehen, der dir moralische Rückendeckung gibt. Wenn du dir eine erfolgreiche und glückliche Firma wünschst, wäre ein geselliges Treffen der Mitarbeiter in regelmäßigen Abständen sicher von Vorteil.

Welche Dinge du in jede dieser Rubriken setzt, bleibt deiner Entscheidung überlassen, denn jeder wird eine individuelle Auswahl treffen. Es hängt immer davon ab, was dein Mensch und dein Schimpanse darüber denken. Derselbe Faktor landet womöglich bei zwei Personen in verschiedenen Rubriken. So hält die eine vielleicht einen hohen Intelligenzquotienten für eine **wesentliche** Vorbedingung für das Erlernen einer Fremdsprache, während jemand anders einen hohen IQ als lediglich **wünschenswert** einstuft und der Meinung ist, die Fähigkeit zum Sprachenlernen sei davon unabhängig.

Da Fehlannahmen immer möglich sind, ist es grundsätzlich ratsam, deine Liste einem Freund vorzulegen, der dir helfen kann, zu überprüfen, ob alle Eintragungen durchdacht sind und in der richtigen Rubrik stehen.

Zweite Facette: Welchen Herausforderungen könntest du dich gegenübersehen?

Wir können hier drei Typen von Herausforderungen unterscheiden:

- Hürden
- Barrieren
- Fallgruben

Du musst herausfinden, welche eventuellen Hemmnisse du überwinden musst, um mit deinen Plänen Erfolg zu haben. Die Differenzierung in drei Typen von Herausforderungen soll es dir leichter machen, an dieses Thema zunächst aus einer pragmatischen menschlichen Perspektive und anschließend aus der emotionsgeladenen Perspektive des Schimpansen heranzugehen.

Hürden: Damit bezeichne ich Hindernisse, die sich nicht umgehen lassen und die man einfach überspringen muss. Bei allen Projekten, die du dir vornimmst, wirst du unangenehmen oder schwierigen Dingen begegnen, die du tun musst. Deine Aufgabe ist es, festzustellen, welche Hindernisse dies sind, und eine Strategie für ihre Überwindung zu entwickeln. Es gibt unzweckmäßige Strategien wie ignorieren, davonlaufen oder mit dem

Kopf durch die Wand wollen, die deine Erfolgschancen mit Bestimmtheit schmälern würden.

Wenn du es versäumt hast, potentielle Probleme zu analysieren, bevor du mit deinem Projekt loslegst, ist das praktisch eine Misserfolgsgarantie. Hier sind einige Beispiele:

- Wenn du abnehmen willst, musst du deine Essgewohnheiten ändern.
- Wenn du deine Fitness verbessern willst, musst du Sport treiben.
- Wenn du erfolgreich mit Anderen zusammenarbeiten willst, musst du lernen, dich mit deren Schimpansen auseinanderzusetzen.

Es gibt hier keine Ausweichmöglichkeiten – du musst lernen, diese Hürden zu überspringen.

Barrieren: Damit bezeichne ich Dinge, die du mit guter Planung umgehen kannst. Das ist keine Empfehlung, schwierige Probleme zu ignorieren, sondern ein Appell, sie auf intelligente Weise aus dem Weg zu räumen. Während sich Hürden nicht beseitigen lassen, ist das bei Barrieren möglich. Es ist sehr wichtig, dass du dir den Unterschied zwischen den beiden klarmachst und dann daran gehst, die Barrieren abzubauen. Wenn eine Barriere beispielsweise darin besteht, dass dir die Erfahrung oder Expertise für die Lösung einer bestimmten Aufgabe fehlt, ist es oft möglich, diese an jemanden zu delegieren, der über die einschlägigen Qualifikationen verfügt. Wenn du in den Urlaub fahren willst, aber nur eine begrenzte Geldsumme zur Verfügung hast, kannst du diese Barriere umgehen, indem du dir ein erschwingliches Reiseziel suchst.

Fallgruben: Damit meine ich Dinge, die deinem Projekt leicht zum Verhängnis werden können, wenn du nicht aufmerksam genug bist, sie vorauszusehen. Ein Beispiel wäre, dass du dich emotional verausgabst, ohne rechtzeitig die Notwendigkeit einer Auszeit zu erkennen. Weitere Beispiele: Du lässt dich auf ein schwieriges Gespräch ein, ohne dich darauf vorbereitet zu haben; oder du beschließt, dich nicht mehr von billigen Fertigprodukten zu ernähren, hortest aber weiterhin einige davon in deinem Kühlschrank. Eine subtilere Fallgrube gräbst du dir, wenn du versuchst, soziale Versagensängste mit Alkohol zu bekämpfen, anstatt dich für eine geeignete Therapie zu entscheiden.

Fragebogen zum Einsatzwillen-Test

Die folgenden Fragen decken die beiden Aspekte des Einsatzwillen-Tests ab. Aus deinen Antworten lässt sich ersehen, ob du voll und ganz dafür gerüstet bist, dein Traumprojekt erfolgreich durchzuziehen.

Ist es wirklich ein Traum?

- Wie wichtig ist dieses Projekt dir und deinem Schimpansen?
- Wollt ihr – du und dein Schimpanse – es wirklich zum Erfolg führen?
- Was versprichst du dir davon, dir diesen Traum zu erfüllen?
- Steht die Befriedigung, die du dir davon versprichst, in einem vernünftigen Verhältnis zu Aufwand, Kosten und Risiken des Projekts?

Pläne und Voraussetzungen für die Verwirklichung deines Traums

- Welche Pläne hast du dir für die Verwirklichung dieses Projekts zurechtgelegt?
- Welche Dinge hast du in der Vergangenheit probiert?
- Wenn du in der Vergangenheit Misserfolge hattest, was waren die Gründe dafür?
- Was willst du dieses Mal anders machen?

- Welche neuen Strategien für die Zukunft hast du dir überlegt?
- Was hat in der Vergangenheit gut funktioniert?
- Hast du sichergestellt, dass deine Pläne diesmal Hand und Fuß haben, indem du sie mit einer Person deines Vertrauens besprochen hast?
- Was sind die wesentlichen, wichtigen und wünschenswerten Voraussetzungen (sowohl beim Menschen als auch beim Schimpansen) dafür, dass dieser Plan aufgeht?
- Hast du alles Wesentliche durchdacht und geklärt, **bevor** du loslegst?

Hürden, Barrieren und Fallgruben

- Hast du eine Liste der Hürden erstellt, die du überspringen musst?
- Hast du eine Strategie für das Überspringen **jeder einzelnen Hürde**?
- Was wirst du opfern müssen?
- Bist du darauf vorbereitet, auch mit den Kehrseiten deines Vorhabens fertigzuwerden?
- Mit welchen Stressbelastungen rechnest du bei dem Versuch, diesen Traum zu verwirklichen?
- Welche Barrieren musst du voraussichtlich aus dem Weg räumen oder umgehen?
- Welche konkreten Schritte hast du für die Beseitigung oder Umgehung jeder einzelnen Barriere geplant?
- Mit welchen Fallgruben musst du rechnen, und wie kannst du ihnen aus dem Weg gehen?
- Wie wirst du die Fallgruben erkennen, die auf deinem Weg lauern?
- Wenn dein Traumprojekt fehlschlägt, wie wirst du dich fühlen und wie wirst du mit dem Misserfolg fertigwerden?

Wer oder was wird dich motivieren, weiterzumachen, wenn du auf Probleme stößt?

- Wenn du ein Ziel oder Zwischenziel nicht erreichst, wie wirst du damit umgehen?
- Auf wen kannst du zurückgreifen, wenn du für die Lösung eines auftauchenden Problems Hilfe brauchst?
- Hat diese Person eine klare Vorstellung davon, warum und wie sie dir helfen kann?
- Wie wirst du den Fortschritt deines Projekts messen?
- Wie bereit bist du, neue Strategien zu erlernen?
- Wie bereit bist du, deine Herangehensweise zu ändern?

Wenn du an einen Punkt kommst, an dem du bereit bist, deinen Traum zu begraben, stelle dir die folgenden Fragen:

- Warum habe ich den Impuls, aufzugeben?
- Kann ich irgendetwas ändern, bevor ich aufgebe?
- Kann ich meine Herangehensweise ändern?
- Mit wem habe ich die Probleme durchgesprochen?
- Welche Vorteile hätte es, wenn ich mein Traumprojekt aufgäbe?
- Welche Nachteile hätte es, wenn ich mein Traumprojekt aufgäbe?
- Welche anderen Pläne habe ich in der Hinterhand für den Fall, dass ich die Arbeit an meinem Traumprojekt einstelle?

Einige Anregungen, die dir helfen sollen, deinen Plan zu verfolgen

- Schätze deine Ressourcen realistisch ein – Geld und Zeit sind nicht dehnbar.
- Zeitmanagement ist eine Fertigkeit, die zu erlernen sich lohnt.
- Arbeite nicht nur effizient, sondern auch effektiv.
- Priorisiere die Aufgaben, die du erledigen musst, und lasse dich nicht ablenken.

- Nach Möglichkeit immer nur eine Sache gleichzeitig zu machen, ist das beste Mittel, ihr deine volle Aufmerksamkeit widmen zu können.
- Gehe negativ eingestellten Leuten aus dem Weg oder lasse sie mindestens (auf höfliche Art) wissen, wie sie auf dich wirken; wenn sie ihr Verhalten nicht ändern, lass sie nicht mitmachen.
- Sei offen für Ratschläge und suche dir gute Ratgeber, wo du sie brauchst.
- Unentschlossenheit saugt dir Energie aus – wenn du also alle Informationen hast, die du brauchst, verliere keine Zeit, sondern entscheide und handle.

Kernpunkt

Der wichtigste Erfolgsfaktor sind deine Entschlossenheit und Fähigkeit, deine besten praktischen und emotionalen Qualitäten zu mobilisieren.

Die Eine-Million-Euro-Frage

Sei diszipliniert und nicht nur gut organisiert. Letzteres kann jeder sein, wenn er einen Plan und eine Checkliste erstellt. Aber nur wenige können einen Plan in die Tat umsetzen, denn dazu braucht man Selbstdisziplin. Wenn dich das Gefühl beschleicht, auf der Stelle zu treten oder mit einer Aufgabe nicht fertig zu werden, suche nicht nach Ausreden, sondern stelle dir die Eine-Million-Euro-Frage. **Wenn dir jemand eine Million Euro dafür bieten würde, bis spätestens Mitternacht mit der Aufgabe fertig zu sein, würdest du es schaffen?** *Lautet deine Antwort: Ja, das würde ich auf jeden Fall schaffen, dann bedeutet dies, dass die Aufgabe in dieser Zeit lösbar ist. Und das wiederum bedeutet: Wenn du es nicht bis Mitternacht* *dieses Tages schaffst, ist jeder Grund, den du später dafür anführst, es nicht geschafft zu haben, nur eine Ausrede dafür, dass es dir an der nötigen Disziplin gefehlt hat. Ich würde in diesem Fall vermuten, dass es dir mit der Verwirklichung deines Traums nicht wirklich ernst ist.*

Entmutigt sein

Es passiert uns allen von Zeit zu Zeit, dass wir entmutigt sind und mit dem Gedanken spielen, uns von unseren Träumen zu verabschieden. In solchen Momenten hilft manchmal eine psychologische Paradoxie: Du tust das Gegenteil von dem kund, was du eigentlich willst. Rede dir ein, es sei okay, dich von deinem Traum zu verabschieden. Du kannst auch ohne Verwirklichung deines Traumes weiterleben, es ist dein Leben und deine Entscheidung. Also sage tschüss. Es ist erstaunlich, wie oft ausgerechnet der Schimpanse, der uns sonst so oft zu verstehen gibt, dass er hinschmeißen will, eine plötzliche Kehrtwende einlegt und sagt, er habe nicht die Absicht, aufzugeben, sondern wolle sich jetzt erst recht in das Traumprojekt stürzen. Der Schimpanse agiert so, weil er erkennt, dass der Traum noch am Leben ist und er sehr daran hängt, sodass dein Impuls, aufzugeben und wegzulaufen, ihm überhaupt nicht gefällt. Der Schimpanse wollte einfach nur einen lauten Weckruf hören, ein für einen Schimpansen sehr vernünftiger Wunsch. Vergiss nie, dass es vollkommen normal und akzeptabel ist, sich hin und wieder etwas von der Seele reden zu müssen. Wähle den richtigen Zeitpunkt für ein Scharmützel mit deinem Schimpansen.

Der zweite Bereich: Verfügungsgewalt

Der zweite Bereich des EVVE-Prinzips ist die Verfügungsgewalt. Eine erfolgreiche Organisation setzt zwingend voraus, dass man einen Plan hat, über den man die Verfügungsgewalt besitzt. Stell dir vor, du arbeitest in einer Fabrik, und deren Eigentümer verlangt eine Menge von dir. Wir setzen voraus, dass du ein guter Mensch bist, der seine Arbeit mit vollem Einsatz und gewissenhaft macht. Du bist von deiner Arbeit überzeugt und setzt dir hohe Maßstäbe.

Eines Tages beschließt der Fabrikbesitzer, in den Ruhestand zu gehen, und ruft dich in sein Büro. Er sagt, er habe beschlossen, die Fabrik an dich zu übergeben. Ab sofort bist du Eigentümer der Fabrik. Was meinst du, wie viel Arbeitseinsatz du jetzt bringen wirst, da die Fabrik dir gehört und alle Gewinne dir zufließen? Fast jeder von uns wäre wohl bereit, unter diesen Umständen länger und unter vollem Einsatz aller Kräfte zu arbeiten.

An einem Unternehmen als Eigentümer oder Miteigentümer teilzuhaben, finden Mensch und Schimpanse gleichermaßen aufregend, weil es mit Belohnungen aller Art verbunden ist. Menschen genießen es generell, etwas zu besitzen, und beschäftigen sich gründlicher mit Dingen, wenn sie deren Eigentümer sind und damit die Verfügungsgewalt haben. Wir bringen uns dann persönlich ein und investieren die Kräfte sowohl des Schimpansen als auch des Menschen in das Unternehmen.

Wenn du deine Erfolgschancen erhöhen willst, musst du dich darum bemühen, Eigentümer oder mindestens Teilhaber deiner Projekte zu werden; Projekte und Pläne anderer Leute zu verwirklichen, ganz gleich wie gut sie sind, ist einfach nicht dasselbe, es sei denn, du identifizierst dich vollständig mit ihnen. Eigentümer eines Projekts zu sein bedeutet, dass du es entweder selbst kreiert oder wesentlich daran mitgewirkt hast oder überzeugt bist, dass es für dich maßgeschneidert ist und du selbst es nicht hättest besser machen können. Wenn es irgendwelche Teilelemente des Projekts gibt, die nicht die deinen sind, mit denen du dich also nicht identifizierst, werden deine Erfolgsaussichten darunter wahrscheinlich leiden.

Was ist, wenn du weder Eigentümer noch Teilhaber bist? Die

folgende Grafik zeigt, welche Unterschiede sich ergeben, wenn Verfügungsgewalt besteht bzw. nicht besteht, und welche Folgen sich daraus jeweils ergeben. Wenn du kein Anteilseigner bist, durchkreuzt dein Schimpanse typischerweise das Projekt und mindert deine Erfolgsaussichten.

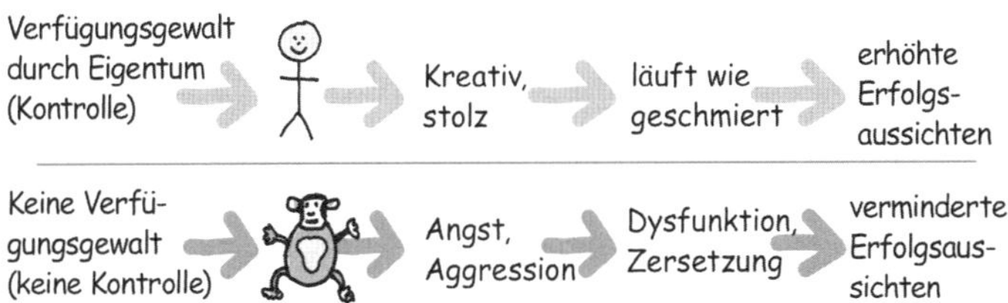

Die Verfügungsgewalt über ein Projekt kann den Unterschied zwischen Erfolg und Scheitern bedeuten

Der dritte Bereich: Verantwortung

Im Sinne des EVVE-Prinzips führt Verantwortung zu Rechenschaftspflicht. Die Teilhabe an einem Projekt ist ein großer Schritt vorwärts in Richtung Erfolg. Ist das Projekt sorgfältig vorbereitet und geplant, bleibt nur noch die Aufgabe, es in die Tat umzusetzen. Einen Plan in die Tat umzusetzen, hat eine Menge mit Verantwortung und Selbstdisziplin zu tun. Die meisten Leute scheitern an dieser Stelle, weil ihr Schimpanse mit Gefühlen zu arbeiten beginnt, was sie daran hindert, diszipliniert zu sein und das zu tun, was sie – wie sie sehr wohl wissen – zu tun verpflichtet sind. Gut organisiert zu sein, ist der leichtere Teil. Die meisten Schüler und Studenten werden dir sagen, sie verstünden sich exzellent darauf, vor einer Prüfung den Lernstoff aufzubereiten. Sie können bis zur letzten Fußnote festlegen, wie und in welcher Reihenfolge sie die Lerninhalte pauken werden. Dann aber erweisen sich die meisten als unfähig, ihren Plan mit Disziplin durchzuführen. Woche für Woche revidieren sie die eigenen Zeitvorgaben, bis zuletzt nur noch ein paar Tage oder gar Stunden übrig sind, in denen sie den Löwenanteil ihres Lernstoffs durchhecheln müssen. Verantwortung hat vor allen Dingen mit der Fähigkeit zu tun, seinen Schimpansen und dessen Gefühle in die richtigen Bahnen zu lenken und sich ohne Ausflüchte an die Arbeit zu machen.

Wenn du Verantwortung für dein Projekt trägst, bist du dafür rechenschaftspflichtig. Die Erfolgschancen steigen, wenn wir uns verpflichten, in einem Sachstandsbericht einer Kontrollinstanz Rechenschaft über den Fortgang abzulegen. Das ist ein wichtiger Erfolgsfaktor. Fristen und Stichtage für Berichte oder Zwischenbilanzen geben sowohl dem Menschen als auch dem Schimpansen das Gefühl, Aufgaben termingerecht erfüllen zu müssen. Wenn du **rechenschaftspflichtig** bist – und sei es auch nur dir selbst gegenüber –, wirst du aufmerksam prüfen, wie die Dinge laufen. Dann wirst du sofort einschreiten, wenn etwas nicht nach Plan läuft. Man kann Verantwortung also auch als Rechenschaftspflicht in regelmäßigem Turnus sehen.

> ***Kernpunkt***
> *Verantwortung und Rechenschaftspflicht für die Umsetzung oder Durchführung eines Projekts zu übernehmen, hat eine Menge mit Selbstdisziplin zu tun.*

Der vierte Bereich: Exzellenz

Wie wir bis jetzt dargestellt haben, steigen deine Erfolgsaussichten bei Vorliegen dieser Voraussetzungen:

- eines wohlüberlegten **Einsatzwillens**
- eines Projekts, bei dem du als Teilhaber oder Eigentümer **Verfügungsgewalt** hast
- einer freiwillig übernommenen **Verantwortung**

Der vierte Bereich des EVVE-Prinzips für die Erhöhung deiner Erfolgschancen ist der Grundsatz, dir sehr hohe, aber erreichbare Ziele zu setzen. Für alles, was du tust, gilt, dass du nicht mehr als dein Bestes geben kannst: Solange du dich bemühst, dein Bestes zu geben – inklusive unvermeidlicher Fehler und Versäumnisse und vielleicht auch der einen oder anderen unbeabsichtigten Panne –, wirst du diesem Grundsatz gerecht. Es ist sehr wichtig, dass du diese Prämisse akzeptierst.

Wenn du für dich ein Exzellenzniveau definierst, dieses aber nicht erreichst, empfindest du das vielleicht als ernüchternd und fühlst dich als Versager. Das ist deine subjektive Wahrnehmung. Du hast die Latte sehr hoch gelegt und strebst ein bestimmtes Niveau an. Daran ist nichts auszusetzen, aber es kann schwerwiegende Auswirkungen auf deinen Schimpansen haben, denn er kann womöglich mit der Forderung nach Exzellenz wenig anfangen und erst recht nichts mit dem Zurückbleiben hinter den selbstgesteckten Zielen.

Es gibt aber eine Alternative: Du kannst dir **persönliche Exzellenz** als Ziel setzen, also dir vornehmen, dein Bestes zu geben unabhängig davon, welche Leistungsstufe du letztlich erreichst. Persönliche Exzellenz ist ein Maßstab, dem du immer gerecht wirst. Das bewahrt dich zwar nicht davor, deinen tatsächlich erreichten Leistungsstandard als enttäuschend zu empfinden, aber du kannst immerhin erhobenen Hauptes sagen, du hättest dein Bestes getan. Dein Schimpanse kann damit sehr wahrscheinlich leben. (Ich werde auf dieses Konzept ausführlicher im Kapitel über den Selbstvertrauens-Mond eingehen.)

> ***Kernpunkt***
> *Die Definition von persönlicher Exzellenz ist, dein Bestes zu geben.*

Der Zuckerbrot-Mond

Schlüsselthemen
- Zuckerbrot und keine Peitsche
- Sorten von Zuckerbrot
- Die Peitsche erkennen

Zuckerbrot und keine Peitsche

Wir alle kennen das alte Gleichnis von dem vor einen Karren gespannten Esel. Man kann den Esel entweder mit einer Peitsche oder mit einem Stück Zuckerbrot zum Loslaufen bewegen. Esel, Menschen und Schimpansen mögen keine Bestrafung (Peitsche), lieben aber Belohnungen (Zuckerbrot). Einen Menschen oder einen Schimpansen mit einer Peitsche zu traktieren, wird ihn vielleicht in Bewegung setzen, ihn aber auch unglücklich und rebellisch machen, sodass er wahrscheinlich nicht sein Bestes gibt. Schimpansen lieben Zuckerbrot, aber es muss schon ein großes Zuckerbrot sein, damit sie sich in Bewegung setzen.

Stell dir vor, wir sitzen im Urwald und beobachten den Schimpansen Micky bei seinem Versuch, sich zum Alphamännchen aufzuschwingen. Micky «denkt» erst einmal darüber nach, wie er dies anstellen soll. Er befindet sich im Dschungel, also gelten die Gesetze des Dschungels. Micky entscheidet sich dafür, kreischend und brüllend mit einem Stock auf den Boden zu dreschen. Er wird jeden anderen Schimpansen, der ihm in die Quere kommt, mit dem Stock oder mit seinen Fäusten attackieren. Wenn er es schafft, das Alphatier der Gruppe zu werden, wird er auf seine Autorität pochen und jedem Schimpansen, der aus der Reihe tanzt, wütende Prügel verpassen. Schafft er es nicht, wird er sich verkriechen, in Deckung bleiben und auf eine neue Chance warten.

Man braucht nicht allzu viel Fantasie, um dieses Szenario auf ein Büro oder irgendeine andere Arbeitsstätte zu übertragen. Die Situation ist nur allzu vertraut. Man stelle sich eine Person vor, die ehrgeizige Ziele verfolgt unter Einsatz von Gewalt, Drohungen und Schikanen gegen die Schwächeren, um sie unter ihrer Fuchtel zu halten. Wenn sich eine solche Person tatsächlich zum Chef aufschwingen kann, agiert sie nach dem Prinzip, dass Mitarbeiter, auf die man einschlägt, sich nicht wehren, sondern noch fleißiger arbeiten werden.

Zum Glück gibt es eine Alternative.

In der menschlichen Gesellschaft benutzen wir keine Peitschen. Die ideale Führungspersönlichkeit ist hier ein Mensch, der den Zusammenhalt der Gruppe fördert und ihre Mitglieder ermutigt. Diese Gesellschaft beruht auf dem Grundsatz, dass Leute ihr Bestes geben und dass sie, wenn sie einmal versagen, mehr Unterstützung, Führung oder Förderung brauchen. Jedem Menschen ist es lieber, ermutigt, unterstützt und belohnt zu werden, als Prügel zu beziehen. Natürlich gibt es Zielmarken, die gesetzt und erreicht werden müssen, und natürlich muss Klarheit darüber herrschen, welche Folgen es hat, wenn jemand diese Marken nicht erreicht. Wenn ein Mitarbeiter, der sein Bestes getan hat, dabei **volle Unterstützung** erhalten und es trotz-

Schimpansen wenden Gewalt, Drohungen und Peitschen an. Menschen arbeiten mit Mitgefühl, Ermutigung, Konsequenzen und Zuckerbrot dem nicht geschafft hat, die Zielmarke zu erreichen, muss und wird er bereit sein, die Folgen zu tragen, die natürlich unangenehm sein können, aber er wird keine Peitsche zu spüren bekommen. Eine Peitsche hat in unserer Gesellschaft keinen Platz. Einen Platz haben hingegen Arbeitsnormen, Zielmarken und Konsequenzen für diejenigen, die dahinter zurückbleiben. Erwachsene Menschen können lernen, damit zurechtzukommen.

Die Methode der Wahl wäre es also, Zielmarken festzulegen und diejenigen, die sie erreichen, mit Zuckerbrot zu belohnen. Wenn du deine Zielmarken trotz jeder erdenklichen Unterstützung, die dir gewährt wird, nicht erreichst, musst du die Konsequenzen akzeptieren. Klar ist: Wer faul ist, wird seine Zielmarken nicht erreichen und wird die Konsequenzen tragen müssen.

> ***Kernpunkt***
> *In einer zivilisierten Gesellschaft treten Zuckerbrot, Zielmarken und Konsequenzen an die Stelle der Peitsche.*

Warum ist also der Zuckerbrot-Mond ein so wichtiger Stabilisator für den Erfolgs-Planeten? Es ist durchaus möglich, dass der Schimpanse in dir am besten funktioniert, wenn er gewalttätig agieren und auf ihm angetane Gewalt reagieren kann, doch die psychischen Schädigungen, die daraus resultieren, können verheerend sein. Jeden Tag fügen uns die Schimpansen anderer Leute Verletzungen hinzu, oder wir leiden unter unserem eigenen Schimpansen. Menschen funktionieren dann am besten, wenn sie Anerkennung und Wertschätzung für ihre Leistungen erfahren oder wenn sie auf andere Weise belohnt werden. Menschen lieben es, etwas zu erreichen und konstruktiv zu sein. Schimpansen lieben es, von Anderen in der Gruppe Streicheleinheiten zu bekommen und sich als Teil der Gruppe zu fühlen. Um das Beste in dir nach außen zu kehren, musst du also dafür sorgen, dass immer genug Zuckerbrot da ist.

Sorten von Zuckerbrot

Eine bunte Vielfalt

Es gibt viele Zuckerbrotsorten, und es wäre eine gute Idee, wenn du sie alle durchprobieren würdest. Jeder Mensch sollte herausfinden, welche Zuckerbrotsorte er am liebsten mag, und sollte sie sich besorgen. Backe am besten selbst welche!

Belohnungen

Hierunter können naheliegende materielle Dinge fallen wie eine Eintrittskarte für ein Fußballspiel, neue Kleidung, eine Tafel Schokolade, Essen gehen, ein Auto und Ähnliches. Alles kommt hier in Frage, was für dich eine Belohnung darstellt und dir Freude bereitet. Eine Belohnung mit einer Arbeit, die du zu erledigen hast, zu verknüpfen, ist ein sehr gutes Mittel, um deinen Schimpansen auf deine Seite zu ziehen. Halte Belohnungen bereit, mit denen du dir eine Freude machen kannst; damit kannst du den Schimpansen zum Weitermachen motivieren und den Menschen zum Einsatz anstacheln.

Feiern

Es ist wichtig, regelmäßig zurückzublicken und das zu feiern, was man vollbracht hat. Die stolze Rückschau auf Geleistetes und Geschaffenes ist ein bedeutsames Mittel für die Erhöhung deiner Erfolgschancen. Sowohl für dich als auch für deinen Schimpansen ist es wichtig, dies zu verstehen und euch für das zu loben, was ihr erledigt (oder vielleicht auch nur versucht) habt.

Anerkennung

Die meisten Menschen brauchen keine Anerkennung, sondern sind in dieser Beziehung autark. Dagegen **brauchen** die meisten unserer Schimpansen dringend die Anerkennung der für sie

wichtigen Person, und wenn du deinem Schimpansen diese Anerkennung vorenthältst, kann er sehr verbittert, aufgebracht und wütend werden. Sorge dafür, dass er seine Anerkennung bekommt, indem du herausfindest, von wem du am liebsten Lob oder Anerkennung erhalten würdest, und stelle sicher, dass die betreffende Person versteht, wie viel dir dies bedeuten würde. Das ist eine vernünftige Art und Weise, deinen Schimpansen zu hegen und zu pflegen.

Ermutigung

Dein Schimpanse bedarf von Zeit zu Zeit der Ermutigung, und es ist nicht unbescheiden, diese einzufordern. Ermutigung ist ein sehr gutes Zuckerbrot für deinen Schimpansen und wird ihm guttun. Vergiss nicht, dass die Menschen um dich herum keine Gedankenleser sind. Vielleicht musst du sie ab und zu daran erinnern, dass du ermutigt werden möchtest. Manchmal vergessen wir alle, unsere Mitmenschen zu ermutigen. Der Hinweis darauf, wie gut es tut, etwas zu leisten, ist eine der wirksamsten Formen von Ermutigung.

Unterstützung

Von der richtigen Person oder den richtigen Leuten unterstützt zu werden, kann dir starken moralischen Auftrieb geben. Wenn eine Gruppe zusammenrückt, um einen niedergeschlagenen Schimpansen oder Menschen zu unterstützen, ist dies ein sehr willkommenes Zuckerbrot. Hab keine Angst davor, um Unterstützung oder Hilfe zu bitten. Das ist einer der Daseinszwecke unserer Gruppe. Mache nicht den dummen Fehler, dich von der Unterstützung der Gruppe abzukoppeln. Das würde sich wahrscheinlich als unklug, um nicht zu sagen als dumm erweisen! Deine Gruppe wird es wahrscheinlich nicht als Zeichen deiner Unabhängigkeit werten, sondern eher als Sturheit. Wenn ein Freund von dir in Schwierigkeiten geriete, würdest du wohl kaum zögern, ihm Hilfe anzubieten. Beraube nicht deine Freunde der Chance, dir ihre Freundschaft zu beweisen, wenn du ihre Unterstützung brauchst.

Die Peitsche erkennen

Typische Peitschen

Drohungen, Bestrafungen oder Attacken in jeder Form sind Varianten der Peitsche. Peitschen können physische oder psychische Waffen sein.

Sich selbst quälen

Dir selbst Peitschenhiebe zu verpassen, ist noch destruktiver, als von Anderen ausgepeitscht zu werden. Dich selbst zu quälen, ist eine nutzlose und schädliche Übung, und es ist deine eigene **Entscheidung**. Niemand zwingt dich dazu. Frage dich, wozu es gut ist. Frage dich auch, ob das die Art ist, wie du mit dir selbst umgehen möchtest. Es liegt in deiner Hand, dich selbst objektiver zu betrachten und darüber nachzudenken, was du tun kannst, um vor dir selbst besser dazustehen. Oder du kannst dich einfach so akzeptieren, wie du bist, am besten mit einem Lächeln. Nichts wird besser dadurch, dass du dich selbst angreifst und herabsetzt. Versuche es stattdessen mit Lockerheit und positiver Selbstmotivation.

Schuldgefühle, Vorwürfe und Reue

Die Peitsche tritt auch in Gestalt von Schuldgefühlen, Vorwürfen oder Reue auf. Diese Emotionen erfüllen natürlich einen Zweck. Sie weisen uns darauf hin, wenn wir etwas falsch gemacht oder versäumt haben, und wir sollten uns um Wiedergutmachung bemühen, soweit es möglich ist, und aus unseren Fehlern lernen. Wenn wir das erkannt und unser Möglichstes getan haben, unser Bedauern zu zeigen und Besserung zu geloben, haben diese Gefühle keine Daseinsberechtigung mehr. Es sind negative Emotionen, die zu einer Peitsche werden können, mit der wir uns selbst bestrafen, ohne dass dies irgendeinen sinnvollen Zweck erfüllen würde. Sich ständig mit Schuldgefühlen, Vorwürfen oder Reuegefühlen herumzuschlagen, ist eine schlimme Peitsche, die dir jede Aussicht auf ein glückliches oder konstruktives Leben raubt. Diese Peitsche kann auch zu einem Werkzeug des Selbstmitleids werden, die uns als Alibi für Tatenlosigkeit dient. Prüfe sorgfältig, ob du solche Peitschen gegen dich selbst einsetzt, und frage dich, welchem Zweck sie dienen.

Die Peitsche des Salz-in-die-Wunde-Streuens

Mit einer noch schlimmeren Variante der Peitsche haben wir es zu tun, wenn jemand, der einen schweren Fehler begangen, aber ehrliche Reue gezeigt und Besserung gelobt hat, von einer anderen Person immer wieder an dieses eine Fehlverhalten erinnert wird. Es handelt sich hier um eine passive Aggression der heftigsten Form durch eine Person, die immerwährend missbräuchlich die Peitsche schwingt.

Zusammenfassung der Kernpunkte

- Definiere, was du unter Erfolg verstehst, und halte dich konsequent daran.
- Trage die Königskrone in den passenden Momenten.
- Respektiere die Krone, wenn jemand anders sie trägt.
- Einsatzwille ist der wichtigste Bereich des EVVE-Prinzips.
- Beanspruche die Verfügungsgewalt über dein Leben und übernimm die Verantwortung dafür.
- Strebe nach persönlicher Exzellenz.
- Backe jede Menge Zuckerbrot und wirf die Peitsche weg.

Empfohlene Übung:
Erfolg durch gründliche Vorbereitung

Wie du Scheitern in Erfolg verwandelst
Beschäftige dich gedanklich mit einem Projekt oder einer Aufgabe, mit der du früher einmal Schiffbruch erlitten hast, die du aber noch einmal anpacken möchtest. Unterziehe dich dem Einsatzwillen-Test und beantworte alle seine Fragen. Ergreife dann die Initiative, indem du einem ausgewählten Projekt deinen Stempel aufdrückst und die Verantwortung für seine Durchführung übernimmst. Versuche alle in diesem Kapitel gegebenen Empfehlungen anzuwenden und diejenigen, die sich als relevant für dich erweisen, zur Routine zu machen.

Kapitel Fünfzehn

Der Erfolgs-Planet

Lerne, deinen Erfolg zu planen

Die Traummaschine – ein Erfolgsplan

Erfolg kann sich durchaus ungeplant einstellen, aber wenn du strukturierte Pläne hast, verbessert das deine Erfolgsaussichten und versetzt dich in die Lage, zu prüfen, ob du alles dir Mögliche getan hast, um deinen Traum zu verwirklichen – so kannst du immerhin mit einem Lächeln Bilanz ziehen. Vergiss nie, das Leben ist nicht fair, und selbst wenn du alles richtig machst, kann der Erfolg ausbleiben.

Die Traummaschine ist ein strukturierter Ansatz für die Optimierung deiner Erfolgschancen. Ich habe von diesem Modell in vielen unterschiedlichen Situationen Gebrauch gemacht und es auch eingesetzt, um Persönlichkeiten aus unterschiedlichsten gesellschaftlichen Sphären zu helfen, ihren Traum zu verwirklichen. Es beinhaltet Aspekte, die ich von den stabilisierenden Monden übernommen habe, die um ihren Planeten kreisen, und lässt sich als Zahnrad mit sieben Zähnen darstellen. Jeder Zahn leitet dich zum nächsten über, und wenn du beim siebten Zahn angekommen bist, hast du hoffentlich deinen Traum in die Tat umgesetzt!

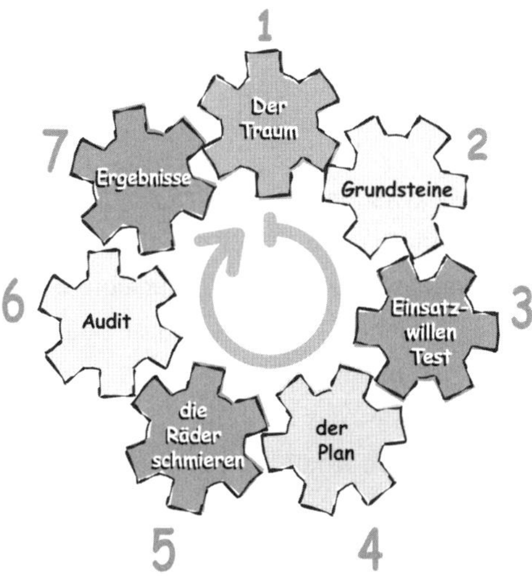

Bevor du die Zahnräder in Bewegung setzt, denk bitte daran, dass an der Planung dieser Reise zwei beteiligt sind: du und dein Schimpanse. Du musst deinen Schimpansen mit einrechnen, wenn du deine Pläne machst. Er wird seine eigenen Bedürfnisse einbringen, etwa nach Absicherung und nach Belohnungen. Wenn du es schaffst, ihn ruhigzustellen, so dass er nicht dazwischenfunkt, steigen deine Erfolgsaussichten beträchtlich. Wenn du gut für deinen Schimpansen sorgst, hilft er dir vielleicht sogar, Erfolg zu haben. Wenn du den Eindruck hast, dein Schimpanse sei ein Kind, das über wenig Durchhaltevermögen verfügt, sich leicht ablenken lässt, das undiszipliniert und unorganisiert und immer auf sofortige Bedürfnisbefriedigung aus ist, liegst du nicht weit daneben!

Zahn 1

Der Unterschied zwischen einem Traum und einem Ziel

Die Traummaschine trifft eine sehr wichtige Unterscheidung zwischen «Träumen» und «Zielen». Marschiere nicht los, ehe du nicht den Unterschied verstanden hast und deine eigenen Träume identifizieren kannst.

Ein **Traum** ist etwas, das du in die Tat umsetzen willst, das aber nicht deiner vollen Kontrolle unterliegt. Der Traum ist abhängig von äußeren Einflussfaktoren, so dass du keine Gewähr dafür hast, dass er wahr wird; er ist im wahrsten Wortsinn ein Wunschtraum.

Ziele kannst du dir setzen und erreichen, weil du die volle Kontrolle über sie hast. Ziele festzulegen, erhöht die Wahrscheinlichkeit, dass Träume wahr werden.

Im Folgenden findest du einige Beispiele für Träume und dazugehörende Ziele. Mit ein wenig Fantasie kannst du viele weitere Ziele hinzufügen.

Traum – dass jemand, den du liebst, sich in dich verliebt

Ziele, die zur Verwirklichung des Traums beitragen

- die Person fragen, was sie glücklich macht (und es dann tun!)
- die Person fragen, was sie unglücklich macht (und es dann lassen!)
- die Person mit einem herzlichen Lächeln begrüßen
- fröhlich und anregend sein
- der Person sagen, was du an ihr schätzt
- die Person und ihre persönliche Sphäre respektieren

Traum – ein Rennen gewinnen

Ziele, die zur Verwirklichung des Traums beitragen

- regelmäßig trainieren
- gesund essen
- richtige mentale Einstellung

Traum – ein selbstbewusster Mensch sein

(Nota bene: Es gibt keine Sicherheit, dass du immer Selbstbewusstsein ausstrahlen kannst – es ist eine erlernbare Kunst und hängt davon ab, wie gut du deinen Schimpansen im Griff hast.)

Ziele, die zur Verwirklichung des Traums beitragen

- erkennen lernen, wenn dein Schimpanse in Aktion tritt (ein Lernprozess, der Zeit braucht)
- praktisches Üben der Fertigkeit, deinen Schimpansen im Hinblick auf dein Selbstbewusstsein in den Griff zu bekommen (braucht Zeit)

Traum – einen guten Schlafrhythmus finden

(Nota bene: Du kannst nicht sicher sein, einen guten Schlafrhythmus zu finden – deine innere Uhr kann dich austricksen, und auch von außen kommende Störungen können dich aufwecken.)

Ziele, die zur Verwirklichung des Traums beitragen

- dir Wissen über Schlafhygiene aneignen und es umsetzen
- herausfinden und realistisch einschätzen, wie viel Schlaf du brauchst

Traum – ein Vorstellungsgespräch so führen, dass du den Job bekommst

(Nota bene: Dein Erfolg kann hier davon abhängen, wonach der Jobanbieter sucht und ob ein besserer Bewerber vorhanden ist.)

Ziele, die zur Verwirklichung des Traums beitragen
- dich gut auf das Einstellungsgespräch vorbereiten
- genau wissen, um was für einen Job es sich handelt
- angemessen gekleidet sein
- Gesprächstechniken üben

Kernpunkt

Ziele müssen realistisch und erreichbar sein.

Warum die Unterscheidung zwischen Träumen und Zielen wirklich wichtig ist

Immer wenn dein Gehirn feststellt, dass es einer Situation nicht voll gewachsen ist, leitet es die Blutversorgung zum Schimpansen um. Das führt zu weiterer Verunsicherung: Du fühlst dich bedroht, was zur Folge hat, dass jetzt dein Schimpanse über dein Denken und Planen gebietet. Umgekehrt gilt: Wenn dein Gehirn feststellt, dass es eine Situation voll im Griff hat, entspannt sich der Schimpanse, und der Blutstrom fließt Richtung Mensch. Das führt zu innerer Ruhe und einem Gefühl, gute Chancen zu haben. Dein Mensch stellt dann Überlegungen an und macht Pläne.

Formuliere deine Träume nicht eins zu eins als Ziele, denn damit würdest du deinen Schimpansen auf den Plan rufen. Du solltest in einem Traum nicht mehr sehen als eine **Möglichkeit** und solltest akzeptieren, dass er sich eventuell nicht erfüllt. Es ist, wie wenn du würfelst und sagst: «Ich weiß, es können zwei Sechsen werden», und dich dann ärgerst, wenn die Würfel anders fallen. Wenn du einsiehst, dass jeder Wurf nur eines von vielen möglichen Zahlenpaaren bringt, wirst du das Resultat mit einem Lächeln akzeptieren können. Wenn du alle Ziele erreicht hast, die du dir gesetzt hattest, um deinem Traum die beste Erfolgschance zu verschaffen, kannst du dich glücklich schätzen, dein Bestes getan zu haben.

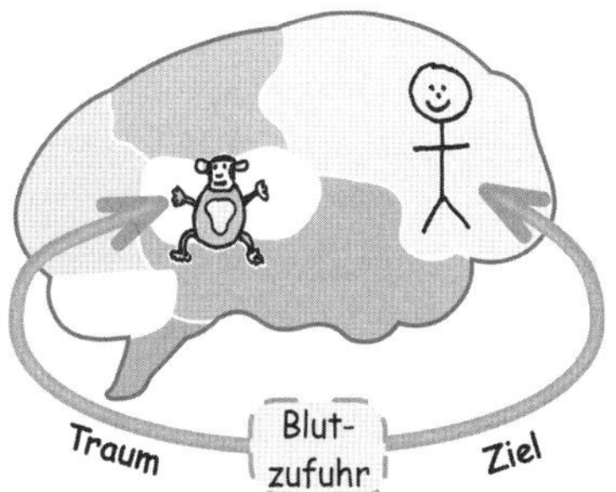

Träume schicken die Blutzufuhr zum Schimpansen.
Ziele schicken die Blutzufuhr zum Menschen.

Greife nach den Sternen, nicht nach dem Mond

Die psychologische Forschung hat herausgefunden, dass wir große Träume haben und uns äußerst ehrgeizige Ziele setzen müssen, wenn wir unsere Erfolgsaussichten erhöhen wollen. Greife nicht nach dem Mond, sondern nach den Sternen. Der «Mond» ist ein Ziel, von dem du weißt, dass du es **erreichen kannst**, wenn du dich anstrengst. Die «Sterne» sind ein Ziel, das du **erreichen könntest**, wenn du dich besonders anstrengst, was dich in ein fantastisches Hochgefühl versetzen wird. Wenn du nach dem Mond greifst, kann es sein, dass dein Schimpanse damit zufrieden ist; wenn du dir aber ein höheres Ziel setzt und nach den Sternen greifst, legen sich dein Schimpanse und dein Mensch gemeinsam ins Zeug und begeistern sich für die große Herausforderung. Sorge also dafür, dass deine Träume das Zeug haben, dich in Aufregung zu versetzen, denn damit steigen deine Chancen, sie wahr werden zu lassen – und wenn du die Sterne nicht zu fassen bekommst, bleibt dir immer noch der Mond!

Deine Aufgabe für Zahn 1 – der Traum

- Definiere deinen Traum.

Zahn 2

Grundsteine sind die Elemente, die dir einen festen Boden für die Arbeit an deinem Traum bieten. Wenn dein Traum beispielsweise die Teilnahme an einem Rennen wäre, wären drei deiner Grundsteine deine Geschwindigkeit, dein Gewicht und deine Laufleistung pro Woche. Es gibt sicher noch sehr viele weitere Grundsteine, und es ist wichtig, sie alle zu identifizieren.

Ein Traum ruht auf Grundsteinen

Du kannst jedem Grundstein ein Ziel eingravieren, das messbar und erreichbar ist. So kannst du dir zum Beispiel vornehmen, durch Abnehmen oder gezieltes Zunehmen dein Idealgewicht zu erreichen. Diese konkreten Ziele sind unter deiner Kontrolle, und wenn du sie erreichst, kommst du damit der Verwirklichung deines Traums näher. Es ist hilfreich, deine Ziele aufzuteilen in solche, die eine Veränderung anstreben (Fortschrittsziele), und solche, bei denen es darum geht, einen Zustand, mit dem du sehr zufrieden bist, aufrechtzuerhalten (Beibehaltungsziele).

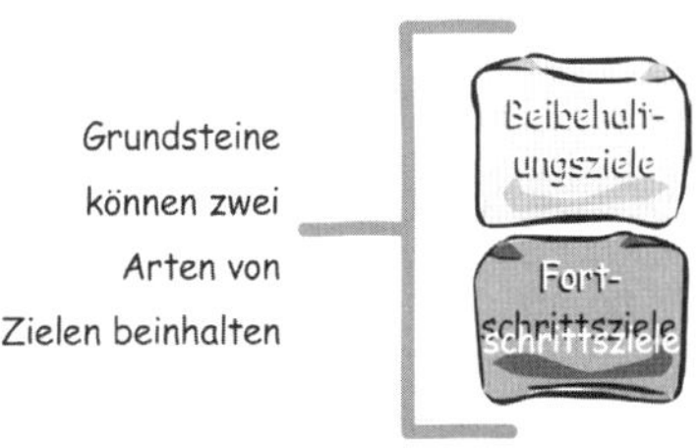

Stellen wir uns vor, du hättest dein Idealgewicht und wolltest es einfach nur beibehalten, oder du wolltest abnehmen und würdest dir ein bestimmtes Gewicht als Fortschrittsziel setzen. Bei einem Fortschrittsziel geht es dir darum, etwas für dich Höherwertiges zu erreichen. Klugerweise solltest du dir immer nur ein oder zwei Fortschrittsziele vornehmen, an denen du während eines bestimmten Zeitraums arbeitest, und den anderen Grundsteinen währenddessen Beibehaltungsziele zuweisen. Du solltest deine Energien nicht zu weit streuen, sondern immer nur an einem oder zwei Zielen gleichzeitig arbeiten. Wenn du deine Kräfte auf zu viele Ziele verteilst, erhöhst du damit eher deine Misserfolgschancen.

Arbeite immer nur an einem oder zwei Zielen gleichzeitig, bis sich Fortschritte zeigen.

Kernpunkt

Auf je weniger Ziele du dich konzentrierst, desto wahrscheinlicher ist es, dass du sie erreichst.

Wenn du ein Fortschrittsziel erreicht hast, kannst du es in ein Beibehaltungsziel umwandeln und eines aus dem Fundus deiner Beibehaltungsziele zu deinem nächsten Fortschrittsziel machen.

Deine Aufgaben für Zahn 2 – Grundsteine

- Schreibe auf, welche deiner Grundsteine deinen Traum unterstützen können.
- Ordne jedem Grundstein ein messbares Ziel zu.
- Unterteile die Ziele in Beibehaltungs- und Fortschrittsziele.
- Definiere Maßstäbe für die Fortschrittsziele und einen Zeithorizont für die Arbeit an ihnen.

Zahn 3

Den Einsatzwillen-Test habe ich im Abschnitt über den EVVE-Mond erläutert. Wir können auf die dort befindliche Checkliste zurückgreifen, um deine nächste Aufgabe anzugehen. Der Einsatzwillen-Test soll sicherstellen, dass du dir darüber im Klaren bist, welche Voraussetzungen erfüllt sein müssen, damit du die Verwirklichung deines Traumes in Angriff nehmen kannst; er soll deinen Realitätssinn prüfen und deinen Vorbereitungen eine Richtung weisen.

Sei vorbereitet

Vergiss nicht, dass dein Schimpanse an deinen Planungen mitwirkt. Versuche, vorauszudenken und zu antizipieren, welche Dinge ihn wahrscheinlich auf die Palme bringen werden. Denke insbesondere an die Ausflüchte, mit denen der Schimpanse vielleicht versuchen wird, dich von weiteren Schritten nach vorn abzubringen. Nimm dir die Zeit, solche Szenarien durchzuspielen, und notiere dir mögliche Gegenstrategien für den Fall, dass sie eintreten. Das ist gut investierte Zeit.

Deine Aufgaben für Zahn 3 – Einsatzwillen-Test

- Erstelle eine Liste aller wesentlichen, wichtigen und wünschenswerten Voraussetzungen für die Verwirklichung deines Traums.
- Erstelle eine Liste aller Hürden, Barrieren und Fallgruben, die deinem Traum im Weg stehen könnten, und entwickle Pläne, um damit fertigzuwerden.

Zahn 4

Abraham Lincoln sagte einmal: «Wenn du acht Stunden Zeit hast, einen Baum zu fällen, verwende sechs Stunden darauf, deine Axt zu schärfen.»

> **Kernpunkt**
> *Je mehr Vorbereitung du in deine Pläne steckst, desto höher wird die Erfolgswahrscheinlichkeit.*

Jetzt, da du deine Grundsteine gelegt hast und genau weißt, woran du arbeiten musst, brauchst du nur noch einen realistischen Plan, um dein Projekt auf die Beine zu stellen. Der Plan muss in der dir zur Verfügung stehenden Zeit umsetzbar sein.

Einen Plan baut man am besten stufenweise auf, passend zu den formulierten Zielen, sodass man jederzeit nachprüfen kann, was man geschafft hat. Erstelle exakte Kriterien für die Messung deiner Fortschritte, sodass du immer weißt, wie gut du vorankommst. Du brauchst dafür realistische Zeitvorgaben, aus denen exakt ablesbar ist, welches Teilziel zu welchem Zeitpunkt erreicht sein soll. Sei realistisch, denn ein Mangel an Realismus führt unweigerlich zum Scheitern und zu einer unnötigen Enttäuschung über dich selbst.

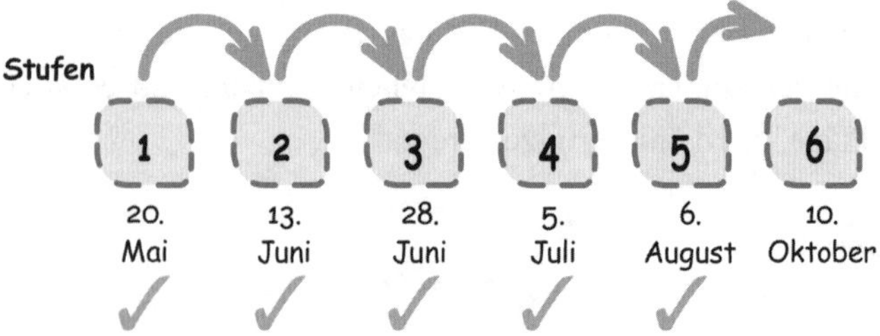

Deine Aufgaben für Zahn 4 – der Plan

- Erstelle einen Stufenplan mit messbaren Teilzielen.
- Trage für jede Stufe und jedes Teilziel ein Zieldatum ein.

- Wähle zwei Fortschrittsziele aus, die du in Angriff nehmen willst.

Zahn 5

Es ist wichtig, den Prozess am Laufen zu halten, indem du Dinge tust, die dich bei Laune halten, dir Mut machen und dich in deinem Einsatzwillen bestärken. Du **musst** nicht glücklich sein, aber es würde helfen.

Einen Berg besteigen

Du kannst dir deinen Weg zum Erfolg als Analogie zum Besteigen eines Berges vorstellen. Dein Traum wäre dabei der Gipfel eines hohen Berges, und die Stufen deines Planes wären das Basis- und die Zwischenlager. Du kannst jetzt von einem Lager zum nächsten hochsteigen, und dabei kannst du einiges tun, um deine Aussichten, den Gipfel zu erreichen, zu verbessern.

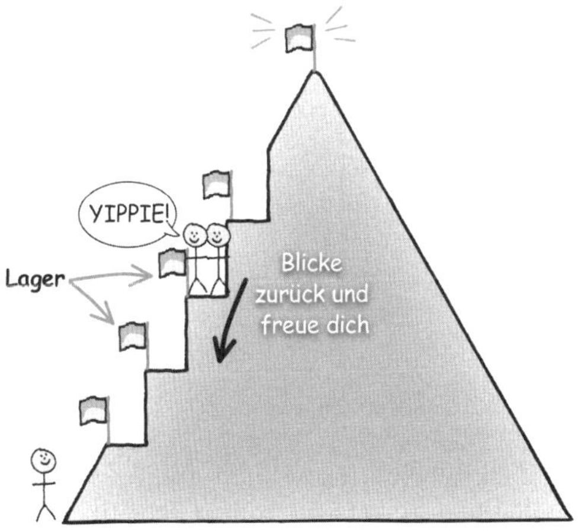

Wenn du ein Lager (Ziel) erreichst, vergiss nicht zu feiern

Es ist sehr wichtig, deinen Erfolg zu verbuchen und dich zu belohnen, wenn du das jeweils nächste deiner Teilziele erreicht hast. (Dabei muss kein Alkohol fließen!)

Überwache deinen Erfolg mittels einer Verlaufskurve oder Tabelle, aus der du deine Fortschritte ablesen kannst

Eine visuelle Darstellung der erzielten Fortschritte auf dem Weg zu deinen Fortschrittszielen ist sehr wichtig. Eine solche Darstellung, grafisch gut aufbereitet und ausdrucksstark, wird mithelfen, deinen Schimpansen immer wieder daran zu erinnern, woran du arbeitest. Schimpansen lieben es, zu gewinnen, und sie mögen visuelle Reize. Wenn dein Schimpanse deine Fortschritte auf an die Wand gehefteten Blättern in Form von Tabellen und Verlaufskurven sieht, hat dies eine starke psychologische Wirkung. Wenn du beispielsweise Gewicht abzunehmen versuchst, kannst du eine Kurve deiner Fortschritte an die Kühlschranktür heften.

Sehr nützlich sind auch motivierende Appelle, etwa in Gestalt eines einschlägigen Plakats oder einer schriftlichen Botschaft an dich selbst. Das würde den Schimpansen vielleicht daran hindern, dich als Geisel zu nehmen.

- Wenn du das nächste Lager erreichst, wirf immer einen **Blick zurück**, um zu sehen, wie weit du schon gekommen bist; versuche, nicht zum Gipfel hochzuschauen, denn das könnte dich entmutigen.
- Wenn du nach oben schaust, dann nur bis zum nächsten Lager.
- Besteige den Berg zusammen mit einem Freund, sofern möglich.
- Wenn kein Freund dich begleiten kann, dann benachrichtige wenigstens deine Freunde jedes Mal, wenn du ein Lager erreicht hast, sodass du deinen Erfolg mit ihnen teilen kannst.

Wenn du ein Projekt startest, gestaltet es sich oft gar nicht so schwer, wie du zuvor geglaubt hast; jeder kleine Schritt, den du tust, kann eine Ermunterung sein, weiterzumachen. Nehmen wir beispielsweise an, dein Haus sei in einem ziemlich unaufgeräumten Zustand, und du nimmst dir vor, Ordnung zu schaffen. Die Aufgabe erscheint dir furchteinflößend, und dein Schimpanse lässt den Blick durch das Haus schweifen und sieht einen hohen Alpengipfel vor sich. Er schaltet auf den Totstell-Modus um und verweigert jedes Engagement mit simplen Ausflüchten wie «Es ist einfach zu viel» oder «Das geht mich nichts an». Der Schimpanse kapituliert vor der Aufgabe.

Der Mensch kann jetzt ein Basislager einrichten und zum Schimpansen sagen: «Wir werden bloß in einem kleinen Teil des Hauses aufräumen», vielleicht eines der Zimmer oder vielleicht sogar nur einen Tisch oder einen Teil des Schreibtischs. Dein Schimpanse wird sich dazu fröhlich bereit erklären, weil es schnell geht und die Früchte der Arbeit sofort zu besichtigen sind – Schimpansen lieben bekanntlich unverzügliche Bedürfnisbefriedigung.

Mache jetzt nicht den Fehler, dich umzusehen und zu bemerken, wie viel noch zu tun bleibt (das ist dasselbe, wie zum Berggipfel hochzuschauen). Das würde dich nur entmutigen. Sei stattdessen fröhlich, feiere die Tatsache, dass du angefangen hast, und errichte als Nächstes ein zweites leicht zu erreichendes Lager. Räume dein Haus in kleinen Schritten auf und feiere jede zurückgelegte Etappe. Vielleicht schaffst du es nicht ganz, aber du wirst Fortschritte machen. Denk daran: Teilerfolge sind besser als kein Erfolg.

Auch ein Studium kann dir vorkommen wie die Besteigung eines hohen Berges, wenn du die Aufgaben siehst, die dabei vor dir liegen. Dein Schimpanse wird sehr wahrscheinlich versuchen, dich mit Ablenkungen, Ausflüchten und dem Gefühl von Erschöpfung zu demotivieren, bevor du auch nur dein erstes

Lehrbuch aufschlägst oder dich an den Computer setzt. Der Hauptgrund dafür ist, einfach ausgedrückt, die Neigung des Schimpansen, verstohlene Blicke in Richtung Berggipfel zu werfen und sich zu verdrücken, weil er sieht, wie viel noch zu tun ist. Baue ihm auch jetzt wieder einen Weg zu einem leicht zu erreichenden Zwischenlager. Statt zum Beispiel zu sagen: «Heute Abend werde ich drei Stunden lang lernen» – was für jeden Schimpansen eine Menge Holz ist –, versuche es mit der Ansage: «Ich werde jeden Tag eine Viertelstunde lang lernen und dann eine Pause einlegen. Wenn ich mich dann entscheide, weiterzumachen, werde ich das tun, aber wenn nicht, dann waren 15 Minuten besser als gar nichts.» Mit einer Viertelstunde lernen jeden Tag kommst du immerhin schon ein Stück weit. Es ist beileibe nicht zu viel verlangt, und fast jeder Schimpanse wird damit einverstanden sein und die Viertelstunde sofort in Angriff nehmen. Wichtig ist dabei, dass diese 15 Lernminuten wirklich jeden Abend stattfinden – halte diesen Turnus strikt ein. Hältst du eine Viertelstunde für immer noch zu viel, dann versuche es mit einer Lernzeit von 10 Minuten! Schlage auf jeden Fall nicht die andere Richtung ein und verpflichte dich etwa zu einer vollen Stunde jeden Abend – das wäre zu viel für den Schimpansen, er würde sich querstellen, und das wäre für dich wieder entmutigend. Wie bei allen Plänen und Taktiken gilt auch hier, dass du dir etwas einfallen lassen musst, das für dich funktioniert.

Dies sind Empfehlungen, mit denen man die meisten Schimpansen zufriedenstellen kann; du musst freilich herausfinden, was für **deinen** Schimpansen akzeptabel ist und wie er auf deine Vorgaben reagieren wird. Deine Pläne bedürfen immer der Erörterung mit deinem Schimpansen! Vergiss nicht, dass du, wenn du deine Lernviertelstunde absolviert hast, diesen Erfolg feiern oder dir zumindest auf die Schulter klopfen solltest.

Deine Aufgaben für Zahn 5 – die Räder schmieren

- Plane von vornherein eine Belohnung und eine Feier für jedes erreichte Ziel und jede absolvierte Etappe.
- Erstelle ein grafisches Abbild deiner erzielten Fortschritte und platziere es an einer prominenten Stelle.
- Hänge nützliche Merkzettel und motivierende Sprüche als Plakate oder als Pinnwandblätter auf, um deinen Schimpansen auf Linie zu halten.
- Suche dir einen Freund als Reisegefährten, sei es, dass er dich bei der Besteigung des Berges begleitet und ebenso viel Einsatz zeigt wie du, oder sei es, dass er dich lediglich anfeuert.

Zahn 6

Der Audit-Zahn überprüft deinen Fortschritt in Richtung Traum und schaut nach, ob die Richtung stimmt. Ein Audit ist eine Prüfung, bei der man feststellt, was funktioniert und was nicht. Man arbeitet dann mit dem weiter, was funktioniert, und nimmt Änderungen an den Dingen vor, die nicht funktionieren (nachdem man herausgefunden hat, warum sie nicht funktionieren). Du kannst beim Audit deine Fortschrittsziele überprüfen und sie, wenn die gewünschte Stufe erreicht ist, in Beibehaltungsziele umwandeln. Dann kannst du einzelne Beibehaltungsziele in Fortschrittsziele umwandeln und in den betreffenden Bereichen an der Verbesserung deiner Standards arbeiten.

Wenn du ein Audit machst, das deine Fortschritte mit deinen Plänen vergleicht, hältst du dir im Grunde einfach einen Spiegel vor und bist ehrlich zu dir selbst. Es ist eine gute Idee, dafür einen Freund hinzuzuziehen, dessen Meinung du respektierst und der dir die Wahrheit sagt, auch wenn sie unangenehm ist.

Jemanden zu haben, mit dem man offen reden kann, ist ein Schlüsselfaktor für deinen Erfolg

Gehe die Liste deiner Ziele noch einmal durch und beurteile, ob sie noch passend sind oder ob du Änderungen vornehmen musst. Erweisen sich die Ziele als zu schwer erreichbar, sodass sie deiner Begeisterung oder deinem Wohlbefinden Abbruch tun, und findest du keine Lösung für dieses Problem, dann solltest du dir Hilfe holen oder deine Ziele umformulieren. Es ist eine erlernbare **Fähigkeit**, zu erkennen, wenn du aus der Bahn geraten bist, und die richtigen Schlüsse daraus zu ziehen. Beim Audit geht es vor allem darum, positiv und realistisch zu sein. Mache nicht den Fehler, ein Audit als etwas Negatives zu sehen. Es soll helfen, zu erkennen, welche Änderungen du vornehmen musst. Zu den Hauptkriterien eines guten Audits gehört es, dass du auf die Ergebnisse, die es liefert, flexibel reagierst, sowohl was deine Planung als auch was dein Denken betrifft.

Erfolgreich denken

Erfolgreiches Denken basiert auf flexiblem und anpassungsfähigem Denken. Erfolgreiche Leute setzen, wenn es um Problemlösungen geht, zum Denken vor allem ihren Menschen ein: «Womit habe ich selbst zu diesem Problem beigetragen oder trage noch dazu bei?» fragen sie sich, und weiter: «Wie kann oder sollte ich mein Verhalten oder meine Überzeugungen ändern, um das Problem zu lösen?» Nachdem sie sich selbst betrachtet und geprüft haben, was sie ändern können, beschäftigen sie sich mit der Situation, in der das Problem aufgetaucht ist, und fragen: «Was kann ich tun, um Umstände zu schaffen, die mithelfen könnten, das Problem zu lösen?» Nachdem sie versucht haben, die Umstände zu ändern, werden sie schließlich den Blick auf andere Personen richten und fragen: «Inwieweit tragen Andere mit ihrem Verhalten zum Problem bei, und wie kann ich ihnen helfen?»

Ein Problem durchdenken

Weniger erfolgreiche Leute neigen dazu, das Denken und Problemlösen ihrem Schimpansen zu überlassen. Ihr Denken nimmt dann eine emotionale Färbung an und folgt diesem Muster:

Der Schimpanse nimmt erst einmal andere Leute ins Visier und fragt: «Was haben andere Leute zur Entstehung des Problems beigetragen, und wie kann ich sicherstellen, dass sie ihre Fehler einsehen?» Dann denkt er: «Was ist faul an den äußeren Umständen, die dieses Problem verursacht haben, und warum geht es hier so unfair zu?» Irgendwann bemüht er sich dann doch, das Problem zu lösen, und vielleicht kommt ihm zwischendurch auch einmal der Gedanke, inwieweit er selbst zu dem Problem beigetragen haben könnte. Wenn er sich diese

Frage überhaupt stellt, verwirft er sie normalerweise, indem er jedes eigene Versäumnis als Folge des Verhaltens der Anderen oder als den Umständen geschuldet rationalisiert. Er retuschiert das Bild, wie im folgenden Abschnitt beschrieben.

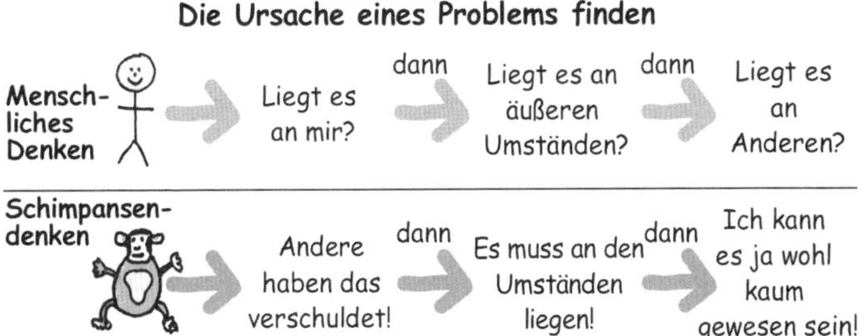

Das Bild retuschieren

Wenn ein Schimpanse eine Situation analysiert, geht er retrospektiv vor: Er retuschiert rückblickend das Bild, das er vom Geschehen hat, mit dem Ziel, sich selbst in ein gutes Licht zu rücken und sich gute Absichten zu bescheinigen. Er wird auch Rechtfertigungen für sein Handeln finden, dergestalt, dass er selbst dabei als Unschuldslamm erscheint. Dieses Verhalten ist wissenschaftlich gut erforscht und wird als «selbstwertdienliche Verzerrung» bezeichnet.

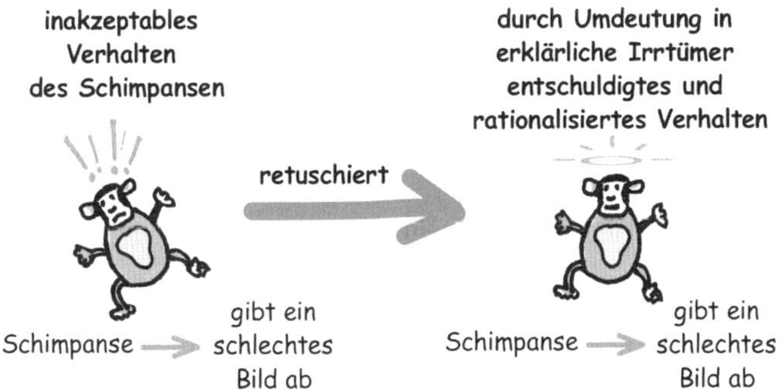

Spielen wir die Sache an einem Beispiel durch:

Das Prüfungsergebnis

Versetze dich in deine Schulzeit zurück (in der Annahme, dass du diese hinter dir hast!). Stell dir vor, du hast in einem Fach, in dem du dich schwertust, eine Prüfung abgelegt und das Prüfungsergebnis fällt enttäuschend aus.

Dein aufgeschreckter Schimpanse sucht die Schuld erst einmal bei Anderen: Der Lehrer war nicht gut; er hat den Lehrplan nie ganz durchgenommen; er hatte die Klasse nicht im Griff; die älteren Schüler haben den Unterricht gestört und mich am Lernen gehindert; meine Eltern waren mir keine Hilfe – die Aufzählung ließe sich fortsetzen. Nach den Schuldzuweisungen an Andere wendet sich der Schimpanse den äußeren Umständen zu: Die Prüfung war dieses Jahr schwerer als sonst, kein Schüler hat eine gute Note erreicht; es gab bei den Prüfungsaufgaben keine Ähnlichkeiten zu früheren Prüfungen im selben Fach; wir sind ein paar Monate vor der Prüfung in ein neues Haus umgezogen, und ich hatte in der Zeit keine Chance, zu lernen, usw. Am Ende krönt der Schimpanse seine selbstwertdienliche Verzerrung damit, dass er sich selbst von jeder Verantwortung freispricht: Ich musste jeden Morgen kilometerweit zur Schule laufen und war dann den ganzen Tag über müde; mitten in der Prüfungsphase ist mein Meerschweinchen gestorben; die Unterrichtsweise des Lehrers lag mir nicht; ich hätte die Bestnote erreichen können, wenn ich es wirklich gewollt hätte, aber es gab da viele andere Dinge, die mir wichtiger waren.

Einige dieser Begründungen sind vielleicht keine Ausflüchte, sondern entsprechen den Tatsachen; doch zu behaupten, ohne diese Hinderungsgründe hättest du die Bestnote erreicht, ist sehr weit hergeholt.

Schauen wir uns an, wie der Mensch mit derselben Situation umgehen würde. Der Mensch fängt bei sich selbst an und sagt vielleicht: «Ich bin enttäuscht von meinem Prüfungsergebnis, aber es war das Beste, das ich erreichen konnte.» Oder er sagt:

«Ich bin selbst schuld. Ich habe die Dinge ein bisschen schleifen lassen und hatte nicht die nötige Selbstdisziplin, um gut abzuschneiden.» Auch wenn der Mensch anschließend vielleicht noch äußere Umstände ins Feld führt, hat er gleich zu Beginn die wirklichen Gründe für seine schlechte Prüfungsnote genannt, die mit ihm selbst zu tun haben.

Versuche zu analysieren, wie du mit Enttäuschungen oder Rückschlägen umgehst. Bei Leuten, die Verantwortung übernehmen und bei Rückschlägen erst einmal fragen, was sie selbst hätten besser machen können, ist die Chance größer, dass sie an den Ursachen arbeiten und Verbesserungen erzielen können. Leute, die die Schuld bei Anderen und bei äußeren Umständen suchen, erzielen sehr selten Verbesserungen und tendieren dazu, nichts aus ihren Fehlern zu lernen.

Dieser Ansatz weist einen zweiten Aspekt auf, den wir uns ansehen sollten: Was wäre passiert, wenn wir zu unserer eigenen Überraschung bei der Prüfung sehr gut abgeschnitten hätten? Unser Schimpanse hätte sich das volle Verdienst für diesen Erfolg angerechnet und würde spiegelverkehrt argumentieren: Jetzt wäre in erster Linie er selbst für die gute Note verantwortlich, in zweiter Linie die äußeren Umstände und zu guter Letzt andere Leute. Oft belässt es der Schimpanse bei der Zuschreibung «Ich». Anders der Mensch: Er ist in der Regel bereit, nach einer guten eigenen Leistung die Rolle anzuerkennen, die andere Personen und äußere Umstände für seinen Erfolg gespielt haben, und äußert dann auch einen bescheidenen Stolz auf die eigene Leistung.

Die Art und Weise, wie wir mit Erfolgen und Fehlschlägen, Rückschlägen und Enttäuschungen in unserem Leben umgehen, verfestigt sich zu einer Gewohnheit, sei es zu einem Gremlin oder zu einem Autopiloten. Schau dir deine eigenen Verhaltensschablonen diesbezüglich an und überlege dir, ob nicht die eine oder andere Änderung von Vorteil wäre.

Zuschreibungsfehler

Zuletzt gibt es noch einen weiteren Aspekt, der bei diesem Thema zu bedenken ist. Ginge es um eine andere Person, die die betreffende Prüfung gemacht und eine schlechte Note bekommen hat, wäre unser Schimpanse der Erste, der ihr selbst die Verantwortung zuschreiben würde – eine ganz andere Nummer, als wenn wir selbst schlecht abschneiden. Das Denken des Schimpansen sieht so aus: «Wenn ich etwas nicht hinkriege oder einen Fehler mache, gibt es einen guten Grund dafür. Die Menschen sollten diesen Grund zur Kenntnis nehmen und erkennen, dass ich im Grunde nichts dafür kann.» Wenn dagegen einem Anderen derselbe Fehler unterläuft, lautet die Interpretation des Schimpansen: «Er hat es selbst verbockt und sollte bereit sein, die Folgen zu tragen.» Anders gesagt: Unser Schimpanse entschuldigt uns, wenn wir einen Fehler gemacht haben, doch wenn Anderen genau dasselbe passiert, gibt er ihnen die Schuld.

Solche Zuschreibungsfehler gehören zu unseren erlernten Verhaltensweisen, und damit haben wir einen weiteren Gremlin dingfest gemacht, der sich in den Computern vieler Leute eingenistet hat. Findest du diesem Gremlin bei dir, dann wirf ihn hinaus und ersetze ihn durch einen Autopiloten ohne eingebaute Voreingenommenheit für dich und gegen Andere.

Als Fazit können wir konstatieren, dass wir immer, wenn wir auf Vergangenes zurückblicken, das Bild retuschieren, damit wir darin in einem günstigen Licht erscheinen. Wir tun dies, indem wir nur hören, was wir hören wollen, und nur sehen, was wir sehen wollen – und uns nur an das erinnern, was wir behalten wollen. Unsere Erinnerung an Erlebtes ist retuschiert und spiegelt nur selten die ganze Wahrheit wider. Typischerweise fügen wir, wenn wir eine Geschichte wiederholt erzählen, so lange jedes Mal eine Retusche hinzu, bis wir die «richtige» Version kreiert haben! Die Auswirkungen, die dieses Verhalten auf andere Leute und auf unsere Beziehung zu ihnen hat, sind bedeutsam. Das Retuschieren der Bilder schmälert in der Regel unsere Chancen, aus Fehlern zu lernen, und damit auch unsere Erfolgsaussichten.

Das Licht einschalten und vor Gericht gehen

Manchmal müssen wir das Licht einschalten, um sehen zu können, was vor sich geht. Wenn du dir ein Urteil darüber bilden möchtest, wie effektiv du arbeitest, kannst du dich vor ein Blatt Papier setzen und dir vorstellen, du müsstest vor Gericht eine Aussage zu deiner Person machen und die bestehende Situation schildern. Erstelle eine Liste aller Beweise, die du vorlegen möchtest (keine Einschätzungen, keine Emotionen, kein «Vielleicht», sondern nur **Tatsachen**). Zähle sowohl die Fakten auf, die als Rechtfertigung für dein Verhalten dienen können, als auch diejenigen, die dagegen sprechen, und begründe beide. Es kann eine sehr interessante Übung sein, mit dieser Methode die Wahrheit zutage zu fördern! Sie ist in vielen Zusammenhängen von großem Nutzen, nicht nur dort, wo es um Erfolg und Audits geht. Leider kann es passieren, dass das Gericht dich schuldig spricht, und daraus ergibt sich die Notwendigkeit, etwas zu ändern!

Deine Aufgaben für Zahn 6 – Audit

- Engagiere jemanden, der deine Bilanzen prüfen kann.
- Prüfe regelmäßig, ob deine Ziele noch realistisch sind, und sei flexibel, wenn du sie ändern musst.
- Überprüfe, ob bei dir die menschliche Denkart zur Anwendung kommt oder die des Schimpansen.
- Stelle sicher, dass das Problemlösen dein Mensch übernimmt.
- Verzichte auf Retuschen und Selbsttäuschungen.
- Schalte das Licht ein und gehe vor Gericht!

Zahn 7

Auf dem ansteigenden Weg zu deinem Traum kann es nicht ausbleiben, dass manche Dinge gut laufen und andere nicht so gut. Um bestmöglich voranzukommen, empfiehlt es sich sehr, einen Plan in petto zu haben, wie man auf unterschiedliche Verläufe am besten reagiert. Wir werden uns drei verschiedene Arten von Ergebnissen anschauen und die Frage stellen, wie du diese in ihrer jeweiligen Spezifität deutest und angehst. Die drei Verläufe sind Erfolg, Teilerfolg und Fehlschlag.

Erfolg

Erfolg ist offensichtlich das, was wir uns wünschen, und von daher eine tolle Sache, aber es gibt auch Fallgruben, vor denen du dich in Acht nehmen solltest, nachdem du einen Erfolg gefeiert hast.

Die erste Fallgrube ist die Gefahr der **Selbstgefälligkeit**. Wenn wir einen Erfolg errungen haben, neigt unser Schimpanse dazu, ziemlich schnell zu vergessen, was wir für diesen Erfolg leisten mussten. Sehr oft kommt es vor, dass erfolgreichen Leuten keine weiteren Erfolge gelingen, weil sie es versäumen, weiterhin das zu tun, was ihnen zuvor zu ihrem Erfolg verholfen hat. Um zu erkennen, wenn die Gefahr der Selbstgefälligkeit droht, musst du genau hinschauen. Sie kann sich einschleichen, wenn unser Selbstbewusstsein überhandnimmt und wir anfangen, an unseren eigenen Hype zu glauben. Die meisten Erfolge verdanken sich harter Arbeit, und es gibt nur wenige Abkürzungen, wenn überhaupt welche.

Erfolge können auch **Angst** erzeugen: Angst davor, an zuvor erzielte Erfolge nicht anknüpfen zu können. Solche Ängste werden dir nicht helfen, wohl aber wird das die Konzentration auf das, was du tun musst! «Halte deinen Schimpansen im Griff» lautet hier die Botschaft. Es ist wirklich wichtig, jedes Ereignis für sich zu betrachten und nicht zu vergessen, dass du am Beginn deines Weges zum nächsten Ereignis oder Projekt mindestens dieselbe Erfolgschance besitzt wie beim vorigen Mal. Hindere deinen Schimpansen daran, deine vergangenen Leistungen mit deinen künftigen zu vergleichen, denn das würde Erwartungen wecken, die in Befürchtungen umschlagen könnten. Du kannst in jeder neuen Situation nur dein Bestes geben und deine Fähigkeiten voll ausreizen. Das Ergebnis fällt dann so aus, wie es ausfällt.

Ein verbreitetes Problem, das Leute nach einem persönlichen Erfolg befällt, ist, dass sie in einen **emotionalen Sturzflug** geraten oder in **Depressionen** verfallen. Sie haben so viel Zeit und Energie investiert, um zu ihrem Ziel zu gelangen, dass sich danach eine Art Kater einstellt, gepaart mit einem Verlust an Zielstrebigkeit und Routine. Dieses Phänomen kommt sehr häufig vor, und eigentlich verbirgt sich dahinter nicht viel mehr als das Bedürfnis der Psyche nach einer Erholungsphase nach geschlagener Schlacht. Unterschiedliche Personen reagieren unterschiedlich auf Erfolgserlebnisse. Wenn du einen emotionalen Absturz erlebst, lass dir versichern, dass das durchaus normal ist und dass du, wenn du dir eine Auszeit gönnst, bald wieder der Alte sein wirst. Es ist daher wichtig, dass du dir schon vorher überlegst, wie du mit deinem Erfolg am besten umgehen und ihn feiern kannst. Lege dir eine Routine oder einen Plan zurecht, den du aktivieren kannst, wenn ein Projekt, an dem du lange gearbeitet hast, erfolgreich abgeschlossen ist. Dir ein neues Ziel zu setzen oder eine Belohnung zu genießen, die deinen Schimpansen glücklich macht, funktioniert oft gut. Ignoriere in solchen Zeiten die Bedürfnisse deines Schimpansen nicht.

Teilerfolg

Der Schimpanse in uns frönt typischerweise einem Schwarzweißdenken. Auch bei Kindern ist das sehr oft so. Der Mensch in dir neigt, ebenso wie die meisten Erwachsenen, eher dazu, Grautöne, also Schattierungen, wahrzunehmen. Diese Beobachtung lässt sich auf Erfolgserlebnisse übertragen. Wenn du einen erhofften Erfolg nicht erreicht hast, aber doch eine insgesamt positive Bilanz ziehen kannst, tust du gut daran, deinen Teilerfolg zu feiern. Von vornherein nur einen Teilerfolg anzustreben, ist normalerweise keine gute Idee, schon weil dein Schimpanse das womöglich als uninteressant empfinden und dies deinem Erfolgsstreben einen Dämpfer versetzen könnte. Wenn aber das Ergebnis vorliegt, ist es ratsam, auch einen partiellen Erfolg, so bescheiden er sein mag, anzuerkennen und zu verbuchen. Es ist deine Entscheidung. Die Alternative wäre, das Ergebnis als Schiffbruch zu werten und die daraus resultierenden emotionalen Folgen zu akzeptieren.

Fehlschlag oder Rückschlag

Versuche, einen Fehlschlag oder Rückschlag als Herausforderung zu sehen. Es kann eine Chance sein, dich weiterzuentwickeln und deine Fähigkeit zur Lösung von Problemen zu verbessern.

Wenn wir mit einem Projekt scheitern, hat dies Konsequenzen für unsere Selbsteinschätzung und unser Selbstwertgefühl. Der Schimpanse empfindet es als eine Katastrophe und verliert dabei typischerweise jedes Augenmaß. Er zieht aus Fehlschlägen häufig den Schluss, ein wertloses und nutzloses Wesen zu sein, und redet sich ein, dies soeben aller Welt bewiesen zu haben und diese Scharte nie wieder auswetzen zu können. Der Mensch hingegen sieht in einem Fehlschlag etwas Relatives, akzeptiert, dass wir manchmal nicht gewinnen oder nicht das Richtige tun, und ordnet sein «Versagen» in eine

Lernkurve ein. Menschen akzeptieren Fehlschläge und arbeiten mit ihnen weiter. Es gibt also zwei sehr gegensätzliche Wahrnehmungen eines Fehlschlags, die beide im selben Gehirn koexistieren können. Wie kann man damit fertigwerden, und warum haben manche Leute kein Problem mit diesem scheinbaren Konflikt?

Die Antwort steckt im Allgemeinen in deinem Umgang mit Fehlschlägen: wie du sie wahrnimmst und was sie für dich bedeuten oder implizieren. Es ist immer gut, darüber gründlich nachzudenken.

> ***Kernpunkt***
> *Alles im Leben ist nur so wichtig, wie du es nehmen möchtest.*

Ein Beispiel hilft vielleicht, den Unterschied zwischen einer Schimpansen-Reaktion auf einen Fehlschlag und der eines Menschen zu illustrieren. Die meisten von uns haben in einem ziemlich jungen Alter Fahrstunden genommen. Bei der Fahrprüfung durchzufallen, war ein Fehlschlag, der in diesem Alter ziemlich verheerend auf die Psyche wirken konnte. Aus irgendeinem Grund war man überzeugt, es sei sehr wichtig, die Fahrprüfung auf Anhieb zu bestehen, und verhedderte sich dann in Selbstzweifel. Wenn du aber ältere Menschen nach ihren Erfahrungen bei der Führerscheinprüfung fragst, erzählen sie oft lachend von gescheiterten Anläufen und finden es überhaupt nicht schlimm, wenn jemand beim ersten Versuch durchfällt. Diejenigen, denen das passiert ist, sagen, es sei lediglich ein kleines Ärgernis ohne jeglichen Einfluss auf ihr Selbstwertgefühl gewesen und habe wahrscheinlich auch nichts über ihre späteren autofahrerischen Qualitäten ausgesagt!

Bis du zu einer so souveränen Sichtweise gelangst, kann leider eine **längere Zeit** vergehen, aber du kannst sie verkürzen, wenn du dir die **Zeit nimmst**, die Stationen deines Lebens gleichsam aus der Panoramasicht zu betrachten. Du wirst dich dann leichter tun, aus Fehlschlägen oder Enttäuschungen zu lernen und sie nicht zu ernst zu nehmen.

Warum braucht man Zeit, eine souveräne Perspektive zu entwickeln? Dein Mensch kommt über Fehlschläge ziemlich schnell hinweg, doch dein Schimpanse ist anders programmiert, und damit musst du leben. Der Schimpanse gehorcht einem gut erforschten Muster des Umgangs mit Fehlschlägen und Verlusten, und dieses Muster kommt bei fast allen Personen gelegentlich zum Vorschein. Man spricht hier von einer Trauerreaktion. Im Allgemeinen benutzen wir diesen Begriff zur Beschreibung des Verhaltens von Menschen nach dem Tod einer nahestehenden Person. Man kann solche Reaktionen aber auch bei Verlusten anderer Art oder bei wahrgenommenem eigenem Versagen beobachten. Dies ist die typische Art des Schimpansen, mit etwas fertigzuwerden, das ihn emotional tief berührt und für ihn schwer zu akzeptieren ist. Jede schlechte Nachricht kann daher eine Trauerreaktion auslösen. Die Psychologie unterscheidet drei Stadien einer solchen Reaktion, und dein Schimpanse durchläuft sehr wahrscheinlich diese Stadien (oder wenigstens zwei von ihnen), wenn er einen Fehlschlag erlitten hat. Mit diesem Wissen im Hinterkopf kannst du dir wenigstens sicher sein, dass eine Phase der Niedergeschlagenheit nach einem Fehlschlag normal ist, und kannst deinem Schimpansen helfen, sie zu überstehen. Wenig Sinn hätte es, gegen die Reaktion anzukämpfen; es ist besser, auf sie einzugehen.

Übliche Trauerreaktion des Schimpansen

Etwas vereinfacht, sehen die typischen Stadien, die in unterschiedlicher Abfolge durchlaufen werden können (wobei die hier aufgelistete Reihenfolge die Regel ist), so aus:

- **Leugnung** – nicht wahrhaben wollen, dass das Ereignis stattgefunden hat.

- **Sehnsucht** – das Bedürfnis, das Ereignis ungeschehen zu machen und zur früheren Lage zurückzukehren.
- **Schachern** – der Versuch, das Ergebnis des Ereignisses nachträglich zu ändern. Dabei fallen oft Satzanfänge wie «Wenn doch nur» oder «Wenn ich könnte». Der Schimpanse möchte typischerweise die Uhr zurückdrehen und das Geschehene ändern, während der Mensch akzeptiert, dass der Lauf der Dinge nicht zu ändern ist.
- **Wut** – Frustration und Schuldgefühle oder Schuldzuweisungen münden oft in Wut, und man sucht nach irgendeiner Erklärung, die das Geschehene weniger schmerzhaft erscheinen ließe.
- **«Durch den Wind» sein** – man findet sich mit der Wahrheit ab, macht aber eine Phase der Niedergeschlagenheit mit vielen negativen Emotionen und einem Gefühl der Leere durch. Eine Phase echter Trauer.
- **Neuorganisation** – man beginnt das Geschehene zu akzeptieren oder lernt zumindest, damit zu leben, und überlegt sich, wie es weitergeht.

Auf das Scheitern einer Beziehung folgen dieselben Phasen. Deinen Schimpansen diese Phasen durchlaufen zu lassen, ist wichtig, da du andernfalls vielleicht auf der Stelle trittst und der Trauerprozess sich länger als normal hinzieht. **Jeder Fall liegt anders**, aber die meisten Leute brauchen ungefähr drei Monate, um die akute Phase hinter sich zu bringen, und bis zu einem Jahr, um wieder in ein organisiertes Leben zurückzufinden – manchmal noch länger, je nachdem, wie einschneidend das Ereignis war und wie wichtig die verlorene Person für den Betroffenen war.

Zu erwarten, dass du einen Verlust oder einen Fehlschlag ohne nennenswerte emotionale Reaktion verkraften könntest, ist unrealistisch. Du tust gut daran, dir bewusst zu machen, wie du auf einen Fehlschlag voraussichtlich reagieren wirst und wie du mit deiner Reaktion zu Rande kommen kannst. Jeder Fehlschlag lässt sich (hoffentlich) irgendwann in den Lauf der Dinge eingliedern, und dann kannst du mit dem, was du aus ihm (hoffentlich) gelernt hast, deinen Weg von einer höheren Warte aus fortsetzen. Fehl- und Rückschläge sind normale Bestandteile deiner Lebenserfahrung, und auf sie zu reagieren und aus ihnen zu lernen, ist gleichermaßen normal und akzeptabel.

Deine Aufgaben für Zahn 7 – Ergebnisse

- Miss deine Erfolge in relativen Maßeinheiten und feiere nach Möglichkeit deine Teilerfolge.
- Setze dich mit Fehl- oder Rückschlägen konstruktiv auseinander und betrachte sie als Lektionen, die deinen Reifungsprozess voranbringen.
- Versuche dir die Fähigkeit zuzulegen, die Chronik deines Lebens aus der Panoramaperspektive zu betrachten.
- Wenn dein Schimpanse trauert, gib ihm die Möglichkeit, seine Gefühle auszuleben. Trauern ist absolut vernünftig.

Zusammenfassung der Kernpunkte

- Es besteht ein Unterschied zwischen einem Traum und einem Ziel.
- Um erfolgreich zu sein, brauchst du Planung und Struktur.
- Die Räder zu schmieren, wird deine Erfolgschancen erheblich verbessern.
- Regelmäßige Audits werden dich auf Kurs halten.
- Dich mit Ergebnissen zu beschäftigen, ist Teil des Plans.

Empfohlene Übung:
Dieses Kapitel in die Tat umsetzen

Den Traum verwirklichen
Definiere deinen Traum und nimm dir die Zeit, einen strukturierten Plan, wie in diesem Kapitel skizziert, abzuarbeiten. Am besten tust du das zusammen mit einem Freund. Folge den Schritten, indem du die zu jedem Zahn gehörenden Übungen durchexerzierst. Wenn du mit der Umsetzung des Planes begonnen hast, erinnere dich immer wieder daran, warum du diesen Traum verwirklichen willst und was es für dich bedeutet, wenn du es schaffst.

Kapitel Sechzehn

Der Glücks-Planet

Wie man ein glücklicher Mensch ist

Glück

- Was verstehen wir unter Glück?
- Drei Stimmungslagen
- Umzug ins Glück
- Deinem Lebensglück nachhelfen
- Glücksmotoren

Glücklich zu sein, ist eine Entscheidung. Glücklich sein als Dauerzustand kommt in der Realität nicht vor; es wird immer Widrigkeiten und Rückschläge geben. Höhen und Tiefen in deinem Leben sind etwas Natürliches, aber du kannst immer zum Glück zurückfinden, **wenn du daran arbeitest**.

Was verstehen wir unter Glück?

Du musst entscheiden, was Glück für dich bedeutet, denn jeder Mensch kann das für sich anders definieren. Deine erste Aufgabe ist es also, in Ruhe darüber nachzudenken, was dich glücklich macht; du weißt dann immerhin, in welche Richtung du gehen willst. Dein Gehirn setzt in Momenten der Angst andere chemische Stoffe frei als in Phasen, in denen du entspannt oder glücklich bist. Vielleicht lässt sich der Weg zum Glück am leichtesten ansteuern, wenn wir drei unterschiedliche Stimmungslagen definieren.

Drei Stimmungslagen von Mensch und Schimpanse

Positive Stimmungslage
Extraprämien
für Glück

Neutrale Stimmungslage
beruhigende Gewissheit,
dass alles gut ist;
Zufriedenheit

Negative Stimmungslage
Ängste, Sorgen
und Bedenken

Drei Stimmungslagen von sowohl Mensch als auch Schimpanse

Wie du die negative Stimmungslage loswirst

Zu den Dingen, die dich in eine negative Stimmungslage versetzen, gehören Ängste, Sorgen oder Bedenken. Typischerweise passiert das, weil die vier funktionalen Planetensysteme (der geteilte Planet, der Planet der Anderen, der Beziehungs-Planet und der Realwelt-Planet) bei dir nicht rund laufen. Das bedeutet: Ein paar grundlegende Dinge, die sowohl dein Schimpanse als auch dein Mensch brauchen, um entspannt und zufrieden zu sein, stellst du nicht ausreichend bereit.

Um aus einer negativen Stimmungslage herauszukommen, musst du es also hinbekommen, dass alle vier funktionalen Planetensysteme synchron laufen. Realistisch betrachtet, wird sich ein Mindestmaß an Dysfunktionalität innerhalb des Systems nie vermeiden lassen. Es geht darum, die Störungen möglichst gering und unter Kontrolle zu halten, sodass wir uns nach vorne orientieren und unsere Kräfte darauf richten können, mehr Qualität in unser Leben zu bringen.

Die Vorsorge gegen ein Abrutschen in eine negative Stimmungslage ähnelt dem Tellerdrehen: Die Planeten bedürfen unserer ständigen Aufmerksamkeit.

Es folgen Beispiele für Elemente aus den ersten vier Systemen, um die wir uns kümmern müssen:

- Lerne deinen Schimpansen kennen, hege und pflege ihn und behalte ihn im Griff.
- Mache dir klar, dass du deinen Menschen betreuen und entwickeln musst.
- Sorge dafür, dass du einen voll funktionsfähigen Computer mit Autopiloten hast, ohne Gremlins, mit domestizierten Kobolden und einem klug konzipierten Stein des Lebens.
- Binde Andere in deine Welt ein.
- Baue eine gut funktionierende Gruppe auf.
- Kommuniziere überzeugend.
- Richte für deinen Schimpansen eine freundliche Dschungelumgebung ein.
- Hab eine realweltliche Perspektive parat.
- Lerne, mit akutem und chronischem Stress umzugehen.

Stelle sicher, dass die körperlichen und emotionalen Triebe und Bedürfnisse deines Schimpansen und deines Menschen erfüllt werden. Hier einige Beispiele für die Bedürfnisse des Schimpansen:

- Gruppe
- Sex

- Futter
- Macht
- Ego
- Revier
- Sicherheit
- Neugier

Der Mensch teilt viele dieser Grundbedürfnisse mit dem Schimpansen, doch kommt bei ihm noch einiges hinzu:
- sinnerfülltes Leben
- Seelenverwandte finden
- Denkanreize

Wir alle verfallen hin und wieder in eine negative Stimmungslage, das ist normal. Der Trick ist, so schnell wie möglich etwas dagegen zu tun und zu akzeptieren, dass es nicht normal ist, in dieser negativen Verfassung zu verharren.

Die neutrale Stimmungslage
Dieser Zustand stellt sich ein, wenn die ersten vier Planeten rund laufen und du zufrieden bist; das bedeutet aber nicht unbedingt, dass du glücklich bist. Es gibt Leute, die «Zufriedenheit» mit «Glück» gleichsetzen, aber für die meisten von uns bedeutet Glück doch noch ein bisschen mehr.

Die positive Stimmungslage
Eine positive Stimmungslage liegt vor, wenn du dein Leben mit positiven Dingen und Qualität angereichert hast und dich nicht mit der Erfüllung deiner Grundbedürfnisse begnügst. Mit solchen Wohlfühlfaktoren kannst du dafür sorgen, dass sich dein Leben erfüllt, produktiv und beglückend anfühlt. Für viele Leute ist dies das primäre Definitionsmerkmal von Glück.

Lebensbereichernde Extras für den Schimpansen

- Spaß
- neue Erfahrungen
- Vergnügen bereitende Betätigungen
- Geselligkeit
- verwöhnt werden
- Belohnungen
- neugierig machende Reize

Lebensbereichernde Extras des Menschen

- Lachen
- erfüllende Aktivitäten
- Leistung
- selbstloses Verhalten
- vorausschauendes Planen
- Unterhaltung
- Erinnerungsstücke an Gutes, das man besitzt oder erreicht hat

Umzug ins Glück

Um dich in eine positive Stimmungslage zu versetzen und die Tür zu deinem Lebensglück aufzuschließen, **musst du dein Leben mit besonderen Dingen anreichern und es auf eine höhere Qualitätsebene heben**. Du musst dir einen Fundus von Dingen zurechtlegen, die geeignet sind, deine Aussichten auf ein glückliches Leben zu optimieren. Schau dir die oben aufgeführten Beispiele für lebensbereichernde Extras deines Schimpansen und deines Menschen an und nimm einige davon für dich in die engere Wahl. Versuche dann, sie in dein Leben einzubauen. Lebensglück hat einen Preis, denn man muss gewöhnlich dafür arbeiten.

Wir können unsere Vorstellung von Glück unter den Gesichtspunkten des «Habens» und des «Seins» konkretisieren;

diese beiden Aspekte spiegeln den Unterschied zwischen dem, was du hast, und dem, was du bist, wider.

«Haben»

Das Wort «haben» verweist auf den ersten Blick auf unsere materiellen Errungenschaften und Besitztümer, wogegen die emotionalen, körperlichen und geistigen Aspekte des «Habens» nicht ohne weiteres fassbar sind. Zu den emotionalen Aspekten kann etwa das Bedürfnis gehören, von Anderen geliebt oder respektiert zu werden. Der körperliche Aspekt von «haben» umfasst nicht nur unsere Gesundheit, sondern auch unser subjektives Wohlbefinden. Zu den geistigen Aspekten zählt beispielsweise, dass wir uns ein erfüllendes Leben wünschen, mit möglichst vielen als angenehm empfundenen Anreizen und Herausforderungen für unser Denkvermögen.

Unsere «Haben»-Liste

- Errungenschaften
- Besitztümer
- Emotionales
- Körperliches
- Geistiges

Zwischen den überlebenswichtigen «Grundbedürfnissen» und den lebensbereichernden Extras bestehen zahlreiche Überschneidungen. Viele Elemente tauchen sowohl in der Liste des Menschen als auch in der des Schimpansen auf. Es kommt darauf an, dass du dir die Zeit nimmst, dir zu überlegen, was du für dein Lebensglück brauchst, und dann daran arbeitest, es dir zu verschaffen.

Ein potentielles Problem mit Errungenschaften

Errungenschaften sind für Menschen ein wichtiger Teil des «Habens». Wir sonnen uns gern in der Gewissheit, etwas Konstruktives geschaffen zu haben, auf das wir stolz sein können. Es kann sich dabei jedoch ein Problem ergeben.

Wenn wir uns vornehmen, etwas zu erreichen, beispielsweise befördert zu werden, tun wir das in der Überzeugung, dass wir im Erfolgsfall stolz auf uns sein werden und dass wir dies als eine bleibende Errungenschaft verbuchen werden. Es ist aber leider eine sehr vertraute Erfahrung, dass wir, wenn wir uns die Beförderung geangelt haben, diese Errungenschaft ausblenden, anstatt sie zu feiern, und unseren Blick schnell auf ein neues Ziel richten, das wir erreichen wollen.

Ich habe so etwas bei Spitzensportlern erlebt, die auf einen Weltrekord trainierten. Wenn sie den Rekord dann erreicht hatten, taten sie ihre Leistung oft mit Bemerkungen ab wie: «Ein richtig guter Weltrekord ist das nicht, eher ein schwacher!»

Das Problem ist: Unser Schimpanse ist nie zufrieden und neigt dazu, unsere Erfolge und Errungenschaften, die realen wie die potentiellen, gering zu schätzen oder abzuwerten. Um uns unsere Errungenschaften zu bewahren, müssen wir also darauf achten, dass unser Schimpanse sie nicht abqualifiziert. Wenn du einen Erfolg erringst, so unbedeutend er in den Augen deines Schimpansen auch sein mag, feiere ihn und klopfe dir auf die Schulter. Damit kannst du dich in eine glückliche Stimmungslage versetzen, während du dich dieser Chance beraubst, wenn du zulässt, dass dein Schimpanse deine Leistung kleinredet.

Ein potentielles Problem mit Besitztümern

Mit Besitztümern verhält es sich ähnlich wie mit Errungenschaften. Wie die Forschung gezeigt hat, sind Glücksgefühle, die sich aus dem Besitz von Dingen speisen, kurzlebig. Manche

Leute sind überzeugt, sie wären, wenn sie im Lotto viel Geld gewönnen, bis an ihr Lebensende glücklich. Tatsächlich hat man jedoch festgestellt, dass Lottogewinner nach einer Phase, in der sie sich auf ihre neue Lebenssituation eingestellt haben, auf ihr vorheriges «Glückslevel» zurücksinken. Ähnlich verhält es sich mit neu gekauften Dingen: Sie verlieren nach mehr oder weniger kurzer Zeit ihren Glanz und ihre Wertigkeit für uns. In diesem Zusammenhang ein dringender Rat: Vergiss nicht, kostbare Dinge, die du besitzt, wertzuschätzen, solange du sie hast.

Machtkämpfe zwischen Mensch und Schimpanse in Sachen Glück

Machtkämpfe zwischen Mensch und Schimpanse in Bezug auf ihre Bedürfnisse frühzeitig zu erkennen, ist sehr wichtig, insbesondere wenn sie das gesamte Spektrum aus emotionalen, körperlichen und geistigen Aspekten umfassen. Es gibt viele Situationen, in denen die Bedürfnisse und Antriebe deines Schimpansen sich mit denen deines Menschen nicht vertragen.

Manche daraus resultierenden Konflikte lassen sich leicht lösen. Zum Beispiel kannst du deinen Schimpansen seine aggressiven und territorialen Antriebe ausleben lassen, indem du Sport treibst. Das ist gesellschaftlich akzeptabel und etwas, das dein Mensch ebenfalls genießen kann. Öffnest du der Aggression kein Ventil, kann es sein, dass sie sich in ungesunder Gewalt entlädt.

In manchen Fällen, in denen Schimpanse und Mensch kollidieren, liegt die Lösung in einem Kompromiss. So kommt es zum Beispiel nicht selten vor, dass bei einem Paar das Bedürfnis nach Sex sehr unterschiedlich ausgeprägt ist. Beide Partner sind hoffentlich bestrebt, die Wünsche und Bedürfnisse des jeweils anderen zu respektieren, wie es den Maßstäben des Menschen entspricht, doch andererseits fordert auch der Sexualtrieb sein Recht. Dieses Problem kann höchste Brisanz entwickeln, wenn man nicht daran arbeitet. Ehrlich zueinander zu sein und das Problem gemeinsam anzugehen, um eine akzeptable Lösung zu finden, ist der einzig zielführende Weg. Einen starken Trieb des Schimpansen zu ignorieren, ist gefährlich, weil dein Schimpanse dann außer Rand und Band geraten und auf Ideen kommen kann, mit denen du nichts zu tun haben willst.

Dein Glück basiert darauf, dass du die Bedürfnisse deines Menschen und deines Schimpansen kennst und dafür sorgst, dass sie sich auf verträgliche Weise ausleben können.

Den richtigen Partner finden

Die meisten Menschen wünschen sich und brauchen jemanden, mit dem sie ihr Leben teilen können. Das Problem besteht, auf einen einfachen Nenner gebracht, darin, dass ihr Schimpanse und ihr Mensch nach unterschiedlichen Qualitäten bei ihrem Partner suchen.

Der Schimpanse macht es sich einfach: Er braucht einen Partner, mit dem zusammen er sich ein Revier sichern, eine Familie gründen und die nächste Generation in die Welt setzen kann. Er ist darauf programmiert, seine Wahl aufgrund körperlicher Eigenschaften des auserkorenen Partners und einiger emotionaler Aspekte, die ihm und seiner Agenda entgegenkommen, zu treffen.

Dagegen ist der Mensch bestrebt, einen echten Seelenverwandten oder Gefährten zu finden, dessen menschliche Qualitäten zu ihm passen. Leider richten sich die meisten Menschen, wenn sie eine Beziehung eingehen, entweder nach den Bedürfnissen ihres Schimpansen oder nach denen ihres Menschen, nicht aber nach beiden zugleich.

Du solltest sichergehen, dass sowohl der Schimpanse deines potentiellen Partners als auch sein Mensch deinen Wünschen entspricht und dich glücklich machen kann. Sei skeptisch gegenüber den übermächtigen Emotionen deines Schimpansen, denn die können sich im Lauf der Zeit als höchst unbeständig erweisen, gleich wie großartig sie sich anfänglich anfühlen mögen. Genieße diese Gefühle, mache sie aber nicht zum alleinigen Grundstein deiner Lebensplanung.

Im Allgemeinen kannst du dir ein Urteil über den Charakter des Schimpansen und des Menschen eines potentiellen Partners bilden. Wenn du das gemacht hast, ist es eine hilfreiche Übung, dir ein Blatt Papier mit drei Spalten zurechtzulegen. Trage in die erste Spalte alle guten Eigenschaften des Schimpansen und des Menschen der betreffenden Person ein, in die zweite Spalte alle nicht so guten Eigenschaften, die dich aber nicht sonderlich stören. Beachte, dass ich nicht gesagt habe: «alle nicht so guten Eigenschaften, von denen du glaubst, **du könntest sie verändern**». Dass dir Letzteres gelingt, ist äußerst unwahrscheinlich (und mit äußerst unwahrscheinlich **meine** ich äußerst unwahrscheinlich)! Die Dinge, die du in der zweiten Spalte aufzählst, müssen also wirklich Eigenschaften sein, die dich nicht stören. Die dritte Spalte ist reserviert für Eigenschaften deines potentiellen Partners (seines Menschen oder seines Schimpansen), die du nicht magst und nur schwer akzeptieren kannst.

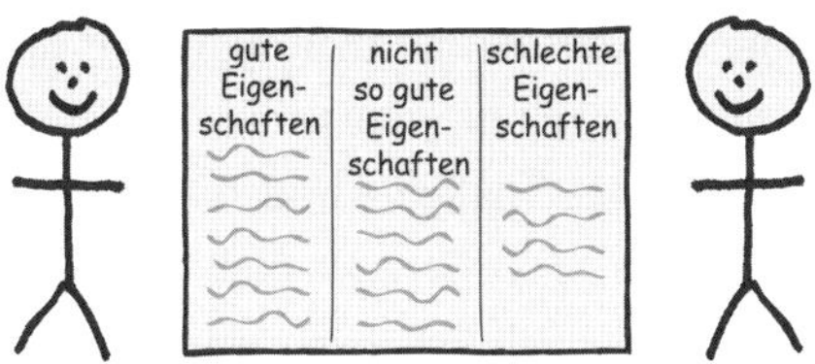

Jetzt aufgepasst: Du kannst mit den guten Eigenschaften aller Menschen leben, deshalb darfst du die erste Spalte ignorieren. Es ist sogar von Vorteil, die erste Spalte außer Acht zu lassen, denn die guten Eigenschaften einer Person überstrahlen oft ihre schlechten und veranlassen dich, an ihr festzuhalten, mit unter Umständen nachteiligen emotionalen Folgen für dich. In der zweiten Spalte stehen Eigenschaften, mit denen du ehrlich leben und die du so, **wie sie sind**, akzeptieren kannst. Ignoriere daher auch diese Spalte. Schließlich kommen wir zur dritten Spalte. Wenn du dort irgendetwas eingetragen hast, kommt dies eigentlich der Aussage gleich, dass du mit dieser Person nicht zusammenleben kannst. Das mag hart klingen, aber wissenschaftliche Erhebungen bei einer Vielzahl von Paaren haben gezeigt, dass, wenn auch nur ein einziger Eintrag in dieser dritten Spalte steht, die Beziehung keine große Aussicht hat, lange zu halten.

Man kann diesen einen Eintrag in der dritten Spalte mit einem Tropfen Gift vergleichen. Ein Essen, das vor dir steht, kann noch so wohlschmeckend und köstlich duften, wenn du auch nur einen einzigen Tropfen Gift hineinmischst, wird es ungenießbar und tödlich. Das ist etwas, das dir sowohl bei Beziehungen als auch bei Gruppen und Arbeitskollegen passieren kann. Hüte dich vor dem einen inakzeptablen, nicht zu beseitigenden Streitpunkt, der das Gift für deine Beziehung sein wird. Sei nicht überrascht, wenn du von der Mahlzeit krank wirst! Wundere dich also auch nicht über schmerzliche emotionale Auswirkungen, wenn deinem Leben ein einziger Tropfen Gift beigemischt wird. Denk gründlich nach, bevor du dich auf eine Beziehung einlässt; beschäftige dich nicht mit den ersten beiden Spalten, denn sie sagen nichts über echte Verträglichkeit aus. Schau dir die letzte Spalte an und sei ehrlich zu dir selbst. Den richtigen Partner zu finden, ist nicht leicht, aber es lohnt sich, Zeit in die Suche nach ihm zu investieren. Wenn es dir gelingt, ein stabiles emotionales Gleichgewicht zu erreichen, werden sich viele Leute zu dir hingezogen fühlen; und wenn du dich dann so positionierst, dass du viele Leute triffst, wirst du deinen Schatz finden.

Eine erfüllende Beziehung entwickeln

Jede Beziehung lässt sich so verbessern, dass sie uns mehr Erfüllung bringt. Es folgen einige Empfehlungen, die du dir anschauen kannst, wenn du deine Art, mit Beziehungen umzugehen, überprüfen möchtest.

Frage dich, ob du bisher realistisch beurteilt hast, was die betreffende Person dir bieten kann, ob es sich nun um einen Freund oder einen Partner handelt. Es wäre unrealistisch zu glauben, dieser eine Mensch könne alle deine Bedürfnisse erfüllen und dir alles geben, was du brauchst. Die meisten Beziehungen sind gesünder, wenn weitere Freunde und Angehörige mit im Spiel sind.

Wähle deine Freunde nicht nur auf Grundlage dessen aus, was du ihnen bieten kannst, sondern auch mit Blick darauf, was sie dir bieten können. Von einem idealen Freund oder Partner kannst du erwarten, dass er

- dich in deinem Selbstwertgefühl bestärkt
- die Entwicklung deiner Persönlichkeit unterstützt
- das Beste in dir zutage fördert
- dein Wohl über sein eigenes stellt
- dich akzeptiert, wie du bist

Das gilt natürlich in beide Richtungen: Du würdest als guter Freund für diesen Menschen dasselbe tun.

Alle Partner enttäuschen und verletzen uns gelegentlich. Darauf mit Verständnis zu reagieren und darüber hinwegzukommen, ist das Mittel der Wahl, um die Beziehung am Leben zu erhalten.

Wenn du einem Partner, der sich bei dir entschuldigt, verzeihst, bedeutet das, dass ihr beide den Vorfall, um den es geht, abhakt. Eine Entschuldigung zu akzeptieren heißt, dass man den Fehltritt nicht immer wieder, wenn es gerade passt, aus der Versenkung holt und dem Partner vorhält. Wenn du das tust, hast du ihm seinen Fehler nicht wirklich verziehen. «Sticheln» oder «quälen» wären passendere Wörter für ein solches Verhalten. Du kannst deinem Partner entweder verzeihen und die Sache nie wieder erwähnen, oder du kannst einen Schlussstrich ziehen, sodass dein Partner jemand anderen finden kann, der ihn nicht quält. (Beachte, dass verzeihen nicht dasselbe ist wie vergessen; verzeihen bedeutet nur, dass man darauf verzichtet, den Vorfall als Waffe einzusetzen. Manchmal empfiehlt es sich allerdings, sich einen solchen Vorfall oder Fehltritt in Erinnerung zu rufen, wenn nämlich dein Partner dieses Verhaltensmuster wiederholt und du zu dem Schluss kommst, dass es Zeit ist, ein neues Kapitel aufzuschlagen!)

Die Übergabe

Zur Funktionsweise deines Schimpansen gehört es, dass er sich einen Partner ausmalt, bevor er einen kennenlernt, und daher oft auf reale Personen die Vorstellung überträgt, die er im Kopf hat, anstatt die Person zu sehen, die vor ihm steht. Das kann zu sehr viel Stress führen, da der Schimpanse ständig versucht, aus der realen Person die «richtige Person» zu machen. Das macht es sehr schwierig, sich von einem Partner, der letzten Endes nicht zu einem passt, zu trennen.

Ein Trick, der helfen könnte, wenn man in einer so festgefahrenen Lage steckt, ist der Versuch einer «Übergabe». Stell dir vor, du willst deinen aktuellen Partner an eine andere Person übergeben und hast dabei die Verpflichtung, dieser Person eine vollständige und ehrliche Beschreibung deines Partners zu geben, einschließlich aller Macken. Simuliere laut sprechend die Situation, in der du der neuen Person darlegst, was sie von der Beziehung zu deinem bisherigen Partner erwarten kann. Nenne dessen gute und dessen schlechte Eigenschaften, ohne irgendetwas zu beschönigen. Stell dir vor, die Person könnte dich, wenn sie dich bei einer Lüge ertappt, vor Gericht zerren!

Mithilfe dieser «Übergabe»-Übung kommst du vielleicht zu der Erkenntnis, dass die neue Person wahrscheinlich nicht geneigt sein wird, deinen Partner zu übernehmen, und dann fragst du dich möglicherweise selbst, warum du noch mit ihm zusammen bist. Ich habe diese Übung mit vielen Leuten durchexerziert, die in einer Beziehung, die sich nicht mehr eingerenkt hätte, vor sich hin gelitten haben, und sie hat ihnen eine andere Perspektive eröffnet.

«Sein» – finde heraus, wer du bist

Es gilt, eine Reihe von Aspekten zu berücksichtigen, wenn du dich mit der Frage beschäftigst, wer du bist und welchen Gewinn du daraus für dein Lebensglück ziehen kannst. Wir können diese Aspekte zu einem «Quartett des Seins» auffächern, das so aussieht:

- Selbstbild
- Selbstwertgefühl
- Selbsteinschätzung
- Selbstvertrauen

Wenn du Klarheit darüber erlangen willst, welche Vorstellung du von dir selbst hast, ist es sehr wichtig, dir den Unterschied zwischen dem Selbstbild deines Schimpansen und dem deines Menschen zu vergegenwärtigen. Zwischen beiden liegen typischerweise Welten. Du musst hier wirklich eine Entscheidung darüber treffen, welches Selbstbild du dir zu eigen machen willst.

Erinnere dich an das, was ich an früherer Stelle über die Denkweise des Schimpansen geschrieben habe; das wird dir helfen, zu verstehen, warum viele Leute so große Probleme mit ihrem Selbstbild haben! Der Schimpanse ist ein verletzliches Individuum, das um Anerkennung innerhalb seiner Gruppe kämpft und sich bemüht, Eindruck auf sie zu machen. Das ist bei ihm ein Dauerzustand, an dem sich nie etwas ändern wird. Ein typischer Schimpanse ist sehr selbstkritisch, ihm fehlen der feste Glaube an eigene Fähigkeiten und daher die innere Stärke, eigene Fehler zu erkennen und zu korrigieren oder zu eigenen Schwächen zu stehen. Er hat keine Toleranz für eigene Unzulänglichkeiten oder für Fehler, die er begeht. Er glaubt, die Anderen würden ihn ständig beobachten und beurteilen und jeden seiner Fehler registrieren.

Die Alternative dazu zeigt dir das Denken des Menschen. Er geht davon aus, dass, auch wenn jeder von uns andere Fähigkeiten hat und anders aussieht, alle als menschliche Wesen gleichermaßen wertvoll sind. Der Mensch weiß auch, dass das ständige Bemühen, Andere zu beeindrucken, sie glücklich zu machen und sich so ihre Sympathie zu sichern, keine gute Lebensphilosophie ist. Der Mensch ist der Überzeugung, dass du nicht mehr tun kannst, als dein Bestes zu geben. Seines Erachtens gründen die Werte, die im Leben wirklich zählen, nicht auf Äußerlichkeiten wie Aussehen, beruflichem Erfolg oder Besitztümern, sondern auf Qualitäten wie Ehrlichkeit, Integrität, Freundlichkeit und Achtsamkeit.

Wenn es also darum geht, dich selbst einzuschätzen, werden du und dein Schimpanse zu höchst unterschiedlichen Ergebnissen kommen, weil sie mit ganz unterschiedlichen Maßstäben und Werten arbeiten. Bevor du anfängst, dein Selbstbild zu erkunden, solltest du unbedingt sicherstellen, dass dein Stein des Lebens diejenigen Werte enthält, an denen du gemessen werden willst. Dann beurteile dich und Andere nach Maßgabe dieser Werte und **lasse nicht zu, dass dein Schimpanse dich als Geisel nimmt**. Wenn beispielsweise Attribute wie fröhlich, freundlich und ehrlich weit oben in deiner Liste stehen, dann beurteile dich selbst nach diesen menschlichen Werten.

Werte und Überzeugungen als Bezugsgrößen
für dein Selbstbild

Selbstbild

Dein Selbstbild ist die Vorstellung, die du von deiner eigenen Persönlichkeit und deiner Außenwirkung hast.

Dein Mensch tendiert zu einem ausgewogenen Urteil; er sieht sowohl die attraktiven als auch die unattraktiven Aspekte deiner Person. Er berücksichtigt für die Beurteilung menschliche Werte wie Mitgefühl, Ehrlichkeit und Selbstlosigkeit.

Dagegen wird der Schimpanse eher deine äußere Erscheinung und deine Leistungen und Errungenschaften als Definitionsmerkmale deiner Person heranziehen. Beachte, dass der Schimpanse seine Meinung jederzeit ändern kann und sehr subjektiv urteilt. Hat er dich eben noch als den tollsten und bestaussehenden Menschen weit und breit empfunden, hält er dich vielleicht schon im nächsten Moment für das widerwärtigste Wesen auf unserem Planeten.

Ein positives Selbstbild, mit dem du glücklich und zufrieden bist, wird wahrscheinlich nicht lange Bestand haben, wenn du es auf die Maßstäbe deines Schimpansen gründest und auf seine Ansichten darüber, was wichtig ist; das wird dich voraussichtlich regelmäßig in emotionale Krisen stürzen. Viel besser und gesünder ist es, dein Selbstbild auf die Konsequenz zu gründen, mit der du dein Leben an deinen Werten ausrichtest.

Du hast also, um dein Selbstbild zu bestimmen, die Wahl, es entweder auf die Werte des Schimpansen oder auf die des Menschen zu gründen.

Du hast diese Wahl, und deine Entscheidung wird auf jeden Fall Einfluss auf dein Glück haben. Halte an dieser Stelle inne und prüfe, ob du alle meine Aussagen und Erläuterungen zum Thema Selbstbild verstanden hast; dann triff deine Wahl.

Selbstwertgefühl

Dein Selbstwertgefühl lässt sich definieren als die Note, die du der Person gibst, die du deinem Selbstbild zufolge bist. Auch hier liegt es, so hoffe ich, auf der Hand, dass Mensch und Schimpanse dabei von höchst unterschiedlichen Wertmaßstäben ausgehen. Es ist deine Entscheidung, welche Note du dir selbst geben möchtest. Wenn es zum Beispiel ein wichtiger Bestandteil deines Selbstwertgefühls ist, ein glücklicher Mensch zu sein, der viel Freude in das Leben anderer Leute bringt, indem er einfach freundlich ist und Menschen anlächelt, hast du beste Aussichten, ein geschätztes Mitglied deiner Gruppe oder Gemeinschaft zu werden. Sogar deinem Schimpansen wird dies gefallen, wodurch dein Glückslevel noch einmal ein Stück ansteigen kann.

Wenn du hingegen dein Selbstwertgefühl daran misst, wie schlau du bist und welchen Posten du erreicht hast, könnte es starken tagesbedingten Schwankungen in Abhängigkeit von den Launen deines Schimpansen unterliegen.

Triff die Wahl zwischen den Maßstäben des Schimpansen und denen des Menschen.

Selbsteinschätzung

Hier geht es darum, wie du dich selbst im Vergleich zu Anderen einschätzt. Erneut gilt es zu beachten, dass du dabei entweder die Kriterien des Schimpansen oder die des Menschen anlegen kannst.

Dein Mensch wird wahrscheinlich sagen: Jeder Mensch ist gleich viel wert, und auch wenn wir ganz unterschiedliche Fertigkeiten und Fähigkeiten besitzen, gibt es doch einen Konsens, der besagt, dass wir als Menschen alle gleich sind.

Der Schimpanse wird sagen: Jeder Mensch bewegt sich auf einem eigenen Niveau, und manche sind besser als andere, etwa was ihre Macht, ihr Aussehen oder ihr Vermögen betrifft, um nur die wichtigsten Faktoren zu nennen. Wie Forschungsergebnisse zeigen, wirkt sich deine Selbsteinschätzung erheblich auf dein Glückslevel aus.

Wenn in deiner Selbsteinschätzung der Vergleich mit Anderen eine große Rolle spielt, tust du besser daran, die Maßstäbe des Menschen anzulegen und nicht die des Schimpansen.

Selbstvertrauen

Dein Selbstvertrauen ist Ausdruck dafür, welche Leistungen du dir zutraust. Das ist ein so wichtiger Teil unseres Lebens, dass ich dafür einen stabilisierenden Mond des Glücks-Planeten kreiert habe. Im Kapitel über den «Selbstvertrauens-Mond» werde ich diesen Aspekt ausführlich behandeln.

Wenn du dir anschaust, auf wie viele unterschiedliche Arten du dich sehen, einschätzen und bewerten kannst, wirst du eine Konstante entdecken: Du kannst immer entweder mit dem Schimpansen und seinem Wertesystem arbeiten oder mit dem Menschen und dessen Wertesystem. Du wirst zu sehr verschiedenen Ergebnissen kommen, die dir den Zugang zu unterschiedlichen Glücksleveln eröffnen. Wie glücklich du bist, hängt also in starkem Maß von deinen eigenen Überzeugungen und

Werten ab. Um das richtig zu verstehen, solltest du noch einmal einen Blick auf den Stein des Lebens werfen. Es ist sehr wichtig, dass du weißt, was deine absoluten Werte im Hinblick auf das Leben und auf deine Mitmenschen sind, **bevor** du mit dem Versuch beginnst, herauszufinden, wer du bist. Hast du erst einmal dein eigenes Haus in Ordnung gebracht, dann bist du mit dir selbst im Reinen und wirst wesentlich bessere Aussichten haben, ein deutlich höheres Glückslevel zu erreichen.

Deinem Lebensglück nachhelfen

Wenn du deine Chance auf ein glückliches Leben maximieren willst, musst du den richtigen Zugriff auf dein Leben – und auf dich selbst – haben.

Manche Leute haben von Haus aus eine positive, optimistische Einstellung zum Leben. In allen ihren Überzeugungen und Grundsätzen sind sie darauf ausgerichtet, aus jeder Situation das Beste herauszufiltern. Sie tun, was sie können, und wenn etwas schiefgeht, sind sie womöglich niedergeschlagen, kommen aber schnell darüber hinweg. Diese Herangehensweise kannst du lernen und kultivieren. Es ist eine Sache der Mentalität und hängt auch davon ab, was du als normal betrachtest. Wenn du glaubst, glücklich zu sein sei nicht normal, wird dies für dich zu einer sich selbst erfüllenden Prophezeiung, und das Glück wird für dich eine Schimäre bleiben. Es gibt eine Anzahl von Herangehensweisen ans Leben, die glückliche Menschen allem Anschein nach anwenden. Nachfolgend findest du einige davon, die du in die engere Wahl für dich selbst nehmen könntest:

- Eine realistische, aber positive Lebenseinstellung kann man erlernen. Wann immer du in eine Situation gerätst, in der Dinge nicht nach Plan laufen, **versuche dir anzugewöhnen, nach Lösungen zu suchen, anstatt dich mit Problemen zu**

beschäftigen. Das ist ein Autopilot, der dir in deinem Computer höchst nützliche Dienste leistet.

- Was in deinem Gehirn passiert und für welche Lebenseinstellung du dich entscheidest, liegt an dir. **Du kannst entscheiden, wie stark dich eine Situation belastet**. Denke darüber nach. Es liegt an dir, zu bestimmen, was in deinem Leben wichtig ist und was nicht. Wenn du einer Sache keine Wichtigkeit beimessen willst, musst du das auch nicht.
- Frage dich, wie lange du über etwas Unangenehmes, das passiert ist, nachgrübeln willst und **wie lange du in dieser Stimmungslage verharren möchtest**. **Frage dich auch, ob Grübeln irgendetwas Gutes bewirkt?**
- Eine Herangehensweise ans Leben, die dir garantiert hilft, glücklicher zu sein, ist zu **lernen, über dich selbst zu lachen und Dinge mit Humor zu nehmen**, wann immer möglich. Auch das ist ein Autopilot im Computer glücklicher Menschen. Wenn du dich selbst zu ernst nimmst, kann das deiner Glücksfähigkeit schaden.
- Sei im Leben immer proaktiv, besonders in deinen Beziehungen. Vermeide es tunlichst, immer nur auf Stimmungen oder Wünsche anderer Personen zu reagieren. Entscheide für dich, was du willst, und verhandle dann; übernimm keinesfalls die Rolle eines passiven Opfers.
- Versuche dich mit den Ursachen einer Situation auseinanderzusetzen, nicht mit den Symptomen. Manchmal musst du dir nur etwas von der Seele reden (und deinem Schimpansen erlauben, einen lauten Schrei auszustoßen). Nur zu schreien löst allerdings nicht das den Symptomen zugrunde liegende Problem. Was auf lange Sicht einzig hilft, ist das Problem zu lösen. Glückliche Menschen werden die Ursache finden und ihr zu Leibe rücken!

Die Glücksliste

Es überrascht mich immer wieder, wenn jemand mir sagt, er sei unglücklich, mir aber nichts nennen kann, das ihn glücklich machen würde. Es kostet nicht viel Zeit, einige sehr einfache Dinge zu arrangieren, mit denen du mehr Glück in dein Leben bringen kannst. Dazu gehört eine genaue Vorstellung davon, was dich glücklich machen würde, und dann dafür zu sorgen, dass du es bekommst. Wenn du nicht die Gabe hast, dich um dich und dein Glück zu bemühen, dann fertige eine Glücksliste an. Du kannst in diese Liste Dinge eintragen, auf die du dich freust, und kannst sie jederzeit konsultieren. Es gibt zwei Varianten dieser Glücksliste:

- die «Glücksliste für sofort»
- die «Glücksliste für später»

Auf meiner Glücksliste für sofort stünden zum Beispiel eine Tasse Kaffee, ein Anruf bei einem Freund, ein Spaziergang mit dem Hund, Pläne schmieden für die Zukunft, mich zurücklehnen und tief durchatmen! Das sind Dinge, die ich so gut wie jederzeit tun kann. Mich einfach nur hinzusetzen und an etwas Schönes zu denken, kann mir Glücksgefühle bereiten. Das bedeutet, dass ich zu jedem Zeitpunkt etwas tun kann, das meine Stimmung hebt, und oft ist das alles, was es braucht – nur eine Kleinigkeit. Versuche jetzt, zehn in deiner Hand liegende Dinge aufzulisten, die du tun könntest, um dein Glückslevel zu heben. Frage dich dann, ob du diese Dinge in letzter Zeit gemacht hast.

In deiner Glücksliste für später könnten Dinge stehen wie: Freunde zu einem gemütlichen Abend einladen, in einem guten Restaurant essen gehen, Urlaub machen, Sport machen und Ähnliches.

Du musst dir die Zeit nehmen, dir solche Dinge vorzumerken, sodass du etwas hast, auf das du dich freuen kannst. Das ist für die meisten Leute sehr wichtig, wenn sie glücklich bleiben wollen. Du selbst magst dich bestens fühlen, aber dein Schimpanse wird immer nach etwas verlangen, worauf er sich freuen kann, also gib ihm Zucker, indem du ihm zukünftige Ereignisse ankündigst. Die Vorfreude wird deinem Schimpansen helfen, weniger glückliche Momente durchzustehen. Glückliche Leute haben in der Regel Dinge, auf die sie sich freuen können. Sie sorgen auch dafür, dass diese freudigen Ereignisse sakrosankt sind – sie müssen unbedingt stattfinden.

Halte diese Listen griffbereit, damit du sie jederzeit konsultieren und dich in eine glücklichere Stimmungslage versetzen kannst. Tue dein Bestes, damit diese Listen deine Werte verkörpern; wenn du zum Beispiel Wert darauf legst, gesund und aktiv zu leben, ist es besser, du hast in deiner Liste «Spazierengehen» oder «etwas Gutes essen» stehen als «eine Tafel Schokolade vertilgen».

Glücks-Audit und virtueller Zwilling

Eine nützliche Übung ist es, deine Fortschritte in Richtung Glück zu überwachen. Führe ein Tagebuch und notiere darin, welche Dinge dich glücklich machen und welche das Gegenteil bewirken. Schaffe dir ein spezielles Notizbuch nur für diesen Zweck an; es wird dir helfen, Klarheit darüber zu gewinnen, wie du deine Glücksfähigkeit verbessern kannst.

Ein sehr zuverlässiges Mittel, mit dem du dir selbst aufrichtigen und offenherzigen Rat erteilen kannst, ist der virtuelle Zwilling.

Stell dir vor, du wärst einer von zwei eineiigen Zwillingen. Dein Zwilling ist dein bester Freund, liebt dich und kümmert sich um dich. Gib dem Zwilling einen Namen. Dann stell dir vor, du wärst dieser Zwilling. Nehmen wir an, du nennst deinen Zwilling Sammy. Jetzt verwandle dich in Sammy. Versuche, in deiner Rolle als Sammy dich selbst zu beraten und dir einige unbequeme Wahrheiten darüber zu sagen, wie du mit bestimmten Situationen, mit deinem Leben und mit deinen Problemen umgehen solltest und wie nicht.

Ich habe diese Technik mit vielen Leuten angewendet, die sich in Problemen verschiedenster Art festgebissen hatten. Wenn sie sich in die Rolle des imaginären Zwillings versetzen, fallen ihnen erstaunliche Ratschläge für die eigene Person ein. Das ist eigentlich nicht verwunderlich, denn sie kennen sich ja bestens! Manchmal braucht es nur den Mut, sich selbst ein paar schonungslose Wahrheiten zu sagen wie «Hör auf, kleinlich zu sein», «Sei nicht so streng mit dir selbst», «Du bist ein guter Mensch und hast dein Bestes getan», «Du brauchst einen Tritt in den Hintern», «Du musst lächeln und dich selbst belohnen» usw. Wenn du das zusätzlich mit einem Schuss Humor würzen kannst, funktioniert es noch besser!

Glücksmotoren – wie du Gremlins durch Autopiloten ersetzt

Autopiloten, neue Verhaltensweisen und neue Überzeugungen zu verinnerlichen, die als Glücksmotoren dienen können, ist ein Stück Arbeit, das immer wieder angegangen werden muss. Nimm dir die Zeit, über eventuelle destruktive Gewohnheiten und Vorstellungen nachzudenken, die in dir stecken – das sind Gremlins, und du solltest sie finden. Spielen wir dies am Beispiel einiger Themen durch, die Vielen von uns vertraut sind.

Schlacht versus Lebenskunst

Eine Schlacht ist eine Auseinandersetzung, in die du, um sie zu gewinnen, sehr viel Mühe und Energie investieren musst. Unter Lebenskunst verstehe ich eine Existenz, wie man sie dem sprichwörtlichen Lebenskünstler nachsagt.

Versuche, nicht in allem, was du tust, eine Schlacht zu sehen, sondern eine Lebenskunst. Wenn du eine Diät startest, die daraus besteht, dass du kleinere Portionen isst, wird dir dies schwerer fallen, wenn du darin eine Schlacht gegen deinen Hunger siehst; du wirst dich leichter tun, wenn du die kleineren Portionen als Normalfall (und größere Portionen als inakzeptabel) betrachtest. Ein weiteres Beispiel ist der Glaube, es bedürfe einer Schlacht, um dir dein Glück zu erkämpfen; versuche es stattdessen damit, locker zu sein und das Glücklichsein als deinen Normalzustand zu sehen. Die Überzeugung, Glück sei das Ergebnis einer gewonnenen Schlacht, ist ein Gremlin; Glück durch Lebenskunst zu erzeugen, ist ein Autopilot.

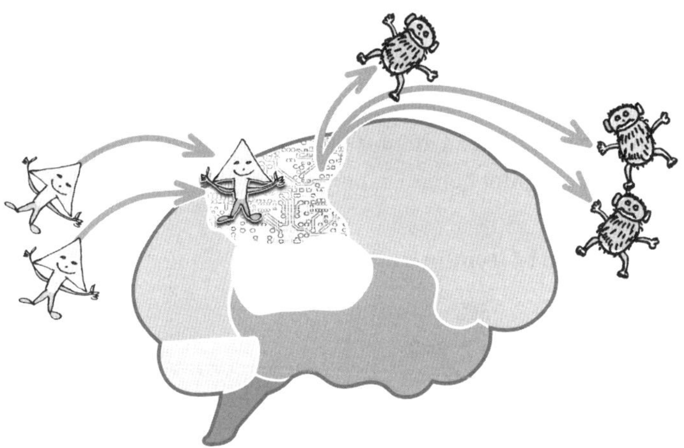

Dichotomisches Denken

Ein Denken, das nur alles oder nichts, Gewinn oder Verlust, Erfolg oder Misserfolg kennt, nennt man dichotomisch. Dichotomisches Denken geht davon aus, dass es für alles nur zwei Optionen gibt. Diese Art zu denken ist eine schlechte Angewohnheit, ein Gremlin. Sie zeugt in der Regel von Inflexibilität und macht unglücklich. Ersetze den Gremlin durch einen Autopiloten der Flexibilität und der Wahrnehmung von Abstufungen, so verbesserst du deine Aussichten auf eine glücklichere Stimmungslage.

Genieße die Rosen, aber sei auf der Hut vor den Dornen

Das Leben kann ein Rosenbett sein, was aber bedeutet, dass du auch mit jeder Menge Dornen rechnen musst. Wenn Rosen dich glücklich machen, dann pass auf die Dornen auf. Sei auf der Hut vor Dingen, von denen du weißt, dass sie dich unglücklich machen, und weiche ihnen nach Möglichkeit rechtzeitig aus. Dinge zu vermeiden, die unerwünschte Gefühle auslösen, ist ein vernünftiges Mittel, glücklich zu bleiben. Wenn du sie nicht vermeiden kannst, solltest du einen Plan haben, wie du mit ihnen fertigwerden kannst. Sorge dafür, dass du auf die Dornen vorbereitet bist. Der Gremlin ignoriert die Wirklichkeit, während der Autopilot bereit ist, der Realität ins Auge zu sehen.

Kristallkugel-Gremlin und Schneeberg

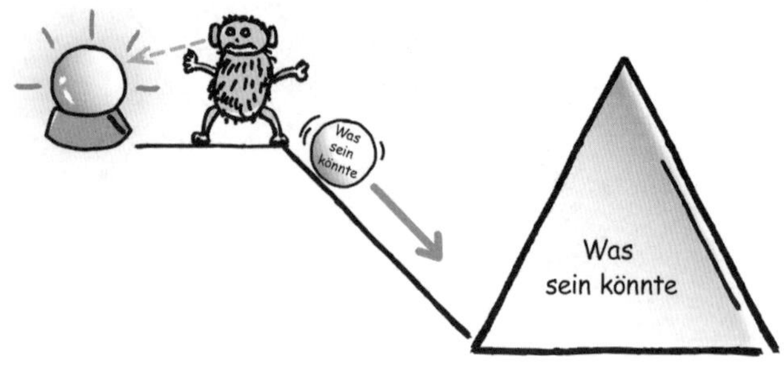

Der Blick in die Kristallkugel ist ein Blick in die Zukunft: ein Versuch, vorherzusehen, was geschehen wird. Er ist gewöhnlich mit Problemen behaftet und mündet typischerweise in Ernüchterung und Frust.

Der Kristallkugel-Gremlin wirft erst einmal einen Blick in die Zukunft und sieht Katastrophen und Verhängnisse – Kristallkugeln zeigen selten eine glückliche Zukunft an. Als Nächstes rollt der Kristallkugel-Gremlin nach dem Motto «Mal sehen, was Schlimmes passieren könnte» einen Schneeball zusammen und schubst ihn einen schneebedeckten Berghang hinunter. Der Schneeball sammelt auf seinem Weg immer mehr Schnee und wächst zu einer Walze heran. Am Ende türmt sich im Tal ein Schneeberg auf. Du stehst jetzt vor einer Wand aus Schnee und machst dir sorgenvolle Gedanken über alles Schlimme, was passieren könnte.

Zerschmettere die Kristallkugel und wirf den Gremlin hinaus. Ersetze ihn durch einen Autopiloten mit der Programmierung «Ich gehe über eine Brücke nach der anderen». Der Autopilot sagt: «Ich bringe keine Schneebälle ins Rollen, indem ich mir ausmale, was alles passieren könnte, sondern ich bleibe im Hier und Jetzt und nehme die Dinge, wie sie kommen.»

Sehr oft kommt es nicht so schlimm, wie man es sich ausmalen kann, und dann hast du dir ohne jeden Grund den Kopf zermartert. Wenn dir das schon oft passiert ist, wie oft möchtest du diese Erfahrung noch wiederholen, bis du lernst, damit aufzuhören?

Wo das Universum zu Ende ist

Bislang weiß niemand, wo das Universum zu Ende ist. Du kannst dein Leben damit zubringen, über diese Frage nachzugrübeln, oder du kannst akzeptieren, dass niemand es weiß. Statt dir einen Kopf über Dinge zu machen, die sich nicht ändern lassen oder die rätselhaft sind, akzeptiere diese Dinge einfach. Es liegt an dir, **nicht** über Dinge nachzudenken, die dir nichts bringen und auf die du keine Antworten hast. Der Gremlin investiert Energie in Dinge, die wir nicht ändern können oder nicht verstehen, während der Autopilot sie akzeptiert und nach vorne schaut.

Nimm die Hand aus dem Feuer

Wenn du deine Hand in ein Feuer legst und dich dann über Verbrennungen beschwerst, ist die Lösung einfach: Fordere nicht Andere auf, das Feuer zu löschen, sondern nimm die Hand aus dem Feuer.

Die Entscheidung darüber, welche Dinge du brauchst und haben willst, liegt in fast allen Bereichen deines Lebens bei dir. Bringe dich also nicht in eine Lage (oder verharre nicht in einer Lage), die dich unglücklich macht. Wenn du die im Reich einer anderen Person geltenden Regeln nicht magst, gehe deiner Wege. Wenn du das Gefühl hast, nicht den richtigen Job, das richtige Zuhause, den richtigen Partner oder die richtigen Freunde zu haben, suche dir etwas Neues. Der Gremlin in dir lebt mit unbefriedigenden Zuständen und beklagt sich nur über sie. Der Autopilot weist dir den Weg zu einem glücklicheren Leben.

Glücksmotoren – einleuchtende Gedanken

Die zweieiigen Zwillinge «Ich brauche» und «Ich will»

Was du brauchst, ist nicht zwangsläufig das, was du willst, und was du willst, ist nicht zwangsläufig das, was du brauchst. Lerne, den Unterschied zwischen diesen zweieiigen Zwillingen zu erkennen.

Du kannst dein Zuhause nicht mit einem Tiger teilen

Wenn du Katzen liebst, kannst du selbstverständlich auch einen Tiger bewundern oder sogar Ehrfurcht vor ihm empfinden. Ein Tiger ist allerdings, so schön du ihn finden magst, ein gefährliches Tier, und es wird dir nie möglich sein, einen als Haustier zu halten. Er gehört in die Wildnis.

Mit manchen Menschen verhält es sich ähnlich. Man kann sie bewundern und sich sogar in sie verlieben oder sie verehren, aber man wird nie sein Leben mit ihnen teilen können. Sie sind gefährlich und können dir immensen Schaden zufügen. Wenn du erkennst, dass sie irgendeine Eigenschaft haben, die es dir unmöglich macht, mit ihnen zusammenzuleben, dann begnüge dich damit, sie in der Wildnis zu bewundern, und halte sie von deinem Zuhause fern. Finde eine Hauskatze, wenn dir ihre Gesellschaft Glück bereitet.

Du ernährst dich von minderwertigem Fraß – und wunderst dich, dass du eine miese Lebensqualität hast?

Häufig hört man «Du bist, was du isst», und da ist etwas Wahres dran. Wenn du deinem Körper nichts Gutes tust und dich dabei unwohl fühlst, ist das wirklich verwunderlich? Desgleichen: Wenn du nichts tust, um deinem Glück nachzuhelfen, und dich unglücklich fühlst – überrascht dich das wirklich?

Manchmal gibt es niemanden, der deine Meinung teilt

Für dein Glück ist es wichtiger, mit dir selbst im Reinen zu sein, als mit Anderen zu harmonieren.

Größter Fan oder größter Kritiker?

Wir alle haben Leute um uns, die uns kritisieren. Wir haben auch Fans, die uns trotz unserer Fehler lieben. Unglückliche Menschen sind oft selbst ihre größten Kritiker. Sie haben nichts Besseres zu tun, als sich selbst schlecht zu machen. Glückliche Menschen lernen, ihr eigener größter Fan zu werden, akzeptieren sich, wie sie sind, und feuern sich an. Du hast die Wahl. Sei glücklich, indem du lernst, dich selbst zu mögen, mit Macken, Ecken und Kanten.

Zusammenfassung der Kernpunkte

- Glücklich zu sein, ist eine Entscheidung.
- Um deine Aussichten auf Lebensglück zu erhöhen, brauchst du einen Plan und die Fähigkeit, ihn in die Tat umzusetzen.
- Definiere, was dich und deinen Schimpansen glücklich macht.
- Lebensbereichernde Extras heben dich auf ein höheres Glückslevel.
- Entwickle dein «Haben» und dein «Sein».
- Hilf deinem Lebensglück nach und lege eine «Glücksliste» an.
- Installiere «Glücksmotoren».

Empfohlene Übung:
Dein Streben nach Lebensglück messen

Mach deinem Glück Beine

Weil Glück für uns alle so ungeheuer wichtig ist, habe ich in diesem Kapitel den Planeten präsentiert, der mithilft, in unserem Psychologischen Universum die Sonne scheinen zu lassen. Dementsprechend solltest du bereit sein, in die Umsetzung der in diesem Kapitel gegebenen Empfehlungen ordentlich Zeit zu investieren. Arbeite alle Abschnitte durch und widme denen deine besondere Aufmerksamkeit, die bei dir eine Glocke läuten lassen. Durchpflüge den Text nicht im Eilschritt, sondern denke über jeden angesprochenen Punkt gründlich nach. Denk daran: An deinem Lebensglück zu basteln, ist wie an deinen emotionalen Fertigkeiten zu basteln. Es ist anstrengend und kostet viel Zeit, aber du wirst ans Ziel gelangen.

Führe ein Tagebuch und halte am besten jeden Tag in einigen Zeilen fest, welche Dinge oder Gedanken dich glücklich gemacht haben. Notiere auch, welchen Aufwand du an jedem Tag treiben musstest, um dich glücklich zu fühlen. Wenn du dieses Tagebuch auch nur zwei Wochen lang führst, kannst du vermutlich ermessen, wie viel oder wie wenig Mühe es dich gekostet hat, dir Glück ins Haus zu holen.

Kapitel Siebzehn

Der Selbstvertrauens-Mond

Wie du Selbstvertrauen aufbaust

Selbstvertrauen

- Zwei Optionen für dein Selbstvertrauen
- Ein paar wichtige Fragen zum besseren Verständnis des Konzepts
- Dein Selbstvertrauen und dein Ich

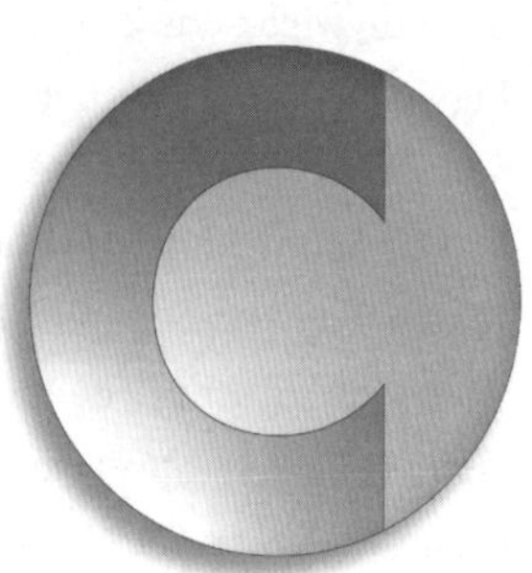

Sicherheit und Selbstvertrauen sind Stabilisatoren für dein Glück und deshalb wichtige Aktivposten für dich.

Zwei Optionen für dein Selbstvertrauen

Du stehst vor einer Wahl, die darüber entscheiden wird, mit wie viel Selbstvertrauen du in jedwede Situation gehst. Lies dieses Kapitel aufmerksam und achte darauf, die Argumente Schritt für Schritt nachzuvollziehen. Wenn du dich entschließt, dein Auftreten zu ändern, wirst du künftig an alles, was du tust, mit mehr Selbstvertrauen herangehen.

Eine Klischeevorstellung sehr vieler Leute lautet ungefähr so: «Je mehr ich daran glaube, etwas zu schaffen, desto mehr Selbstvertrauen habe ich.» Ihr Denken verläuft etwa in den folgenden Schritten:

1. Was will ich hinkriegen?
2. Wie kann ich das schaffen?

3. Der Grad meiner Überzeugung, das zu schaffen, was ich mir vorgenommen habe, ist ein Maß für mein Selbstvertrauen.

Das klingt einfach und einleuchtend und suggeriert abgestufte Grade des Selbstvertrauens, woraus sich die Frage ergibt: Wie steigern wir unser Selbstvertrauen?

Im Rahmen dieser Denkweise scheint es nur zwei Wege zur Steigerung deines Selbstvertrauens zu geben: Entweder du arbeitest an deiner Fähigkeit, Dinge hinzukriegen, oder du redest dir per Autosuggestion ein, Dinge schaffen zu können, die du in Wirklichkeit nicht schaffst.

Die meisten Leute verfallen in eine dieser beiden Denkschablonen, weil ihr Schimpanse sich ihrer bemächtigt und sie glauben macht, dies seien die einzigen Wege zur Steigerung ihres Selbstvertrauens. Tatsächlich gibt es noch einen dritten Weg, den aber nur eine kleine Minderheit nutzt. Dieser alternative, menschengemäße Weg belässt das Level deines Selbstvertrauens auf beständigen 100 Prozent, gleich was du machst. Wie kann das angehen?

Der Schimpanse sagt: «Mein Selbstvertrauen basiert **auf dem Glauben an meine Fähigkeit**, ein bestimmtes Level zu erreichen, **das ich erreichen muss**, und wenn ich es nicht erreiche, **wird das für mich untragbare Folgen haben**.» Dagegen sagt der Mensch: «Mein Selbstvertrauen beruht darauf, dass ich **mein Bestes gebe**, um ein bestimmtes Level zu erreichen, **das ich erreichen möchte**; als erwachsener Mensch **werde ich immer in der Lage sein, die Folgen zu tragen**, wenn ich es nicht erreiche.»

Die beiden alternativen Möglichkeiten für dein Selbstvertrauen sind also die: Du gründest es auf den Glauben an deine Fähigkeiten oder du gründest es auf deinen Willen, dein Bestes zu geben. Du hast nie eine Gewähr dafür, wieviel du leisten kannst, und wenn du dich für die erste Option entscheidest, wird dein Schimpanse den Großteil des Blutstroms in deinem Gehirn zugeleitet bekommen und für Nervosität sorgen, weil er ständig die Gefahr des Scheiterns sieht. Dagegen kannst du eine Gewähr dafür übernehmen, stets dein Bestes zu geben. Wenn du also die zweite Option wählst, heißt das, dass du selbst das Heft in der Hand hast und dein Mensch den Blutstrom zugeleitet bekommt. Das bedeutet, dass du das Leben als eine Pralinenschachtel voller Chancen siehst und die Konsequenzen deines Tuns tragen kannst.

Mit Blick auf diese beiden Optionen können wir sagen: Für den Menschen in uns ist Selbstvertrauen gleichsam der Normalzustand, weil wir immer unser Bestes geben, die Konsequenzen tragen können und deshalb keinen Grund haben, ängstlich oder nervös zu sein. Dagegen ist der Normalzustand beim Schimpansen ein schwankendes Selbstvertrauen, gepaart mit Nervosität und Angst vor einem möglichen Versagen und dessen Folgen.

Lisa hält einen Vortrag

Lassen wir ein Beispiel sprechen. Lisa ist gebeten worden, vor hundert Arbeitskollegen einen Vortrag über ihre Rolle in der Firma zu halten.

Lisas Schimpanse geht an diese Aufgabe heran, indem er für sich beschließt, welches Ziel er anpeilt. Er will, dass Lisa einen guten Vortrag hält, der ihren Zuhörern imponiert. Er weiß freilich, dass er weder über das eine noch über das andere die Kontrolle innehat, wittert daher eine Bedrohung und malt sich aus, welche Konsequenzen beim Zurückbleiben hinter dem eigenen Anspruch drohen. Weil der Schimpanse sein Selbstvertrauen an die Bedingung geknüpft hat, dass der Vortrag gelingt und bei den Zuhörern gut ankommt, nagen seine Zweifel jetzt heftig an seinem Selbstvertrauen, und er beschäftigt sich gedanklich mit allem Möglichen, das schiefgehen könnte.

Im Gegensatz zum Schimpansen hat Lisas Mensch beschlossen, sein Selbstvertrauen an den festen Vorsatz zu knüpfen, dass Lisa ihr Bestes geben wird. Sie strebt also nichts weiter an, als ihr Bestes zu geben. Sie hat keine Kontrolle über das objektive Niveau ihres Vortrags oder über das Urteil ihrer Zuhörer, aber sie wird imstande sein, mit den Konsequenzen, wie immer sie ausfallen, zurande zu kommen, weil sie ein erwachsener Mensch ist.

Lisa weiß, dass sie auf jeden Fall ihr Bestes tun wird, selbst wenn ihr etwas missraten sollte und der Vortrag nicht allerhöchsten Ansprüchen genügt. Er wird genau so gut sein, wie es ihr **im Augenblick** möglich ist. Lisa wird deshalb ihr Ziel – ihr Bestes zu geben – auf jeden Fall erreichen; alles, was darüber hinausgeht, ist ein Bonus. Bei dieser Herangehensweise kann sie den Vortrag entspannt halten und ihn als eine Chance sehen. Das Level ihres Selbstvertrauens steht auf 100 Prozent. Lisa wird auch nicht vergessen, dass ihr eine innere Belohnung für ihre Mühen sicher ist, während sie, wenn es nach ihrem Schimpansen ginge, nur im Erfolgsfall feiern könnte.

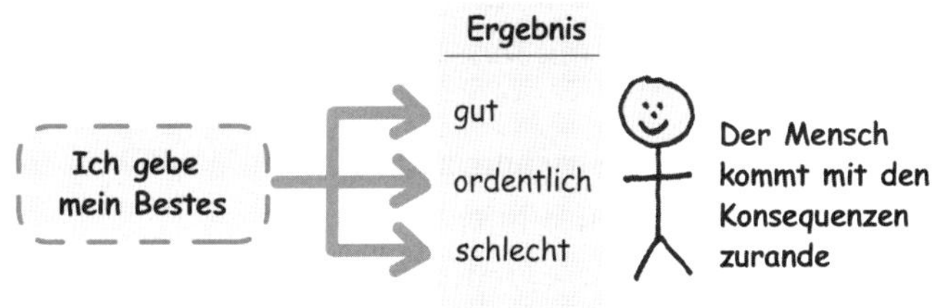

Herangehensweise des Menschen mit 100 Prozent Selbstvertrauen

Einige wichtige Fragen zum besseren Verständnis des Konzepts

Aber was ist, wenn ich weiß, dass ich es hätte besser machen können?

Wenn du dein Bestes gegeben hast, gibt es dafür keine Steigerung. Dann hast du alles hineingelegt und gegeben, was du zu dem Zeitpunkt zu bieten hattest. Einiges hast du gut hinbekommen, anderes weniger gut. Das heißt, dass du vielleicht beim nächsten Mal ein höheres Niveau erreichen könntest, wenn du eine neue Chance bekämst. Es besteht also ein Unterschied zwischen «dein Bestes geben» und «deine beste Leistung bringen», beides fällt nicht immer zusammen.

Was, wenn ich die Leistung nicht bringen kann?

Gleich woran du dein Selbstvertrauen misst, mit den Konsequenzen deines Abschneidens wirst du immer klarkommen müssen. Mit Ergebnissen zurechtzukommen, ist etwas, wozu jeder erwachsene Mensch fähig ist, während sich jeder Schimpanse und jedes Kind damit sehr schwer tun. Du wirst auf jeden Fall lernen müssen, mit Enttäuschungen umzugehen, und das bedeutet manchmal auch: mit Misserfolgen.

Warum soll ich die menschengemäße Selbstvertrauensoption wählen?

Die Entscheidung für diese Option bedeutet: Wenn dein Auftritt vorbei ist, wirst du in der Lage sein, lächelnd und mit hoch erhobenem Haupt zu sagen: «Ich hätte mich nicht besser schlagen können, es war das Beste, was ich in dem Moment draufhatte, auch mit allen Fehlern.» Du hast außerdem eine größere Chance auf ein besseres Abschneiden, wenn du die Sache gelassen und mit einem Lächeln angehst statt nervös und ohne Selbstvertrauen.

Was, wenn ich nicht mein Bestes gebe?

Nicht dein Bestes gibst du zum Beispiel, wenn du nicht ehrlich, vorsätzlich faul, gleichgültig oder unaufrichtig bist. Den meisten Leuten liegt das fern, doch nicht wenige sind schlecht organisiert oder wenig diszipliniert, was etwas ganz Anderes ist. Nicht dein Bestes gegeben hast du dann, wenn du es gar nicht wirklich versucht hast.

Lass mich diesen sehr wichtigen Punkt mit einem Beispiel illustrieren. Stell dir vor, du bist in einem Park unterwegs und beobachtest, wie ein Kind von einem Baum fällt. Du rennst hin und versuchst, ihm auf die Füße zu helfen. Das Kind wirkt sichtbar mitgenommen, und du fragst, ob alles in Ordnung ist. Das Kind klagt über Schmerzen am Fußgelenk, und daraufhin rufst du den Notarzt an. Du glaubst, damit das Richtige zu tun und das Beste, was man in einer solchen Situation tun kann. Dann sagt dir jedoch die Person, die den Notruf entgegennimmt, auf etwas herablassende Art, dies sei kein Notfall; das Kind könne schließlich aus eigener Kraft die nächstgelegene Notaufnahme erreichen. Du begleitest daraufhin das Kind zur Notaufnahme, deren Personal sich um das Kind kümmert. Inzwischen sind auch dessen Eltern eingetroffen. Der Arzt sagt dir, das Kind habe eine Fußgelenksverletzung, die wahrscheinlich darauf zurückzuführen sei, dass du es nach dem Sturz wieder auf die Füße gestellt hast.

Was für ein Albtraum! Du lässt den Vorfall Revue passieren und fragst dich: «Habe ich mich in der Situation kompetent verhalten?» Die Antwort lautet eindeutig «Nein», doch wenn du dich fragst: «Habe ich in dem Moment mein Bestes getan in Anbetracht meines Wissensstandes?», dann lautet die Antwort «Ja». War es wirklich das Beste, was du tun konntest? Die Antwort lautet wieder «Ja», denn du hast **versucht**, dein Bestes zu tun. Hättest du dagegen das Kind sich selbst überlassen und wärst weggegangen, obwohl du wusstest, dass es deine Hilfe brauchte, dann müsstest du dir eingestehen, nicht dein Bestes getan zu haben.

Adams Fahrprüfung und Selbstvertrauen

Adam steht kurz vor der Fahrprüfung. Sein Freund fragt ihn: «Wie steht es um dein Selbstvertrauen?»

Adam hat jetzt die Wahl, woran er sein Selbstvertrauen festmachen möchte. Die erste Option ist, es an seine **Fähigkeit zum Bestehen der Prüfung** zu knüpfen. Seine zweite Option besteht darin, sein Selbstvertrauen auf **seine Fähigkeit, bei der Prüfung sein Bestes zu geben**, zu gründen.

Entscheidet sich Adam für die erste Option, wird sein Schimpanse den Blick auf die möglichen Konsequenzen eines Scheiterns richten und wird ins Grübeln darüber kommen, ob er gut genug ist, die Prüfung zu bestehen. Sehr wahrscheinlich wird er nervös, und alle erdenklichen unangenehmen Gefühle werden ihn heimsuchen. Eindeutig hat jetzt der Schimpanse das Kommando übernommen, und das gereicht niemandem zum Vorteil. Das Level seines Selbstvertrauens ist niedrig, wenn nicht sogar gleich null. Die gesamte Erfahrung ist unangenehm.

Wenn Adam die zweite Option wählt und auf seinen Menschen setzt, wird er sich sagen: «Ich beschäftige mich nicht mit dem Ergebnis oder mit den Folgen, sondern nur mit dem, was ich zu tun habe. Ich kann nur mein Bestes tun, was immer es sein mag. Ich mache die Prüfung. Es kann gut gehen oder es kann schiefgehen, aber wie immer es auch läuft, ich werde mit dem Ergebnis zurechtkommen, weil mir gar nichts anderes übrig bleibt. Ich bin ein erwachsener Mensch und kann mit Konsequenzen umgehen!»

Adam stellt sich jetzt der Prüfung und sagt: «Ich kann nichts anderes tun, als mein Bestes zu geben, und ich bin sicher, dass ich das Beste aus mir herausholen werde, was ich in dem Augenblick zu bieten habe.» Er gründet sein Selbstvertrauen auf diese Überzeugung, sein Bestes geben zu wollen. Das Level seines Selbstvertrauens liegt bei 100 Prozent, weil er mit Bestimmtheit sein Bestes geben wird und **weil das alles ist, was er von sich verlangt**. Er kann danach fröhlich zu seinen Freunden sagen: «Ich habe mein Bestes getan, besser ging es nicht, also brauche ich mich nicht zu schämen.» Das ist die Stimme des Menschen!

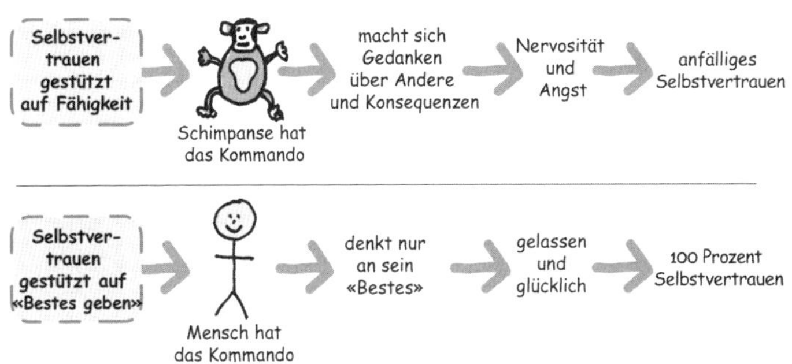

Die beiden Optionen im Überblick

Dein Selbstvertrauen und dein Ich

Selbstvertrauen

Ein verbreitetes Problem, das manche Leute sehr unglücklich macht, ist es, ein unrealistisches Bild von der eigenen Person zu haben. Ich hatte mit Leuten zu tun, die mir sagten, sie trauten sich nicht mehr das Geringste zu – in Gesellschaft Anderer hätten sie Angst, etwas Dummes zu sagen oder etwas Falsches zu tun, womit sie sich blamieren würden. Frage dich, warum jemand sich so wenig zutraut?

Ein einleuchtendes Motiv für solche Komplexe ist die Überzeugung, niemals einen Fehler machen zu dürfen – ein furchtbarer Gremlin. Es ist unmöglich, diesem Anspruch gerecht zu werden, und jeder Schritt, den du unter dieser Voraussetzung machst, erfüllt dich mit Angst. Stell dir vor, du müsstest mit dem Anspruch leben, völlig fehlerfrei zu sein. Das Bemühen, es einem perfekten Fabelwesen gleichzutun, würde zwangsläufig dazu führen, dass du dich als permanenten Versager wahrnimmst. Tatsächlich begeht jeder Mensch im Verlauf seines Lebens immer wieder Fehler und macht auch ab und zu eine Dummheit. Wenn du lernst, die Tatsache zu akzeptieren, dass du ein Mensch mit Fehlern und Schwächen bist, ist das sehr erleichternd. Es bedeutet, dass es normal ist, Fehler zu machen. Über dich selbst lachen zu können, wenn du etwas Dummes machst oder etwas Abwegiges sagst, gehört zum Leben und zum Menschsein. Ich kenne niemanden, der perfekt ist – zum Glück! Stehe zu deinen Fehlern und Unzulänglichkeiten, aber tue es mit einem Lächeln. Habe auch keine Angst vor dem Satz: «Das weiß ich nicht.»

Gehe einen Schritt weiter und denke darüber nach, was dein Anspruch, dich «nie lächerlich zu machen» oder «immer perfekt zu sein», bei deinem Schimpansen anrichtet. Jedes Mal, wenn du mit der Ansage an deinen Schimpansen aus dem Haus gehst: «Heute müssen wir wieder perfekt sein», versetzt du ihn in Stress. Dein Schimpanse verträgt diesen Psychoterror nicht, also überlege es dir gut, bevor dir Aktivisten einer Tierschutzorganisation einen verdienten Besuch abstatten!

Das Idealbild von dir selbst, dem du nacheiferst, basiert vielleicht auch auf ungeeigneten Rollenvorbildern: Mister Universum, Miss World, Einstein. Versuche einfach, du selbst zu sein: «Attraktiv» entfaltet bei Menschen, denen Werte wichtig sind, eine weitaus nachhaltigere Wirkung als «schön» oder «intelligent».

Verlust des Selbstvertrauens, wenn eine Beziehung zerbricht

Fast jeder Mensch sucht früher oder später in seinem Leben nach einem Partner. Das ist ein so grundlegendes Bedürfnis, dass wir es nicht ignorieren können. Eines der Probleme, die uns dabei zu schaffen machen, ist, dass wir uns oft die falsche Person aussuchen. Wenn das passiert, landen wir, wenn die Beziehung zerbricht, in einem Gefühlschaos, gleich ob wir sie beenden oder der Partner.

Wenn der Partner die Beziehung beendet, kann das neben anderen gravierenden Folgen dazu führen, dass wir unser Selbstvertrauen verlieren. Diese außerordentlich schmerzhafte Erfahrung ist leider eine natürliche Folge der erfahrenen Zurückweisung und des erlittenen Verlusts. Erfahrungsgemäß braucht unser Schimpanse rund drei Monate, um mit einem solchen Verlust fertigzuwerden, und durchläuft dabei einen Prozess der Trauer. Wir können diesen Prozess nicht beschleunigen, wir können ihn nur verlängern, indem wir das Trauern unterdrücken. In dieser Phase ist es praktisch der Normalfall, dass man sein Selbstvertrauen einbüßt, wenngleich nur vorübergehend. Sei in dieser Zeit nachsichtig mit dir selbst, aber achte darauf, nicht in Selbstmitleid zu versinken.

Zusammenfassung der Kernpunkte

- Dein Selbstvertrauen beruht auf Denkmustern: solchen des Menschen oder solchen des Schimpansen.
- Du kannst dich dafür entscheiden, dein Selbstvertrauen auf den Willen, dein Bestes zu geben, zu gründen.
- «Ich gebe mein Bestes» als Grundprinzip bietet die Gewähr für 100 Prozent Selbstvertrauen.
- Es stärkt dein Selbstvertrauen, wenn deine Ansprüche an dich selbst realistisch sind.

Empfohlene Übung:
Deinem Selbstvertrauen auf die Sprünge helfen

Du hast immer eine Wahl

Wenn dir das nächste Mal dein Selbstvertrauen wegbricht, erinnere dich daran, dass du de facto eine Wahl getroffen hast: Du hast dich dafür entschieden, ein Kind oder Schimpanse zu sein und dir den Kopf über erreichte oder nicht erreichte Leistungsniveaus und drohende Konsequenzen zu zerbrechen, sei es dass dies eine bewusste oder eine unbewusste Entscheidung war. Erinnere dich daran, dass es eine Alternative gibt: die Dinge wie ein erwachsener Mensch anzugehen, also dir vorzunehmen, dein Bestes zu geben und alle sich daraus ergebenden Konsequenzen zu akzeptieren und zu tragen. Überprüfe dein Ich darauf, ob du ein Selbstbild pflegst, dem du gerecht zu werden versuchst, und ob dir das in der Situation vielleicht eher schadet als nützt.

In Situationen, die deinem Selbstvertrauen Abbruch tun, solltest du eine Denkpause einlegen und in Ruhe prüfen, welche Option du wählen willst.

Kapitel Achtzehn

Der Sicherheits-Mond

Wie du Sicherheit entwickelst

Selbstvertrauen

- Mensch, Schimpanse und Sicherheit
- Einsichten zu Risiko und Sicherheit
- Praktische Hilfen für den Schimpansen

Mensch, Schimpanse und Sicherheit

Wir alle haben das Bedürfnis, uns in unserer Umgebung und unserer Gruppe sicher zu fühlen. Unseren Schimpansen macht es glücklich, sich sicher zu fühlen. Er wird immer in seiner Umgebung nach äußeren Garanten seiner Sicherheit suchen. Der Mensch schaut eher nach inneren Überzeugungen, die ihm Sicherheit geben.

Dein Schimpanse strebt ständig nach mehr Sicherheit und versucht jede potentielle Gefahrenquelle oder Verwundbarkeit aus deinem Leben zu tilgen, **weil er glaubt, dies sei möglich**. Es ist natürlich nicht möglich, ein vollkommen risikofreies Leben zu führen, aber dein Schimpanse wird es trotzdem versuchen, indem er sich vornimmt, in seiner Welt nichts zu verändern und nur den Dingen zu vertrauen, die er kennt. Dein Mensch ist weitaus erlebnishungriger. Er akzeptiert, dass nichts im Leben konstant bleibt, und weiß, dass Vertrautheit manchmal hilfreich ist und manchmal nicht. Er weiß, dass Verwundbarkeit und Risiko zum Leben gehören und nicht eliminierbar sind.

Diese Diskrepanz zwischen Mensch und Schimpanse bedeutet, dass Kompromisse gefunden werden müssen und dass du einen Plan für den Umgang mit dem Thema Sicherheit brauchst. Der Schimpanse hat nicht ganz unrecht, wenn er dich darauf aufmerksam macht, dass es Gefahrenquellen gibt, doch der Mensch muss die Führung übernehmen und dem Schimpansen die Realitäten des Lebens erklären. Der Mensch muss auch respektieren, dass du deinen Schimpansen nicht emotionalen Schocks aussetzen darfst, die ihn überfordern. Da jeder Schimpanse anders ist, musst du herausfinden, welche Sicherheitsbedürfnisse dein Schimpanse hat und wo seine Toleranzgrenze für Risiko und Veränderung liegt.

Von dieser Einsicht aus werden wir versuchen, die Wahrheit in Sachen Sicherheit und Risiko, wie der Mensch sie sieht, zu erkunden, und im nächsten Schritt dem Schimpansen mit einigen praktischen Empfehlungen helfen, sich sicherer zu fühlen.

Einsichten zu Risiko und Sicherheit

Der Mensch ist im Besitz einiger Einsichten, mit denen sich der Schimpanse unter Umständen nur schwer anfreunden kann. Einige dieser Einsichten sind folgende:

Sicherheit und Veränderung

- Sicherheit ist **relativ**.
- Wir können uns **nie völlig sicher** fühlen, weil das Leben an sich ergebnisoffen verläuft.
- Wir leben in einer Welt, die sich in beständiger Veränderung befindet, und **das wird zwangsläufig immer so bleiben**.

Risiko

Alles, was wir tun, ist mit Risiken behaftet.

- Wir müssen **akzeptieren**, dass Risiken Teil unseres Alltags sind.
- Wir können nicht **alle** Risiken kontrollieren.
- Wir können **manche** Risiken kontrollieren.

Verwundbarkeit und Ängste

- Es ist klug, **Ängsten ins Auge zu sehen und etwas gegen sie zu tun**.
- Wir müssen **akzeptieren**, dass Verwundbarkeit Teil unseres Alltags ist.

Praktische Hilfen für den Schimpansen

Die Wahrheit akzeptieren

Wenn wir den Schimpansen dazu bringen können, anerkanntes Erfahrungswissen über Risiken, Verwundbarkeit und Sicherheit zu akzeptieren, wird er sich ein gutes Stück weit beruhigen. Das bedeutet: Du musst dich hinsetzen, die anerkannten Wahrheiten im Bereich Risiko, Verwundbarkeit und Sicherheit analysieren und sicherstellen, dass du sie leicht auffindbar in deinem Computer abgelegt hast. Es folgen einige Beispiele für «Wahrheiten», denen wir oft begegnen werden.

Mein Partner/meine Partnerin verlässt mich vielleicht für jemand anderen (mit diesem Risiko muss ich mich offensiv auseinandersetzen, wenn es mir Sorgen bereitet)
Ich muss das akzeptieren und die Zeit genießen, die wir gemeinsam durchleben. Solange ich glücklich und konstruktiv bin, ist es nicht sehr wahrscheinlich, dass mein Partner mich verlässt, und wir werden wahrscheinlich sehr gute Zeiten miteinander verbringen. Mir darüber den Kopf zu zerbrechen, bringt nichts; wenn es passiert, werde ich damit fertigwerden.

Ich könnte krank werden
Wenn das geschieht, werde ich mir geeignete Hilfe suchen und dann gegen die Krankheit vorgehen. Wenn es so weit ist – und nur dann –, werde ich Energie für das Nachdenken darüber aufwenden, denn mir einen Kopf darüber zu machen, bevor es passiert, bringt nichts.

Ich habe Angst davor, Dinge zu verlieren, die mir wichtig sind
Nichts währt ewig. Mein Leben und die darin vorkommenden Menschen sind in ständigem Wandel begriffen. So soll es sein, und mir bleibt im Grunde keine andere Wahl, als das Abenteuer des Lebens zu genießen.

Wenn du deine Sorgen aufgelistet hast, kannst du in die Spalte daneben deine Wahrheiten eintragen. Wenn du diese Wahrheiten in deiner Lebensführung nicht berücksichtigst, wird dein Schimpanse ständig in Aufregung geraten und auf viele kleine Risiken, mit denen du ihn konfrontierst, überreagieren, immer auf der Suche nach einer Sicherheit, die es nicht geben kann. Andererseits muss dein Mensch akzeptieren, dass dein Schimpanse nicht dafür gemacht ist, sich sicher zu fühlen; er wird immer seine Anwandlungen haben und deiner ständigen Aufmerksamkeit bedürfen.

> ***Kernpunkt***
> *Sich ab und zu unsicher zu fühlen, ist für einen Schimpansen normal; rechne damit, akzeptiere es und kümmere dich dann darum.*

Die Gruppe

Für die meisten Schimpansen ist die Gruppe die wichtigste Garantin seiner gefühlten Sicherheit. Wenn wir Bedenken oder Sorgen mit Anderen teilen oder Erfahrungen mit ihnen durchleben, können wir erstaunlich viel von dem, was uns Sorgen bereitet, unter Kontrolle halten. Wenn wir versuchen, uns alleine durchzuschlagen, laufen wir Gefahr, in Verzweiflung zu geraten und den Blick für das Wesentliche zu verlieren. Vergiss nicht: Es ist eine gute Idee, ein Mitglied der Gruppe oder einen Experten zu Hilfe zu holen, wenn du mit einem Problem überhaupt nicht zurechtkommst. Eine der Stärken der Gruppe besteht darin, dass ihre Mitglieder füreinander einstehen. **Stütze dich in Zeiten der Unsicherheit auf deine Gruppe**.

Übertragene Sicherheit

Deine Sicherheit in die Hände einer einzigen Person zu legen, ist in der Regel unklug. Die meisten Leute haben einen zuverlässigen Partner, und alles mit einem Partner zu teilen, gehört zu den Freuden des Lebens. Wenn du aber deinem Partner (oder irgendeiner anderen Person) deine Sicherheit anvertraust, ist das der Türöffner für eine Katastrophe. Wenn wir die Verantwortung für unser Wohlergehen auf die eine oder andere Weise an jemand anderen abtreten, kann sich das einschränkend auf unsere Freiheit auswirken, Dinge zu tun oder zu lassen, und wir müssen das dann möglicherweise akzeptieren. Versuche, wo immer möglich, deine physische Abhängigkeit von Anderen von der Übergabe deiner emotionalen Sicherheit an sie zu trennen – es sind zwei verschiedene Paar Schuhe.

Es gibt Situationen, in denen es vielleicht klug ist, deine Sicherheit einer anderen Person anzuvertrauen. Wenn wir uns verlieben, tun wir uns schwer, unseren Schimpansen im Zaum zu halten. Unser Gehirn setzt jede Menge chemische Substanzen frei, die unsere Fähigkeit zu nüchternem Denken beeinträchtigen. Unser Urteil über die Person unserer Wahl kann stark verzerrt sein. Und darin liegt ein Risiko. Wenn du also verliebt bist, denk daran, dass du dich in einer nicht ganz ausbalancierten seelischen Verfassung befindest; du leidest, weniger gelinde gesagt, an einer Art seelischer Störung! Höre auf deine besten Freunde, denn die sind nicht so blind!

Bemühe dich, Sicherheit von innen heraus zu gewinnen, indem du deinen Seelenfrieden aus Überzeugungen schöpfst und dich von deinem Menschen führen lässt.

Rückversicherung

Wann immer dein Schimpanse sich unsicher fühlt, sei pragmatisch und hole dir nach Möglichkeit eine Art von Rückversicherung. Wenn du dich zum Beispiel an deinem Arbeitsplatz unsicher fühlst, dann sorge dafür, dass exakt festgelegt wird, was deine Aufgaben sind, wo deine Kompetenzen enden, wem gegenüber du rechenschaftspflichtig bist, was genau deine Chefs von dir erwarten und wonach sie dich beurteilen. Du kannst auch darum bitten, regelmäßig Rückmeldungen darüber zu erhalten, wie deine Arbeit beurteilt wird und wie du dich dort, wo du noch Schwächen hast, verbessern könntest. Praktische Handreichungen wie diese können sehr beruhigend für den

Schimpansen sein. Ein Schimpanse, der mit Unsicherheiten und Ängsten lebt, **die ausgeräumt werden könnten**, ist ein unnötig unsicherer und unglücklicher Schimpanse.

Rückversicherung innerhalb einer Beziehung ist ebenfalls etwas, das von Zeit zu Zeit Gutes bewirken würde. Es ist hilfreich, zu wissen, wo du stehst und wie sich die Beziehung entwickelt.

Dich rückzuversichern, wann immer du es brauchst, ist klug. Wenn allerdings dein Schimpanse beständig ohne Not nach Rückversicherung verlangt, liegt bei ihm wahrscheinlich eine unterschwellige Angst vor, um die sich niemand kümmert, oder er hat die Wahrheiten zum Thema Sicherheit aus den Augen verloren und muss an sie erinnert werden. Du kannst dem Schimpansen deines Partners/deiner Partnerin zu mehr Sicherheit verhelfen, indem du ihm ungefragt deine Rückversicherung gibst!

Vertrautheit

Wenn du einen unsicheren Schimpansen hast, kann es Wunder wirken, eine Routine ins Leben zu rufen, die Vertrautes beinhaltet. Wenn du dich auf neue Routinen oder Erfahrungen einstellen musst, kannst du einem unsicheren Schimpansen helfen, indem du ihn daran erinnerst, dass seine Ängste in dem Maß nachlassen werden, wie du dich an die neuen Routinen gewöhnst. Auf dem Weg dorthin ist es normal und natürlich, dass er sich unbehaglich fühlt.

Eine sichere Zukunft

Sich gedanklich mit der Zukunft zu beschäftigen und sich Konzepte für den Umgang mit Problemen oder Ängsten zurechtzulegen, kann eine konstruktive Übung sein. Beachte, dass hier von Konzepten für den Umgang mit Problemen oder Ängsten die Rede ist und nicht davon, Ängste nur zu benennen und nichts gegen sie zu tun. Deine Ängste zu identifizieren und dich mit ihnen auseinanderzusetzen, kann eine gesunde Übung sein, die du gerne auch mit Hilfe eines aufmerksamen Freundes oder eines professionellen Experten angehen kannst. Wenn du in der Lage bist, konsequent einen Kurs zu verfolgen und eine Gefahr oder Bedrohung auszuschalten, tust du damit viel Gutes für das Sicherheitsgefühl deines Schimpansen.

Die Fähigkeit, zu liefern, was von dir erwartet wird, oder die Gewissheit, dass du jemanden hast, der dir dabei helfen kann, ist etwas, das die Ängste deines Schimpansen erheblich mildern wird. Der wichtige Aspekt ist hier der, dass du reale Ängste ansprichst: Geld, Arbeit, ein Zuhause usw., und dass du dabei ganz praktische Lösungen vorschlägst. Wenn du dagegen vor wirklichen oder potentiellen Ängsten die Augen verschließt, wirst du damit bei deinem Schimpansen immensen Stress und Bedrohungsfantasien auslösen.

Konkrete Ängste, die real sind

Unsicherheit hat manchmal etwas mit Tod, Schmerz oder Verletzung zu tun. Das sind reale Risiken, die Angst machen können und es verdienen, frontal angegangen zu werden. Es hat wenig Sinn, nur damit zu hadern; wenn du der Angst vor diesen Risiken mit konstruktivem Denken zu Leibe rückst, werden die Sorgen, die sie dir bereiten, nachlassen.

Um diese konkreten Ängste hinter dir lassen zu können, solltest du dich fragen, welche Dinge deiner Kontrolle unterliegen und welche nicht. Dein Schimpanse will das Unkontrollierbare kontrollieren und gerät in große Aufregung, wenn er merkt, dass er das nicht schafft. Der Mensch hingegen akzeptiert, dass wir manche Dinge nicht kontrollieren können und sie daher entweder akzeptieren oder uns mit ihnen auseinandersetzen müssen, wenn sie in unser Leben treten.

Zusammenfassung der Kernpunkte

- Sicherheit gehört zu den wichtigsten Stabilisatoren deines Glücks.
- Der Schimpanse versucht oft, Sicherheit mit unrealistischen Mitteln zu erlangen.
- Gesunde normale Schimpansen haben Ängste und Sorgen im Hinblick auf ihre Sicherheit und Verwundbarkeit.
- Der Mensch muss einen Autopiloten im Computer ablegen, um den Schimpansen zu beruhigen.

Empfohlene Übung:
Dem Schimpansen ein Gefühl der Sicherheit geben

Umgang mit dem Thema Sicherheit

Nimm dir die Zeit, darüber nachzudenken, welche Angebote du deinem Schimpansen machen kannst, um ihm seine Unsicherheit zu nehmen. Erstelle eine Liste der Dinge, die dir Bedenken oder Sorge bereiten, und teile sie auf in Dinge, die du kontrollieren kannst, und Dinge, über die du keine Kontrolle hast. Erstelle überall dort, wo du die Kontrolle über Aspekte der Sicherheit hast, einen Plan für deren Bearbeitung.

Beim Durchgehen der Liste der Dinge, über die du keine Kontrolle hast, solltest du dich fragen, wie bereit du bist, diese Dinge zu akzeptieren, zumal du eigentlich gar keine andere Wahl hast. Um etwas gegen deine Sorgen und Ängste zu tun, musst du deine Haltung ändern. Frage dich unumwunden, wie bereit du bist, den Schalter umzulegen.

Ausblick

Der Sonnenaufgang

Du hast jetzt dein Psychologisches Universum bereist und kannst dir ein umfassendes Bild von all den Bereichen machen, an denen du arbeiten kannst. Wenn du dich jetzt des Schimpansen-Modells bedienst, um dich weiterzuentwickeln und deine Lebensqualität zu verbessern, wird das dein Verhältnis sowohl zu dir selbst als auch zu den Menschen um dich herum deutlich verändern. Das kann für dich ungeahnt Gutes bedeuten.

Viele Leute haben mit dem Schimpansen-Modell gearbeitet und sich die Zeit genommen, sich emotionale Fertigkeiten anzueignen und sie beizubehalten. Sie haben die hier beschriebenen Techniken regelmäßig angewendet und von deren lebensverändernder Wirkung berichtet. Ich hoffe aufrichtig, dass auch du diese Erfahrung machst.

Veränderungen an dir selbst vorzunehmen, kostet Zeit und Mühe. Gewöhnlich vollziehen sich die Veränderungen in kleinen Schritten, und oft bleiben sie dir selbst verborgen, während Andere sie wahrnehmen. Lass dich von Rückschlägen nicht entmutigen; lerne vielmehr aus ihnen und versäume nie, deine Erfolge zu feiern. Denke daran: **Du hast immer eine Wahl.** Die Entscheidungen, die du triffst, und die Richtung, die du in deinem Leben einschlägst, werden ausschlaggebend sein für deinen Erfolg und dein Lebensglück. Was willst du also heute tun, das dich glücklicher und erfolgreicher machen wird?

Dein Schimpanse wird immer quicklebendig sein, und du musst diese Tatsache akzeptieren und damit arbeiten. Er ist nicht böse, er ist nicht gut, er ist ein Schimpanse. Er erfüllt deine Welt mit Emotionen aller Art. Er kann dein bester Freund sein oder dein schlimmster Feind. **Das ist das Schimpansen-Paradox**.

Danke dafür, dass du das Buch gelesen und diese Reise mit mir gemacht hast.

Ich wünsche dir alles Gute, während du weiterhin den Sonnenaufgang genießt.

Anhang

Anhang A

Das vollständige Psychologische Ich

Die nachfolgende Abbildung zeigt das vollständige Psychologische Ich, bestehend aus dem Menschen, dem Schimpansen und dem Computer mit seinen Kobolden, Gremlins, Autopiloten und dem Stein des Lebens.

Anhang B

Das vollständige Psychologische Universum

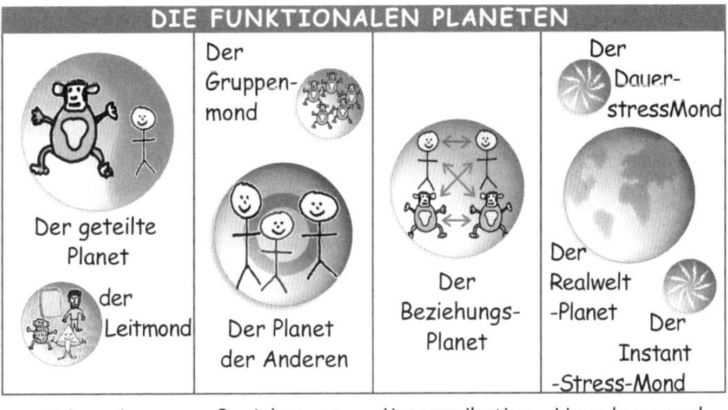

Dieses Diagramm zeigt im Überblick das Psychologische Universum. Viele der Planeten haben Monde, die jeweils einen stabilisierenden Einfluss auf ihren Planeten ausüben. Deshalb ist es immer wichtig, nicht nur an den Planeten selbst, sondern auch an den Monden zu arbeiten.

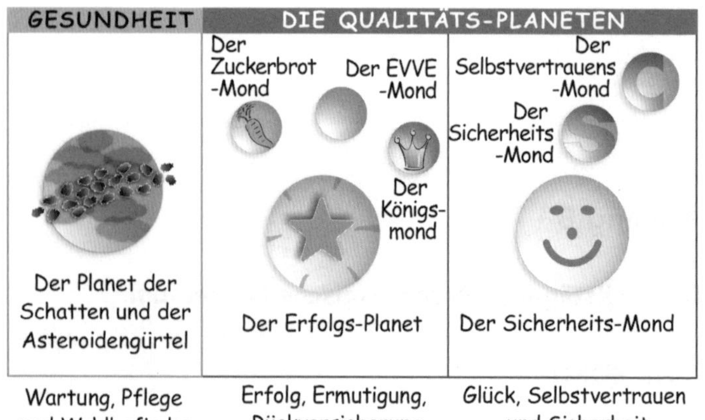

Wartung, Pflege und Wohlbefinden	Erfolg, Ermutigung, Rückversicherung	Glück, Selbstvertrauen und Sicherheit

Anhang C

Zum besseren Verständnis der wissenschaftlichen Grundlagen des Schimpansen-Modells

Einführung

Dieser Anhang ist für Leser gedacht, die mehr über die wissenschaftlichen Grundlagen erfahren möchten, auf die sich das Schimpansen-Modell stützt. Das ist kein Versuch, einen Neurowissenschaftler aus dir zu machen; ich möchte nur ein paar Schlaglichter auf die jüngere Forschung werfen, die einige für das Funktionieren unseres Gehirns wichtige Mechanismen entdeckt und beschrieben hat.

Die allgemeine Komplexität unseres Gehirns

Struktur und Funktion

Man kann das Gehirn unterteilen in Zentren, Strukturen und Nervenbahnen. Es gibt zum Beispiel spezialisierte Zentren für das Erlernen von Sprachen, für die einzelnen Sinneswahrnehmungen wie etwa für das Sehen, und es gibt Bahnen, auf denen, vereinfacht gesagt, Lustgefühle transportiert werden. Manche Bereiche und Strukturen des Gehirns können mehr als eine Rolle übernehmen, und viele tun sich mit anderen zu «Teams» zusammen, um eine Aufgabe zu erfüllen. Das Gehirn ist also sehr anpassungsfähig und vielseitig. Manche Hirnzonen können sogar in ein komplett anderes Rollenfach wechseln.

Auch wenn man das Gehirn eine Etage tiefer, auf molekularer Ebene, untersucht, erweist es sich als komplexe Struktur mit Hormonen, Neurorezeptoren und Neurotransmittern. Diese Komponenten können unterschiedliche Vorgänge in Gang setzen, können unsere

Reaktion auf Situationen verstärken oder dämpfen, können Aktivitäten auslösen oder unser Denken oder unsere Stimmungslage verändern.

Auch die Menge des Sauerstoffs, mit dem unsere Gehirnzellen versorgt werden, beeinflusst deren Funktionalität. Das Blut transportiert Sauerstoff zu den Strukturen in unserem Gehirn. Auf Schwankungen der Blutzufuhr oder der Sauerstoffversorgung reagieren diese Strukturen mit Funktionsveränderungen.

Unser Gehirn im Alltagsbetrieb

Anstatt uns direkt der Frage zuzuwenden, wie unsere Gehirnstrukturen arbeiten, können wir uns zunächst einfach einmal die Ergebnisse ihres Wirkens im Alltagsbetrieb anschauen. Dabei können wir eine «künstliche» Auffächerung unserer Gehirnfunktionen in sechs Hauptgruppen vornehmen. Vereinfacht gesagt, würden diese Gruppen die folgenden Funktionen abdecken:

- Verhalten (unsere Reaktionen)
- Kognition (unser Denken und Wissen)
- Dynamik (unsere Instinkte und Triebe)
- Analytik (unsere «Denktechnik»)
- Entwicklung (unser Reifestadium)
- Biologie (unsere körperliche Verfassung)

Viele sehr gute Therapien und Behandlungen umkreisen diese sechs Funktionsbereiche. Ein häufig praktisch angewandter Ansatz ist etwa die kognitive Verhaltenstherapie.

Wissen und verstehen wir genug, um unser Gehirn «verwalten» zu können?

Betrachten wir einige spezielle Gehirnzonen

Wenn wir das Gehirn als eine multifunktionale Maschine betrachten, würde eine spannende Frage lauten: «Können wir die Fähigkeit oder Kunst entwickeln, unser Gehirn zu verwalten und es so für uns arbeiten zu lassen, wie wir das wollen, und zwar immer?» Anders gefragt: «Können wir die Person werden, die wir sein wollen, die Emotionen haben, die wir haben wollen, und uns immer so verhalten, wie wir uns das wünschen?» Das ist eine Menge Holz!

Um uns einer Antwort auf diese Frage anzunähern, werden wir uns an einem Beispiel anschauen, wie das Gehirn mit eintreffenden Signalen umgeht. Das macht es hoffentlich leichter, die Entstehung des Schimpansen-Modells nachzuvollziehen.

Es folgt eine Liste ausgewählter Teile eines vereinfachten Gehirns. (Zu deiner Erleichterung sei gesagt: Du musst dir die Bezeichnungen nicht merken.)

1. Die Amygdala (ein wichtiges Emotionszentrum im limbischen System)
2. Der orbitofrontale Kortex (eine kleine Zone im äußeren Randbereich des Frontallappens)
3. Der Fasciculus uncinatus (die Nervenbahn, die die Amygdala mit dem orbitofrontalen Kortex verbindet)
4. Der dorsolaterale präfrontale Kortex (ein Teil des Frontallappens)
5. Der ventromediale präfrontale Kortex (umschließt den Fasciculus uncinatus)
6. Der Gyrus cinguli (ein Teil des limbischen Systems)

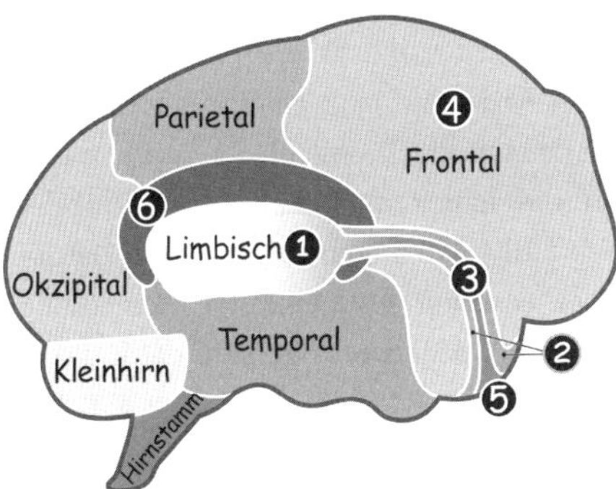

Die Abbildung zeigt sechs nummerierte Gehirnzonen. Die Forschung hat ergeben, dass jede von ihnen eine bestimmte Rolle spielt, manche von ihnen sogar mehr als nur eine Rolle. Die Amygdala zum Beispiel besitzt nicht weniger als 17 verschiedene Kerne, von denen jeder seine speziellen Aufgaben erfüllt, überwiegend im Bereich der Gefühlsreaktionen. Der Gyrus cinguli ist beteiligt an unserem Erinnerungsvermögen, am Lernen und an Entscheidungsprozessen.

Um die Dinge einfach und verständlich zu halten, wollen wir für jeden dieser nummerierten Bereiche nur eine seiner Aufgaben betrachten, wobei einige von ihnen bei manchen Aufgaben zusammenwirken.

Die ausgewählten Aufgaben jedes der sechs Bereiche sind folgende:

1. Die Amygdala ist ein schnell reagierender Abwehrmechanismus; sie denkt nicht, sondern tritt schlagartig in Aktion.
2. Der orbitofrontale Kortex hat die Aufgabe, unsere Impulse zu bremsen und unser Verhalten mittels moralischer Vorhaltungen in den Grenzen der gesellschaftlichen Normen zu halten.
3. Der Fasciculus uncinatus ist ein Sittenwächter, der uns Gewissensbisse und Schuldgefühle bereitet.
4. Der dorsolaterale präfrontale Kortex arbeitet analytisch, sein Denken folgt logischen Regeln.
5. Der ventromediale präfrontale Kortex versetzt sich in das Gefühlsleben anderer Personen und empfindet Empathie.
6. Der Gyrus cinguli ist an unseren auf früheren Erfahrungen beruhenden Entscheidungsprozessen beteiligt.

Am Beispiel demonstriert: Wie unser Gehirn funktioniert

Geben wir dieser Maschine jetzt einmal etwas Futter. Vergiss bitte nicht, dass wir alle individuell verschieden reagieren. Dies ist also nur ein Beispiel dafür, welche Reaktionen bei einer Einzelperson ablaufen könnten, die wir Billy Bloch nennen wollen. Er hat soeben erfahren, dass jemand, den er kennt, eine abfällige Bemerkung über ihn gemacht hat. Hier ist ein denkbares Szenario dafür, was sich in seinem Gehirn daraufhin abspielt.

Die Information trifft erst einmal auf einem neuronalen Rangierbahnhof namens Thalamus ein. Von dort wird sie an alle sechs oben genannten Strukturen verteilt, wobei sie als Erstes bei der Amygdala ankommt.

1. Billys Amygdala reagiert unverzüglich und versetzt ihn in Wut. Er wird laut und droht der Person, die schlecht über ihn geredet hat,

mit einem Gegenangriff. Die Amygdala setzt zahlreiche chemische Substanzen frei, die andere Funktionsbereiche des Gehirns lahmlegen (z. B. den dorsolateralen präfrontalen Kortex), sodass sie seine Angriffspläne nicht durchkreuzen können!

2. Billys orbitofrontaler Kortex versucht verzweifelt, ihm klarzumachen, dass alles, was er jetzt tut, innerhalb der Grenzen gesellschaftlich akzeptierten Verhaltens bleiben muss. Der Kortex will Billys impulsive Reaktion dämpfen und erklärt ihm, jemanden zu attackieren, sei unmoralisch, und außerdem werde er sich damit unbeliebt machen.
3. Der Fasciculus uncinatus funkt als Gewissensinstanz dazwischen. «Ich fühle mich schuldig», sagt er, «es ist moralisch falsch.» Gleichzeitig sagt er aber auch: «Wenn du mich davon überzeugen kannst, dass dein Vorhaben gerechtfertigt ist, werde ich meine Skrupel abstellen und mitziehen.»
4. Der dorsolaterale präfrontale Kortex versucht die Tatsachen zu sortieren und mit ihnen zu arbeiten, wird aber von der Amygdala überstimmt, wenn nicht sogar mit irreführenden Informationen eingedeckt.
5. Der ventromediale präfrontale Kortex interessiert sich nicht für Billys Interna, sondern stellt die Frage, wie es dem anderen Beteiligten psychisch geht. Er empfindet Mitgefühl für die Person, die die abwertende Äußerung gemacht hat, möchte die Beweggründe verstehen und Frieden stiften.
6. Der Gyrus cinguli hört bei den anderen Strukturen mit und will selbst nichts weiter, als Billy an vergangene Erfahrungen erinnern. Er sagt vielleicht: «Wenn du laut wirst, wird das für dich wahrscheinlich nicht gut enden.» Oder aber: «Wenn du laut genug schreist, wirst du deinen Willen durchsetzen.» Er äußert eine aus früheren persönlichen Erfahrungen geschöpfte Mahnung bzw. Erinnerung daran, was man mit Gebrüll bewirken kann.

Das alles läuft in weniger als einer Sekunde ab!

Wir haben sechs Gehirnzonen in den Blick genommen, die um eine Rolle als ratgebende und handelnde Instanzen wetteifern. Der Versuch, alle diese Akteure bei jedem uns aufschreckenden Erlebnis zu dirigieren, ist in der Praxis absolut aussichtslos. Wenn wir also Struktur in die Arbeit unseres Gehirns bringen wollen, brauchen wir ein einfach handhabbares Modell, das wir jederzeit einsetzen und zu unserem Vorteil nutzen können, ohne uns jedoch von den naturwissenschaftlichen Grundlagen zu entfernen.

Wenn wir uns genauer anschauen, wie unser Gehirn arbeitet, erkennen wir, dass da im Großen und Ganzen zwei Denkarbeit leistende Teams und ein als ihr Gedächtnis fungierender (und insofern auch Einfluss nehmender) Datenspeicher am Werk sind. Das eine Team ist sehr energiereich und schnell im Handeln; es schöpft seine Kraft aus Emotionen und neigt zu irrationalem Denken. Das andere Team hat weniger Energie, ist langsamer im Handeln und setzt auf Logik, Mitgefühl und Eigenverantwortung. Der Datenspeicher setzt sich aus zwei Gedächtnistypen zusammen, einem emotionalen und einem faktenbasierten, und beeinflusst die beiden denkenden Teams.

Wenn wir nur den Frontallappen unseres Gehirns in den Blick nehmen, erkennen wir leichter, warum da ein Problem liegt. Der äußere Randbereich des Frontallappens wird als Kortex bezeichnet und ist der Bereich, in dem wir unsere Denk- und Deutungsarbeit verrichten.

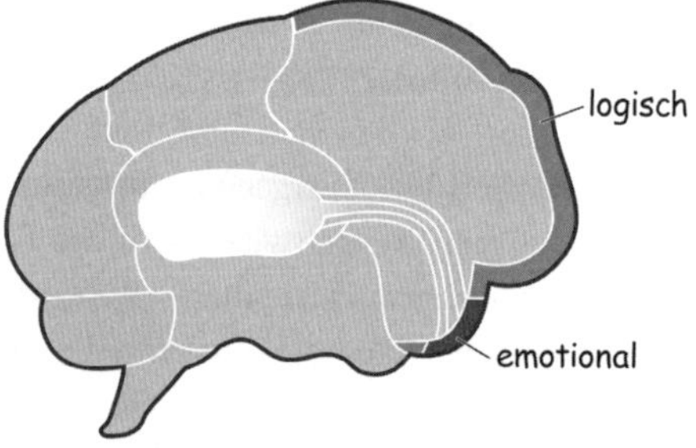

Bestünde der Kortex nur aus einem einzigen für die Denkarbeit zuständigen Bereich, hätten wir kein Problem. Es befinden sich dort jedoch mindestens zwei Denk- und Deutungszentren. Der dorsolaterale Kortex ist für das rationale Interpretieren zuständig, während der orbitofrontale Kortex Deutungen auf Grundlage von Eindrücken und

Empfindungen vornimmt und in direkter Verbindung zur Amygdala steht. Das bedeutet, dass dieses zweite Denkschema gleichsam gemeinsame Sache mit dem energiereichen Emotionszentrum unseres Gehirns macht, der Amygdala. Eigentlich haben wir es also mit zwei Denk- und Deutungsarbeit verrichtenden Gehirnen zu tun. Das eine funktioniert praktisch automatisch, denkt für uns ohne Rückkopplung und läuft mit Emotion als Treibstoff. Das andere steht unter unserer Kontrolle und lässt uns Raum für logisches Denken, soweit wir das wollen. Das Problem ist, dass diese beiden «Gehirne» nicht nach denselben Regeln denken und im Normalfall auch in der Deutung dessen, was vor sich geht, nicht übereinstimmen. Wir müssen also damit leben, dass das Innere unseres Schädels ständig ein potentielles Schlachtfeld ist!

Gibt es einen einfachen Weg, dieser Sachlage etwas abzugewinnen und Nutzen aus ihr zu ziehen?

Das Schimpansen-Modell

Was ist ein Modell?

Ein Modell ist weder eine wissenschaftliche Erkenntnis noch eine Hypothese. Es ist einfach nur eine Veranschaulichung, die uns helfen soll, wissenschaftlich erforschte Zusammenhänge zu verstehen und für uns zu nutzen. Es kann uns auch helfen, besser einzuordnen, was für ein Mensch wir früher gewesen sind, was für einer wir jetzt sind und wie wir unser Ich in Zukunft besser «verwalten» können.

In unserem Modell steht der Schimpanse für das emotionale Team innerhalb unseres Gehirns, das ohne Rückkopplung für uns denkt und handelt. Das logische Team ist unser eigentliches Ich: rational, mitfühlend und menschlich – der Mensch in uns. Die Datenspeicher, die uns als Nachschlagewerke dienen, bilden zusammen den Computer.

Billys Erfahrung auf den zweiten Blick

Werfen wir unter Nutzung dieses Modells noch einmal einen Blick auf Billy Blochs Erlebnis. Die folgende Abbildung zeigt die Abläufe in seinem Gehirn beim Eintreffen der Nachricht.

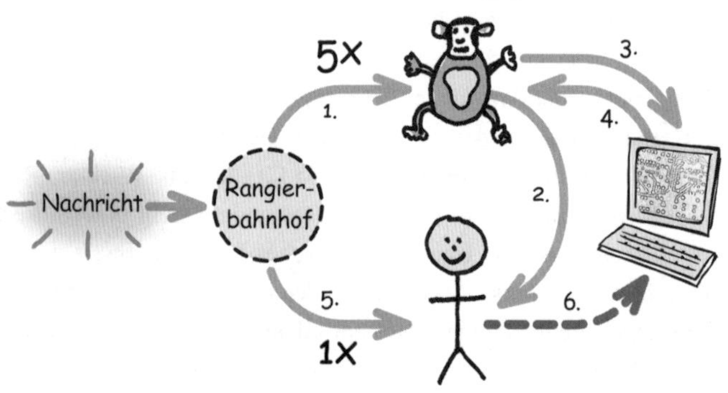

Erster Schritt
Die Nachricht trifft am Rangierbahnhof ein und wird unverzüglich an den Schimpansen weitergeleitet.

Zweiter Schritt
Der Schimpanse setzt unverzüglich chemische Stoffe frei, die im Gehirn umherfluten und den Menschen daran hindern, nachzudenken oder den Schimpansen im Zaum zu halten.

Dritter Schritt
Der Schimpanse wirft einen raschen Blick in den Computer, um festzustellen, ob sich dort irgendetwas befindet, das er wissen muss, bevor er sich für eine Reaktion entscheidet.

Vierter Schritt
Die Antwort des Computers wird davon abhängen, welche Einträge er findet. Entweder ist bei ihm ein einschlägiger Autopilot oder ein Gremlin oder gar kein Programm hinterlegt; im letzteren Fall überlässt er dem Schimpansen die Entscheidung, was zu tun ist.

Fünfter Schritt
Der Schimpanse hat bereits reagiert, ehe die Nachricht endlich auch beim Menschen eintrifft. Wenn der Schimpanse unpassend reagiert hat, bleibt dem Menschen an dieser Stelle nichts anderes übrig, als sich zu entschuldigen, was häufig mit Schuldgefühlen einhergeht!

Sechster Schritt
Das ist ein optionaler Schritt, der uns die Möglichkeit eröffnet, Veränderungen an unserem Computer vorzunehmen, sodass in künftigen Fällen Autopiloten in Aktion treten und den Schimpansen steuern können. Dieser letzte Schritt verleiht uns die Macht, den Schimpansen zu lenken – ein anderer neuronaler Pfad, der uns eine direkte Einflussnahme auf unseren Schimpansen erlauben würde, steht in unserem Gehirn nicht zur Verfügung.

Mit diesem einfachen Beispiel hoffe ich eine der möglichen Arten veranschaulicht zu haben, wie das Gehirn mit eintreffenden Nachrichten verfährt. Klar ist, dass es zahlreiche Varianten gibt, aber das Prinzip bleibt dasselbe.

Wie wir unsere Emotionen und Gedanken verwalten können

Anwendung des Modells

Wenn wir uns mit verschiedenen Aspekten und Funktionen des Gehirns beschäftigen – zum Beispiel mit Belohnungssystemen, emotionalem Gedächtnis, exekutiven Funktionen usw. –, hilft uns das Schimpansen-Modell, diese besser zu verstehen, weil das Modell von wissenschaftlich gesicherten Erkenntnissen darüber ausgeht, wie unser Gehirn funktioniert. Das Modell ist also ein einfach zu bedienendes und auch Spaß bereitendes Hilfsmittel zum Verständnis deines Ichs, hat aber zugleich sehr ernst zu nehmende Implikationen. Durch die Beschäftigung mit den besagten drei Teams – dem Menschen, dem Schimpansen und dem Computer – können wir uns einem Verständnis der Weise nähern, wie jedes von ihnen agiert und warum und wie wir die drei so verwalten können, dass eine bessere Zusammenarbeit zwischen ihnen möglich wird. Das Wichtige ist, dass du mehr über dich selbst erfährst und den Unterschied begreifst zwischen dir selbst und der quasi automatisch denkenden und handelnden Emotionsmaschine in dir: deinem Schimpansen.

Wie sich zeigt, können wir lernen, uns selbst besser zu dirigieren und damit unsere Funktionalität und unsere Lebensqualität zu verbessern. Wenn wir Zeit und Mühe investieren, können wir uns die emotionalen Fertigkeiten aneignen, die wir brauchen, um uns zu der Person zu entwickeln, die wir sein wollen, ohne uns von unserem inneren Schimpansen als Geisel nehmen zu lassen.

Die explizite Absicht, die ich mit diesem Buch verfolge, besteht darin, den Lesern zu helfen, sich selbst zu verstehen und ihre Emotionen zu beherrschen. Wenn dir dieses Modell nicht zusagt (und es wird nicht jedem zusagen), dann gib nicht auf, sondern suche dir etwas Anderes, das für dich funktioniert und dir helfen kann, deine Lebensqualität zu verbessern. Versuche, dir genug Zeit zu nehmen, um darüber nachzudenken, wie zufrieden du mit deinem Leben bist und wie du das Eine oder Andere zum Besseren wenden könntest. Es gibt viele Psychologen und andere Fachleute, die dir Wege in die richtige Richtung aufzeigen und deine Lebenspraxis verbessern können, wenn du dich dazu nicht aus eigener Kraft in der Lage fühlst.

Einer der beglückendsten Aspekte meiner Arbeit ist es, wenn ich erlebe, wie Menschen glücksfähiger und glücklicher werden, wenn sie Selbstvertrauen hinzugewinnen und entspannter mit sich selbst und Anderen umgehen. Ich hoffe sehr, dass das auch dir gelingt.

Danksagung

So viele Leute haben in unterschiedlichem Maß, sei es direkt oder indirekt, zur Entstehung dieses Buches beigetragen, dass es eines eigenen Kapitels bedürfte, sie alle aufzuzählen. Deshalb möchte ich lieber all denen, die mitgeholfen haben, ein riesiges Dankeschön sagen, als jemanden unerwähnt zu lassen.

Einen ganz besonderen persönlichen Dank schulde ich allerdings unbedingt drei Menschen, die sich unermüdlich in die Arbeit an dem Buch eingebracht haben: meiner Nichte Ruth Banner, die über viele Monate hinweg das heranreifende Manuskript gelesen und wieder gelesen und immer wieder Vorschläge und kritische Anmerkungen beigesteuert hat, die sich als unschätzbar wertvoll erwiesen haben; meinem Grafiker Jeff Battista, der die Abbildungen geduldig erarbeitet und überarbeitet und mit mir oft und ausführlich darüber diskutiert hat, wie sich meine Gedankengänge am besten grafisch umsetzen lassen; und meiner Lektorin Susanna Abbott, die mich angespornt, meine Schimpansen-Ausbrüche geduldig ertragen und mich durch das Minenfeld geführt hat, das man auf dem Weg zur Veröffentlichung des fertigen Buches durchschreiten muss.

Also liebe Freunde, Kollegen, Patienten und Studenten: vielen erkenntlichen Dank.

Zu guter Letzt möchte ich nicht versäumen, dieses Buch auch jemandem zu widmen: den Schimpansen und anderen Menschenaffen, die es vielleicht irgendwann einmal lesen und dann womöglich die – freudige oder traurige – Entdeckung machen, dass in ihrem Inneren ein Mensch wohnt!

Über den Autor

Professor Steve Peters ist Facharzt für Psychiatrie und seit über 20 Jahren auf dem Gebiet der klinischen Psychiatrie tätig. Er ist Inhaber akademischer Titel in Mathematik, Pädagogik und Medizin sowie eines Magistergrades im Fach Medizinpädagogik; darüber hinaus hat Prof. Peters akademische Qualifikationen in Sportmedizin, Pädagogik und Psychiatrie erworben.

Seit 1994 hat Prof. Peters eine Dozentur an der Sheffield University inne; an der dortigen Medizinischen Fakultät amtiert er als Studiendekan und gehört des Weiteren dem Prüfungsausschuss des Royal College of Psychiatrists an.

Außerdem ist Prof. Peters im Spitzensport tätig. Er ist Hauspsychiater beim Radrennstall Sky Pro und Beratender Psychiater beim FC Liverpool. Von 2001 bis 2014 war er auch Hauspsychiater des Britischen Radsportverbandes. Die von Prof. Peters entwickelten und praktizierten Techniken des Mind Management haben nach Überzeugung Vieler geholfen, das Leistungsniveau der britischen Spitzenradfahrer anzuheben, und dazu beigetragen, dass sie von den Olympischen Spielen in London 12 Medaillen mitbrachten, darunter acht goldene.

Steven Gerrard, Sir Chris Hoy, Sir Bradley Wiggins, Ronnie O'Sullivan, Victoria Pendleton, Daniel Sturridge und Craig Bellamy haben öffentlich darüber gesprochen, wie sehr ihnen Prof. Peters' einzigartiges Schimpansen-Schema geholfen hat, ihr Leistungsniveau zu steigern. Unter den zwölf weiteren olympischen Sportarten, in denen er nationale Spitzenteams betreut hat, sind Taekwando, Kanusport, Rugby und Fußball.

Neben dem Spitzensport arbeitet Prof. Peters auch mit Topmanagern, Krankenhauspersonal, Patienten und Hochschulstudenten; ihnen allen hilft er, besser zu verstehen, weshalb sie so denken und handeln, wie sie es tun, und lehrt sie, ihr mentales Ich so zu trainieren, dass sie ihr Leistungsniveau sowohl im Beruf als auch in ihrem Privatleben optimieren können.

Prof. Peters' Schimpansen-Schema kann für jeden Menschen ungeachtet seiner Herkunft funktionieren. Das vorliegende Buch bringt die Arbeit von Prof. Peters erstmals auch dem deutschsprachigen Publikum nahe, und der Autor verbindet damit die Hoffnung, dass alle Leser des Buches von der Lektüre profitieren werden.